Kohlhammer

Dr. Armin Born ist Diplom-Psychologe, Diplom-Pädagoge und Psychologischer Psychotherapeut. Nach dem Studium des Lehramts an Grund- und Hauptschulen, der Pädagogik und der Psychologie bildete er zunächst als Wissenschaftlicher Mitarbeiter an der Universität Würzburg zehn Jahre lang vor allem angehende Lehrer und Lehrerinnen aus. Seit Anfang der 90er Jahre arbeitete er dann als Psychologischer Psychotherapeut in kinder- und jugendpsychiatrischen Praxen und 20 Jahre lang zusätzlich parallel als Ehe-, Familien- und Lebensberater an einer Beratungsstelle in Würzburg. Seit 2006 besteht daneben auch eine Therapietätigkeit in freier Praxis. Sein therapeutischer Hauptschwerpunkt ist die Arbeit mit Kindern mit Lernproblemen und zusätzlichen psychischen Problemen und die Arbeit mit ADHS-Kindern und deren Familien.

Seit 2000 erweiterte sich sein Arbeitsfeld um Vorträge und Fortbildungen im deutschsprachigen Raum zu den Themengebieten »Lern- und Verhaltensprobleme bei ADHS«, »Neuropsychologie des Lernens«, »Frühförderung«, »Effektiver Umgang mit Rechenschwäche und -störung« und »Lerntherapie«.

Claudia Oehler ist Diplom-Psychologin, Psychologische Psychotherapeutin und Supervisorin. Nach dem Studium der Psychologie war sie zunächst fünf Jahre als wissenschaftliche Mitarbeiterin an der Universitätsklinik für Psychiatrie und Psychotherapie des Kindes- und Jugendalters an der Philipps-Universität Marburg unter Leitung von Prof. Dr. Dr. H. Remschmidt tätig. Von 1991 bis 2003 arbeitete sie dann als Verhaltenstherapeutin für Kinder, Jugendliche und Erwachsene in einer großen Kinder- und jugendpsychiatrischen Praxis mit dem Schwerpunkt der Betreuung von ADHS-Kindern und deren Familien. Seit 2003 ist sie als Verhaltenstherapeutin für Kinder, Jugendliche und Erwachsene in freier Praxis tätig. Seit 2000 zahlreiche Fachvorträge, Veröffentlichungen und Fortbildungsveranstaltungen insbesondere zum Thema Lernen und ADHS.

Weitere Publikationen des Autorenteams:

Born A., Oehler C. (2017): Lernen mit Grundschulkindern (2., überarbeitete und erweiterte Auflage). Stuttgart: Kohlhammer.

Born A., Oehler C. (2020): Kinder mit Rechenschwäche erfolgreich fördern. Ein Praxishandbuch für Eltern, Lehrer und Therapeuten (6., erweiterte und überarbeitete Auflage). Stuttgart: Kohlhammer.

Born A., Oehler C. (2021): Gemeinsam wachsen – der Elternratgeber ADHS. Verhaltensprobleme in Familie und Schule erfolgreich meistern (2., erweiterte und überarbeitete Auflage). Stuttgart: Kohlhammer.

Armin Born, Claudia Oehler

Lernen mit ADHS-Kindern

Ein Praxishandbuch für Eltern, Lehrer und Therapeuten

12., erweiterte und überarbeitete Auflage

Verlag W. Kohlhammer

Die Abbildungen beruhen (zum großen Teil) auf Vorlagen der Grafiker Anita Krämer-Gerhard und Bernhard Ziegler.

Die erste bis zehnte Auflage dieses Buchs erschien unter dem Titel *Lernen mit ADS-Kindern. Ein Praxishandbuch für Eltern, Lehrer und Therapeuten.*

12., erweiterte und überarbeitete Auflage 2023

Gesamtherstellung: W. Kohlhammer GmbH, Stuttgart

Print:
ISBN 978-3-17-042753-2

E-Book-Formate:
pdf: ISBN 978-3-17-042754-9
epub: ISBN 978-3-17-042755-6

Vorwort zur 12. Auflage

Wir freuen uns, Ihnen hiermit die zwölfte Auflage unseres Buches »Lernen mit ADHS-Kindern« vorlegen zu können. Seit Erscheinen der ersten Auflage im Jahre 2002 haben wir in vielen Vorträgen und Fortbildungen zahlreiche positive Rückmeldungen erhalten. Eltern, die sich angesichts der komplexen schulischen Anforderungen verunsichert fühlen, sind dankbar, einfache und hilfreiche Konzepte und Methoden für die zentralen Lernaufgaben an die Hand zu bekommen, um ihre ADHS-Kinder in ihrem Lernprozess effektiv unterstützen zu können.

Mit unserem Buch verfolgen wir den Ansatz, dass schulische Lernmethoden den Kindern angepasst werden sollen und nicht die Kinder den Methoden.

Unsere Methoden sind weiterhin nicht einfach »so« entwickelt worden, sondern sind zum einen in der Praxis in vielfacher Weise erprobt. Gleichzeitig sind sie zum anderen aber auch wissenschaftlich auf der Grundlage des aktuellen Forschungsstandes der Lernpsychologie und der Gehirnforschung begründbar und nachvollziehbar. Dass unser Schulsystem dagegen mit der wissenschaftlichen Absicherung der jeweiligen lernmethodischen Vorgehensweise Schwierigkeiten hat, zeigt die kritische Einschätzung des Schulpädagogen Wellenreuther: »Schulisches Lernen gleicht einem schlechtgemixten Cocktail aus Tradition und zum Zeitgeist passender Innovation. Die Berücksichtigung von Forschungsergebnissen spielt dabei eine untergeordnete Rolle« (Wellenreuther 2009, S. 52).

ADHS-Kinder stellen aufgrund ihrer großen Zahl und ihrer zumeist ausgeprägten Symptomatik einen besonderen Prüfstein für unser Schulsystem dar. Diese Tatsache lässt sich positiv im Sinne einer Herausforderung für unsere Schulen verstehen und aufgreifen. Kennzeichen eines guten Schulsystems und einer erfolgreichen Unterrichtspraxis sollte es sein, sich der grundsätzlichen Lerngesetzmäßigkeiten bewusst zu sein und zu versuchen, den besonderen Voraussetzungen der einzelnen Kinder in ihrer Unterschiedlichkeit gerecht zu werden. Insofern können die Verantwortlichen unseres deutschen Schulsystems und mit ihnen vor allem die Didaktiker, die die Lernpläne maßgeblich mitgestalten, von unseren ADHS-Kindern lernen.

In unserer konkreten Praxis begegnen wir erfreulicherweise immer mehr engagierten Lehrerinnen und Lehrern, die neue Antworten auf die Frage nach erfolgreichen Lernwegen suchen und denen effektive, für das einzelne Kind passende Methoden genauso am Herzen liegen wie uns. Gemeinsam versuchen wir, von der spezifischen Problemkonstellation der ADHS-Kinder ausgehend, gleichermaßen zielführende wie praktikable Lösungen zu finden, die auch den jeweiligen Einzelfällen gerecht werden.

In unseren Fortbildungskursen werden immer wieder die besonderen Schwierigkeiten der Lehrer und Lehrerinnen deutlich: Sie erleben sich zwischen den Anforderungen ihrer Lehrpläne und den immer schnelleren Themen- und Methodenwechseln einerseits und der Erkenntnis der fehlenden bzw. mangelnden Automatisierungen des Wissens ihrer Schüler in den Grundfertigkeiten andererseits zunehmend zerrissen. Insbesondere in der Arbeit mit schwächeren Schülern fühlen sie sich häufig allein gelassen und wünschen sich mehr Unterstützung, da z. B. das Thema ADHS in ihrer Aus- und Fortbildung immer noch zu wenig thematisiert wird.

In den Lehrerfortbildungen, die wir in den letzten Jahren durchführten, thematisierten wir verstärkt den Zusammenhang von Lern- und Leistungsproblemen auf der einen und Verhaltensproblemen auf der anderen Seite. Nachvollziehbar und einleuchtend für Lehrer und Lehrerinnen war, dass bei Kindern mit Lern- und Leistungsproblemen häufig auch Verhaltensprobleme als Kompensationsversuch für die erlebten Misserfolge entstehen. Neu für sie war jedoch der Aspekt, dass man im schulischen Bereich durch passende Lernmethoden Leistungsprobleme verhindern und damit gleichzeitig auch erreichen kann, dass Verhaltensprobleme gar nicht erst in diesem Ausmaße bei Kindern mit ADHS entstehen.

Gleichzeitig hilft das Wissen über effektive Lernmethoden, die auf die Voraussetzungen dieser Kinder abgestimmt sind, die Elternarbeit zu verbessern bzw. überhaupt erst eine Kooperation mit dem Elternhaus zu erreichen.

Betroffenen Kindern und deren Eltern, aber auch Lehrerinnen und Lehrern sowie Kollegen, die mit ADHS-Kindern und ihren Familien arbeiten, versuchen wir immer wieder folgende neuropsychologische Sichtweise zu vermitteln: Nur die konkreten Denkvorgänge bzw. die entsprechenden neuronalen Verknüpfungen, die im Gehirn aktiviert werden, werden auch abgespeichert. Eine sichere Abspeicherung erfolgt nur durch ausreichendes Wiederholen. Deswegen gilt es, im Lernprozess immer wieder darauf zu achten, was genau im Gehirn aktiviert wird. Der Schulalltag, angeleitet vom jeweiligen Lehrplan, ist gekennzeichnet durch einen schnellen Wechsel der Lernangebote, einer kurzen Darbietungszeit und unterschiedlichen Lernwegen. Für ADHS-Kinder finden die notwendigen Wiederholungen oft nicht im ausreichenden Maße statt. Es wird im Gehirn der Kinder eher Verwirrung gestiftet, die einem sicheren Beherrschen entgegensteht.

Beim »Wie des Lernens« müssen wir uns immer wieder Rechenschaft darüber ablegen,

- was konkret im Gehirn des Kindes aktiviert wird,
- ob der Lernstoff möglichst einfach mit wenigen Informationseinheiten »gehirngerecht« dargeboten wird,
- und wie das unerlässliche Wiederholen durchgeführt wird.

Auf diesen Vorüberlegungen aufbauend ist es möglich und auch notwendig, eine spezifische Feinabstimmung der Lernmethoden für das jeweilige Kind vorzunehmen.

Wir möchten immer wieder betonen, wie wichtig ein sicheres Beherrschen der Grundfertigkeiten für die Kinder ist, um von Beginn der Schulzeit an Frustrationen zu vermeiden. Wenn diese anwachsen, kommt es zur Vermeidung der Auseinandersetzung mit den notwendigen Lernanforderungen und -inhalten. Letztendlich bewirken die auf diese Weise immer mehr zunehmenden Defizite eine deutliche Beeinträchtigung der Schullaufbahn.

Für unsere ADHS-Kinder ist erfreulich, dass es immer häufiger gelingt, Vereinbarungen zwischen Eltern und Lehrerinnen und Lehrern dahingehend zu treffen, dass Hausaufgaben sinnvoller werden können: So lassen sich beispielsweise Lehrerinnen und Lehrer vermehrt darauf ein, dass ADHS-Kinder nur noch einen Teil der schriftlichen Hausaufgabe erledigen, sofern sie während der restlichen Zeit gemeinsam mit ihren Eltern mit effektiven nichtschriftlichen Lernmethoden arbeiten. Sie wissen ja: »Nicht im Heft soll es stehen, sondern im Kopf des Kindes«.

Zwischenzeitlich beobachten wir eine zunehmende Kooperation insbesondere mit Lehrern in Einzelkontakten, Arbeitsgemeinschaften, Fortbildungen und »Lernwerkstätten«. Diese Form der Teamarbeit zwischen Pädagogen, Psychologen und Lehrkräften bereitet den Boden für fruchtbare wechselseitige Lernprozesse. Trotz zunehmender Belastungen im Lehrerberuf, Unzufriedenheiten mit der Ausbildungssituation und Vorgaben durch Lehrpläne erleben wir hier Bereitschaft und Engagement auch für unsere ADHS-Kinder. Viele Lehrerinnen und Lehrer beobachten aufmerksam die Erkenntnisse der aktuellen Gehirnforschung und bemühen sich, diese im Rahmen ihres Unterrichts angemessen zu berücksichtigen. Teilweise arbeiten sie dann auch mit unseren Lernmethoden. Lehrkräfte, die ihren Unterricht auf unsere Methoden umstellen, kommen dabei zumeist zu dem Schluss: Was für ADHS-Kinder taugt, taugt erst recht auch für die anderen Kinder. So werden zum Beispiel Erfolgserlebnisse für den Bereich der Rechtschreibung mit den Grundmethoden Abfotografieren und Wortbaustelle in der 2. Klasse sowie mit den Einmaleinskärtchen am Ende der 2. Klasse berichtet.

Eltern, die unser Buch durcharbeiten, werden sich rasch bewusst, dass wir von ihnen sehr viel verlangen. Neben der Notwendigkeit, sich die von uns vorgestellten Techniken anzueignen, benötigen sie vor allem eine hohe Einsatzbereitschaft und Konsequenz, selbige im Lernalltag mit ihren Kindern regelmäßig anzuwenden. Auch hier haben wir viele Rückmeldungen erfahren. So berichten Eltern, dass sie nach einer schwierigen Übergangszeit die neue Strukturierung des Alltags letztlich als überaus hilfreich erleben. Manche Mütter und Väter erkannten sich auch in ihren Kindern wieder. Zum Teil wurden Feststellungen getroffen wie: »Ich lerne jetzt selbst wirklich Disziplin – was sich für uns alle sehr positiv auswirkt.«

In der erweiterten und aktualisierten 12. Neuauflage haben wir wiederum sowohl den wissenschaftlichen Erkenntnisfortschritt eingearbeitet als auch die Weiterentwicklungen aus unserer Praxis dargelegt.

Mit der vorliegenden Neuauflage verbinden wir weiterhin den Wunsch, Eltern, Lehrern und Therapeuten ein guter Wegbegleiter für das alltägliche Lernen mit ADHS-Kindern zu sein. Wie zuvor hoffen wir auf eine konstruktive Auseinandersetzung in der aktuellen Diskussion um Lernen und Bildung zum Wohle unserer ADHS-Kinder, aber auch aller anderen Kinder.

München und Würzburg, im Juli 2022 *Armin Born und Claudia Oehler*

Geleitwort

Es gibt zurzeit kaum eine andere psychische Störung, die mehr als die Aufmerksamkeitsdefizit- und Hyperaktivitätsstörung (ADHS) in der öffentlichen Diskussion steht. Alleine in den letzten fünf Jahren wurden über 50 Bücher zu diesem Syndrom sowie unzählige Presse- und Medienbeiträge veröffentlicht. Das große Interesse an dieser Problematik hängt mit dem Umstand zusammen, dass ADHS momentan das häufigste kinderpsychiatrische Krankheitsbild mit weit reichenden Konsequenzen für den weiteren Lebensweg der betroffenen Kinder und deren Familien ist. Die Erkrankung zählt zu den häufigsten Anlässen, weshalb Kinder und Jugendliche in kinder- und jugendpsychiatrischen sowie kinderärztlichen Praxen, Erziehungsberatungsstellen und schulpsychologischen Sprechstunden vorgestellt werden. In vielen Fällen ist es darüber hinaus gut belegt, dass das Störungsbild bis ins Erwachsenenalter weiterbesteht.

Um ADHS bei Kindern und Jugendlichen wirkungsvoll zu begegnen, ist es notwendig, dass verschiedene Berufsgruppen wie die der Ärzte, Pädagogen, Psychologen, Lehrer etc. zusammenarbeiten. Eine gelungene Kooperation setzt voraus, unterschiedliche Blickwinkel in Diagnostik und Behandlung miteinander in Einklang zu bringen.

Besonders die pharmakologische Behandlung der betroffenen Kinder und Jugendlichen wird in der Öffentlichkeit, aber auch in Teilen der medizinischen und psychologischen Fachwelt äußerst kontrovers und auch emotional diskutiert. Ausgelöst wurde dies u. a. durch rapide gestiegene Verordnungszahlen in Deutschland. In die Kritik geraten sind hier eine zum Teil unzureichende Diagnostik sowie die nicht ausreichende Überprüfung der Medikamenteneffekte und eine fehlende individuelle Dosiseinstellung und -anpassung. Auch mangelt es häufig an der Einbindung der medikamentösen Behandlung in ein *multimodales Behandlungskonzept*, wie es die Leitlinien der Deutschen Gesellschaft für Kinder- und Jugendpsychiatrie und Psychotherapie fordern.

Wenn Eltern betroffener Kinder die Praxis des Kinder- und Jugendpsychiaters aufsuchen, sind es in der Regel zwei Hauptproblembereiche, die ihnen und den Kindern das Leben schwer machen. Zum einen sind es *Verhaltensprobleme*, die oft bereits im Kindergarten durch eine ausgeprägte motorische Unruhe, Dominanzstreben, eine geringe Frustrationstoleranz, der Unfähigkeit richtig zu spielen und vielen Auseinandersetzungen deutlich werden. Diese Verhaltensprobleme setzen sich dann in der Schule zumeist durch die Unruhe und den Ärger fort, den die Kinder in das Klassenzimmer tragen. Mit Gleichaltrigen und den Geschwistern gibt es viele Schwierigkeiten. Eltern sind oft verzweifelt, Mütter fühlen sich zum Teil völlig überfordert.

Zum anderen sind es *Lern- und Leistungsprobleme*, die Eltern und Kinder verzweifeln lassen. Trotz normaler Intelligenz mehren sich bereits zu Beginn der Grundschulzeit Misserfolge und Frustrationen – Leistungsdefizite in den Grundfertigkeiten Lesen, Schreiben und Rechnen entstehen. Es ist die besondere Ausgangslage der Kinder wie die begrenzte Kapazität ihres Kurzzeitgedächtnisses, ihre kurze Aufmerksamkeitsspanne, ihre geringe Motivation für »langweilige Lerninhalte«, ihre niedrige Frustrationstoleranz, ihre hohe Impulsivität sowie ihre graphomotorischen Probleme, die schulische Misserfolge, Vermeidungsverhalten und in deren Folge große Lerndefizite entstehen lassen.

Die Kernsymptomatik des ADHS führt sehr häufig zu Lern- und Leistungsproblemen im schulischen Bereich. Unserer Erfahrung nach können diese Schwierigkeiten ihrerseits die Grundsymptomatik wiederum verstärken. Das Kind wird im Unterricht oder bei den Hausaufgaben noch unkonzentrierter und unruhiger, das soziale Verhalten aufgrund der erlebten Misserfolge noch auffälliger. Werden wir als Kinder- und Jugendpsychiater mit diesen Problemen konfrontiert, suchen wir nach geeigneten Ansatzpunkten zur Verbesserung der Symptomatik. Unser primäres Handwerkszeug ist jedoch kein pädagogisches, sondern ein ärztliches. Bei massiven Beeinträchtigungen gilt es, medikamentös zu behandeln. Ist eine Verschlechterung jedoch durch Lern- und Leistungsprobleme mit verursacht, ist die alleinige Erhöhung der Medikamentendosis kritisch zu beurteilen. Hier ist eine Behandlung im Rahmen eines multimodalen Gesamtkonzeptes gefordert.

Begründet wird diese Forderung nicht zuletzt durch die Ergebnisse der MTA-Studie. Es handelt sich hier um die größte Behandlungsstudie zu diesem Krankheitsbild, bei der in den USA unterschiedliche Behandlungsmethoden hinsichtlich ihrer Effektivität miteinander verglichen wurden. Die Ergebnisse weisen darauf hin, dass die signifikant effektivste Behandlungsmethode die *Kombination* von genau kontrollierter *medikamentöser und verhaltenstherapeutischer Behandlung* ist.

Bemerkenswert ist, dass im Vergleich zu einer rein pharmakologischen Behandlung bei der Kombinationstherapie im Durchschnitt eine geringere Dosierung erforderlich war, um hinsichtlich einer Symptomverbesserung die »optimale Wirkung« zu erreichen. Während bei der medikamentösen Behandlung durchschnittlich 38,1 mg Methylphenidat eingesetzt werden musste, erniedrigte sich die Tagesdosis bei der Kombinationstherapie auf 31,1 mg.

Wie wird eine erfolgversprechende Behandlung des ADHS in der Praxis aussehen?

An dieser Stelle ist auf ein sehr effektives Modell hinzuweisen, in dessen Rahmen wir als Kinder- und Jugendpsychiater in der ambulanten Praxis tätig sein können. Es handelt sich um die *Sozialpsychiatrie-Verordnung*. Die Sozialpsychiatrie-Verordnung (gültig seit dem 1. Juli 1994) dient der Förderung und Vernetzung der ambulanten kinder- und jugendpsychiatrischen Tätigkeit und insbesondere der interdisziplinären Zusammenarbeit verschiedener Berufsgruppen (Diplom-Psychologen, Diplom-Pädagogen, Heilpädagogen, Sozialpädagogen etc.) unter

Leitung des niedergelassenen Kinder- und Jugendpsychiaters. Die Kooperation mit den verschiedenen Professionen – so auch mit den Lehrern unserer ADHS-Kinder – setzt voraus, dass wir als Kinder- und Jugendpsychiater Wissen darüber erwerben, welche Maßnahmen auf welchem Gebiet für die betroffenen Kinder und Jugendlichen grundsätzlich von Nutzen sind. Eine effiziente Kooperation mit Schule und Eltern ist beispielsweise ohne ein entsprechendes Hintergrundwissen über Lernprozesse und effiziente Lernwege schwer möglich.

Durch die langjährige enge Zusammenarbeit mit Kolleginnen und Kollegen anderer Berufsgruppen haben wir als Kinder- und Jugendpsychiater(in) im Laufe der Jahre gelernt, unseren Blickwinkel zu erweitern und ADHS-Kinder und ihre Familien ganzheitlich zu betrachten. Dieser Prozess ist nicht ohne Auswirkung auf unsere Behandlungskonzeption der Lern- und Leistungsprobleme von Kindern und Jugendlichen mit ADHS geblieben: Diese sollte sich stets durch eine multimodale Vorgehensweise kennzeichnen.

Hier haben wir von den Autoren des vorliegenden Buches viel lernen und erfahren dürfen. Wir haben Verständnis darüber erworben, wie Lernprozesse im Allgemeinen und im Besonderen bei ADHS-Kindern ablaufen. Uns wurde in genauer Weise bewusst, mit welchen Schwierigkeiten an welchen besonderen Stellen ADHS-Kinder beim Lernen zu kämpfen haben. Vor allem waren es die konkreten Vorgehensweisen und ausgezeichneten Lerntipps und Materialien der Autoren, von deren großen Nutzen wir uns in der praktischen Arbeit immer wieder neu überzeugen konnten. Sie haben unseren »ärztlichen Handwerkskoffer« durch pädagogische und psychologische Gedanken und Strategien enorm erweitert und unsere tägliche Praxisarbeit damit entscheidend bereichert.

Das ADHS ist mit erheblichen individuellen Belastungen der Kinder und ihrer Eltern verbunden. Das ADHS ist jedoch darüber hinaus ebenso mit großen gesamtgesellschaftlichen Gesundheitskosten verknüpft. Es ist deshalb konsequent und erfreulich, dass die Autoren im Folgenden immer wieder auf die Ressourcen und Möglichkeiten der Eltern hinweisen, gemeinsam mit ihren betroffenen Kindern deren Lern- und Leistungsprobleme zu bewältigen.

Eltern, die ihre Kinder unterstützen möchten, werden in diesem Buch viele Wege finden, die sie für und mit ihren Kindern gewinnbringend einsetzen können. Gemeinsame Erfolge sind auf diese Weise vorprogrammiert.

Wir wünschen dem vorliegenden Buch, das unseres Erachtens eine wichtige Lücke der zahlreichen, vorrangig auf den Umgang mit Verhaltensproblemen ausgerichteten Elternratgebern schließt, guten Erfolg.

Petra Kreienkamp
Fachärztin für Kinder- und Jugendpsychiatrie

Dr. med. Klaus-Ulrich Oehler
Facharzt für Kinder- und Jugendpsychiatrie und Psychotherapie, Neurologie und Psychiatrie

Einleitung

Dieses Buch beschäftigt sich mit ADHS-Kindern und ihren Lern- und Leistungsproblemen. Aus unserer langjährigen praktischen Tätigkeit mit diesen Kindern und ihren Eltern möchten wir möglichst einfache und effektive Wege aufzeigen, um aus dem oft bestehenden Teufelskreis Lernstörungen auszusteigen. Aufgrund ihrer besonderen Voraussetzungen leidet ein Großteil der ADHS-Kinder unter Lernproblemen. Gängige Lernmethoden in unseren Schulen passen oft nicht zu den Besonderheiten der ADHS-Kinder, so dass schnell schulische Defizite und psychische Folgeprobleme entstehen.

Dies gilt insbesondere für das Erlernen der Grundfertigkeiten im Rechnen, Schreiben und Lesen. In den Basisfertigkeiten entstehen oft sehr frühzeitig, manchmal bereits in der ersten Grundschulklasse Lücken. Nachfolgender Lernstoff kann nicht mehr beherrscht werden, da das »Fundament« wackelig ist. Dies ist dann häufig der Beginn von Teufelskreisen, in deren Folge Kinder ihre Defizite wahrnehmen und ihre Motivation und ihr Selbstwertgefühl zu sinken beginnen. In der wissenschaftlichen Literatur wird das gemeinsame Auftreten von Lese-/Rechtschreibschwächen und -störungen oder von Rechenschwächen und -störungen mit einer Aufmerksamkeitsproblematik häufig beschrieben. Auch wissen wir, dass durch die Leistungsprobleme und die erlebten ständigen Misserfolge emotionale Störungen und frühe Verhaltensauffälligkeiten entstehen, die wiederum den weiteren Lebensweg maßgeblich, und zwar in ungünstiger Weise, mit beeinflussen können.

Mit diesem Buch möchten wir dazu beitragen, Eltern, Lehrern sowie anderen Personen, die täglich mit ADHS-Kindern zu tun haben, Hilfen für einen frühzeitigen »Ausstieg« aus dem Teufelskreis Lernstörungen anzubieten.

Wie ist ADHS (Aufmerksamkeitsdefizit-Hyperaktivitätsstörung) genau definiert? Welche Eigenschaften bestehen bei Kindern mit ADHS?

In den beiden international gebräuchlichen Klassifikationssystemen, dem ICD-11 (dem Klassifikationssystem für Krankheiten der Weltgesundheitsorganisation (WHO), dessen aktuelle 11. Version seit dem 1.1.2022 gilt) und dem DSM-5 (dem amerikanischen Diagnostischen und Statistischen Manual), werden übereinstimmend die drei Symptombereiche Unaufmerksamkeit, Hyperaktivität und Impulsivität genannt und in fast gleicher Weise operationalisiert.

- *Unaufmerksamkeit* bezieht sich auf erhebliche Schwierigkeiten, die Aufmerksamkeit bei Aufgaben aufrechtzuerhalten, die kein hohes Maß an Stimulation oder häufige Belohnungen, jedoch Ablenkbarkeit und Probleme mit der Organisation bieten.
- *Hyperaktivität* bezieht sich auf übermäßige motorische Aktivitäten und die Schwierigkeit, still zu bleiben. Dies zeigt sich am deutlichsten in strukturierten Situationen, die eine Verhaltensselbstkontrolle erfordern.
- *Impulsivität* ist eine Tendenz, auf unmittelbare Reize zu reagieren, ohne über die Risiken und Konsequenzen nachzudenken oder sie zu berücksichtigen.

Das jeweilige Ausmaß der Ausprägungen in diesen drei Symptombereichen übersteigt das Ausmaß der normalen Variation und wirkt sich direkt negativ auf das schulische, berufliche oder soziale Funktionsniveau aus.

Unter dem Oberbegriff ADHS (Aufmerksamkeitsdefizit-Hyperaktivitätsstörung) werden drei »Präsentationsformen« (Phänotypen) (ICD-11) bzw. »Erscheinungsformen« (DSM-5) zusammengefasst. Die Symptombereiche, die bei dem jeweiligen Kind überwiegen, bestimmt den jeweiligen Typus des Störungsbildes.

Der vorwiegend unaufmerksame Typus ohne ausgeprägte Hyperaktivität und Impulsivität wird im DSM-5 als »**vorwiegend unaufmerksame Erscheinungsform**« definiert (Banaschewski, Döpfner 2014, S. 288). Im ICD-11 wird diese Unterform als »Attention deficit hyperactivity disorder, predominantly inattentive presentation (6A05.0)« bezeichnet. Kinder mit diesem Typus fallen weniger durch impulsives, ungesteuertes Verhalten und den damit verbundenen Sekundärproblemen auf, sondern mehr durch Aufmerksamkeitsprobleme und die dadurch bedingten Lern- und Leistungsprobleme. Unaufmerksame Kinder machen häufig Flüchtigkeitsfehler, können ihre Aufmerksamkeit nicht lange aufrechterhalten, scheinen oft nicht zuzuhören, haben Schwierigkeiten, ihre Aufgaben und Aktivitäten zu organisieren, vermeiden dann auch oft geistige Anstrengungen, verlieren häufiger etwas, lassen sich leicht ablenken und sind bei Alltagstätigkeiten vergesslicher als andere Kinder. Dies führt oft zu stundenlangem Sitzen über den Hausaufgaben. Die so entstehenden Lern- und Leistungsprobleme führen zudem häufig zu weiteren Problemen im emotionalen Bereich, zu vermehrten Ängsten und Stimmungsschwankungen sowie Schuldgefühlen.

Als zweiten Typus führt das DSM-5 die »**vorwiegend hyperaktiv-impulsive Erscheinungsform**« bzw. das ICD-11 die »Attention deficit hyperactivity disorder, predominantly hyperactive-impulsive presentation (6A05.1)« an, bei der zwar auch Aufmerksamkeitsprobleme (s. o.) vorliegen, aber die hyperaktive und impulsive Symptomatik im Vordergrund stehen. Auffällig sind mangelhaft regulierte und wenig reflektierte Aktivitäten, durch geringfügigen Anlass auslösbare, überschießende Gefühlsreaktionen und eine geringe Frustrationstoleranz. Diese Kinder »sind oft achtlos und impulsiv, neigen zu Unfällen und werden oft bestraft, weil sie eher aus Unachtsamkeit als vorsätzlich Regeln verletzen. Ihre Beziehung zu Erwachsenen ist oft von einer Distanzstörung und einem Mangel an normaler Vorsicht und Zurückhaltung geprägt. Bei anderen Kindern sind sie unbeliebt und können isoliert sein« (Deutsches Institut für Medizinische Dokumentation und Information 2018, S. 217).

Wenn sowohl Symptome von Unaufmerksamkeit als auch von Impulsivität/Hyperaktivität vorliegen, bezeichnet das DSM-5 dies als »**kombinierte Erscheinungsform**« bzw. das ICD 11 als »Attention deficit hyperactivity disorder, combined presentation (6A05.2)«.

Um diesen drei Erscheinungsformen gleichermaßen gerecht zu werden, benutzen wir in diesem Buch die Abkürzung ADHS.

Die Feststellung eines ADHS sollte in sehr verantwortungsvoller Weise vorgenommen werden. Deswegen sollte die Diagnostik des Störungsbildes ADHS auf umfassende Weise erfolgen und nur von Kinder- und Jugendpsychiatern in Zusammenarbeit mit Psychologen oder besonders ausgebildeten Kinderärzten durchgeführt werden.

Zu einer aussagekräftigen Diagnostik gehört eine neurologische Untersuchung (einschließlich EEG), die Überprüfung der Fein- und Grobmotorik, die Erhebung der Anamnese und der störungsspezifischen Entwicklung des Kindes, eine umfassende Leistungsdiagnostik mit Überprüfung der intellektuellen Möglichkeiten sowie der Feststellung von eventuellen Teilleistungsstörungen. Eine testpsychologische Erfassung der emotionalen Situation des Kindes sowie ausreichende Kenntnis über die familiäre Situation, Erziehungskompetenzen der Eltern und Erhebung des schulischen Werdeganges der Kinder sind ebenso unabdingbar.

Mit diesem Buch möchten wir neben den *Eltern* besonders auch die *Lehrer* ansprechen.

Lehrer sind mit immer mehr »Problemkindern« in ihrem Schulalltag konfrontiert. Das Studium bereitete sie jedoch in Bezug auf die Problematik von ADHS-Kindern nicht einmal auf den pädagogischen Umgang mit deren vielfältigen Verhaltensproblemen vor. Ihre spezifischen Lernprobleme waren erst recht nicht Gegenstand der Lehrerausbildung. Somit bekommen Lehrer in ihrer Berufswirklichkeit viel aufgebürdet. Sie erleben sich oft »eingeklemmt« zwischen Lehrplänen und Lehrplanänderungen, der Begutachtung durch ihre Schulräte, der Konfrontation und Auseinandersetzung mit unterschiedlichsten Standpunkten der Eltern ihrer Schulkinder sowie der Erfüllung ihrer tagtäglichen Arbeit.

Mit diesem Buch möchten wir alle Personengruppen, die mit ADHS-Kindern umgehen, auf die Problematik Lernstörungen aufmerksam machen und erste Lösungsschritte aufzeigen, sowie zu deren Weiterentwicklung anregen.

Lehrern, Therapeuten und Pädagogen möchten wir den *Blick für die Gefahrenstellen* beim Lernen mit ADHS-Kindern schärfen. Die von uns dargestellten und erprobten Lerntipps sind als Beispiele zu verstehen, wie die notwendigen Grundprinzipien beim Lernen mit ADHS-Kindern umgesetzt werden können.

Die von uns entwickelten Lernmethoden beinhalten alle gerade in der Anfangszeit interaktive Momente, d. h. sie werden *gemeinsam* von Eltern und Kindern durchgeführt. ADHS-Kinder können schlecht selbständig lernen – dies ist eine Erfahrung, die insbesondere die Mütter bestätigen können. Lässt man ADHS-Kinder mit der Lern- oder Hausaufgabensituation alleine, passiert in der Regel relativ wenig. Um erfolgreich zu sein, müssen Lerntipps diese mangelnde Steuerungs- und Strukturierungsfähigkeit von ADHS-Kindern berücksichtigen und natürlich auch mithelfen, motivatonale Anreize durch die Interaktion zwischen Eltern und Kindern zu schaffen.

Wir verstehen unsere Lernhilfen für ADHS-Kinder als einen ersten Schritt. *Ziel* bleibt die *Weiterentwicklung angemessener Lernmethoden* (unter der Prämisse »weniger ist mehr«). Selbstverständlich sollten bei der Auswahl der Methoden immer das einzelne Kind und dessen Notwendigkeiten betrachtet werden.

Wir möchten zur Weiterentwicklung von Lernmethoden innerhalb des von uns aufgezeigten Rahmens anregen, aber auch stets kritisch hinterfragen, ob bei den jeweiligen Lernmethoden, die ja Mittel zum Zweck, d. h. zum Behalten und Beherrschen von neuem Lernstoff, sein sollen, dieser auch tatsächlich behalten wird. Analysieren wir gängige schulische und auch bei anderen Kindern bewährte Lernmethoden, so müssen wir gerade bei ADHS-Kindern immer wieder fragen, ob dieses Ziel erreicht wird.

Die Grundschule nimmt aus unserer Sicht eine herausragende Bedeutung für die *Vermittlung eines »festen Fundamentes«* in den Grundlagenfächern ein. Unserer Beobachtung nach sind die Erfahrungen der Kinder im Umgang mit den Grundfertigkeiten in Mathematik und Deutsch prägend für ihr Selbstkonzept im Leistungsbereich und ihre Lernmotivation und damit auch prägend im Hinblick auf den Erwerb von Fähigkeiten, die letztendlich die Bewältigung von komplexeren Aufgabenstellungen im weiteren schulischen und beruflichen Werdegang ermöglichen.

Mit diesem Buch möchten wir die Notwendigkeit der *Kooperation* aller mit ADHS-Kindern Betrauten unterstreichen. Besonders wichtig erscheint es uns, dass diese Kooperation schon im Grund- bzw. Primärschulbereich beginnt, da in dieser Phase meist die Weichen für die weitere schulische Laufbahn gestellt werden.

Unser Praxisalltag zeigt uns, dass es ohne die Zusammenarbeit zwischen Eltern, Lehrern und Therapeuten nicht geht:

- Unsere ADHS-Kinder möchten in der Schule besser werden,
- Lehrer und Lehrerinnen möchten in ihrer Arbeit erfolgreich sein und
- Eltern machen sich Gedanken über die Entwicklung ihrer Kinder und sind oftmals bereit, viel zu investieren und sich zu engagieren.

Uns geht es darum, gerade in Zeiten zunehmend begrenzter Gelder im Gesundheits-, aber auch im Bildungssystem, im Alltag die *Ressourcen aller Beteiligten besser zu nutzen:* Dies betrifft die Zeit, Energie und Motivation des betroffenen Kindes, die Bereitschaft der Eltern und das Bemühen der Lehrkräfte.

ADHS-Kinder stellen eine große Herausforderung an die pädagogische Kompetenz der Lehrkräfte dar. Die besonderen Lernvoraussetzungen der ADHS-Kinder könnten Anlass zur Reflexion über Lernmethoden sein. Diese Reflexion wiederum schärft die pädagogische Kompetenz. Wenn es gelingt, ADHS-Kinder zu Erfolgen zu führen, dann sicherlich erst recht nicht betroffene Kinder. Dies dürfte sowohl für einen angemessenen Umgang mit Auffälligkeiten und Defiziten im Verhaltensbereich als auch im Lernbereich gelten.

Mit dem Leitbegriff »Kompetenzorientierung« wird von kultuspolitischer Seite ein »neues« Verständnis von Bildung propagiert. Dabei wird Bildung als das Vermögen verstanden, Lernen selbst steuern und Probleme selbst lösen zu können, anstatt vorgegebene Lösungen zu wiederholen. Hierbei sollte jedoch bedacht werden, dass Kinder, bevor sie forschend und kreativ lernen und Probleme lösen können, zunächst einmal ihr Handwerkszeug, die Grundfertigkeiten, beherrschen müssen. Das Fundament im Sinne verlässlicher Basiskenntnisse und Kompetenzen in den Bereichen Deutsch, Mathematik und der Naturwissenschaften muss zuvor in solider Weise gefestigt worden sein. Darauf wird leider in unserem Schulsystem – besonders auch bei Kindern mit Schwächen – sehr häufig zu wenig geachtet.

Die Auswirkungen der Lernschwächen bzw. -störungen sind für den weiteren Lebensweg mindestens genauso ernst zu nehmen wie die Auswirkungen von Verhaltensstörungen. Eltern, Lehrer, Psychologen und Ärzte benötigen deswegen *ein fundiertes Hintergrundwissen zum Thema Lernen*, wenn sie ADHS-Kindern helfen möchten. Hierbei sind lernpsychologische und neurowissenschaftliche Erkenntnisse vorrangig zu berücksichtigen.

Mit diesem Buch möchten wir den genannten Personengruppen eine Richtung, einen Rahmen vorgeben, auf welche Weise Lernen mit dem ADHS-Kind gestaltet werden kann. Ihrer eigenen Kreativität sind jedoch, wenn sie vor dem Hintergrund dieser Vorgaben reflektiert wird, keine Grenzen gesetzt. Mit den von uns aufgezeichneten Wegen haben wir viele gute Erfahrungen mit betroffenen Kindern und deren Eltern gemacht. Selbstverständlich ist immer im Einzelfall auszuprobieren, ob bestimmte Maßnahmen für das einzelne Kind passen und taugen. Führen sie zu Erfolgen, lohnt es sich, den gleichen Weg in konsequenter Weise weiter fortzuführen. Taugen sie nicht, gilt es Neues auszuprobieren und nicht nach dem Motto »mehr desselben« zu verfahren – d. h., was nicht funktioniert, sollte auch beiseitegelegt werden.

Ist schulisches Lernen erfolgreich, ist das toll! Dann nämlich taugt es. Sind jedoch Leistungsschwächen im bzw. durch schulisches Lernen entstanden, sollte man möglichst schnell die Lernmethoden und Vorgehensweisen überdenken, die zu den entsprechenden Defiziten geführt haben. Dies sollte stets vor dem Hintergrund des Wissens über die ADHS-Symptomatik, d. h. der besonderen Voraussetzungen dieser Kinder, geschehen. Dann gilt es neue Wege und Verfahren auszuprobieren, jedoch nicht wahllos. Neue Lernmethoden sollten stets auf der Grundlage der speziellen Möglichkeiten aber auch Grenzen der ADHS-Kinder sowie den grundsätzlichen Voraussetzungen beim Einprägeprozess ausgewählt werden.

Es sollte dabei nicht unbedingt den Vorgaben der Didaktik gefolgt werden. Häufig gründet sich die Didaktik ausschließlich auf fachtheoretische Inhalte und Strukturen und leitet daraus Postulate ab. Diese werden, wie es in der Schule oft die Regel ist, nicht vor ihrem Einsatz oder ihrer Umsetzung erprobt bzw. einer empirischen Überprüfung bei der Umsetzung unterzogen. Besonders ungünstig wirkt sich dabei aus, dass meist unberücksichtigt bleibt, wie das Gehirn des Schülers arbeitet.

Ihr Wegweiser für dieses Buch

Möglicherweise haben sie als Eltern, als Lehrer, als Psychologen oder Kinder- und Jugendpsychiater unterschiedliche Interessen, wenn sie dieses Buch lesen. Aus diesem Grunde haben wir uns bemüht, die mehr praxisorientierten Teile, d. h. die konkreten Lerntipps, die besonders für die Eltern interessant sind, am Seitenrand blau zu unterlegen. Ausführliche und zum Teil anspruchsvolle Erklärungsmodelle zu den einzelnen Fertigkeiten im Bereich Lesen, Schreiben, Rechnen sowie Überblicksdarstellungen zum aktuellen Wissensstand der entsprechenden Themen dürften besonders für Lehrer, Psychologen, Ärzte und Heilpädagogen interessant sein. Diese Teile haben wir weiß belassen.

Das Buch gliedert sich in drei Teile

Teil 1 liefert Ihnen theoretische und praktische Grundlagen zu den besonderen Voraussetzungen der ADHS-Kinder im Hinblick auf schulisches Lernen sowie Basiswissen zum Thema Informationsaufnahme, Vergessen und Behalten.

In *Teil 2* finden Sie allgemeinere günstige Lerntipps für ADHS-Kinder, methodische Grundprinzipien, mögliche Hilfestellungen durch die Eltern, sowie Hinweise zur Lernsituation von ADHS-Kindern im Rahmen eines reformpädagogisch orientierten Unterrichts.

Teil 3 geht auf die Grundlagenfächer Rechnen, Lesen, Rechtschreibung, Aufsatzschreiben, die Lernfächer sowie das Fach Englisch ein. Zu jedem Fach liefern wir Ihnen hier aktuelles grundlegendes Hintergrundwissen sowie störungsspezifische Erklärungsmodelle, die dem neuesten Forschungsstand entsprechen. An die jeweils theoretischen Vorspanne schließen sich konkrete Lernhilfen für das jeweilige Fach an, die wir mithilfe von Abbildungen möglichst anschaulich dargestellt haben. Sie müssen also nicht das ganze Buch von vorne bis hinten studieren, sondern können bei Bedarf direkt zu den einzelnen für Sie relevanten Fächern übergehen und sich hier gezielte Anregungen heraussuchen. Zusätzlich haben wir in unserem Inhaltsverzeichnis die praxisbezogenen Abschnitte mit den allgemeinen Tipps zum Lernen und den konkreten Übungsmöglichkeiten blau unterlegt.

An dieser Stelle möchten wir den ADHS-Kindern und ihren Eltern danken, die wir nun seit circa 30 Jahren in Einzelgesprächen und in Trainingsgruppen betreuen. Von »unseren« ADHS-Kindern, aber auch von unseren eigenen Kindern Anja und Tommy sowie Johanna und Philipp, durften wir viel lernen.

Aufgrund der Möglichkeit, sie intensiv begleiten, beobachten, mit ihnen Neues ausprobieren zu können und sich über Erfolge und kleine Fortschritte gemeinsam freuen zu dürfen, ist ein fruchtbarer hoffnungsvoller Weg entstanden, der die Chancen erhöht, das Leben gut meistern zu können.

Unser Dank gilt ebenso den Lehrerinnen und Lehrern, mit denen eine erfolgreiche Zusammenarbeit gelang.

Inhalt

Teil I Grundlagenwissen

Etwa 5 % aller Kinder in Deutschland sind von ADHS betroffen (vgl. AWMF 2017, S. 12). Dies sind ein bis zwei Kinder in jeder Schulklasse. Neben den bekannten Verhaltensproblemen führt die Kernsymptomatik des ADHS – nämlich die Aufmerksamkeitsbeeinträchtigung, die erhöhte Impulsivität sowie die Hyperaktivitätsstörung – bei den Kindern auch zu erheblichen Lern- und Leistungsproblemen.

Genauso wie die Verhaltensprobleme, sind es ebenso die Lern- und Leistungsprobleme, die den weiteren Lebensweg des Kindes in entscheidender Weise mitbestimmen. ADHS-Kinder zeigen niedrigere Bildungsabschlüsse als nicht betroffene Gleichaltrige, brechen häufiger Lehrstellen ab und weisen Teilleistungsstörungen auf. Auch Leistungsprobleme führen zu psychischen Problemen im Kindes- und Jugendalter, die sich dann bis ins Erwachsenenalter fortsetzen und dort verfestigen können. Die Entwicklung kann folgendermaßen zusammengefasst werden:

ADHS führt häufig zu Leistungsproblemen

- Leistungsprobleme führen mittel- bzw. langfristig häufig zu **psychischen Problemen bzw. Verhaltensauffälligkeiten**
- ADHS, Leistungsprobleme und psychische Probleme führen oft zu einer ausgeprägten **Beeinträchtigung des Lebens- und Berufsweges**
- Beeinträchtigungen des Lebens- und Berufsweges führen häufig zu **psychischen Problemen**

Kapitel 1: Leistungs- und Lernprobleme bei ADHS-Kindern – Typische Beispiele

Max besucht die *Jahrgangsstufe 1 der Grundschule*. In seinem Zeugnis ist folgendes zu lesen: »Max ist ein sehr aufgeweckter Schüler, der jedoch noch immer nicht in der Lage ist, dem Unterrichtsgeschehen gleichbleibend aufmerksam zu folgen. So meldete er sich nur selten, beschäftigte sich dafür aber ständig mit anderen Dingen, spielte, trieb Unfug und störte die Mitschüler in ihrer Konzentration. Wenn er einmal mitdachte, rief er seine Ergebnisse einfach in die Klasse […] Max beherrscht den Zehnerübergang noch nicht. Er bleibt auf Anschauungsmaterial angewiesen. Hier müsste mehr häusliche Übung erfolgen. Insgesamt müsste sich Max deutlich besser an die Regeln im Schulalltag, insbesondere auch auf dem Pausenhof und beim Sport, halten […] Max hat das Klassenziel gerade noch erreicht.«

Benjamin besucht die *2. Klasse der Grundschule*. Benjamin ist verträumt, schaut in der Schule ständig in der Gegend herum, ist in seinem Arbeitstempo langsamer als die anderen Kinder und hat zudem noch eine sehr schlechte Schrift. Benjamins Lehrerin hat Zweifel, ob er das Klassenziel erreichen wird. Da Benjamin vermutlich »einfach unbegabt ist«, wird demnächst eine Testung zu Vorbereitung eines Schulwechsels in die Diagnose-Förderklasse bzw. Schule zur individuellen Lernförderung durchgeführt.

Florian besucht die *2. Klasse der Grundschule*. Das Schuljahr ist fast zu Ende. Florian hat in der Schule jede Menge Probleme, Florians Mutter wird häufig zur Lehrerin zitiert, da Florian im Unterricht stört, spielt, oft in Auseinandersetzungen verwickelt ist und insgesamt sehr unruhig und impulsiv ist. Ein besonderes Problem ist das Lesen. Florian vermeidet sämtliche Leseanforderungen zuhause, während seine Klassenkameraden bereits Bücher verschlingen. Seine Mutter möchte gerne mit ihm Lesen üben, dies ist jedoch für alle Beteiligten eine Qual und mit viel Protest und Tränen verbunden. So findet das Üben nur gelegentlich statt. Seine Mutter berichtet, dass Florian sich von Anfang an beim Lesenlernen sehr schwergetan habe. So sei ihr aufgefallen, dass er manchmal Wörter gelesen habe, die überhaupt nicht im Text gestanden hätten. Endungen oder Silben habe er häufig weggelassen. Jetzt sei sein Lesen sehr holprig, viele Wörter müsste er sich noch Buchstabe für Buchstabe erlesen, die Betonung sei sehr schlecht. Nun bekommt Florian auch Schwierigkeiten mit den ersten kleinen Textaufgaben, da er zu langsam liest. An freiwilliges Lesen ist überhaupt nicht zu denken. Florians Lehrerin beruhigt in diesem Punkt die Mutter: »Das wird schon, der Knoten wird schon noch platzen…«.

Katrin besucht die *3. Klasse der Grundschule*. Sie ist ruhig, eher schüchtern, häufig verträumt. Katrin hat Schwierigkeiten im Rechnen. Trotz dieses Umstandes ist sie immer noch fleißig und übt mit ihrer Mutter und mit der Unterstützung der Lehrerin viel. Im Bereich der Subtraktion und Addition im Hunderterraum unterlaufen Katrin viele Fehler. Das Prinzip des Zerlegens hat Katrin offenbar nicht begriffen. Auch die Einmaleinsaufgaben beherrscht Katrin nur unzureichend, ihre Strategie des inneren Hochzählens dauert zu lange. Katrin ist im Kopfrechnen sehr schlecht, was sie sehr frustriert. Die ersten kleinen Textaufgaben hasst Katrin. Sie überfliegt die Aufgabenstellung, greift sich einzelne Zahlen heraus, verknüpft diese nach dem Prinzip Versuch und Irrtum. Geschriebene Zahlwörter werden überlesen. Ein systematisches Vorgehen findet nicht statt. Es fällt ihr schwer, überhaupt eine Fragestellung zur Textaufgabe zu formulieren. Katrins Lehrerin rät der Mutter: »Katrin braucht noch mehr Anschauungsmaterial. Vielleicht wäre es günstig, einen langen Zahlenstrahl in Katrins Zimmer aufzuhängen, damit Katrin den Zahlenraum bis Hundert erst einmal richtig begreifen lernt.« Katrin ist sehr traurig über ihr ständiges Versagen und entwickelt zunehmend Angst vor jeder Form von Mathematikaufgaben.

Julian besucht die *4. Grundschulklasse*. Julian tut sich mit dem Schreiben sehr schwer. Seine Schrift ist krakelig. Während des Unterrichtes ist er sehr unruhig, spielt mit allem, was ihm in die Hände kommt und steht auch manchmal einfach auf. In der Rechtschreibung macht er viele Fehler. Julians Lehrerin rät: »Sprich das Wort beim Schreiben mit, schreibe das Wort so, wie du es hörst.« Sie kopiert viele Arbeitsvorlagen für Julians Mutter. Auf dem Arbeitsblatt »So kannst du für die Nachschrift üben« finden sich 25 verschiedene Methoden, unter anderem sollen die Wörter aufgebaut, Wortkästchen gezeichnet, in Geheimschrift geschrieben, die Lernwörter nach der Anzahl der Buchstaben geordnet werden… Julians Mutter versucht wenigstens, ihm die Nachschriften viermal in der Woche zu diktieren. Es ist immer ein Kampf. In diesen Nachschriften zeigt Julian schwankende Leistungen. Die gleichen Wörter werden einmal richtig und dann wieder falsch geschrieben. Bei unbekannten Diktaten hat Julian grundsätzlich eine Fünf oder eine Sechs. Julian verweigert sich immer mehr und ist kaum noch zum Üben zu bewegen. Die Mutter macht sich große Sorgen: »Hat Julian vielleicht eine Legasthenie?«

Philipp besucht die *4. Klasse der Grundschule*. Philipp ist in seiner Klasse bereits in eine Außenseiterposition gerutscht, da er sich ständig mit jedem anlegt, zum Teil recht aggressiv reagiert und den Unterricht permanent stört. Geht es auf 13.00 Uhr zu, steigt die Anspannung bei seiner Mutter. Sie fürchtet den täglichen Hausaufgabenkrieg, der sie wieder erwarten wird. Philipp tut alles, um den Beginn der Hausaufgaben hinauszuzögern. Damit Philipp überhaupt arbeitet, muss seine Mutter täglich neben ihm sitzen. Die Hausaufgaben ziehen sich in der Regel über den ganzen Nachmittag hin. Versucht Philipps Mutter, ihn auf einen Fehler hinzuweisen, so flippt er sofort aus. Philipp redet ununterbrochen und versucht, seine Mutter in Gespräche und Diskussionen zu verwickeln. Kommt Philipps Vater gegen 17.00 Uhr nach Hause, ist seine Frau mit ihren Nerven völlig am Ende und die Hausaufgaben sind nur unvollständig erledigt. An zusätzliches Lernen ist so verständlicherweise nicht zu denken.

Tim besucht den *5. Jahrgang der Mittelschule*. Seine Leistungen liegen oft an der Grenze zum unterdurchschnittlichen Bereich. Tim zeigt in den Sachfächern großes Interesse, doch es mangelt ihm an Lernwillen, Fleiß und Durchhaltevermögen. Nach Auskunft der Lehrerin möchte Tim zwar gute Ergebnisse erzielen, doch möglichst ohne persönliche Anstrengung. Stehe Tim vor Problemen und dies betreffe insbesondere den Fachunterricht, blockiere er sofort, arbeite nicht oder nur zögernd und beleidigt mit. Trotzt mehrmaligen Nachfragens und häufigen Ermahnens erfährt Tims Mutter immer nur zufällig über die Mutter eines Mitschülers, wann wieder einmal eine Klassenarbeit geschrieben wurde. Tim trägt grundsätzlich die mitgeteilten Testtermine nicht in sein Hausaufgabenheft ein und weiß diese nicht, so dass eine Vorbereitung für die Klassenarbeiten gar nicht stattfinden kann. Außerdem ist Tim der Meinung, dass zusätzlich zu den schriftlichen Hausaufgaben, die er in kürzester Zeit erledigt hat, nichts weiter für die Schule zu lernen sei. So verabredet er sich schnellstmöglich mit den Worten: »Wir haben nichts mehr auf, keiner lernt etwas zusätzlich, ich bin fertig.«

Peter besucht die *6. Klasse der Mittelschule*. In einem Kurzgutachten über ihn ist zu lesen, dass Peter Fehlverhalten immer bei anderen suche, sich stets als Opfer erlebe und nie eine Schwäche, eine Schuld eingestehe. Er wirke uneinsichtig und unbelehrbar. Peter sei extrem schnell abgelenkt, könne unwichtige Einzelheiten schlecht aussortieren und es falle ihm schwer, sich auf eine einzelne Sache zu konzentrieren. Auch rufe er im Unterricht häufig dazwischen, äußere abwertende Kommentare zu den Antworten der Mitschüler, greife andere Mitschüler bisweilen verbal an und verhalte sich rücksichtslos, unkameradschaftlich und neige zu Affekten. Es falle ihm äußerst schwer, still zu sitzen, Beine, Hände und Mund seien dauernd in Bewegung. Schreibutensilien, Lineale, Papiere und andere Gegenstände würden als Spielzeug benutzt. Peter besteht darauf, dass sich seine Eltern möglichst wenig in schulische Angelegenheiten einmischen. Peters Mutter fragt ihn immer mal wieder, ob sie ihn in Geschichte, Erdkunde oder Biologie abfragen solle. »Kann ich schon!« ist Peters Standardantwort. Die Leistungen in den schriftlichen Abfragen, aber auch die mündlichen Noten in den Nebenfächern sind häufig unterdurchschnittlich. Leert Peters Mutter einmal seine Schultasche aus, findet sie ein Durcheinander von Arbeitsblättern, die Peter offensichtlich nicht abgeheftet hat. Auch im Englischen gibt es wie in der deutschen Rechtschreibung Probleme. Betrachtet man die schriftlichen Abfragen der Vokabeln, ist deutlich, dass Peter nach dem Gehör schreibt (z. B. »jelau« statt »yellow«). Das Vokabellernen stellt für Peter eine Riesenbelastung dar, da die Lehrerin in bestimmten Abständen immer wieder einmal 20–25 neue Vokabeln zu lernen aufgibt, dies allerdings erst für den übernächsten Tag. Peters schriftliche Leistungen im Fach Englisch liegen im mangelhaften Bereich. Es scheint sich zu bestätigen, dass Peter offensichtlich eine Teilleistungsschwäche in der Rechtschreibung hat, dies nicht nur im Deutschen, sondern auch in der Fremdsprache.

Lisa besucht die *7. Klasse der Realschule*. Trotz ihrer ADHS-Problematik waren die Leistungen in der Grundschule dank intensiver Unterstützung ihrer Eltern gut. Seit Lisa in der Pubertät ist, geht überhaupt nichts mehr. Lisas Motivation ist gleich null, die Leistungen werden immer schlechter, Defizite vor allem in den Hauptfächern werden immer größer. Am Ende des Schuljahres wird Lisa vermutlich die Realschule verlassen müssen. Sie hat einfach »keinen Bock mehr auf Schule«.

Fazit

Kinder mit ADHS haben deutlich häufiger Leistungsprobleme als Gleichaltrige ohne ADHS.

Es gilt aber zu bedenken, dass

- nicht jedes Kind mit Leistungsproblemen ADHS hat, und
- nicht jedes Kind mit ADHS Leistungsprobleme hat.

Kapitel 2: Besondere Leistungsprobleme bei ADHS-Kindern

Neben der Primärsymptomatik, d. h. der Aufmerksamkeitsbeeinträchtigung, der Hyperaktivität sowie der Impulsivität, gibt es eine Vielzahl anderer Probleme, die bei Kindern mit ADHS zusätzlich auftreten können (vgl. AWMF 2017, S. 26). ADHS-Kinder haben eine größere Wahrscheinlichkeit, kognitive Schwierigkeiten und Entwicklungsverzögerungen aufzuweisen, Verhaltensprobleme zu zeigen, emotionale Probleme und auch »akademische« Schwierigkeiten zu besitzen. Ihr Fortkommen in unserem Schulsystem ist schwieriger als bei anderen Kindern. Auch medizinische Komplikationen finden sich gehäuft bei ADHS-Kindern.

1. Welche Besonderheiten sehen Sie als Eltern in der Lern- und Hausaufgabensituation Ihrer Kinder?

Kinder mit ADHS erleben die *Hausaufgabensituation* als besonders unangenehm und anstrengend. Nach einem langen Schulvormittag müssen sie sich noch einmal konzentrieren. Dies ist aufgrund der gegenüber Gleichaltrigen geringeren Aufmerksamkeitsspanne sehr schwierig. Das Ausmaß an Ablenkbarkeit ist hoch, d. h. das Klingeln des Telefons, der Vogel, der auf dem Baum zwitschert oder das Playmobil-Männchen, das auf dem Schreibtisch liegt, sind willkommene Ablenkungen. Die Motivation ist bei den »langweiligen« Inhalten reduziert. Durch häufige Fehler steigt die Frustration.

Das *Lesen* fällt Ihren Kindern aufgrund des oberflächlichen, hüpfenden Wahrnehmungsstiles schwer: Der Blick schweift eher ab, ist nicht auf die Zeile gerichtet, die erforderlichen Blicksprünge verlaufen unkoordinierter und ungezielter, Buchstaben werden übersehen, Wortbilder werden nur schwer erkannt. Die Sinnentnahme ist manchmal gar nicht gegeben.

Auch das *Schreiben* fällt vielen Kindern schwer. Graphomotorische Schwierigkeiten, eine ungenügende Kraftdosierung und eine damit verbundene Verkrampfung der Hand machen das Schriftbild oft unleserlich und krakelig. Die Folge ist, dass das Schreiben für Ihr Kind recht anstrengend ist und dass es deshalb verständlicher Weise nicht gerne schreibt.

Die *Seh- und Hörwahrnehmung* ist oft beeinträchtigt: Für ADHS-Kinder ist es schwierig, Wichtiges von Unwichtigem zu unterscheiden. Je mehr ungefilterte und unsortierte Informationen auf einmal eintreffen, umso schneller erschöpft sich die Aufnahmekapazität und der aktuelle Arbeitsspeicher (Kurzzeitgedächtnis) stürzt ab. Sie erleben, dass es Ihren Kindern schwerfällt, sich die korrekte

Schreibweise von Lernwörtern einzuprägen, das Auswendiglernen ist oft mühsam, das Kopfrechnen schwierig.

Die *Selbststeuerung*, d. h. das Planen der Hausaufgaben- und Lernsituation, ist schon gar nicht alleine möglich.

Aufgrund der *emotionalen Impulsivität* entsteht bei den Kindern sehr schnell ein Frustrationsgefühl: Die Kinder verweigern bzw. blockieren dann. Mütter, die häufig am Nachmittag die schulischen Arbeiten begleiten, aber auch die Väter verstricken sich mit ihren Kindern in einen Hausaufgabenkampf.

Für die Kinder ist es gerade noch einsichtig, dass die schriftlichen Hausaufgaben zu machen sind, weil sie vom Lehrer kontrolliert werden. Aber das zusätzliche und auch notwendige »eigentliche« Lernen wird meist verweigert. Erschöpft von der überlangen Hausaufgabenzeit, vom Schreiben und überwältigt von der negativen Gefühlsstimmung wollen die Kinder nur noch zum Spielen. An zusätzliches Lernen nach den Hausaufgaben ist deswegen oft überhaupt nicht mehr zu denken.

2. Was sieht die Lehrerin bzw. der Lehrer bei Ihrem Kind im Unterricht?

Auffälliges motorisches Verhalten

Zum einen sehen sie Tim, der ständig herumzappelt, nicht sitzen bleiben kann, in abenteuerlicher Position auf seinem Stuhl schaukelt oder kniet und scheinbar unmotiviert im Klassenzimmer herumläuft. Dann sehen sie Lisa, die aus dem Fenster schaut, träumt und grundsätzlich nicht weiß, an welcher Stelle sich der Unterricht gerade befindet, wenn sie aufgerufen wird.

Probleme im feinmotorischen Bereich

Die Handschrift vieler ADHS-Kinder ist auffällig, d. h. Zeilen werden nicht eingehalten, die Regeln des Schreibablaufes nicht beachtet und beim Schreiben wird häufig zu starker Druck aufgewendet. Die Handschrift wirkt oft ungelenk, unregelmäßig und krakelig.

Konzentrationsschwierigkeiten

Die Lehrer sehen, dass die Kinder Schwierigkeiten haben, bei einer Aufgabe zu bleiben. Ihre Blicke wandern ständig herum, sie sehen alles, besonders, was bei anderen geschieht. Aufgaben können nicht zu Ende geführt werden, weil neue Reize wahrgenommen werden. Wichtige Signale, z. B. die Aufforderung des Lehrers, werden nur unzureichend zur Kenntnis genommen.

Qualität der Arbeiten

Die beschriebenen Schwierigkeiten wirken sich natürlich auch auf die Form und Qualität der Arbeiten aus. Die Fehlerzahl ist häufig am Anfang einer Arbeit niedrig und die Schrift besser, dies halten viele Kinder aber nicht durch. Die Fehler mehren sich dann im Verlauf und die Schrift wird schlechter. Aufgaben werden manchmal lückenhaft bearbeitet oder ganze Teile vergessen. Beim mündlichen Nacherzählen von Geschichten fallen viele Auslassungen auf, der rote Faden geht oft verloren.

Mangelhafte Problemlösestrategien

Aufgrund der kognitiven Impulsivität beginnen die Kinder manchmal schon mit der Aufgabe, bevor sie diese richtig verstanden haben. Es wird wenig systematisch und überlegt, sondern meist nach dem »Versuch-und-Irrtumsprinzip« gehandelt. Die Kinder bemerken möglicherweise die Fehler, streichen wieder durch, fangen von vorne an, machen neue Fehler und geben deshalb schneller auf als andere Kinder. So entstehen dann auch Zeitprobleme bei Klassenarbeiten und Tests.

Schwierigkeiten im sprachlichen Bereich

Aufgrund der Impulsivität reden hyperaktive Kinder häufig viel und laut und verhaspeln sich öfter als andere Kinder. Es entsteht der Eindruck, dass Gedanken nicht geordnet ausgesprochen werden können. Dies wirkt sich dann in allen Bereichen der sprachlichen Fähigkeiten und der mündlichen Mitarbeit aus.

Störungen des Unterrichts

Neben den beschriebenen Problemen im Lern- und Arbeitsverhalten finden sich die bekannten, durch die Hyperaktivität und Impulsivität bedingten Schwierigkeiten: Ein Bedürfnisaufschub fällt schwer. Es bestehen Probleme, Regeln einzuhalten. Eine emotionale Labilität bedingt überschießende Gefühlsreaktionen. Dies führt zu »Störverhalten« im Unterricht, aber auch zu massiven Problemen in der Klassengemeinschaft. Lehrer sind dann häufig belastet und geraten an ihre Grenzen. Größere Schwierigkeiten als beim Klassenlehrer ergeben sich im Grundschulbereich oft bei den Fachlehrern, deren Unterricht fachbedingt möglicherweise weniger strukturiert ist wie z. B. in Textilarbeit und Werken, Sportunterricht usw. Je weniger strukturiert die Situation ist, z. B. vor dem Unterricht, beim Umkleiden in der Kabine in der Turnhalle, in den Pausen oder an Wandertagen, umso schwieriger fällt es dem ADHS-Kind, sich angemessen zu verhalten.

3. Was sehen Psychologen in Testverfahren in der Praxis?

Bei allen Kindern, bei denen der Verdacht auf das Vorliegen einer ADHS besteht, sollte routinemäßig eine ausführliche Begabungsdiagnostik sowie eine Diagnostik zum Ausschluss von Teilleistungsstörungen bzw. -schwächen durchgeführt werden. Auch kommen Verfahren zur Feststellung einer möglicherweise vorliegenden emotionalen Problematik zur Anwendung.

Bei der Begabungsdiagnostik stellen wir häufiger fest, dass ADHS-Kinder einen etwas niedrigeren Gesamt-IQ als ihre Altersgenossen aufweisen. Darüber hinaus unterscheiden sie sich im Profil des Testes, d. h. in den ermittelten Stärken und Schwächen, von anderen Kindern. Wird ein differenziertes Intelligenzdiagnostikum (z. B. WISC-V oder KABC-II) durchgeführt, stellen wir z. B. fest, dass in bestimmten Untertests, die eine verstärkte Aufmerksamkeitsleistung erfordern, eine im Vergleich zu den anderen Subtests schlechtere Leistung erzielt wird.

Neben den Ergebnissen im Begabungstest finden sich in der Verhaltensbeobachtung oft Unterschiede zwischen ADHS-Kindern und ihren Altersgenossen. Im Laufe der ca. eineinhalbstündigen Testdurchführung beobachten wir oft einen deutlichen Aufmerksamkeitsabfall. Wir finden so genannte Lückenmuster, d. h. falsche Lösungen finden sich auf allen Schwierigkeitsstufen eines Subtests. Obwohl das Kind – besonders bei Aufgabenstellungen, die Konzentrationsleistungen mit beinhalten – schon bei leichten Aufgaben »versagt«, erbringt es dann auf den höheren Schwierigkeitsstufen immer wieder auch richtige Lösungen. Bei Kindern mit einer deutlichen Lernschwäche, im Sinne einer Lernbeeinträchtigung, finden sich diese Lückenmuster nicht, d. h. die Kinder zeigen hier durchgängiges Versagen bei komplexer werdenden Anforderungen.

Wir können den eher oberflächlichen und impulsiven Problemlösungsstil beobachten und das Ausmaß der Ablenkbarkeit. Ferner können wir emotionale Besonderheiten feststellen. Wir sehen, wie schnell die Kinder frustriert sind, wie viel sie sich zutrauen, wie unsicher sie sind oder wie sehr sie auf die Unterstützung und Ermutigung des Testleiters angewiesen sind.

In der Testsituation müssen wir uns darüber im Klaren sein, dass es sich um eine Eins-zu-Eins-Situation handelt, dass das Aufgabenmaterial für die Kinder oft ansprechend gestaltet ist und dass damit auch ihre Motivation steigt. Als Testleiter haben wir zugleich die Möglichkeit, die Kinder zu verstärken, d. h. ihr Arbeitsverhalten positiv zu unterstützen. Dennoch ergeben sich in der Testdiagnostik und der damit verbundenen Verhaltensbeobachtung wichtige Hinweise auf das mögliche Vorliegen einer ADHS-Symptomatik.

Bei der Durchführung von Rechtschreibtests finden wir bei vielen Kindern eine Rechtschreibschwäche, d. h. ein unterdurchschnittliches Abschneiden mit zum Teil sehr vielen Wortbild-, aber auch Regelfehlern. Auch das Lesen ist oft schlechter als bei den Altersgenossen.

In den Konzentrationstests finden sich gehäuft unterdurchschnittliche Werte. Bei manchen Kindern ergeben sich zudem in den Verfahren zur Überprüfung der emotionalen Befindlichkeit höhere Werte in der Prüfungsängstlichkeit, der allgemeinen Ängstlichkeit, der Schulunlust und der Depression.

4. Wie passt die Schulwirklichkeit zu der besonderen Ausgangssituation von ADHS-Kindern?

In unserem Schulsystem soll das Kind sehr frühzeitig eigenständiges Arbeiten beherrschen. Fähigkeiten wie Selbstorganisation, partnerschaftliches Lernen und Teamarbeit werden eingefordert. Dies sind Leistungen, die jedoch Kinder mit ADHS erst sehr spät und nur nach angemessener Vorbereitung erbringen können.

Im Gegensatz zu den Anforderungen erscheint der Stoffaufbau oft nicht in systematischer Weise auf den Lern- bzw. Einprägeprozess bezogen zu sein. Für ADHS-Kinder sind die üblichen Lernwege zu sehr mit einer Fülle von Veranschaulichungen und unterschiedlichen Erklärungswegen sowie einer Vielfalt von Übungsformen überfrachtet. Kopiervorlagen und Arbeitsblätter werden eingesetzt, ohne dass manchmal ausreichend reflektiert wird, was damit in Bezug auf den Lern- und Einprägeprozess beim Schüler erreicht werden soll. Die Konsequenz ist bei Kindern mit besonderen Problemen, also unseren ADHS-Kindern, dass die Basisfertigkeiten weder im notwendigen Maße noch in angemessener Form eingeübt und damit auch nicht ausreichend automatisiert werden können. Teilleistungsschwächen sind die zwangsläufige Folge. Dabei kann den Lehrern nicht unbedingt »Schuld« zugewiesen werden, da sie in ihrer Ausbildung überwiegend nicht auf diese speziellen Probleme vorbereitet wurden.

Neben den methodischen und didaktischen Prinzipien, die nicht zu den besonderen Lernvoraussetzungen der ADHS-Kinder passen, wirken sich Lernformen wie Freiarbeit, Teamarbeit an Gruppentischen und ein möglicherweise damit verbundener häufiger Sitzplatzwechsel für diese Kinder äußerst ungünstig aus.

Durch Sanktionen bei Verhaltensproblemen von ADHS-Kindern, wie Strafarbeiten, wird der ohnehin schwierige Schreibprozess durch die Kinder noch weiter abgelehnt. Auch die Hausaufgaben sind durch die Überbetonung des Schreibens oft nicht an die Voraussetzungen, an die »Individuallage« der ADHS-Kinder angepasst.

Wechselseitige Schuldzuweisungen, bisher noch unzureichende Ausbildung und damit auch Unkenntnis von vielen Lehrern sowie Scham bei den Eltern durch die Probleme ihrer Kinder tun ihr Übriges, um die für das gemeinsame Suchen eines Auswegs so notwendige Kooperation zwischen Schule und Elternhaus zu erschweren bzw. zu untergraben.

5. Zur aktuellen Forschungslage

a) Die Schullaufbahn von ADHS-Kindern

Die meisten hyper- und hypoaktiven Kinder haben Schulschwierigkeiten. Ihre Schulleistungen und ihr Schulabschluss entsprechen in der Regel nicht den Ergebnissen ihrer Begabungstests, d. h. diese Kinder bleiben zumeist unter ihren intellektuellen Möglichkeiten. Die Kernsymptome Aufmerksamkeit, Impulsivität und motorische Unruhe im Klassenzimmer führen mit ihren spezifischen Auswirkungen im Vergleich zu den Gleichaltrigen zu schlechteren Schulleistungen und einer ungünstigeren Schullaufbahn. ADHS-Kinder schneiden deutlich schlechter als ihre Altersgenossen im Bereich Lesen, Rechtschreibung, Mathematik und Leseverständnis ab.

b) Häufigkeit von Schwächen und Lernstörungen und neuropsychologische Besonderheiten

Kognitive Auffälligkeiten

In standardisierten Intelligenztests schneiden ADHS-Kinder im Durchschnitt sieben bis zehn IQ-Punkte schlechter ab als ihre nichtbetroffenen Altersgenossen (vgl. Döpfner u. a. 2013, S. 9). In der Literatur wird immer wieder diskutiert, ob diese Unterschiede tatsächliche Intelligenzunterschiede widerspiegeln oder ob die ADHS-Kinder in Testverfahren aufgrund ihres unaufmerksamen impulsiven Lösungsstiles schlechtere Ergebnisse erzielen. ADHS-Kinder zeigen jedoch das gleiche Intelligenzspektrum wie andere Kinder auch, d. h. unter ihnen gibt es sowohl sehr gut und normal begabte Kinder als auch schwächer begabte sowie intellektuell retardierte Kinder.

Unterscheidet man zwischen verbalen und nichtverbalen, d. h. nicht sprachgebundenen Fähigkeiten in Begabungstests, schneiden die ADHS-Kinder in ihren sprachlichen Fähigkeiten schlechter ab als ihre Altersgenossen. Dies wiederum hat seine Ursachen in einem schlechteren Arbeitsgedächtnis (Kurzzeitgedächtnis) der ADHS-Kinder und einer reduzierten handlungsbegleitenden und steuernden inneren Sprache.

Schulische Leistungsprobleme

Bei ADHS-Kindern finden sich vermehrt Lernschwierigkeiten in den Grundfertigkeiten Lesen, Rechtschreiben und Rechnen und teilweise Probleme in der Handschrift. Die Zahlenangaben in der wissenschaftlichen Literatur schwanken in Abhängigkeit der Definition einer Teilleistungsstörung. Zu Grunde gelegt werden in der Regel so genannte Diskrepanzmaße, d. h. ein unterdurchschnittliches Abschneiden in einem Rechen- oder einem Rechtschreibtest und ein durchschnittliches oder besseres Ergebnis in einem Intelligenztest. Diese Unterschiede müssen statistisch signifikant sein und sind in ihrer Höhe definiert.

Eine Lesestörung findet sich bei 8–39 % der ADHS-Kinder, Rechtschreibstörungen bei 12–26 % und Rechenstörungen bei 12–33 % der Kinder (vgl. DuPaul, Gormely Laracy 2013, S. 43ff; Frölich, Döpfner, Banaschewski 2014, S. 26). Bedenkt man, dass viele Kinder mit ADHS keine ausgeprägte »Störung« haben, sondern nur aufgrund der Einteilungskriterien unter eine »Schwäche« fallen, dann steigt die Zahl der betroffenen Kinder noch einmal beträchtlich. Bis zu ca. 85 % der ADHS-Kinder zeigen solche *Lernschwächen*.

Damit ist die Frage der Ursache jedoch noch nicht geklärt. So können einerseits frühe Lernschwierigkeiten zu einer Intensivierung der ADHS-Symptomatik führen. Umgekehrt führt das Vorliegen von Aufmerksamkeitsproblemen zu einem erhöhten Risiko für spätere Lernschwierigkeiten.

c) Weitere Entwicklungs- und Leistungsprobleme

Handlungsplanung

Neben den genannten kognitiven Besonderheiten von ADHS-Kindern finden sich viele Untersuchungen, die auf Schwierigkeiten in der Handlungsplanung und auch in der Zeitplanung hinweisen.

Sprache

ADHS-Kinder zeigen mehr Sprachentwicklungsverzögerungen als andere Kinder, Studien gehen von bis zu 35 % betroffener Kinder aus. Ferner gibt es in 10–45 % der Fälle Schwierigkeiten in der expressiven Sprache (verhaspeln, sprachlicher Ausdruck etc.). ADHS-Kinder können ihre Ideen oft nicht adäquat ausdrücken (Aufsatz). Sprachliches Problemlösen gestaltet sich für sie schwieriger, Sprache wird später internalisiert als bei anderen Kindern.

Motorik

Bis zu 52 % der ADHS-Kinder zeigen eine Verzögerung in der motorischen Koordination. Bei ADHS-Kindern finden sich mehr »neurologische Soft-Signs« als bei den Gleichaltrigen. Die Auge-Hand-Koordination, sowie die Schrift sind nachweislich schlechter.

Aufgabenbewältigung

Anstrengungsbereitschaft und Motivation sind oft reduziert. ADHS-Kinder sind auf unmittelbare Verstärkungen bei der Aufgabenbewältigung angewiesen.

Emotionalität

ADHS-Kinder zeigen eine geringere Selbststeuerung ihrer Gefühle. Ihre Frustrationstoleranz ist deutlich erniedrigt und sie neigen zu überschießenden Gefühlsreaktionen.

Als Konsequenz aus den Leistungsproblemen aber auch aus den vielen negativen Rückmeldungen zum Verhaltensbereich entstehen dann bei ADHS-Kindern oft auch emotionale Probleme, verbunden mit sinkender Motivation und einem geringen Selbstwertgefühl. In 20–30 % aller Fälle finden wir bei ADHS-Kindern auch Angststörungen, in 10–38 % depressive Störungen mit Selbstwertproblemen (vgl. Döpfner, Schürmann, Frölich 2013, S. 34; Döpfner, Frölich, Lehmkuhl 2013, S. 7f).

Gesundheitliche und medizinische Risiken

ADHS-Jugendliche und Erwachsene sind oft in Verkehrsunfälle verwickelt (bis zu 57 %). Es finden sich vermehrt Schlafprobleme (30–60 %). Auch besteht bei ihnen eine deutlich höhere Suizidgefährdung.

Empirische Befunde zeigen, dass ADHS-Kinder mit einer Vielzahl von zusätzlichen intellektuellen Problemen und Entwicklungsstörungen und -schwächen belastet sind, die weit reichende Konsequenzen für ihre soziale und emotionale Entwicklung, aber auch für ihre Schullaufbahn haben können.

Kapitel 3: Wie funktionieren Abspeicherprozesse?

Um zu verstehen, warum manche Lernstrategien nicht funktionieren und andere hingegen zum Erfolg führen und wie sich die besonderen Voraussetzungen bei ADHS-Kindern auf den Lernprozess auswirken, ist es für Eltern, Lehrer und Therapeuten wichtig, Grundlagenwissen über Abspeicher- und Gedächtnisprozesse zu besitzen.

Wie kann man sich nun vorstellen, was beim Lernen im Einzelnen passiert?

Im folgenden Kapitel stellen wir vereinfachte Erklärungsmodelle für die Informationsaufnahme, die Abspeicherung und das Behalten dar. Die Wirklichkeit ist wesentlich komplexer. Man kennt immer noch nicht alle Einzelheiten dieses hochkomplizierten Geschehens. Die Forschung bemüht sich weiterhin, diese Mechanismen auf neuronaler Ebene noch genauer zu entschlüsseln. Vereinfachte Modelle, in denen Ergebnisse der Lernpsychologie und der Neurowissenschaften verarbeitet sind, reichen jedoch aus, um ein Grundverständnis der stattfindenden Prozesse zu vermitteln und um Lernvorgänge zu veranschaulichen.

1. Die Informationsaufnahme

Unsere Sinnesorgane sind für die Informationsaufnahme zuständig. Wir haben unterschiedliche »Eingangskanäle«, welche die Informationen der einzelnen Sinnesorgane zum Gehirn weiterleiten. Unsere Sinnesorgane sind somit die Empfangsstationen der Außeninformationen. Betrachten Sie Abbildung 3.1, werden Sie feststellen, dass die Sinnesorgane im Hinblick auf unser Lernen und unser Verstehen über sehr unterschiedliche Kapazitäten verfügen und auch unterschiedliche Leistungen erbringen (▸ Abb. 3.1).

Der visuelle Kanal, der unsere Sehempfindungen bündelt, nimmt die meisten Informationseinheiten pro Sekunde auf. Der akustische Kanal, der unsere Hörempfindungen bündelt, ist der zweitgrößte Empfangskanal. Der taktile Kanal, der unsere Tastempfindungen repräsentiert, der drittgrößte, andere Kanale wie z. B. das Riechen, der olfaktorische Kanal, sind in ihrer Informationsaufnahmekapazität deutlich begrenzt.

In jeder Sekunde werden über 10 Millionen Informationseinheiten über unsere Sinnesorgane, d. h. Augen, Ohren, Hautnerven und andere Kanäle an den »Wahrnehmungsspeicher«, das Ultrakurzzeitgedächtnis, weitergeleitet. Dies sind Eindrücke, die in Form von elektrischen Strömen, Impulsen und Schwingungen sehr kurz festgehalten werden. Der größte Teil dieser Eindrücke oder auch elektrischen Impulse erlischt innerhalb weniger Sekunden ohne eine Gedächtnisspur zu hinterlassen. Nur besonders hervorgehobene Eindrücke bewirken Veränderungen im Gehirn – wir merken sie uns.

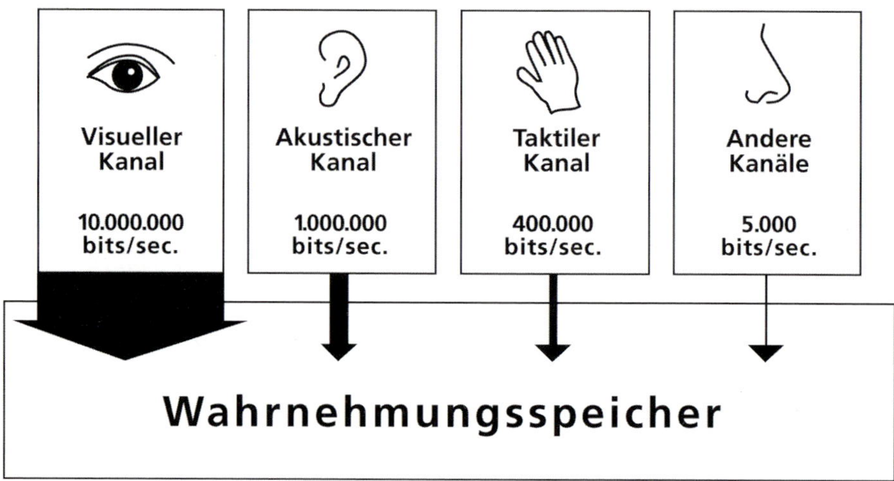

Abb. 3.1: Wie nehme ich Informationen über meine Sinneskanäle auf?

Menschen unterscheiden sich in Abhängigkeit von ihrer körperlichen Veranlagung oder auch von ihren Erfahrungen in der Nutzung der verschiedenen Eingangskanäle: es gibt unterschiedliche Lerntypen.

Was passiert eigentlich genau beim Abspeicherprozess bzw. beim Lernen? Welche einzelnen Stationen und auch Hürden müssen durchlaufen und überwunden werden?

2. Das Behalten

Über die verschiedenen Sinnesorgane werden die Informationen in den Wahrnehmungsspeicher geleitet, die meisten Informationen nehmen wir über das Auge auf.

Die Informationen müssen nun einen ersten Filter passieren (selektive Aufmerksamkeit), bevor sie in das Kurzzeitgedächtnis bzw. den Arbeitsspeicher gelangen können. Das Kurzzeitgedächtnis wird wegen seiner zentralen Funktionen für Lernprozesse in der Fachliteratur auch als Arbeitsgedächtnis bezeichnet (vgl. Hasselhorn, Gold 2022, S. 69). Diesem Arbeitsgedächtnis oder Arbeitsspeicher kommt die Aufgabe zu, aufgenommene Informationen vorübergehend zu speichern und sie gleichzeitig bereitzuhalten, um sie einerseits miteinander, andererseits mit bereits vorhandenem Wissen, welches dann aus dem Langzeitgedächtnis in den Kurzzeitspeicher gelangt, in Beziehung zu setzen. Das Arbeitsgedächtnis ist sozusagen unser »Hier- und Jetzt-Gedächtnis«. Es ist von zentraler Bedeutung, da es uns ermöglicht, mehrere Informationen vorübergehend im »Hier und Jetzt« bewusst festzuhalten, um mit ihnen zu arbeiten, sie miteinander zu verbinden und letztlich abzuspeichern. Die Kapazität, d. h. das Fassungsvermögen des Arbeitsgedächtnisses, ist klein und stellt somit eine Engstelle dar.

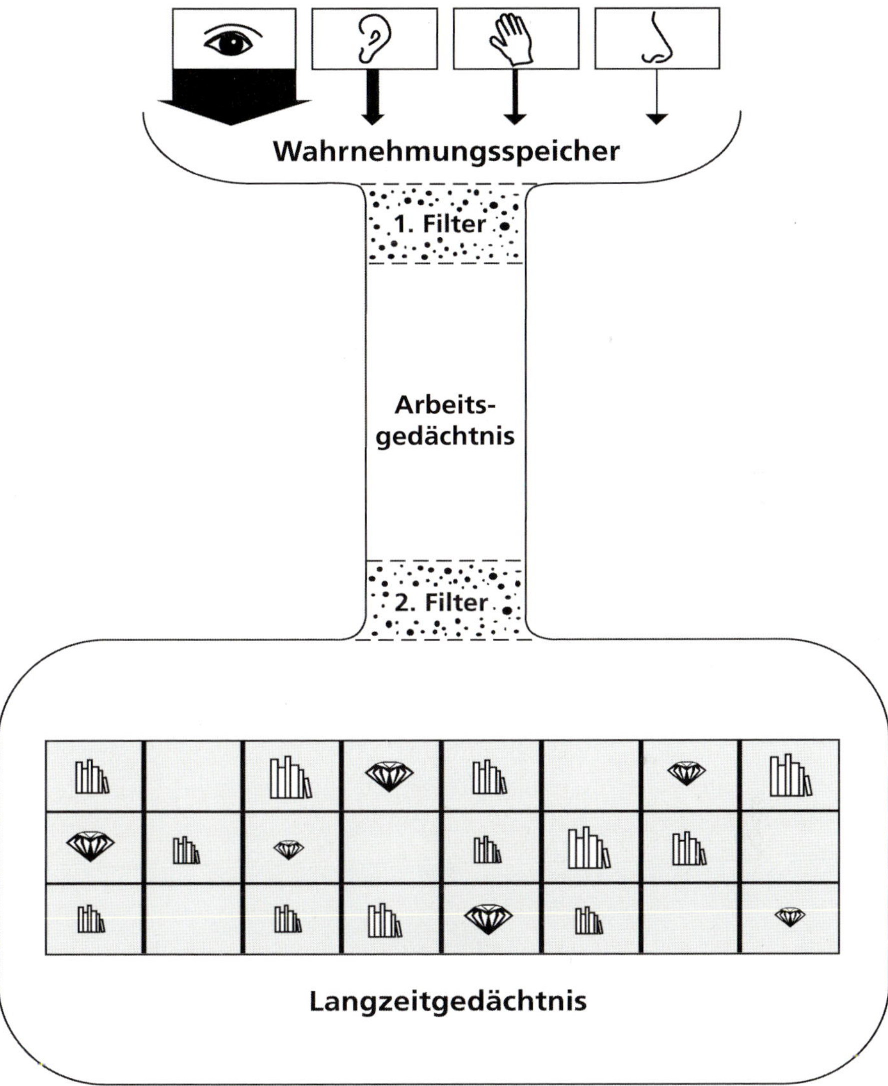

Abb. 3.2: Wie funktioniert unser Gedächtnis? – Das Dreispeichermodell (vgl. Vollmer, Hoberg 1994, S. 17)

Nur ein sehr geringer Teil der Informationen gelangt dann nach dem Passieren eines zweiten Filters in das Langzeitgedächtnis. Diese Informationen, die im Langzeitspeicher ankommen, haben die Chance, dass sie dauerhaft behalten werden können (Frage der Wiederholung, s. u.!). Dennoch können wir nicht alle Informationen, die im Langzeitgedächtnis abgelegt sind, wiederfinden. Das Wissen, welches wir ohne Probleme abrufen können, nennen wir aktives Wissen, dies sind insbesondere häufig benötigte Informationen. Der größte Teil im Langzeitgedächtnis ist jedoch passives Wissen. Irgendwo in unserem Gedächtnis ist dieses Wissen abgespeichert, wir finden jedoch den Speicherplatz oft nicht wieder.

Wenn man es vereinfachend zusammenfasst, bestehen beim Menschen *zwei Hauptmöglichkeiten*, wie der Abspeicherprozess ablaufen kann: der leichte und der beschwerliche Weg.

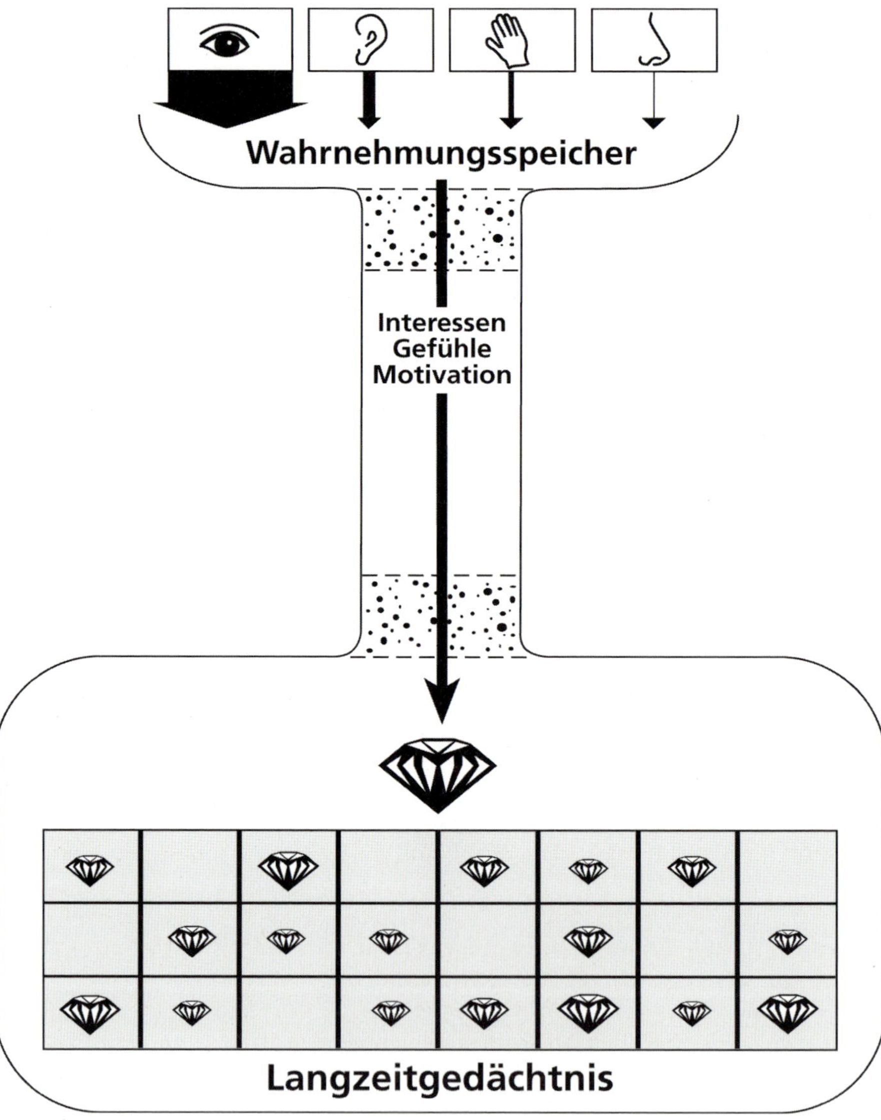

Abb. 3.3: Wodurch kann ich meine Behaltensleistung verbessern? – Typ 1

In Abbildung 3.2 haben Sie gesehen, dass zwei »Filter« und eine Engstelle zu passieren sind, um letztendlich wenige Informationen aus der Vielzahl von wieder erlöschenden Eindrücken aus dem Wahrnehmungsspeicher ins Langzeitgedächtnis zu transportieren (▶ Abb. 3.2). Entscheidend dafür, ob dieser Abspeicherprozess für den Menschen leicht oder beschwerlich abläuft, ist, was er/sie mit den abzuspeichernden Informationen und Eindrücken verbindet.

Wenden wir uns zunächst der »leichten« Variante zu. Welche Eindrücke sind es, die ohne größere (Lern-)Anstrengungen dauerhafte Veränderungen und Spuren im Gehirn hinterlassen?

- Es sind Eindrücke und Informationen, an denen wir sehr stark interessiert sind, die eine große Bedeutung für uns haben, für die wir eine hohe Motivation entwickeln und auf die wir deswegen auch ganz automatisch unsere Aufmerksamkeit in intensiver Weise ausrichten.
- Es sind Eindrücke, die mit starken Gefühlen verbunden sind.

Diese Eindrücke werden also wie von alleine besonders hervorgehoben und passieren ohne große Mühe den ersten und den zweiten Filter und gelangen schließlich ins Langzeitgedächtnis, wo sie dauerhaft abgespeichert werden.

Leider ist es so, dass nur eine begrenzte Anzahl von Eindrücken starke Gefühle und Interessen hervorruft sowie Motivation weckt, so dass wir sie uns leicht merken können.

Wie sieht es mit normalem Lernstoff, d. h. mit schulischen Inhalten aus? Im schulischen Alltag kommt auf unsere Kinder eine Flut von Informationen zu, die bei ihnen ohne Zweifel nicht alle hohes Interesse oder Motivation wecken oder gar mit positiven Gefühlen verbunden sind. Bei diesen Lerninhalten verläuft das Einprägen und Behalten deutlich schwerer und erfordert bewusste Anstrengungen. Diese Informationen können wir nur speichern, wenn wir den Abspeicherprozess vom Wahrnehmungsspeicher bis zum Langzeitgedächtnis durch eine bestimmte Lernaktivität unterstützen.

Es beginnt schon bei der Überwindung des ersten Filters. Dieser kann nur überwunden werden, wenn ich einige wenige zu lernenden Informationen auswähle und mich bewusst auf diese konzentriere. Gelingt dies, was bei ADHS-Kindern durchaus schwieriger ist, gelangen die Informationen in das Arbeitsgedächtnis. Hier gibt es zwei Möglichkeiten. Nur wenn ich an den ausgewählten Informationseinheiten des Lernstoffes den Prozess des aktiven Wiederholens durchführe, können sie in das Langzeitgedächtnis gelangen. Aktives Wiederholen bedeutet hier ein bewusstes »Wachhalten« der Informationen über eine bestimmte Zeitspanne hinweg.

Was kann ich mir unter diesem »Wachhalten« vorstellen? Abhängig vom Lerntyp, d. h. abhängig davon, welchen Sinneskanal wir als Zugangsweg bevorzugen, stellen wir uns innerlich die abzuspeichernden Begriffe, Vokabeln oder Bilder vor, sagen sie uns innerlich vor oder sprechen sie vielleicht sogar laut aus. Wir führen dies mehrmals durch. Wird dieser aktive innere Wiederholungsvorgang nicht durchgeführt oder gestört, werden die Informationen wieder vergessen.

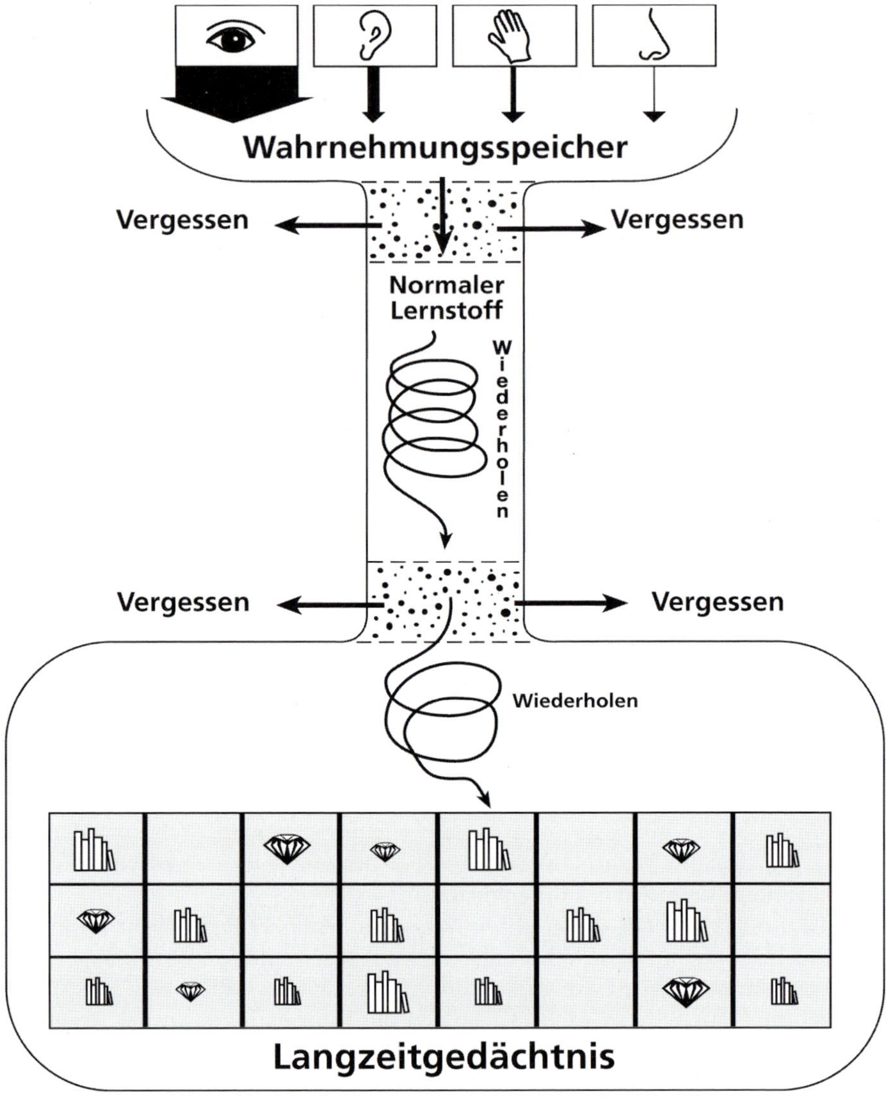

Abb. 3.4: Wodurch kann ich meine Behaltensleistung verbessern? – Typ 2

Sind die Informationseinheiten in den Langzeitspeicher gelangt, d. h. wurden sie einmal fehlerfrei gekonnt, bedeutet dies aber noch nicht, dass dieser »Schulstoff« dauerhaft beherrscht wird. Erneut muss »wiederholt« werden. Dies heißt, dass der gesamte Abspeicherprozess mehrmals durchgeführt werden muss. Nur durch diese Wiederholungsdurchgänge besteht die Chance, dass das zu Lernende dauerhaft im Langzeitgedächtnis abgespeichert wird. Wird das »Gekonnte« aber nicht immer wieder einmal aufgefrischt, d. h. wiederholt, steht es dem aktiven Wissen nicht mehr zur Verfügung.

Für den schulischen Lernprozess stehen beide Typen des Abspeicherns zur Verfügung. Gelingt es dem Lehrer oder den Eltern oder ist es der zu lernende Wissensstoff selbst, der Interesse, Motivation oder Gefühle beim Kind weckt, dann kann das Kind über die leichtere Form des Abspeicherprozesses verfügen.

Wir dürfen aber nicht übersehen, dass der beschwerliche Weg des Abspeicherns eigentlich für das schulische Lernen überwiegend der Regelfall sein dürfte. Das bewusste Wiederholen stellt damit die wichtigste Maßnahme für das dauerhafte Behalten dar.

3. Vergessen ist leicht – Behalten ist schwer

Besonders beim zweiten Typ des Abspeicherns gibt es eine Hauptgefahr, durch die das dauerhafte Einprägen gestört werden kann: Dies ist eine unzureichende Wiederholung des Lernstoffes. Die Bedeutung von Wiederholungen zeigt in fast erschreckender Weise die *Vergessenskurve*. Die Lernpsychologie hat festgestellt, dass wir besonders am Anfang, d. h. nach dem ersten Einprägeprozess, sehr schnell und sehr viel wieder vergessen. Die Vergessenskurve zeigt, dass wir schon einen Tag, nachdem wir einen Lernstoff – z. B. unsere zehn Vokabeln – einhundertprozentig beherrscht haben, einen guten Teil schon wieder vergessen haben. Wenn wir also nicht wiederholen, haben wir von unseren zehn gelernten Vokabeln nach drei Tagen bereits die Hälfte vergessen, nach zwei Wochen wissen wir nur noch zwei bis drei Vokabeln. Im Laufe der Zeit flacht sich diese Vergessenskurve ab, d. h. wir vergessen langsamer. Nichtsdestotrotz setzt sich der Vergessensprozess immer weiter fort.

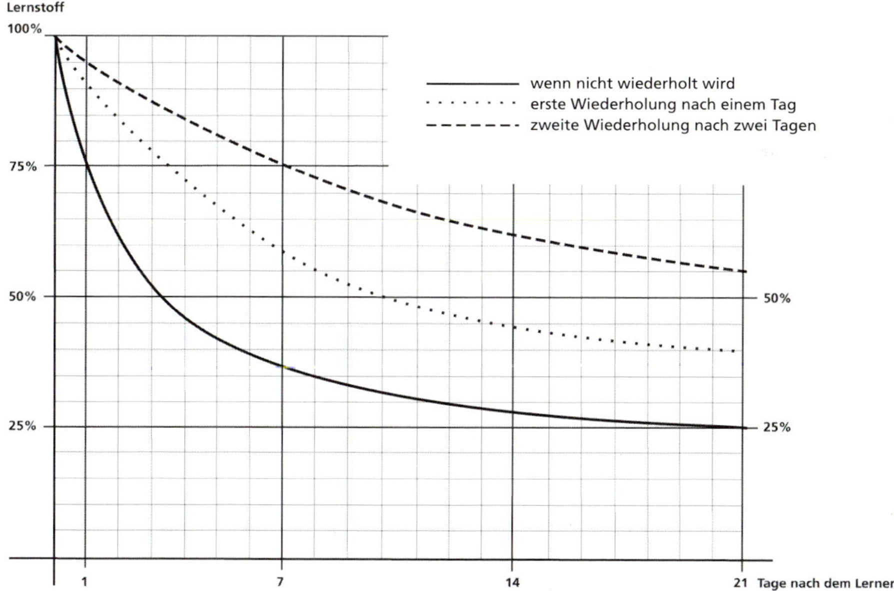

Abb. 3.5: Vergessen ist leicht – Behalten ist schwer

Wie können wir dem Vergessensprozess entgegensteuern? Wir wissen es: nur durch Wiederholen. Wie Sie der Abbildung 3.5 entnehmen können, flacht das Vergessen nach einer Wiederholung ab (▶ Abb. 3.5). Erfolgt dann jedoch noch eine weitere Wiederholung nach zwei Tagen, verläuft der Vergessensprozess noch langsamer. Durch eine mehrfache Wiederholung gelingt es dann zunehmend, den Vergessensprozess abzuschwächen.

Abb. 3.6: Wie viele Informationen passen in meinen Arbeitsspeicher?

Wenn die Information vom Arbeits- ins Langzeitgedächtnis transportiert wird, und wir diesen Prozess durch aktives Wiederholen unterstützen, benötigt unser Gehirn dafür eine bestimmte (kurze) Zeitspanne. Zum anderen weist die »Engstelle« darauf hin, dass die Aufnahmekapazität des Arbeitsgedächtnisses sehr begrenzt ist. Bei Erwachsenen verfügt dieses über rund sieben Speicherplätze, bei Kindern, insbesondere bei ADHS-Kindern, nur über maximal *fünf Informationseinheiten* (fünf Schubladen!).

Wenn in dieser Phase der Festigung zu viele Informationen zu schnell hintereinander auf unser Arbeitsgedächtnis einprasseln, wird das Fassungsvermögens unseres Arbeitsspeichers überschritten. Überfordern wir aber das Arbeitsgedächtnis mit zu vielen Informationen in zu dichter zeitlicher Abfolge, werden die überzähligen Informationen herausgeworfen (▶ Abb. 3.7).

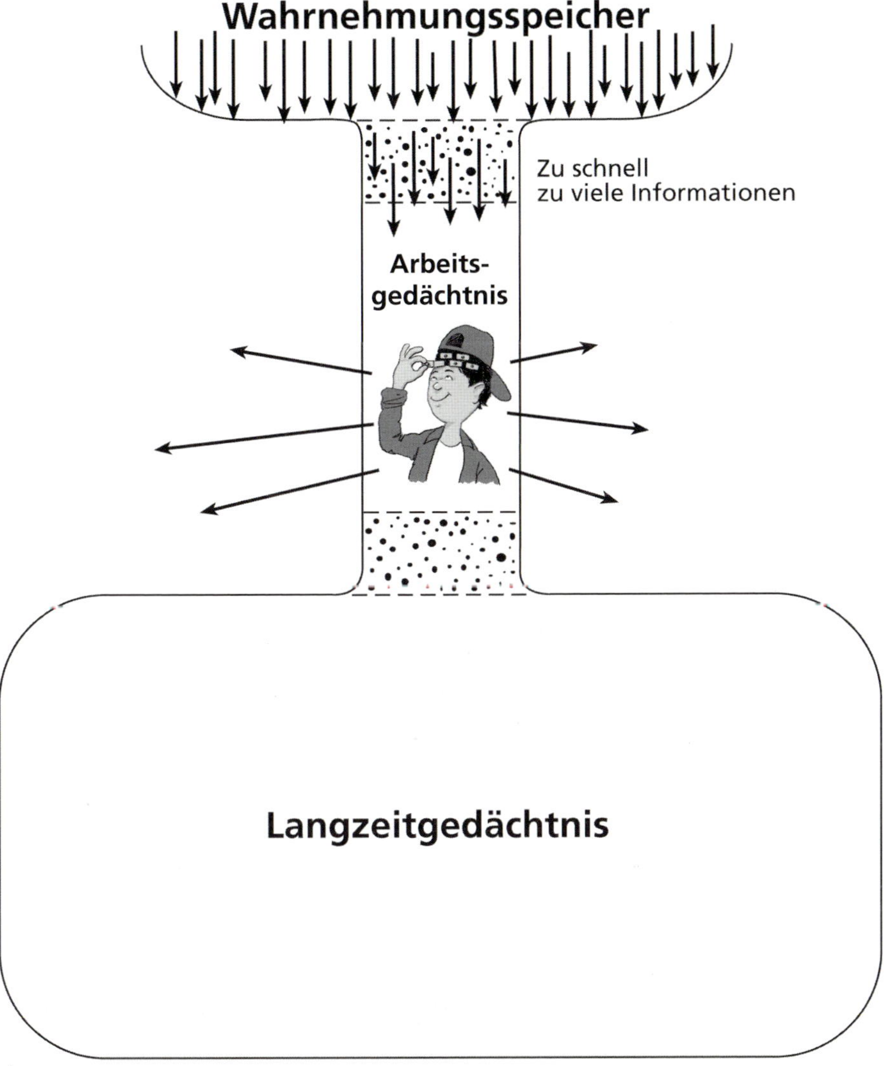

Abb. 3.7: Das Hauptproblem beim Einprägen: die Überlastung des Arbeitsspeichers (vgl. Vollmer, Hoberg 1994, S. 148)

»Die Überlasttheorie des Arbeitsgedächtnisses
Die schulische Praxis orientiert sich häufig an pädagogischen Leitbildern, die mit dem derzeitigen wissenschaftlichen Kenntnisstand über Lernprozesse nicht vereinbar sind. **Eine der grundlegenden Fragen, denen sich die Schulpädagogik stellen muss, ist die Frage, wie Wissen zu vermitteln und zu strukturieren ist, um das ›Nadelöhr Arbeitsgedächtnis‹ passieren zu können.«**
Wellenreuther 2009, S. 15

4. Mit allen Sinnen lernen

Welche weiteren Möglichkeiten stehen uns neben dem Wiederholen noch zur Verfügung, um dem Vergessen vorzubeugen? Neben der Wiederholung des Lernstoffes, die hier das Fundament bildet, spielt die Verarbeitungstiefe von Informationen eine große Rolle. Das bloße Nachsprechen eines Satzes ist wesentlich weniger effektiv, als diesen mit anderen Worten auszudrücken. Ersteres ist eine flache, oberflächliche Informationsverarbeitung, letzteres eine tiefe und effektive Lernaktivität.

Eingangs (▶ Abb. 3.1) haben wir die verschiedenen Sinneskanäle als Empfangsstationen einer Vielzahl von Informationen kennen gelernt. Wir haben festgestellt, dass die verschiedenen Sinne unterschiedlich viele Informationen aufnehmen. Dies findet seinen Niederschlag in der Tatsache, dass man von dem, was man gesehen hat, mehr behalten kann als von dem, was man gehört hat. In besonderer Weise gilt dies für die allermeisten Kinder mit ADHS. Im Unterricht wird jedoch – je höher die Schulstufe ist – eher der auditive/akustische Kanal angesprochen.

Die Behaltensleistung lässt sich nun weiter dadurch unterstützen, indem man die Informationsaufnahme durch die *Kombination der Sinne* verbessert. Die meisten Informationen kann das Schulkind erinnern, wenn es diese (wiederholt) sieht, hört und sie jemand anderem erklären kann. Das »Abfragen« bzw. »Abhören« durch die Eltern macht deshalb unter dem Aspekt der Behaltensverbesserung durchaus Sinn. Steigern lässt sich die Behaltensleistung noch, wenn die Information angewandt und in eine eigene Handlung eingebunden wird.

Im Langzeitgedächtnis ankommende Informationen können unterschiedlich gut einordnet werden (siehe das »*Regalsystem*« in den ▶ Abb. 3.2–3.4). Manche Informationen sind schlecht eingeordnet, so dass wir sie überhaupt nicht wiederfinden (passive Gedächtnisinhalte), bei anderen gelingt dies besser. Was können wir aktiv tun, um eine bessere Einordnung neuer Informationen zu ermöglichen? Wir können Verbindungen, d. h. Assoziationen neuer Informationen mit bereits vorhandenen knüpfen. In unserem Gedächtnis, d. h. in den »Regalen«, müssen wir nach Stellen suchen, bei denen die wir die neue Information ablegen und wiederfinden können. Habe ich eine *innere Landkarte* des Wissensstoffes, den ich lernen muss, kann ich die neuen Lerninhalte besser einordnen.

Eine weitere Möglichkeit besteht darin, die neu zu lernenden Inhalte nicht isoliert abzuspeichern, sondern mit weiteren Sinneseindrücken zu verbinden. Diese Anknüpfungspunkte nennen wir *Gedächtnishaken*. Je mehr anschauliche Gedächtnishaken wir finden können, umso besser können wir die neue Information abspeichern. Zum einen suchen wir nach *inhaltlichen* Gedächtnishaken. Bei diesen stellt sich die Frage: »Kenne ich bestimmte Dinge bereits, die Ähnlichkeit mit den neuen Informationen aufweisen?« Zum anderen können *optische* Gedächtnishaken eine Verbesserung der Behaltensleistung bewirken (»das sieht aus wie ...«, »zu dem Wortbild sehe ich innerlich ein anderes Wort aus der gleichen Wortfamilie«). Auch können wir nach *akustischen* Gedächtnishaken Ausschau halten (Beispiel: »das ist das schwierige Wort mit dem langen i und dem h«, oder: »333, bei Issos Keilerei«). Schließlich gibt es noch *situationsbezogene* Gedächtnishaken, d. h. besondere Merkmale der Situation, in der die Information aufgenommen wird (z. B. der besondere Geruch an diesem Tag in der Unterrichtsstunde, der Witz, den der Banknachbar während der Erklärung des Lehrers gemacht hat).

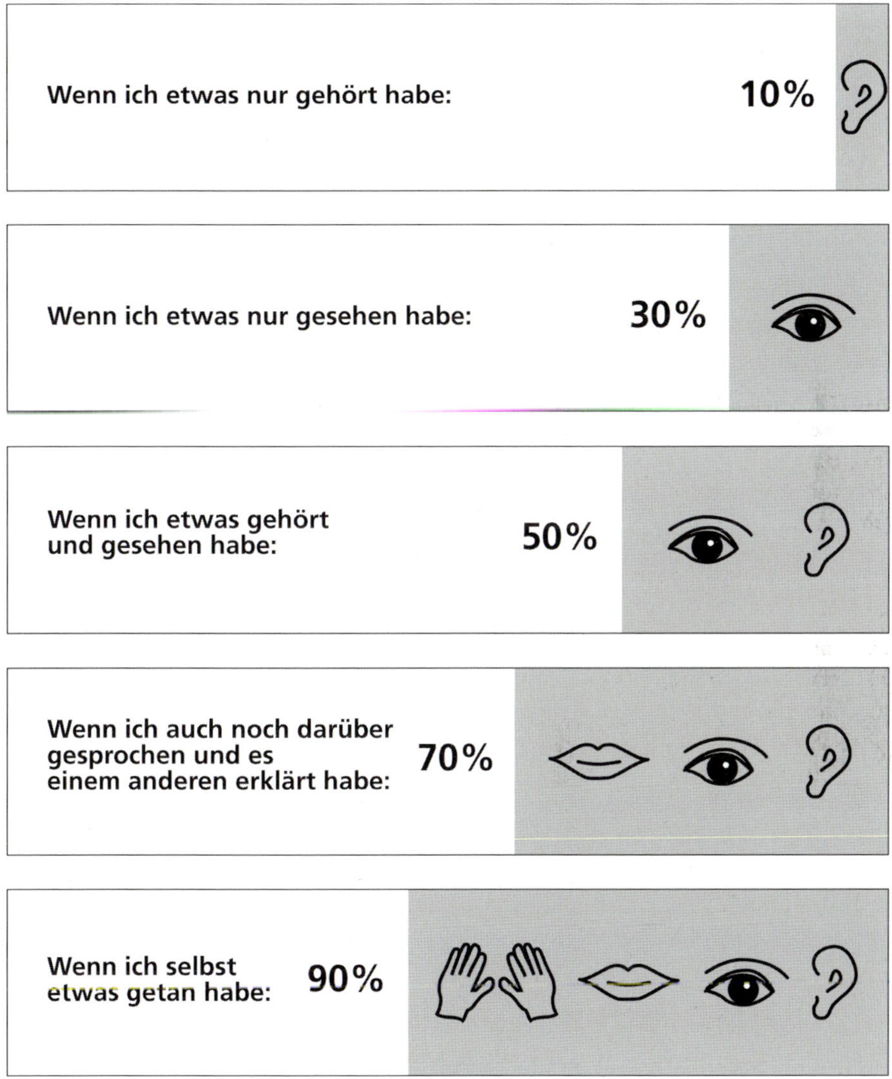

Abb. 3.8: Mit allen Sinnen lernen

Gedächtnishaken sind Eselsbrücken, die das Einprägen und richtige Einsortieren von neuen Informationen begünstigen. Gedächtnishaken können

- inhaltlicher,
- optischer,
- akustischer und/oder
- situationsbezogener

Art sein.

Kapitel 4: Lernen aus der Sicht der aktuellen Gehirnforschung

Nachdem wir eingangs vereinfachte Erklärungsmodelle für Abspeicherprozesse dargestellt haben, möchten wir uns nun der noch etwas komplizierteren Realität nähern. Neuere Ergebnisse aus der Gehirnforschung erhellen den Abspeicherprozess erheblich. Das Wissen um die Vorgänge auf der neuronalen Ebene hat große Fortschritte gemacht, seitdem es moderne bildgebende Verfahren in der Medizin gibt. In unseren vereinfachten Modellen sind komplexe Vorgänge in Teilprozesse aufgeschlüsselt, um Lernprozesse zu veranschaulichen und mit ihnen »hantieren« zu können. Beim Einprägen bestimmter Informationen, z. B. beim Abspeichern von Vokabeln, arbeiten jedoch verschiedene Areale unseres Gehirns gleichzeitig und interaktiv miteinander. Auf diese Weise werden bei intensiver Beschäftigung mit neuen Inhalten regelrechte »Spuren« im Gedächtnis hinterlassen.

1. Wie haben wir uns die so genannte neuronale Ebene in unserem Gehirn vorzustellen?

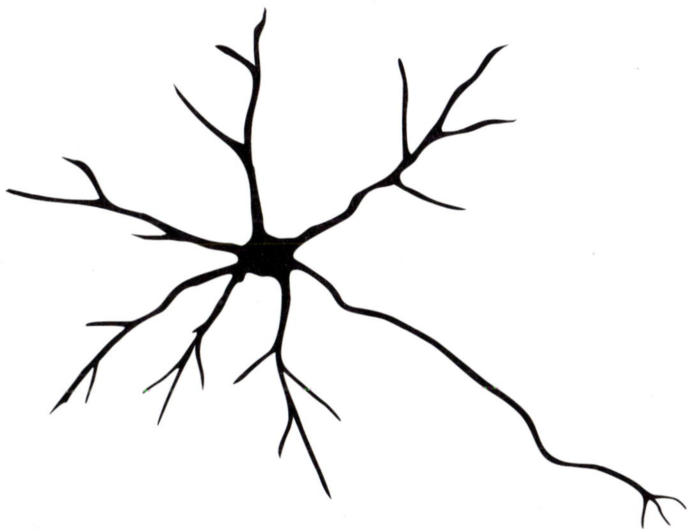

Abb. 4.1: Neuron mit Dendriten und Axon

Unser Gehirn ist ein hochkompliziertes und hochkomplexes Universum. Es gleicht einem Dschungel aus ca. 100 Milliarden Nervenzellen, den so genannten Neuronen. Dies sind runde Zellkörper, die Fortsätze ausbilden. Diese Fortsätze werden Axone und Dendriten genannt. Jede einzelne Nervenzelle hat ein Axon und bis zu ca. 10.000 Dendriten. Diese Dendriten sind Verästelungen, die die Informationen an die Neurone weitergeben und damit Lernprozesse in Gang setzen. Die Axone als wichtige Leitbahnen übermitteln die Informationen, d. h. den Lernstoff von einem Neuron zum nächsten.

Die Neurone mit ihren Nachbarzellen bilden so ein eng verknüpftes und vielfach verästeltes Netz mit 100 Billionen verschiedenen Kontaktstellen, die ständig der Veränderung unterliegen.

Jeder Gedanke, den wir haben, jeder neue Sachverhalt, den wir lernen und jede körperliche Aktivität, die wir unternehmen, verändern dieses Verknüpfungsmuster. In diesem Sinne sind unsere Lernmöglichkeiten über Jahre betrachtet auch kein statischer Prozess, der in der Kindheit festgelegt und unveränderlich ist, sondern ein kontinuierliches Geschehen, welches nie zum Stillstand kommt. Unser Gehirn besitzt somit eine enorme Plastizität.

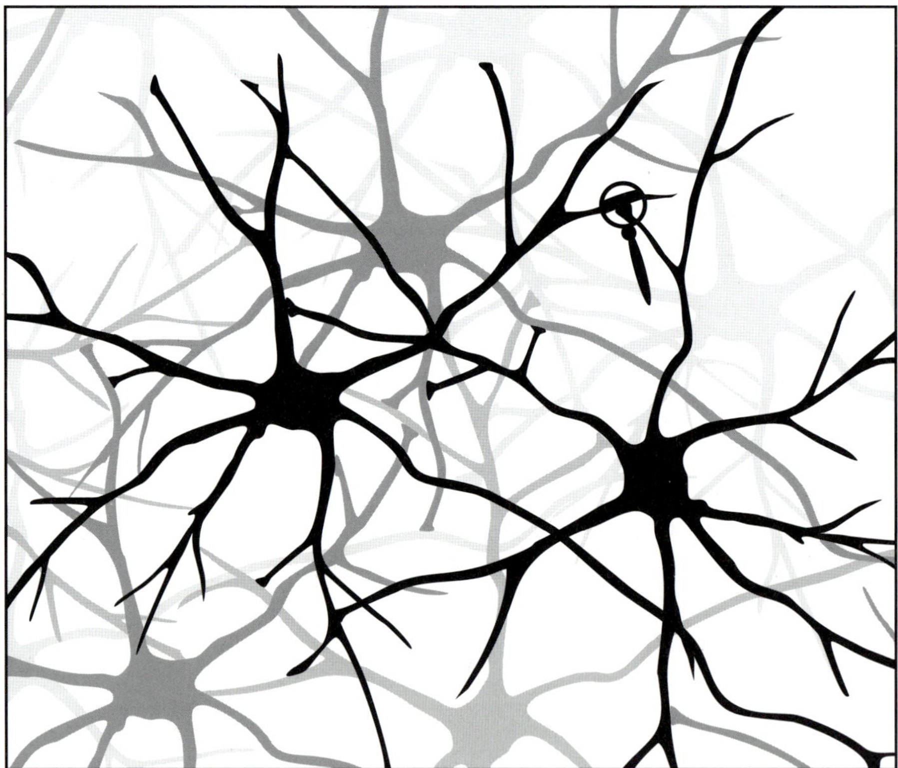

Abb. 4.2: Neuronendschungel

2. Wie ist unser Gedächtnis organisiert?

Erinnern Sie sich an unser vereinfachtes Modell der Funktionsweise des Gedächtnisses (▶ Abb. 3.2)? Dort haben wir beschrieben, dass die Informationen über die verschiedenen Sinnesorgane in den Wahrnehmungsspeicher geleitet werden, um dann in das Arbeitsgedächtnis zu gelangen. Nur wenige Informationen werden letztlich in das Langzeitgedächtnis transportiert.

Tatsächlich unterscheidet auch die moderne Gehirnforschung zwischen einem Kurzzeit- und einem Langzeitgedächtnis. Das Kurzzeitgedächtnis hält einen Teil der Sinneseindrücke, nämlich die, die uns als nützliche Informationen erscheinen, vorübergehend, d. h. flüchtig fest. Unser Kurzzeitgedächtnis wird auch Arbeitsspeicher oder Arbeitsgedächtnis genannt. Es ermöglicht uns, mit bestimmten wichtigen Inhalten kurze Zeit »im Geiste« zu hantieren. So können Sie sich einen Satz merken, wenn Sie dabei sind, einen Brief zu formulieren oder eine Telefonnummer, die Sie gerade gelesen haben. Diese Telefonnummer können Sie aber nur wiedergeben, indem Sie sich diese immer wieder im Kopf vorsagen. Sie erinnern sich vielleicht an den mühsamen Prozess des inneren Wiederholens, den wir in den vorangegangenen Kapiteln aufgezeigt haben.

Das Arbeitsgedächtnis hat eine begrenzte Kapazität. An dieser Stelle möchten wir noch einmal an Abbildung 3.6, den Jungen mit den fünf Schubladen, erinnern. Erwachsene können sich ca. sieben Informationseinheiten, z. B. sieben Zahlen hintereinander merken, Kinder deutlich weniger. Das Arbeitsgedächtnis von ADHS-Kindern kann möglicherweise nur drei bis fünf Informationseinheiten auf einmal speichern. Hier liegt ein Handicap unserer Kinder mit ADHS. Die neurobiologischen Prozesse des Kurzzeitgedächtnisses garantieren jedoch in der Regel keine langfristige Speicherung der aufgenommenen Informationen. Die Informationen, die wir uns wirklich merken wollen, d. h. die als Gedächtnisspuren langfristig eingegraben werden sollen, benötigen also besondere Festigungsvorgänge. Diese Festigungsvorgänge und die damit verbundene Abspeichertiefe sind das, was wir als Langzeitgedächtnis bezeichnen.

3. Wie sieht der Grundvorgang im Gehirn aus, der zum dauerhaften Behalten führt?

Der entscheidende Schauplatz der Veränderungen bei der Informationsweiterleitung und letzten Endes beim Einprägen ist sehr klein: Es handelt sich um die Synapse, die Kontaktstelle zwischen den einzelnen Neuronen.

Als Grundregel im Lernprozess gilt, dass eine Erinnerung umso intensiver und zugänglicher ist, je stärker die synaptische Modifikation ist, d. h. die Veränderung der Kontaktstellen zwischen den Neuronen, die durch den Lernprozess hergestellt wird. Beim Lernen verknüpfen und »verdrahten« sich gemeinsam aktive, d. h. feuernde Neuronen, die für eine bestimmte Aufgabe zuständig sind. Je intensiver unser Lernvorgang ist, desto stärker werden regelrechte Schaltkreise, d. h. neuronale Netzwerke im Gehirn ausgebaut.

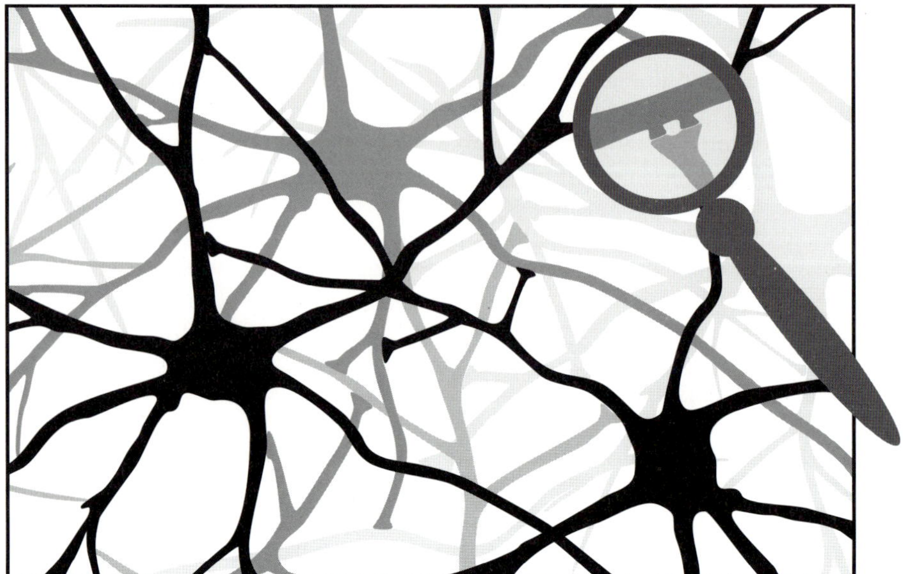

Abb. 4.3: Synapse (mit Lupe)

4. Wie funktioniert die Informationsweiterleitung auf neuronaler Ebene?

Was passiert in unserem Gehirn genau, wenn ich mit der Aufgabenstellung 9 – 7 = 2, also einem Reiz, konfrontiert werde. Diese Aufgabenstellung wird übersetzt in elektrische Impulse (siehe ① in Abb. 4.4). Diese pflanzen sich zu einer Verbindungsstelle eines anderen Dendriten bzw. einer anderen Nervenzelle fort. Diese Verbindungsstellen werden Synapsen genannt und stellen die Übertragungsorte der Information an den Endstellen der Neurone dar.

Von der Senderzelle werden nun Neurotransmitter, es handelt sich um Botenstoffe (siehe ② in Abb. 4.4), in den schmalen Spalt (synaptischer Spalt) zwischen den Neuronen ausgeschüttet. Diese Neurotransmitter docken dann an den »Empfängerantennen« des Empfängerneurons an (siehe ③ in Abb. 4.4). Anschließend wird dieses chemische Signal in ein elektrisches Signal zurück verwandelt (siehe ④ in Abb. 4.4).

5. Wie wird aus dieser »flüchtigen« Signalweitergabe ein dauerhaftes Erinnern?

Nur dann, wenn eine Information wiederholt dargeboten wird, d. h. unsere Rechenaufgabe 9 – 7 = 2 wiederholt gelernt wird, wird die neu erlernte Information in unserem Gedächtnis verankert. Die Verbindungen zwischen den Neuronen werden durch den Wiederholungsvorgang immer ein wenig mehr gestärkt.

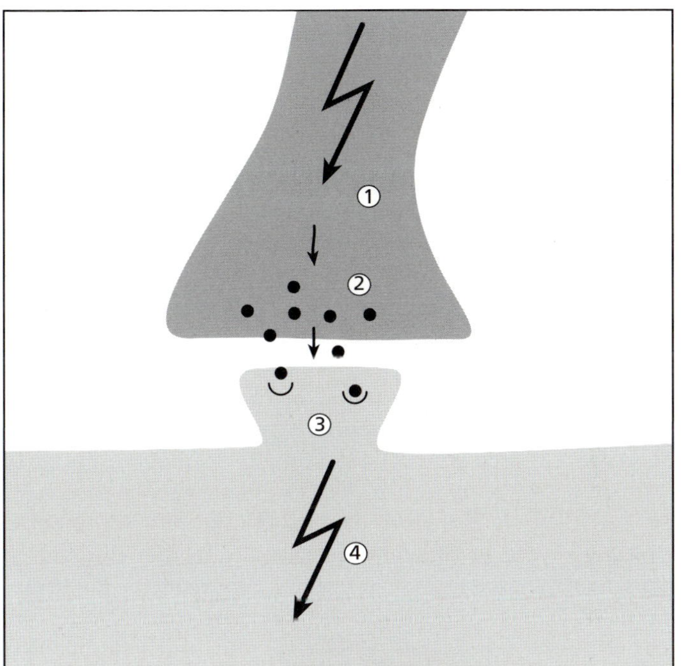

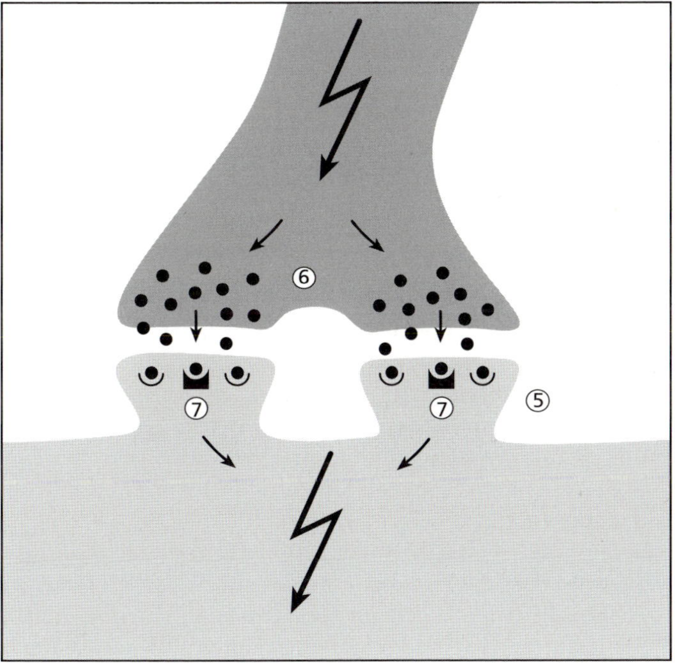

Abb. 4.4: Synapse während des Lernvorgangs (1) und Veränderung der Synapse nach wiederholtem Lernvorgang (2)

Die an diesem Vorgang beteiligten Synapsen werden dabei regelrecht strukturell verändert. Wird nämlich eine Synapse mehrfach hintereinander aktiviert, d. h. prägen wir uns unsere Aufgabe 9 – 7 = 2 mehrfach hintereinander ein, teilt sich die Synapse und bildet somit eine zweite Kontaktstelle zwischen den Nervenzellen aus (siehe ⑤ in Abb. 4.4). Zwischen beiden Synapsen besteht nun eine breitere Kontaktfläche, so dass die Informationsübermittlung effizienter werden kann. Die Senderzelle verändert sich zusätzlich, indem sie dauerhaft eine größere Menge an Neurotransmittern ausschüttet (siehe ⑥ in Abb. 4.4). Die Empfängerzelle wird in ihrer Sensibilität, d. h. Empfangsbereitschaft verändert, indem sie mehr Rezeptortypen (siehe ⑦ in Abb. 4.4), d. h. Antennen ausbildet (vgl. Laroche 2002).

Nun haben wir den Lernvorgang sozusagen isoliert mit der Lupe an einer winzigen Stelle betrachtet. In Wirklichkeit sind beim Lernen jedoch nicht nur zwei Neurone beteiligt, sondern viele Nervenzellen gleichzeitig, die über unterschiedliche Regionen des Gehirns verteilt sein können, so dass unsere Information, d. h. unsere Aufgabe 9 – 7 = 2, letztendlich in einem ganzen Neuronenverband abgespeichert wird. Durch Lernen finden also strukturelle Veränderungen in einem ganzen Netzwerk der beteiligten Neuronen statt, dies sind die so genannten Gedächtnisspuren. Beim Lernen werden somit manche Neuronenverbindungen, nämlich die, die oft genutzt werden, gestärkt, andere, die weniger oft genutzt werden, schwächen sich auch wieder ab. Eine gut gelernte Rechenaufgabe zeigt sich also in einer starken synaptischen Verbindung in unserem Netzwerk. Erinnerung hat damit eine physikalisch-chemische Entsprechung, d. h. sie wird durch das Muster der synaptischen Modifikationen repräsentiert.

Möchten wir uns wirklich etwas gut merken, müssen die neuronalen Entladungsmuster, die unser Netzwerk bilden, stets wiederholt werden, um im Langzeitgedächtnis fest verankert zu werden. Sie erinnern sich, dies ist die oft unangenehme, aber notwendige »Knochenarbeit« des steten Wiederholens.

6. Was geschieht, wenn uns bestimmte Fertigkeiten, wie z. B. das Fahrradfahren, immer schneller und besser gelingen oder uns bestimmte Aufgabenlösungen sofort einfallen?

Diesen Prozess nennen wir Automatisierung und auch er hat eine Entsprechung auf neuronaler Ebene. Wenn wir etwas lange und intensiv trainieren, müssen wir uns auf diese Aufgabe immer weniger konzentrieren. Beim Erlernen von Fertigkeiten werden in der Hirnrinde sehr viele Neuronen für Abspeicherprozesse genutzt, diese werden aber immer weniger beansprucht, je besser wir eine Fertigkeit beherrschen. Deren Bewältigung wird dann in tiefer liegende Regionen unseres Gehirnes verlagert, so dass die Hirnrinde wieder zum Erlernen neuer Aufgaben zur Verfügung steht. In tiefer liegenden Gedächtnisschichten werden dann die eingeübten, d. h. die automatisierten Fertigkeiten fest verdrahtet. Wären diese Fertigkeiten in den höheren Ebenen der Hirnrinde geblieben, aber nicht mehr genutzt worden, so würden diese Verknüpfungen und die Erinnerungen daran verloren gehen. So aber gelingt es ihnen auch noch nach zehn Jahren Pause wieder ohne Schwierigkeit, sozusagen »aus dem Stand«, mit dem Fahrrad losradeln zu können.

Sehr gut erkennbar ist die Auswirkung der Automatisierung zum Beispiel bei einfachen Multiplikations- und Divisionsaufgaben. Gehirnscans zeigen, dass bei ungeübten Rechnern bzw. am Anfang des Lernprozesses viele Bereiche des Gehirns an der Verarbeitung und Lösung der Aufgaben beteiligt sind (▶ Abb. 7.4, siehe die rot, gelb und weiß markierten Bereiche). Geübte Rechner bzw. Rechner, die das Einmaleins automatisiert haben, benötigen hauptsächlich nur noch zwei Bereiche (siehe die blau und markierten Bereiche in Abbildung 7.4). Zusätzlich hat die Intensität und Stärke der Verarbeitung deutlich ersichtlich abgenommen. Die weißen Bereichen im Gehirn bei den ungeübten Rechnern spiegeln ein hohes Ausmaß an Aktivitäten wider. Bei den geübten Rechnern ist an keiner Stelle ein solch hohes Ausmaß zu finden.

Die Vorgänge der Automatisierung bedeuten also, dass neue Aufgaben anfangs geistige Anstrengung erfordern, bei häufigem und intensivem Einüben dann aber zur Routine werden und uns letztlich weniger Konzentration abverlangen. Auf diese Weise können wir uns dann wieder neuen Aufgaben zuwenden.

Noch einmal übertragen auf den Lernprozess stellt so beispielsweise das reibungslose schnelle Lesen – eine Fertigkeit, über welche die meisten nicht mehr nachdenken – schließlich das Resultat tausender Übungsstunden im Sinne der zunehmenden Automatisierung dar.

7. Wie sind die Ergebnisse der modernen Gehirnforschung zu bewerten, was bedeuten sie für unseren Lernprozess?

Lernen bedeutet den Aufbau von Neuronenverbindungen zu neuronalen Netzwerken. Wir müssen das Gelernte wiederholen, damit sich auch auf der neuronalen Ebene die Entladungsmuster wiederholen können, um sie im Langzeitgedächtnis zu verankern. Diese Verankerung ist mit der Bildung von spezifischen Eiweißstoffen verbunden, die die Überträgerstellen, d. h. die Synapsen strukturell verändern. Je besser eine Aufgabe trainiert ist oder je häufiger ein Lerninhalt wiederholt wird, umso mehr wird er automatisiert und benötigt nicht mehr so viel Aufmerksamkeit und geistige Anstrengung, da weniger neuronale Aktivität benötigt wird.

Je mehr wir etwas lernen, je öfter wir etwas lernen, je tiefer wir etwas verarbeiten, umso besser können wir es behalten. Routinen, d. h. automatisierte Gedächtnisinhalte, machen uns wieder frei für neuen Lernstoff.

Ziel des Lernprozesses ist es also, neuronale Netzwerke aufzubauen. Hier gilt die Hepp'sche Regel: »Neurons that fire together wire together«. Nicht nur einzelne Neuronen, sondern ganze Netzwerke werden so bei Aktivierung gleichzeitig »feuernder« Neuronen etabliert und über ihre häufige Befeuerung zukünftig immer leichter erregbar. Die Anzahl, die »Dicke« und die Funktionsfähigkeit der Synapsen zwischen den verschiedenen Neuronen vermehren sich. »Aus einem schmalen Weg wird gewissermaßen eine immer breitere Autobahn« (Grawe 2004, S. 53). Gelerntes wird über diesen Neuronenweg immer besser abgesichert. Um die erregten Synapsen bilden sich weitere Synapsen aus. Durch dieses Phänomen der Etablierung neuronaler Netzwerke wird die Erregungsübertragung immer nachhaltiger und längerfristiger, was im Ergebnis zu langfristigem Lernen führt.

Zerlegt man den Lernprozess in die einzelnen Lernschritte bzw. -tage, ist es sehr wichtig zu unterscheiden, dass es zunächst darum geht, den »schmalen Weg« überhaupt erst einmal aufzubauen, um ihn dann in weiteren Schritten zur »Autobahn« auszubauen.

Dabei zeigt sich meist, dass es schwieriger ist, das entsprechende neuronale Muster erstmalig zu etablieren, als später die bereits bestehenden Verbindungen zu verstärken.

Setzen wir dies in Bezug zu den zu erlernenden Grundfertigkeiten, so zeigt sich, dass dem ersten Lerntag eine besondere Bedeutung zukommt. Gilt es, Aufgaben wie 9 – 7 = 2 oder 7 x 8 = 56, das Wortbild eines Wortes in der Rechtschreibung oder eine englische Vokabel mit Aussprache und Schreibweise zu lernen, so muss der Lernstoff am ersten Lerntag häufig wiederholt werden, damit die entsprechende neuronale »Verdrahtung« aufgebaut werden kann. Richtschnur bei der Überprüfung kann sein, dass das Kind am nächsten Tag das Gelernte noch beherrscht.

In den nächsten Tagen geht es dann darum, den schmalen Pfad zur Autobahn auszubauen, d. h. dass die beteiligten Synapsen durch die wiederholte Aktivierung »dicker« gemacht werden bzw. sich weitere Synapsen um die zuvor erregten Synapsen herausbilden. Hier gilt: »Use it or lose it«. Das bereits Gekonnte zu wiederholen, fällt den Kindern meist wesentlich leichter, da die beteiligten Netzwerkstrukturen ja bereits vorhanden sind und nur noch gestärkt werden müssen. Dennoch wird häufig der Fehler gemacht, dass zu kurze Zeit wiederholt wird oder überhaupt nicht wiederholt wird, da das Kind der Meinung ist: »Das kann ich ja schon«. Die Folge ist, Gekonntes wird wieder vergessen.

Bei jedem Kind bedarf es einer individuellen Feinabstimmung in dem jeweiligen Lerngebiet, um festzustellen, wie viele Aktivierungen, d. h. Wiederholungsdurchgänge am ersten Lerntag, und wie viele Wiederholungstage insgesamt notwendig sind, damit dauerhaft »dicke« Synapsen entstehen.

Kapitel 5: Lernprobleme von ADHS-Kindern – erläutert anhand des Einprägemodells

1. Auf die »Einstellung« kommt es an!

Gedanken, die in unseren Kopf schießen, haben Gefühle zur Folge. Je nach der Art unserer Gedanken verändern sich unsere Gefühle. Sind es positive Gedanken, werden positive Gefühle geweckt, sind es negative Gedanken, lösen diese schlechte Gefühle aus.

Unsere Gefühle sind ein Schlüssel für das Tor zum Gedächtnis. Sie öffnen den Filter, der Informationen quasi »durchrutschen« lässt. Eine positive emotionale Teilnahme am Lern- und Übungsprozess führt zu besserem Behalten von Gedächtnisinhalten (vgl. z. B. Spitzer 2000).

a) Welchen Vorteil haben ADHS-Kinder in dieser Hinsicht?

ADHS-Kinder neigen zu schnell überschießenden Gefühlsreaktionen. Diese müssen nicht immer negative Folgen haben, sondern können sich auf das Lernen durchaus positiv auswirken: Bei positiven Gefühlen, insbesondere bei Interesse, erhöht sich die Motivation und die aufgenommene Information rutscht in das Langzeitgedächtnis. Dies erklärt, warum ADHS-Kinder manche Dinge sehr gut behalten und erinnern, manchmal sogar über ein *Spezialwissen* für bestimmte Dinge verfügen. Interesse, Gefühle und Motivation öffnen die Gedächtnisfilter und lassen Lerninhalte »wie von selbst« durchrutschen (siehe ❶ in Abb. 5.1).

b) Welche Handicaps/Nachteile haben ADHS-Kinder?

Die Selbstregulation ihrer Gefühlszustände ist von ADHS-Kindern oft schlecht. Sie haben große Probleme hinsichtlich ihrer Frustrationstoleranz und in ihrer Lerngeschichte häufig Misserfolge erlebt. Negative Gedanken (sog. »Energiekiller« wie »das schaffe ich sowieso nicht« oder »beim letzten Mal hat es auch nicht geklappt«) sowie z. B. der unangenehme Gefühlszustand beim ungeliebten Schreiben von normalem Lernstoff kann zu der Einstellung führen: »ich fang gar nicht erst an«.

Gedanken und Gefühle, die sich mit einem bestimmten Inhalt verbinden, können im positiven Falle zu Interesse und hoher Motivation führen. Im negativen Falle aber werden Ablehnung und Blockierung (siehe ❷ in Abb. 5.1) bewirkt, so dass der Lernstoff erst gar nicht in den Arbeitsspeicher gelangt und dann keine Chance hat, behalten zu werden. Besonders anfällig sind hier ADHS-Kinder beim für sie äußerst langweiligen Wiederholen des Lernstoffs, das für die »Verautomatisierung« der Grundfertigkeiten jedoch unerlässlich ist.

2. Die Aufmerksamkeitsbeeinträchtigung von ADHS-Kindern

Wir wissen aus einer Vielzahl von Studien, dass eines der Hauptsymptome bei ADHS die Aufmerksamkeitsstörung ist. Diese liegt vor, wenn die selektive Aufmerksamkeit beeinträchtigt und die Aufmerksamkeitsspanne verkürzt ist. Selektive Aufmerksamkeit bedeutet, irrelevante Stimuli auszublenden und sich nur auf die wichtigen Informationen zu konzentrieren und diese bewusst aufzunehmen. Ein solcher Prozess ist von der allgemeinen Vigilanz zu unterscheiden. Diese bedeutet so etwas wie dauerhafte generelle Wachheit und zeitlich überdauernde Bereitschaft und Ausgerichtetheit zur Informationsverarbeitung. Auch die allgemeine Vigilanz ist bei ADHS-Kindern reduziert.

Der Prozess der selektiven Aufmerksamkeit spielt an der »Pforte«, am Filter zwischen Wahrnehmungsspeicher und Arbeitsgedächtnis eine große Rolle. Er entscheidet darüber, ob wichtige Informationen in den Arbeitsspeicher gelangen und unwichtige ausgeblendet und unberücksichtigt bleiben oder ob viele unwichtige Informationen in den Arbeitsspeicher gelangen.

Wir können die selektive Aufmerksamkeit mit einem Scheinwerfer vergleichen. Dieser Scheinwerfer richtet unsere Wahrnehmung auf einen ganz bestimmten Stimulus und »erhellt diesen«, während andere Reize, die gleichzeitig vorhanden sind, nicht ausgeleuchtet werden. Kinder mit ADHS haben nun Schwierigkeiten, den Scheinwerfer richtig zu handhaben. Zum Problem wird dies dadurch, dass Untersuchungen zufolge die Gesamtmenge der Informationen, auf die sich unsere selektive Aufmerksamkeit richten kann, konstant und vor allem begrenzt zu sein scheint. Wenn es uns im positiven Sinne gelingt, unsere Aufmerksamkeit relevanten Stimuli zuzuwenden, bleibt automatisch nur noch eine begrenzte Kapazitätsmenge für Unwichtiges. Im umgekehrten Fall, und dieser liegt zumeist bei ADHS-Kindern vor, bedeutet dies, dass viel Informationskapazität für die Beachtung unwichtiger Reize verschenkt wird und wenig Kapazität für wichtige Reize verbleibt.

Bleiben wir beim Bild des Scheinwerfers. Dieser kann eine Stelle gut ausleuchten, wir können einen Fokus setzen und gut zielen. Die Lichtintensität kann stark sein. Versuchen wir nun nach diesem Modell ADHS-Kinder vom Subtyp vorwiegend hyperaktiv/impulsiv von ADHS-Kindern vom Subtyp vorwiegend aufmerksamkeitsbeeinträchtigt zu unterscheiden: Während der Scheinwerfer von vorwiegend hyperaktiv impulsiven ADHS-Kindern unruhig hin und her flackert, sozusagen hüpft, und zu viele irrelevante Stimuli gleichzeitig wahrnimmt, ist bei vorwiegend aufmerksamkeitsbeeinträchtigten ADHS-Kindern die Blendintensität, die Lichtstärke des Scheinwerfers, herabgesetzt und nur wenig prägnante Eindrücke bleiben (siehe ❸ in Abb. 5.1). Angemessenes Einprägen ist in beiden Fällen erschwert.

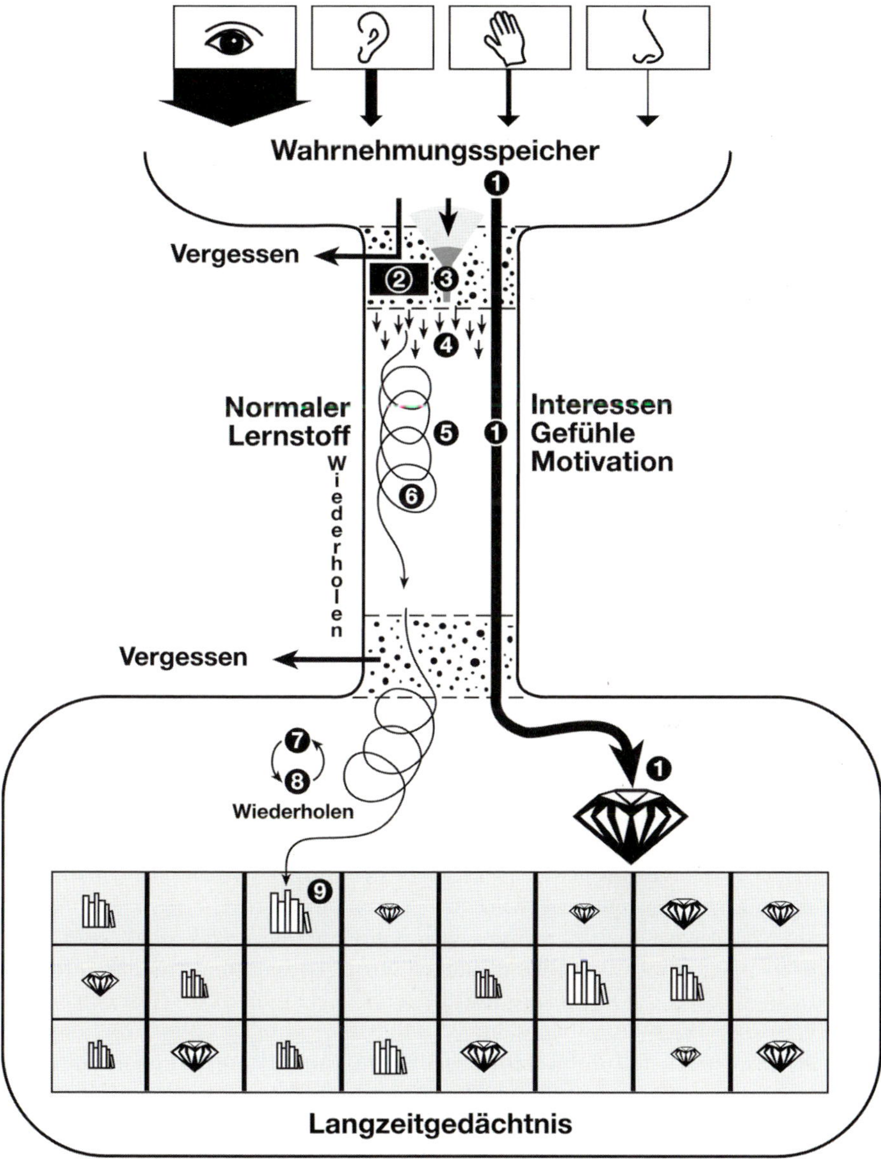

Abb. 5.1: Gefahrenstellen im Abspeicherprozess von ADHS-Kindern

Ungeachtet vom Scheinwerfertyp bei der selektiven Aufmerksamkeit wird grundsätzlich die bewusste Ausrichtung der Aufmerksamkeit von einem zweiten Faktor beeinflusst. So »ist die Effizienz, mit der relevante von irrelevanter Information unterschieden wird, in erheblicher Weise von den einschlägigen Vorkenntnissen des Lernenden abhängig. Wer sich in einem Lernbereich inhaltlich bereits sehr gut auskennt, ist im Vergleich zu Laien oder Nichtexperten nämlich sehr viel besser in der Lage, innerhalb von Sekundenbruchteilen zwischen relevanten und weniger relevanten Informationsmerkmalen zu unterscheiden« (Hasselhorn, Gold 2022, S. 71). Da bei ADHS-Kinder häufig die entsprechenden Vorkenntnisse nicht ausreichend bestehen, werden dem Arbeitsgedächtnis viele Informationen ohne vorherige Auswahl zugeführt.

3. Zu viele Informationen im Arbeitsgedächtnis

Wie wir gesehen haben, gilt grundsätzlich: »Das **Arbeitsgedächtnis** hat in Bezug auf die verarbeitbare Informationsmenge und hinsichtlich der Möglichkeit ihrer zeitüberdauernden Aufbewahrung allerdings **nur eine begrenzte Kapazität**. Weil aber neue Informationen permanent in das Arbeitsgedächtnis ›nachdrängen‹, besteht für die im Arbeitsgedächtnis befindliche Information beständig die Gefahr, wieder verlorenzugehen.« (Hasselhorn, Gold 2022, S. 69)

Zu berücksichtigen ist weiterhin, dass der Mensch sowohl über einen visuellen als auch einen phonologischen Arbeitsspeicher verfügt, welche die kurzfristige Aufrechterhaltung von visuellen und phonologischen (sprachbezogenen) Informationen gewährleisten (vgl. Baddeley 2007). Der phonologische Arbeitsspeicher hat aber eine besondere Funktionsweise:

»Der phonetische Speicher kann klangliche und sprachliche Informationsmerkmale für etwa eineinhalb bis zwei Sekunden repräsentieren. Die entscheidende Kapazitätsdimension ist [...] die Zeitdauer, für die eine gespeicherte Information verfügbar ist. Man kann sich den phonetischen Speicher wie eine Tonband-Endlosschleife mit **sehr kurzer Aufnahmekapazität** vorstellen. Die Schleife ist im aufmerksamen Zustand permanent auf Empfang geschaltet. Informationen, die nicht in weiterführende Verarbeitungsprozesse eingebunden sind, werden allerdings nach etwa zwei Sekunden wieder ›überschrieben‹ und damit endgültig dem Zugriff für weiterführende Verarbeitungen entzogen. Für viele Sätze unserer gesprochenen Sprache ist dies ein sehr knappes Zeitfenster – umso problematischer, wenn es nicht effizient genutzt wird. Um vor allem beim Hören längerer Sätze am Ende eines Satzes noch zu wissen, wovon am Anfang des Satzes die Rede war, müssen wir wichtige Informationen länger verfügbar halten als nur für zwei Sekunden. Dies leistet der subvokale Kontrollprozess. Durch eine Art ›inneres Sprechen‹ bzw. ›inneres Wiederholen‹ wird die Repräsentation im phonetischen Speicher immer wieder neu aufgefrischt, so dass wichtige Informationen durchaus über einen längeren Zeitraum für die weitere Verarbeitung präsent bleiben.« (Hasselhorn, Gold 2022, S. 76f)

Wenn nun das ADHS-Kind in diesem sehr kurzen Zeitraum von zwei Sekunden mit seiner Aufmerksamkeit abdriftet, werden die Informationen überschrieben und gehen für den weiteren Verarbeitungsprozess verloren.

In ihrem visuellen und phonetische Arbeitsspeicher haben ADHS-Kinder aber weitere Handicaps. Aus Untersuchungen wissen wir, dass beide Formen des Arbeitsspeichers in ihrer Kapazität reduziert bzw. in seiner Funktionsweise beeinträchtigt sind (vgl. Barkley 1998, S. 125). Dies bedeutet, dass die Verarbeitungskapazität des Arbeitsgedächtnisses hinsichtlich der Aufnahmemenge und -dauer noch begrenzter ist. Die »Engstelle« Arbeitsgedächtnis ist noch schmaler als bei anderen Kindern. Hinzukommt das Problem, dass gleichzeitig viele irrelevante Informationen in den Arbeitsspeicher hineingelangen, sodass der Arbeitsspeicher schlichtweg ständig überlastet ist und Informationen wieder hinaus wirft (siehe ❹ in Abb. 5.1).

Deswegen trifft das, was Hasselhorn und Gold allgemein in Bezug auf Kinder mit Lernproblemen fordern, in besonderer Weise und verstärkt auch auf ADHS-Kinder zu: »Wenn es um die Lernförderung bei Kindern mit Lernschwierigkeiten geht, müssen die ohnehin begrenzten und oftmals zusätzlich beeinträchtigten Ressourcen des Arbeitsgedächtnisses bei der Konzeption von Fördermaßnahmen stets mit bedacht werden.« (2022, S. 445) Daraus leiten sie folgende Konsequenz ab, die unbedingt beachtet werden sollte: »Unnötige Anforderungen an das Arbeitsgedächtnis sind zu vermeiden, denn eine zu hohe kognitive Belastung birgt die Gefahr des Scheiterns, mit ungünstigen Folgen für das weitere Lernverhalten« (Hasselhorn, Gold 2022, S. 445)

4. Zu kurze Verweildauer im Arbeitsgedächtnis

Das Wachhalten bzw. das Arbeiten mit Informationen im Arbeitsgedächtnis während einer bestimmten Zeitspanne ist Grundvoraussetzung für das Behalten. Wir müssen deshalb den »langweiligen« Lernstoff innerlich wiederholen, um ihn wach bzw. präsent zu halten und damit die Voraussetzung zu schaffen, diesen ins Langzeitgedächtnis überführen zu können. Bei ADHS-Kindern ist dieser Prozess erschwert, da die Zeit, welche eine Informationseinheit durchschnittlich im Arbeitsgedächtnis verbleibt, im Vergleich zu anderen Kindern reduziert ist (vgl. Barkley 1998, S. 125). Kinder mit ADHS vergessen also schon während des Einprägeprozesses häufiger den Lernstoff bzw. sie prägen sich ihn nur unvollständig ein, weil an dieser Stelle nicht lange genug wiederholt wird (siehe ❺ in Abb. 5.1).

Eine weitere Schwierigkeit, die Information wach zu halten und damit zu behalten, besteht in der in vielen Untersuchungen nachgewiesenen verminderten Anstrengungsbereitschaft und dem fehlenden Durchhaltevermögen insbesondere bei kognitiven Leistungsanforderungen (siehe ❻ in Abb. 5.1). Das Durchhaltevermögen wird umso schlechter, je komplexer die Informationen und je länger die benötigte Zeitspanne ist, um den abzuspeichernden Lerninhalt im Arbeitsgedächtnis präsent zu halten. Diese Faktoren machen es ADHS-Kindern noch schwerer, sich normalen Lernstoff einzuprägen.

Wird also der schulische Lernstoff nicht wiederholt oder kann er aus den genannten Gründen nicht präsent gehalten werden, wird der Filter, das »Tor« zwischen Arbeits- und Langzeitgedächtnis nicht überwunden. Das zu Lernende wird schlichtweg schon während des Lernprozesses vergessen.

Sie kennen das schnelle »das kann ich schon« Ihrer Kinder. Wird der Lernstoff jedoch abgehört, werden die Lücken offensichtlich. Kinder reagieren darauf frustriert und gereizt – Eltern nicht selten ebenso.

5. Einmal gekonnt – reicht das aus?

Soll der Lernstoff dauerhaft im Langzeitgedächtnis verbleiben, gelingt dies bei gewöhnlichen Lerninhalten (z. B. beim Einmaleins oder bei englischen Vokabeln) nur durch eines: durch Wiederholen, Wiederholen, Wiederholen. Hier gibt es in aller Regel aber große Motivationsprobleme (siehe ❼ in Abb. 5.1). ADHS-Kinder haben bereits viele Misserfolge hinter sich, sind demotiviert, ihre Anstrengungsbereitschaft ist reduziert, ihr Durchhaltevermögen daher gering.

Für vorwiegend hyperaktiv impulsive ADHS-Kinder muss es häufig »schnell, schnell« gehen. Schriftliche Hausaufgaben werden gerade noch erledigt, obwohl sehr geringe Lernwirkungen von ihnen ausgehen. Die Notwendigkeit »zusätzlicher Übungen« wird jedoch meist nicht eingesehen. Die Folge sind ständige Konflikte und Kämpfe zwischen Eltern und Kind. An regelmäßiges Lernen ist meist nicht zu denken.

Vorwiegend aufmerksamkeitsbeeinträchtigte ADHS-Kinder sind nach dem Erledigen der schriftlichen Hausaufgaben, die sehr lange – oft stundenlang – dauern, so erschöpft, dass bei ihnen ebenfalls keine Energie und Zeit mehr für das »eigentliche Lernen« vorhanden ist.

Da ohne das notwendige Wiederholen kein »Automatisieren« stattfindet, kann der Lernende auch kein sicheres Wissensfundament bilden. Dieses würde gründliches, systematisches Lernen mit vielen Wiederholungen erfordern, und damit genügend Zeit. Ein solcher »zeitraubender Prozess« stellt insbesondere ADHS-Kinder vor große Probleme.

Wird dann einmal gelernt, wird die Zeit jedoch häufig durch unsystematisches, oberflächliches Lernen vergeudet. Schnell, oberflächlich und ohne Wiederholung Gelerntes gerät rasch wieder in Vergessenheit. Deswegen müssen ADHS-Kinder immer wieder »von vorne beginnen« (siehe ❽ in Abb. 5.1).

Trotz des möglicherweise großen Zeitaufwandes machen die Kinder die Erfahrung, dass »einfach nichts hängen« bleibt. Die sich wiederholenden Misserfolge führen zu Selbstzweifeln und zu der oft gemachten Aussage: »Ich kapier ja doch nichts – ich bin blöd«. Dies verstärkt wiederum die Motivationsprobleme der Kinder (siehe ❾ in Abb. 5.1).

Das (mangelhafte) *Verautomatisieren* des *Lernstoffs* bildet bei vielen ADHS-Kindern das *zentrale Grundproblem*.

6. Informationen müssen richtig eingeordnet und abgespeichert werden

In Kapitel 3 haben wir auf die Bedeutung des richtigen Einordnens von Informationen im Langzeitspeicher hingewiesen (▸ Kap. 3). Daraus ergeben sich weitere Schwierigkeiten für das ADHS-Kind. Bereits vorhandene Informationen sind möglicherweise nicht gut sortiert und abgesichert, alte Speicherplätze werden nicht gefunden. Somit kann neues Wissen schlecht mittels Assoziationen mit alten Gedächtnisinhalten verknüpft werden. Das Langzeitgedächtnis von ADHS-Kindern gleicht, bildhaft gesprochen, häufig mehr einer Rumpelkammer als einem gut geordneten und gefüllten »Regalsystem« (siehe ❾ in Abb. 5.1).

Eine angemessene Einordnung von neu hinzukommendem Lernstoff setzt einen Prozess der selektiven Aufmerksamkeit im Vorfeld voraus und stellt eine gezielte aktive Tätigkeit dar, die das ADHS-Kind möglicherweise nicht leisten kann. Da ADHS-Kinder häufig Strukturierungsschwächen zeigen, ist es umso wichtiger, den Lernstoff gut vorzustrukturieren. Fehlt die innere Struktur, muss die äußere umso besser sein. ADHS-Kinder und ihre Eltern stehen hierbei vor zwei Problemen:

- Wer soll die äußere Strukturierung übernehmen?
- Lässt sich das ADHS-Kind darauf ein?

Bei der äußeren Strukturierung sind besonders die Eltern viele Jahre, d. h. bis in die höheren Schulklassen, gefordert. Aber selbst wenn Eltern diese Aufgaben übernehmen, verweigern sich ADHS-Kinder häufig. Wichtig ist dabei: Je später die Eltern mit dem gemeinsamen strukturierten Lernen beginnen, desto wahrscheinlicher ist es, dass die Kinder nicht mit machen.

Immer wieder zu beachten ist, dass die feste und dauerhafte Verankerung von altem Wissen im Langzeitgedächtnis das Einprägen neuer Lerninhalte erleichtert. Übertragen auf eine Fremdsprache bedeutet dies z. B.: Je größer der bereits automatisierte und gut sitzende Wortschatz in einer Fremdsprache ist, desto leichter und zahlreicher kann ich mir neue Worte derselben Sprache merken. Je mehr »Gedächtnishaken« ich in meinen »Gedächtnisfels« eingeschlagen habe, desto besser kann ich mich als »Kletterer«, d. h. als Lernender festhalten und wiederum neue »Haken« einschlagen.

Kapitel 6: Der Einfluss der Umwelt auf Lernschwächen – wie der »Teufelskreis« Lernstörungen entsteht

In den vorangegangenen Kapiteln haben wir die durch die Kernsymptomatik des ADHS bedingten Gefahrenstellen im Lernprozess dargestellt. Es wurden die Besonderheiten der Behaltens- bzw. der Vergessensprozesse bei ADHS-Kindern dargelegt. Aufgrund des typischen Wahrnehmungsstils und bedingt durch die Aufmerksamkeitsbeeinträchtigung, durch die Probleme im motivationalen Bereich sowie den Besonderheiten des Arbeitsgedächtnisses, hatten wir festgestellt, dass ADHS-Kinder statistisch gesehen mehr Lernschwierigkeiten als andere Kinder haben. Diese beziehen sich häufig auf die Grundfertigkeiten Rechnen, Lesen und Rechtschreiben, aber auch auf die Fremdsprachen und Sachfächer.

Die Schullaufbahn von ADHS-Kindern entwickelt sich daher meist deutlich negativer und mit mehr »Einbrüchen« als bei ihren Klassenkameraden. Dennoch, ADHS bedeutet nicht zwangsläufig das Entstehen von Lernstörungen. Diese entwickeln sich nämlich in einem komplexen dynamischen Prozess und ihre Weichenstellung erfolgt hierzu – wie Sie in diesem Kapitel sehen werden – sehr frühzeitig.

1. Fallbeispiel Lene

Lene ist acht Jahre alt und hat das 2. Grundschuljahr fast beendet. Im letzten Rechentest hat Lene 6 von 28 Punkten erreicht. Lenes Mutter ist entsetzt. Lene kann die Plus- und Minusaufgaben im Hunderterraum nicht richtig rechnen, sie bekommt fast jedes Mal ein falsches Ergebnis heraus. Lene versteht nicht, was sie eigentlich machen soll. An die Textaufgaben hat sich Lene gar nicht erst herangetraut.

Betrachten wir Lenes »Vorgeschichte«, so zeichneten sich ihre Rechenschwierigkeiten schon von der Mitte der ersten Klasse an ab, obwohl dies anfänglich von den Eltern noch nicht so ernst genommen wurde. Sowohl im Kindergarten als auch zu Beginn der Grundschulzeit war Lene immer ein sehr liebes, braves, aber auch ruhiges Mädchen, das eher ängstlich reagiert hat. Lene wirkt verträumt, sie beteiligt sich kaum am Unterricht, wird sie aufgerufen, weiß sie oft nicht, was die Lehrerin von ihr möchte. Lene erledigt manchmal ihre Hausaufgaben nicht vollständig, weil sie in der Schule nicht mitbekommt, was aufgegeben wird. Zuhause war Lene bislang sehr lieb, die

Hausaufgabensituation jedoch von Anfang an schwierig. Lenes Mutter muss sich die ganze Zeit dazusetzen. Wenn Lene alleine gelassen wird, kommt sie immer wieder ins Träumen, sitzt oft stundenlang an ihrem Schreibtisch und schaut aus dem Fenster.

Welche Schwierigkeiten hatte Lene bislang im Rechnen? Am Anfang des Rechenunterrichtes, als noch konkretes Rechenmaterial wie z. B. Perlen angeboten wurden, hatte Lene im Zahlenraum bis 10 keine Schwierigkeiten. Aber schon das Addieren und Subtrahieren im Zahlenraum bis 10 ging bei Lene langsamer, vom Zählen mit den Fingern hat sie sich nie gelöst. Teilweise hat sie sich verzählt, insbesondere wenn die Zahlen im Zehnerraum größer wurden, so z. B. bei den Aufgaben »9 minus 7« oder »2 plus 6«. Den Zehnerübergang mit dem Zerlegen der zu addierenden oder zu subtrahierenden Zahl hat Lene nie richtig verstanden und an ihrer »bewährten Finger-Strategie« festgehalten. Das wurde mit größeren Zahlen immer problematischer, da man bei diesen mehr im Kopf behalten muss, was Lene recht schwergefallen ist.

Welche Gefühle haben sich nun bei Lene eingestellt? Als sie beim Überschreiten des Zehnerraumes bemerkte, dass sie langsamer als andere Kinder ist und sich viel häufiger verzählt, begann Lene unsicher zu werden. Der Eindruck »ich bin schlechter als die anderen« stellte sich ein. Mit zunehmenden Misserfolgserlebnissen in den Rechenarbeiten bekam Lene Angst, manchmal Bauchschmerzen. Der Vater äußerte einmal: »Mädchen sind halt rechnerisch nicht begabt«. Ihre Mutter möchte Lene unterstützen, weiß aber nicht so recht wie. Sie lässt Lene zusätzlich zu den Hausaufgaben noch mehr Rechenpäckchen rechnen. Dieses »zusätzliche Üben« löst bei Lene das Gefühl aus: »bei mir ist etwas nicht in Ordnung«. Lene leidet immer mehr, weint häufig bei den Hausaufgaben und dem nachfolgenden Üben und vor den Rechentests möchte sie am liebsten überhaupt nicht in die Schule gehen. Die Mutter sucht die Schulsprechstunde auf und spricht mit Lenes Lehrerin. Lene sollte mehr üben, meint diese und ist so freundlich, Lenes Mutter zusätzliches Anschauungsmaterial und seitenweise Kopien mit verschiedenen Aufgabentypen zur Verfügung zu stellen. Lene arbeitet tapfer weiter, ihre Leistungen verbessern sich jedoch in keinster Weise. Lenes Selbstwertgefühl nimmt immer mehr ab und sie denkt »ich bin einfach dumm«. Ihre Ängste und depressiven Gedanken verstärken sich. Die Lehrerin zieht nun die Schulpsychologin zu Rate. Die Lehrerin hat die Verdachtsdiagnose »Dyskalkulie«. Von der Schulpsychologin werden entsprechende Tests durchgeführt. In einem ausführlichen Begabungsdiagnostikum zeigen sich bei Lene eine durchschnittliche intellektuelle Begabung, Schwierigkeiten beim Merken sowie im akustischen Kurzzeitspeicher. Zudem werden typische Lückenmuster bei der Bearbeitung verschiedener Subtests sichtbar, was auf Aufmerksamkeitsprobleme hinweist. Lene wird gegen Ende des Testes immer unkonzentrierter. In dem durchgeführten Schulleistungsdiagnostikum finden sich weit unterdurchschnittliche Leistungen für die zweite Klasse. Die Schulpsychologin stellt fest, dass Lenes Schwierigkeiten bereits beim Zehnerübergang in der ersten Klasse liegen. Es besteht also eine erhebliche Diskrepanz zwischen Lenes intellektuellen Möglichkeiten und den Rechenleistungen, was per Definition eine Teilleistungsstörung im Bereich Rechnen, Dyskalkulie genannt, darstellt. Lene soll nun den Förderunterricht besuchen, eine spezielle Therapie für Rechenstörungen steht nicht zur Verfügung. Die Schulpsychologin kopiert weitere Materialien, um Lenes Mutter beim täglichen Üben zu unterstützen. Zuhause verändert sich die Situation. Hat Lene bisher noch relativ bereitwillig mitgearbeitet, verweigert sie sich nun zunehmend. Sie weint und sagt, dass sie auf keinen Fall mehr üben möchte, auch mit dem Vater nicht. Rechnen ist für Lene zum »Horrortrip« geworden.

2. Fallbeispiel Paul

Paul ist neun Jahre alt und besucht die 3. Grundschulklasse. Er hat große Schwierigkeiten in der Rechtschreibung. Das gleiche Wort schreibt Paul auf unterschiedlichste Art und Weise falsch. Schwere Wörter schreibt Paul manchmal richtig, leichte falsch, dann ist es aber auch wieder anders. Eine Systematik ist eigentlich gar nicht zu erkennen. In den geübten Nachschriften sind die Leistungen meistens mangelhaft, manchmal aber auch etwas besser. Die Diktate, die nicht geübt werden konnten, sind eine Katastrophe.

Die Hausaufgabensituation war von Anfang an sehr schwierig. Paul unternimmt alles, um den Beginn der Hausaufgaben herauszuzögern, verwickelt sich ständig in Streits und Diskussionen mit seiner Mutter, die schon nach ein paar Schulwochen völlig entnervt ist. Paul hasst das Schreiben. Seine Schrift ist krakelig und schlecht, ihm fällt es sehr schwer, die Linien korrekt einzuhalten. Wenn man Paul beobachtet, sieht man, wie seine Hand zum Teil recht verkrampft ist. Alles was mit Schreiben zu tun hatte, mochte Paul von Anfang an nicht. Malen im Kindergarten fand er auch schon »blöd« und vermied dies dann auch tunlichst. Das Üben für die Rechtschreibung wurde Paul zunehmend verhasst. So führten viele Arbeitsblätter, in denen das lautliche Differenzieren, die Herleitung der richtigen Schreibweise von Wörtern und grammatikalische Regeln eingeübt werden sollten, zu keiner Verbesserung. Selbst beim Abschreiben z. B. von der Tafel, das zudem sehr lange dauerte, machte Paul viele Fehler. Zu Hause kämpfte Paul täglich mit seiner Mutter, wenn sie versuchte, ihm Wörter und Nachschriften zu diktieren.

Was erlebt Paul? Paul ist bereits im Kindergarten von seinen Eltern und von der Erstklass- und Zweitklasslehrerin sehr häufig ermahnt und geschimpft worden. Er ist sehr impulsiv, ihm fällt es schwer, seine Bedürfnisse aufzuschieben, er ruft in die Klasse hinein und stört den Unterricht. Nun erlebt Paul im Schreiben noch einmal mehr, dass er anders ist als die übrigen Kinder. Paul erlebt »die können etwas, was ich nicht kann«. Pauls Lehrerin sieht die Schwankungen in der Rechtschreibung mit zunehmend schlechter werdender Tendenz und kann nicht verstehen, warum Paul es gestern konnte und heute wieder nicht. Sie nimmt Paul häufiger dran als andere Kinder, zumal er sowieso leicht abgelenkt ist. Paul erlebt das so: »Die weiß doch ganz genau, dass ich das nicht kann, die will mich quälen«. Peter, der neben Paul sitzt, hält

Pauls Diktatheft hoch, alle Kinder können sehen, wie viel rot angestrichen ist. Pauls Mutter ist zutiefst enttäuscht, dass sie so viel Zeit aufwendet, um mit Paul zu üben und dies kostet wahrlich Nerven. Paul braucht Anerkennung! Da in der Schule jeden Tag geschrieben wird, bedeutet dies für Paul eine ständige Erniedrigung – sein Selbstwertgefühl wird zermürbt. Paul hat sich andererseits schon früher bei seinen Klassenkameraden dadurch Anerkennung verschafft, dass er Sachen tat, welche die anderen sich nicht trauten: Den Unterricht stören, die Lehrerin in Wut bringen, mit allen möglichen Gegenständen spielen, dazwischenrufen und so weiter. Die Lehrerin, die sich wirklich viel Mühe mit Paul gibt, fühlt sich gekränkt und reagiert mit schriftlichen Strafarbeiten und vielen Ermahnungen. Aber Schreiben ist Paul verhasst. Strafarbeiten verschwinden, Paul muss nachsitzen…

Pauls Selbstwertgefühl wird immer mehr zerstört. Auch das Rechtschreiben – so seine Gedanken – kann er sowieso nicht mehr lernen, was soll er sich da noch anstrengen. Zu Hause ist mittlerweile an Üben für die Rechtschreibung überhaupt nicht mehr zu denken, da Paul die Materialien grundsätzlich in der Schule »vergisst« und sich jetzt vollständig verweigert. Pauls Lücken werden immer größer. Paul wartet nur noch auf seine nächste 6 im Diktat. Und die Krise weitet sich aus: Paul mag nicht mehr in die Schule gehen und ebenfalls im Rechnen wird er immer schlechter, weil er sich weigert, das Einmaleins zu wiederholen.

ADHS-Kinder rutschen häufiger als andere Kinder in einen »Teufelskreis« hinein. Zum einen gibt es »Passungsprobleme«: Die in unserem Schulsystem angebotenen Lernstrategien und didaktischen Prinzipien lassen sich häufig nicht mit den Eigenschaften der ADHS-Kinder vereinbaren, sie passen nicht zueinander. Diese Kinder bringen zusätzliche neuropsychologische Handicaps (d. h. Beeinträchtigungen der Feinmotorik und/oder eine geringere Kapazität bzw. höhere Störanfälligkeit des akustischen Kurzzeitspeichers) sowie – besonders wenn sie zum hyperaktiv-impulsiven Typ gehören – Verhaltensprobleme mit, die von der Umwelt zuvor schon oft über Jahre hinweg negativ sanktioniert wurden. Das Kind hat in dieser Zeit also bereits selbstwertmindernde Erfahrungen gemacht.

Besonders die Impulsivität bewirkt, dass sich der Teufelskreis Lernstörung für ADHS-Kinder schneller drehen kann. Ihre besonderen Voraussetzungen gepaart mit einer geringen Frustrationstoleranz bedingen, dass sehr viel schneller Vermeidungsverhalten entsteht, wenn Erwachsene Leistungsanforderungen stellen. Hinzu kommt das häufige Dominanzstreben dieser Kinder. Sie möchten gerne die Ersten und Besten sein, erleben sich aber im Schulalltag als die Letzten. Ihre Gefühlsreaktionen sind oft überschießend, d. h. negative Erlebnisse lassen sie schneller »rot« sehen als andere Kinder.

Betrachtet man die beiden Beispiele von Lene und Paul, so lässt sich zunächst beobachten, dass bei beiden Kindern das Lerntempo langsamer ist. Die Frage ist jedoch, ob es alleine die *ADHS-Voraussetzungen* sind, die Lenes Defizite im

Rechnen und Pauls Schwierigkeiten im Rechtschreiben bedingen oder ob diese Voraussetzungen *gemeinsam mit falschen Lernwegen sowie den entsprechenden Wechselwirkungen mit der Umwelt* Lene und Paul in den Teufelskreis Lernstörungen hineinrutschen lassen.

Paul, der hyperaktiv-impulsive Typ, weist noch etwas ungünstigere Voraussetzungen auf als Lene: Aufgrund seiner Verhaltensprobleme hatte er schon im Kindergarten und zu Beginn der Grundschulzeit die Erfahrung gemacht, dass er anders ist als die übrigen Kinder und entsprechende Rückkopplung von seiner Umwelt erhalten. Paul gibt gerne den Ton an, für ihn ist die Erfahrung, im Schreiben schlecht zu sein, sehr schlimm. Äußerungen seiner Umwelt wie »du bist faul und unkonzentriert, du strengst dich überhaupt nicht an« treten nun zu den bereits vertrauten Rückmeldungen hinzu. Die erste Grundlage für eine Lernhemmung ist bei ihm gelegt.

Paul war aufgrund seiner Verhaltensprobleme schon im Kindergarten, in der Familie und in der Klassengemeinschaft in einer Außenseiterposition. Durch die sich entwickelnden Leistungsprobleme gerät er nun noch tiefer in diese Rolle hinein. Ihm fehlt es nicht an möglichen »Kompensationsstrategien«: Die motorische Unruhe und Zappeligkeit, die Aggressivität sowie das oppositionelle Verhalten nimmt zu, die Rolle des Klassenkaspers wird immer mehr übernommen.

Bei Lene ist das etwas anders. Lene ist vorher nicht aufgefallen. Sie ist ein ruhiges, angepasstes und braves Mädchen. Sie fällt erst in der 2. Klasse durch ihre zunehmenden Rechenschwierigkeiten auf. Aufgrund ihrer besonderen Art der Wahrnehmung, ihres häufigen Abdriftens und Träumens stellt sich nun bei Lene ein deutlicher Rückzug ein. Ihr inneres Erleben wird durch die sich vergrößernde Leistungsangst, eine wachsende Misserfolgserwartung und vor allen Dingen depressive Gedanken bestimmt. Bei Paul hingegen richtet sich die Verarbeitung seiner negativen Erfahrungen eher nach außen, diese wird für seine Umwelt in Form von Verhaltensproblemen sichtbar.

Bei beiden Kindern entwickelt sich eine gravierende Leistungsstörung: Lernlücken vergrößern sich, Schulangst und Vermeidungsverhalten halten Einzug. Dies erleben insbesondere die Mütter von Paul und Lene. Von Anfang an war bei beiden Kindern die Hausaufgabensituation schwierig. Lene wusste oft nicht, was sie aufhatte, sie war zwar einerseits willig, ihre Hausaufgabensituation dauerte jedoch andererseits sehr lange, da Lene immer wieder ins Träumen geriet. Paul wollte nicht mit seinen Hausaufgaben anfangen, zeigte sehr viel Ausweichverhalten, telefonierte, fing an zu spielen, verwickelte sich in Streitereien mit seinem Bruder etc. Er redete und diskutierte mit seiner Mutter, so dass sich der Hausaufgabenbeginn sehr lange hinauszögerte, deren Dauer war wie bei Lene ebenfalls sehr lang.

An zusätzliches Üben für die Rechtschreibung oder die anstehende Rechenarbeit war bei beiden Kindern gar nicht mehr zu denken. Paul verschwieg angekündigte Probearbeiten, Arbeitsblätter sowie Bücher wurden in der Schule vergessen, Hefte und zurückgegebene Tests versteckt.

Die Beziehung zu den Eltern, insbesondere zur Mutter, die meist häufiger mit der Hausaufgaben- und Lernsituation betraut ist, verschlechtert sich bei beiden Kindern. Auch das Verhältnis zur Lehrkraft, die für ADHS-Kinder von besonderer Bedeutung ist, weil ihre Motivation in besonderem Maße personengebunden ist, wird belastet. Lene und Paul fühlen sich abgelehnt und unverstanden. Paul glaubt sich zudem ungerecht behandelt und ist entsprechend enttäuscht und frustriert. Seine Lehrerin verstrickt sich zunehmend in Auseinandersetzungen mit ihm. Anfangs hatte sie sich sehr um Paul bemüht. Aber bedingt durch seine Verhaltensprobleme und wachsenden Blockaden äußert sich die Lehrerin vermehrt pädagogisch ungeschickt (Bloßstellung vor der Klasse) oder in Form »roter schriftlicher Kommentare« unter Hefteinträgen und Klassenarbeiten. Damit trägt sie ungewollt maßgeblich zur weiteren Entmutigung von Paul bei.

Beiden Kindern ist am Schluss gemeinsam, dass ihnen ihre Lerndefizite nicht mehr überwindbar erscheinen. Die Zuschreibung (Attribution) von Erfolg und Misserfolg hat sich bei Paul und Lene endgültig verfestigt: Erfolge werden dem Zufall oder Glück zugeschrieben, Misserfolge ausschließlich dem eigenen Versagen oder der eigenen Dummheit. Da die eigene Anstrengung in Bezug auf das Lernen als völlig aussichtslos und wirkungslos (Banduras Self-efficiacy-Theorie) erlebt wird, steht das Ergebnis der Leistungskontrolle schon vorher in den Gedanken der Kinder fest: mangelhaft oder ungenügend. Die weitere Lernbereitschaft sinkt auf den Nullpunkt, das Selbstwertgefühl wird immer mehr demontiert.

Die Beispiele von Paul und Lene zeigen uns, dass die Entstehung von Lernstörungen bei ADHS-Kindern auf einem komplexen Wechselwirkungsgeschehen beruhen. ADHS-Kinder rutschen aufgrund ihrer Besonderheiten eher in den Teufelskreis Lernstörungen. Verschiedene Faktoren, die wir im Folgenden erläutern möchten, greifen neben den Besonderheiten des ADHS-Kindes in diesen Prozess ein. Sie unterliegen einer Eigendynamik, einem sich selbstverstärkenden Prozess, der bei entsprechend anderer Weichenstellung aber auch anders ablaufen kann.

3. Das Teufelskreismodell

a) Die Interaktion von Kind, Lehrern und Eltern (»sozialer Teufelskreis«)

Thema dieses Abschnitts ist das Zusammenspiel der sozialen Umwelt des Kindes mit seinem Selbsterleben bzw. Selbstwertgefühl. Welche Faktoren können hier wirksam sein? Dies sind zum einen Erwartungen, die an das Kind gestellt werden, und zum anderen die Art der Zuwendung, die das Kind erlebt. Im negativen Fall können es Repressionen wie z. B. Drohungen und Strafen, im positiven Fall Ermutigung, Lob und Anerkennung für Fortschritte sein. Trösten, überfürsorgliches Helfen oder der Entzug von Anerkennung sind weitere mögliche

Reaktionen auf das Verhalten des Kindes. Die Kinder ihrerseits verhalten sich sozial unterschiedlich, um die erlebten Probleme zu kompensieren.

Die Bezugspersonen der Kinder reagieren in der Regel zunächst vielfältig und versuchen auf unterschiedliche Weise, auf die Kinder einzuwirken. Mit der Zeit schleifen sich bei ihnen aber einseitige und im Hinblick auf Fortschritte destruktive Interaktionsmuster mehr und mehr ein. Zum Schluss sind diese sehr stark verfestigt – die Wechselwirkungen laufen immer in sehr ähnlicher Weise ab.

Paul wird aggressiv und oppositionell, er kaspert in der Klasse herum und nimmt gegenüber Leistungsanforderungen sehr rasch eine Verweigerungshaltung ein (»das bringt mir nichts – ihr könnt mich alle«). Eltern und Lehrer üben immer stärkeren Druck aus, strafen, schimpfen, sind gereizt und lehnen Paul auch gefühlsmäßig immer mehr ab. Am Ende eskalieren nicht nur Pauls Leistungsprobleme, sondern ebenso seine Verhaltensprobleme.

Lene passt sich wesentlich länger an, reagiert eher depressiv, verzweifelt mit der Bitte um Hilfe, ihre Schulangst nimmt zu. Eltern und Lehrer reagieren mit einer Mischung aus Druck, enttäuschtem Aufgeben und Trösten. Am Ende sind Lenes Leistungsprobleme massiv verfestigt. Im Vordergrund stehen jedoch immer mehr ihre Rückzugstendenzen und ihre Schul- und Prüfungsängste.

b) Die Verarbeitung erlebter Misserfolge durch das Kind (»innerpsychischer Teufelskreis«)

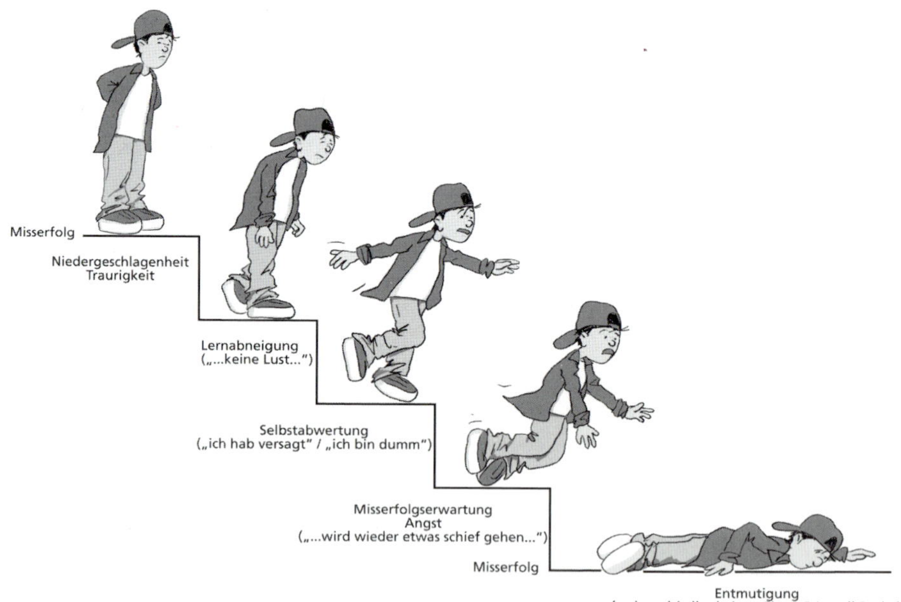

Abb. 6.1: Treppe: Misserfolge bewirken weitere schlechte Leistungen

Hierbei handelt es sich um Vorgänge zwischen dem Selbstwertgefühl des Kindes einerseits und seinem Selbsterleben im Leistungsbereich andererseits. Bei Kindern, die immer häufiger Misserfolge erleben, verstärken sich wiederum Angst und Blockierung. Erfolgserlebnisse werden letztlich durch das sich aufschaukelnde Zusammenspiel von Vermeiden und Versagen verhindert. Misserfolge und Erfolge erklären sich zunehmend stabiler, wobei überwiegend nur die Misserfolge der eigenen Verursachung und Verantwortlichkeit zugeschrieben werden. Die Entwicklung gipfelt dann in Gedanken wie »ich genüge nicht – ich schaffe das nicht – bin ich überhaupt noch etwas wert?« oder »ich bin einfach dumm – ich werde das nie schaffen – es hat ja eh alles keinen Sinn!«

c) Die Verstärkung des Teufelskreises durch das System Schule (»pädagogischer Teufelskreis«)

Die besonderen Beiträge des Systems Schule und der Eltern, die unmittelbar mit den Leistungen des Schülers zu tun haben, können zu einen »pädagogischen Teufelskreis« führen. Dazu gehört die Methodik im entsprechenden Unterrichtsfach, die Didaktik des Lehrers und die Frage, ob Methodik und Didaktik den individuellen Voraussetzungen des ADHS-Kindes, seinen Bedürfnissen und seinem Lerntyp gerecht werden können. Sehr häufig passen diese nicht zusammen mit der Folge, dass Misserfolge vorprogrammiert sind und sich weiter aufschaukeln (Motto: »Üb' mehr« – leider ist jedoch die Lernmethode »falsch«).

Bedeutsam ist der Maßstab, an dem die Leistungen gemessen werden. Hierzu zählen wiederum nicht nur die Klassenarbeits- und Zeugnisnormen, sondern auch die Erwartungen der Eltern. Die Art der Leistungen, d. h. positive und negative Leistungen, wirken auf Eltern und Lehrer zurück. Im negativen Fall zeigen Eltern Sorge, Enttäuschung und zum Teil Scham, wenn ihre Kinder »versagen«. Die Lehrerin ist enttäuscht, weil sie sich sehr bemüht hat, der Schüler aber stört und das Vorankommen im Unterricht verhindert. Die Lehrkraft weiß nicht mehr, wie sie die notwendige Zeit und den Aufwand, die sie den betroffenen Kindern entgegenbringen muss, aufbringen kann.

Häufige Fallen, in die Eltern von ADHS-Kindern mit Lernschwierigkeiten hineintappen können

Ärger
Eltern, die mit ihrem ADHS-Kind intensiv, aber »vergeblich« für die Schule üben, kommen häufig auf den Gedanken: »Jetzt habe ich so viel mit ihm geübt, das kann doch einfach nicht wahr sein, dass er das immer noch nicht beherrscht«.

Enttäuschung
Jede Mutter, jeder Vater hat ganz bestimmte Wunschvorstellungen, wie das Kind »sein« sollte. Dies ist völlig normal. Da uns allen leicht hochgesteckte,

idealisierte Ziele im Hinterkopf herumspuken, ist die Enttäuschung mit dem eigenen Kind auch im Leistungsbereich groß, wenn es den schulischen Anforderungen und Erwartungen nicht genügt.

Sorgen und Schonen
Oft finden sich bei Eltern von ADHS-Kindern Gedanken wie: »Unser Kind weint so häufig beim Lernen – dies ist ohnehin schon eine große Quälerei für ihn, da können wir ihm nicht noch zusätzlich zu den Hausaufgaben etwas zumuten«. Denken Eltern in dieser Weise und versuchen sie ihr Kind auf diese Art zu schonen, wird ihr Kind nicht zusätzlich üben, mit der Konsequenz, dass sich die Leistungslücken immer weiter vergrößern.

Fazit

Die auf das jeweilige Kind bezogenen individuellen ADHS-Merkmale liefern die schwierigen Startbedingungen für die Schullaufbahn. Die komplexen Wechselwirkungsprozesse zwischen Kind, Schule, Elternhaus und weiterem sozialen Umfeld, die wir im »Teufelskreismodell« dargestellt haben, machen aber letztlich erst die eigentliche, konkrete Lernschwäche bzw. -störung aus. Sofern die besonderen Voraussetzungen der betroffenen Kinder in Schule und Elternhaus angemessen berücksichtigt werden, muss aber bei ADHS-Kindern im Hinblick auf das Lernen nicht zwangsläufig ein Teufelskreis entstehen.

An welchen Stellen wir ansetzen können, um einen »Teufelskreis« Lernstörung wirkungsvoll zu verhindern, werden wir im nächsten Kapitel darlegen.

Kapitel 7: Grundüberlegungen bei der Entwicklung unserer Lernmethoden

Kinder mit ADHS entwickeln vielfach häufiger Leistungsprobleme im Bereich der schulischen Grundfertigkeiten als nicht Betroffene.

Tab. 7.1: Eine kleine Übersicht

Fertigkeitsbereiche	Kinder mit ADHS	Kinder ohne ADHS
Rechenstörung	12 bis 30 %	4 bis 8 %
Rechtschreibstörung	12 bis 27 %	4 bis 8 %
Lesestörung	12 bis 27 %	4 bis 8 %
Lernprobleme	bis zu 80 %	

(vgl. Barkley 1998, S. 99ff, Döpfner u. a. 2000, S. 7f, Frölich u. a. 2014, S. 26, Hasselhorn, Gold 2022, S. 192)

Untersucht man Kinder mit Lernstörungen, so weisen diese überzufällig häufig gleichzeitig auch ein ADHS auf. So treten bei Kindern mit einer Rechenstörung bei mehr als einem Drittel gleichzeitig auch ein ADHS auf (vgl. AWMF 2018, S. 41f).

Obwohl diese Zahlen schon erschreckend hoch sind, ist zu bedenken, dass sie sich nur auf Störungen, d. h. auf sehr ausgeprägte Leistungsprobleme beziehen. In jedem Bereich kommen noch viele Kinder hinzu, die zwar keine Störung, aber Leistungsschwächen aufweisen. Dies bedeutet, dass viele ADHS-Kinder Defizite in den grundlegenden schulischen Fertigkeiten haben. Damit ist die Weiterentwicklung in darauf aufbauenden Bereichen erschwert. Kinder erleben gehäuft Misserfolge. Verbunden mit der häufig bestehenden geringen Frustrationstoleranz zeigen unsere Kinder weniger Lernbereitschaft und üben seltener. Dies ist der Einstieg in einen Teufelskreis: *Misserfolgserlebnisse – geringe Lernmotivation – weniger üben – schlechtere Leistungen – Misserfolgserlebnisse* usw. …

Die Grundfrage lautet nun: wie kann hier Abhilfe geschaffen werden, wie kann man Kindern mit ADHS im Bereich des schulischen Lernens effektiv und passend helfen?

Ein zunächst naheliegender Gedankengang könnte sein: Unsere Kinder haben Konzentrationsprobleme, die das angemessene Lernen deutlich erschweren. Wenn wir die Konzentration verbessern, gelingt das Lernen auch besser: Also soll unser Kind ein Konzentrationstraining machen.

Betrachten wir, was in diesen Konzentrationstrainings nun gemacht wird. Normalerweise setzen sie sich aus zwei Bestandteilen zusammen:

- Einüben von Selbstinstruktionen
- Wahrnehmungstrainings

Ist mit Erfolg zu rechnen? Die Entwickler und Anbieter führen meist durch Studien belegte Erfolge auf. Hier ist aber immer zu bedenken: »Im Vergleich zu den vorliegenden Veröffentlichungen der Programmautoren zu ihren Trainings fallen die Ergebnisse der hier durchgeführten Studien relativ dürftig aus; dies ist jedoch nicht ungewöhnlich. Experten einer Therapieform und insbesondere Entwickler eines Verfahrens erzielen in der Regel bessere Ergebnisse als andere Anwender« (Dreisörner 2006, S. 262).

Unsere Einschätzung ist gespalten. Wir sind Psychologen und unterstützen alles, was den Kindern Hoffnung vermittelt, besser werden zu können. Hoffnung kann über einen begrenzten Zeitraum dazu führen, dass bei den Kindern eine höhere Lernbereitschaft entsteht und sie mehr und vielleicht auch lieber üben.

Neben diesem positiven Effekt halten wir das Grundkonzept von Konzentrationstrainings unter »gehirntechnischen« Aspekten für wenig erfolgversprechend. Selbstinstruktionen belasten die sehr geringe Kapazität des Arbeitsspeichers und erfordern zusätzlich eine Fokussierung der Aufmerksamkeit. Sie sind damit sehr anstrengend und erschweren aufgrund der Belastung des Arbeitsspeichers eine Automatisierung bei den Grundfertigkeiten. Auch wird nicht spezifisch geübt und nur allgemeine Strategien an irrelevantem Material trainiert.

Eine Überprüfungsstudie soll die Problematik beispielhaft verdeutlichen:

»Als *Fazit* zur Bewertung der Programme kann festgestellt werden, dass das Aufmerksamkeitstraining nach Lauth und Schlottke (1993) bei Kindern mit ADHS nur bedingt das einhalten kann, was es verspricht. In der hier durchgeführten Form eines Gruppentrainings unter den praxisnahen Bedingungen einer kinder- und jugendpsychiatrischen Ambulanz ist das Basistraining dem kombinierten Basis- und Strategietraining nach Lauth und Schlottke (1993) vorzuziehen, da durch Letzteres kein zusätzlicher Gewinn erzielt wird. Die Kinder, die sowohl das Basistraining als auch Komponenten des Strategietrainings erhalten hatten, schnitten sogar etwas schlechter ab als jene, die nur das Basistraining erhalten hatten. Dieses Ergebnis ist auf den ersten Blick erstaunlich, konnte doch erwartet werden, dass ein umfangreicheres Training auch zu besseren Ergebnissen führt. [...] Es wird hier jedoch auch deutlich, dass eine Erweiterung eines Trainings nicht unbedingt zu besseren Ergebnissen führen muss, sondern die Anwendung gelernter Fertigkeiten sogar verhindern kann, weil die Kinder mit mehreren Strategien überfordert sind, die sie gleichzeitig versuchen einzusetzen« (Dreisörner 2006, S. 262f).

Der Unterschied zwischen dem Basistraining und dem Strategietraining besteht im Umfang der verbalen Selbstinstruktionen. Während das Basistraining sich darauf beschränkt, das Innehalten und die Ausrichtung der Aufmerksamkeit zu trainieren (Stop. Reaktionsverzögerung. Innehalten und Lösung überprüfen), umfasst das Strategietraining zusätzlich die Selbstinstruktionen:

- Was ist meine Aufgabe?
- Kenne ich etwas Ähnliches?
- Ich mache mir einen Plan!
- Sorgfältig und bedacht vorgehen!
- Halt – Stopp, überprüfen!
- Das habe ich gut gemacht! (vgl. Lauth, Schlottke 2009, S. 161)

Bedenkt man die Probleme bei der Aufmerksamkeitsfokussierung und die geringe Kapazität des menschlichen Arbeitsspeichers, so ist nachzuvollziehen, dass umfangreiche Selbstinstruktionen und die zusätzliche Aufnahme der neu zu lernenden Informationen eine Überforderung für das Gehirn der ADHS-Kinder darstellen.

Auch das Marburger Konzentrationstraining verwendet ähnliche Selbstinstruktionen:

»Konzentriert geht's wie geschmiert« lautet das Motto:

- Was soll ich tun?
- Als erstes lese ich die Aufgabenstellung.
- Ich sage mit meinen Worten, was ich tun soll.
- Ich gehe schrittweise vor.
- Wenn ich einen Fehler mache, ist es nicht schlimm. Ich kann ihn verbessern.
- Ich schaue, ob ich alles richtig gemacht habe.
- Ich sage zu mir: Das hab' ich gut gemacht! (vgl. Krowatschek u. a. 2017, S. 23)

Die Selbstinstruktionen im Therapieprogramm für Kinder mit hyperkinetischen und oppositionellem Problemverhalten (THOP) sind dagegen kürzer und dürften die Kapazität des Arbeitsspeichers ein bisschen weniger belasten:

- Stopp, was soll ich tun?
- Wie ist mein Plan?
- Sorgfältig, Schritt für Schritt zum Ziel!
- Stopp, überprüfen!
- Prima! (vgl. Döpfner u. a. 2013, S. 385)

Weitere Vorteile beim THOP bestehen darin, dass

a. an schulspezifisch relevanten Aufgabenstellungen geübt wird,
b. die Eltern mit einbezogen werden und
c. eine größere Anzahl an Trainingssitzungen durchgeführt wird.

Dreisörner stellt so auch beim Vergleich des THOP mit dem Marburger Konzentrationstraining fest: »Im Wesentlichen deckt sich aber das Ergebnis mit dem Vergleich des THOP mit dem Aufmerksamkeitstraining nach Lauth und Schlottke. Das THOP schneidet auch hier im Vergleich bei den Aufmerksamkeitsleistungen besser ab. Die Erklärung dürfte auch hier darin zu finden sein, dass die Eltern zwischen den Sitzungen günstig auf die Aufmerksamkeitsprobleme ihrer Kinder eingewirkt haben« (Dreisörner 2004, S. 17).

Auch Jacobs und Petermann beurteilen die Effektivität von Konzentrationstrainings kritisch: »Eine aktuelle Studie (Dreisörner, 2006) konnte allerdings kaum eine Wirksamkeit dieses Trainings und nur eine begrenzte Wirksamkeit des THOP-Programms (Döpfner u. a., 2007) nachweisen. Dabei blieben insbesondere deutliche Effekte bei der Veränderung der Kernsymptomatik [...] aus. Sowohl Pelham und Fabiano (2008) als auch Hinshaw u. a. (2007) bezweifeln den Nutzen kognitiver Verfahren im Rahmen der ADHS-Behandlung. Insgesamt können kognitive Verfahren bei der Behandlung der ADHS daher noch nicht als evidenzbasiert eingestuft werden« (Jacobs und Petermann 2010, S. 205).

Insgesamt scheint, wie eine aktuelle Metaanalyse zeigt, die Wirkung kognitiver Trainingsprogramme im Kindes- und Jugendalter auf die Schulleistung gegen Null zu gehen (vgl. Karch u. a. 2013, S. 643–652).

Unser Fazit in Bezug auf Selbstinstruktionstrainings bei ADHS-Kindern:
1. Der Transfer von der Trainingssituation und dem Übungsmaterial auf die spezifische schulische Aufgabenstellung gelingt selten oder nie.
2. Bei den Selbstinstruktionen wird der Arbeitsspeicher sehr stark belastet und dadurch die notwendige Automatisierung der Grundfertigkeiten deutlich erschwert.

Auch der zweite Bestandteil der Konzentrationstrainings, die Wahrnehmungsübungen, bringt keine Erleichterungen bzw. Fortschritte im eigentlich notwendigen Lernprozess. Wie wir später noch sehen werden, sind Wahrnehmungsübungen als Fördermethode grundsätzlich als ungeeignet anzusehen. Diese »allgemeinen Förderprogramme zur modalen, intermodalen und seriellen Wahrnehmung«, so Lorenz, stellen sich als »wenig effizient« und somit als »Irrtum« heraus (Lorenz 2005, S. 171; vgl. auch Krajewski, Schneider 2007, S. 112f).

Zusammenfassend stellt im Hinblick auf beide Trainingsaspekte die **A**rbeitsgemeinschaft der **W**issenschaftlichen **M**edizinischen **F**achgesellschaften (AWMF) in ihrer Leitlinie »Aufmerksamkeitsdefizit / Hyperaktivitätsstörung (ADHS) im Kindes-, Jugend- und Erwachsenenalter« 2017 z. B. zum Marburger Konzentrationstraining fest: »Kein eindeutiger Wirksamkeitsnachweis [...] mit teilweise widersprüchlichen Ergebnissen« (AWMF 2017, S. 147). Nicht besser ist die Beurteilung des Trainings mit aufmerksamkeitsgestörten Kindern von Lauth und Schlottke: »Wirksamkeitsnachweis Moderat. 3 Kontrollgruppenstudien [...] mit teilweise widersprüchlichen Ergebnissen« (AWMF 2017, S. 148).

Was kann man also nach diesen ernüchternden Ergebnissen tun? Unserer Kinder haben ausgeprägte Konzentrationsprobleme, besonders in Situationen, in denen von außen über eine längere Zeit bei geistigen Anforderungen Aufmerksamkeitsleistungen gefordert werden. Hinzu kommen häufig eine geringe Frustrationstoleranz und eine ausgeprägte negative emotionale Bewertung des Bereiches der »Schwäche«.

Was ist aus unserer Sicht angesichts dieser Ausgangssituation eine erfolgversprechende Herangehensweise? Zunächst gilt es, bei den Lernmethoden auf den Stärken der Kinder aufzubauen. Dies heißt konkret, dass sie häufig über einen besseren visuellen als akustischen Arbeitsspeicher verfügen und dieser deswegen bei der Gestaltung der Lernmethoden auch vorrangig zu berücksichtigen ist. Unerlässlich ist, die Funktionsweise des Gehirns zu bedenken, was von schulischer Seite systematisch ausgeblendet wird. Der Schüler hat aber ein Gehirn! Das Gehirn gibt uns die Rahmenbedingungen für einen erfolgreichen Lernprozess vor.

Unser Ziel ist es, im Bereich der »Schwäche« Automatisierungen zu erreichen. Diese machen Konzentrationsleistungen überflüssig und entlasten zusätzlich den Arbeitsspeicher im Hinblick auf Kapazitätsanforderungen.

Lassen Sie uns diesen Sachverhalt am Beispiel der Automatisierung des Einmaleins erklären:

Unumstritten ist: »Wer früh über ein vollständiges und hoch-automatisiert nutzbares Wissen hinsichtlich der Ergebnisse der Addition, Subtraktion, Multiplikation und Division zweier Ziffern verfügt, besitzt einen enormen Vorteil beim Bewältigen komplexerer Rechenanforderungen« (Hasselhorn, Gold 2022, S. 133).

Das sichere Beherrschen des Einmaleins ist also die Grundlage für das leichtere Erlernen z. B. des schriftlichen Malnehmens mehrstelliger Zahlen, des Berechnens von Flächen und Volumen, des Bruchrechnens, des Prozentrechnens und vieler weiterer Rechenverfahren. Defizite im Beherrschen des Einmaleins behindern und erschweren das sichere Erlernen von höheren Rechenverfahren, z. B. des Bruchrechnens.

Wie wird nun unseren Kindern das Einmaleins in der Schule beigebracht? Der Hauptweg, auch verankert in Lehrplänen, ist, sich »Kernaufgaben« einzuprägen und dann von diesen ausgehend durch Addition- bzw. Subtraktionsrechnung die Multiplikationsaufgabe weiter auszurechnen. Was passiert bei diesem Prozess nun im Arbeitsspeicher?

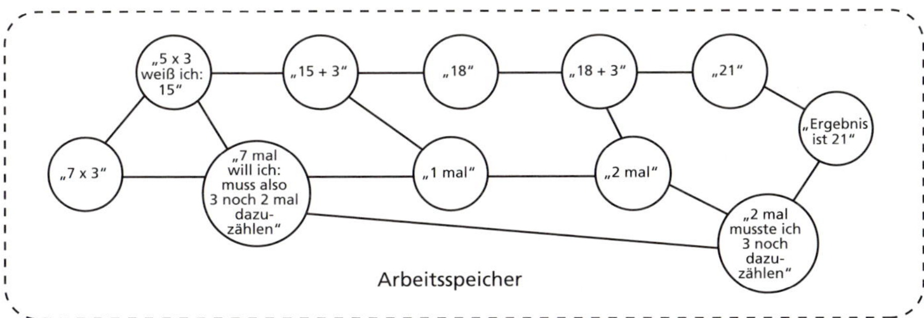

Abb. 7.1: Errechnen des Ergebnisses mit Hilfe von Kernaufgaben

Wenn wir uns nun vor Augen führen, dass die Abspeicherkapazität des Arbeitsgedächtnisses von Kindern nur ungefähr fünf Informationseinheiten umfasst, wird schnell deutlich, dass diese bei solchen Fehlstrategien systematisch überschritten wird.

Die Kapazität des Arbeitsspeichers ist leider sehr gering. Befinden sich zu viele Informationen oder unterschiedliche Bedeutungsinhalte gleichzeitig im Arbeitsspeicher, hat dies zur Folge, dass immer ein Teil der Informationen aus dem Gedächtnis »geworfen« wird. Sie können dann auch nicht für kurze Zeit im Arbeitsspeicher präsent gehalten, d. h. wiederholt werden. Der Automatisierungsprozess bleibt damit fragmentarisch.

Gleichzeitig ist während dieses Rechenprozesses ein hohes Ausmaß an Konzentration erforderlich. Als Effekt hat das Kind letztlich bei diesen Lehrplanvorgaben Umwege eingeschliffen, die keine direkte Verdrahtung der Aufgabe 7 x 3 und ihrem Ergebnis 21 ermöglichen.

Ein weiterer Weg, das Einmaleins zu erlernen, ist das serielle Hochzählen. Führen wir uns wieder vor Augen, was im Arbeitsspeicher des Kindes passiert:

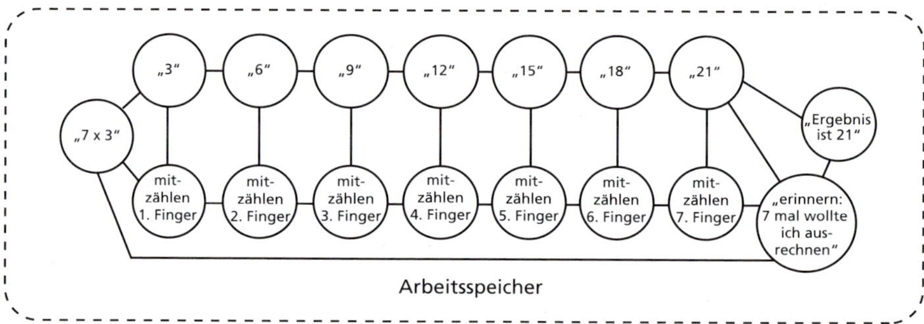

Abb. 7.2: Serielles Hochzählen beim Einmaleins

Wieder wird während des Hochzählprozesses die Abspeicherkapazität des Arbeitsgedächtnisses systematisch überschritten, ein hohes Ausmaß an Konzentration ist erforderlich und es ist nicht zu erwarten, dass auf diese Weise eine direkte Verdrahtung der Aufgabe 7 x 3 und ihrem Ergebnis 21 entsteht.

Bei Kindern mit ADHS entstehen aufgrund der Belastung durch die hohen Konzentrationsanforderungen häufig auch Misserfolge und Unlust aufgrund der geringeren Frustrationstoleranz. Folge ist ein geringeres Üben und ein Zurückfallen im Leistungsstand im Vergleich zu den Mitschülern. Besonders bei Mädchen entsteht dann häufig die Selbsteinschätzung »ich bin einfach nicht gut in Mathe« und »das schaffe ich nie«, verbunden mit einem Vermeiden dieses Bereiches und des notwendigen Übens.

Wie sieht nun unser Lernweg aus? Um unseren Kindern ein möglichst geringes Ausmaß an Konzentration abzufordern, versuchen wir im Gehirn den einfachsten und kürzesten Weg zwischen den beteiligten Nervenzellen zu etablieren:

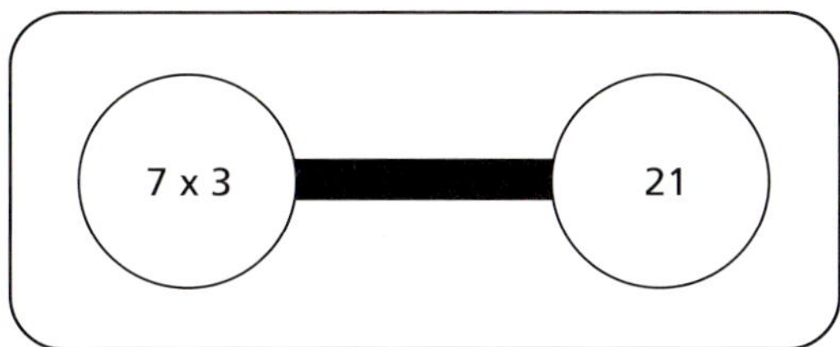

Abb. 7.3: Kürzestmögliche, »direkte« Verdrahtung zwischen Aufgabe und Ergebnis

Diese »direkte Verdrahtung« zwischen Aufgabe und Ergebnis erfordert, wenn sie automatisiert ist, keine zusätzliche Konzentration. Gleichzeitig wird die Kapazität des Arbeitsspeichers nicht unnötig belastet. Dem Kind fällt ohne zusätzliche Denkleistung bei der Aufgabe 7 x 3 sofort 21 ein.

Neben der Entlastung des Arbeitsspeichers sind ebenso stets die positiven emotionalen Auswirkungen einer erfolgreich automatisierten Rechenoperation wie z. B. 7 x 3 zu berücksichtigen. Das Gefühl »das kann ich, die Aufgabe ist einfach, überhaupt nicht anstrengend, das Ergebnis fällt mir sofort ein« steigert die Motivation des Kindes. Wie Sie später sehen werden, verbessern wir die Lernbereitschaft noch zusätzlich dadurch, dass unser Lernweg mit der Aufforderung »Nicht anstrengen!« verbunden ist. Damit lassen sich unsere Kinder leichter dazu bewegen, dass unerlässliche regelmäßige Wiederholen in kleinen Zeiteinheiten und Portionen regelmäßig durchzuführen.

Schauen wir uns zum Schluss noch Ergebnisse der Gehirnforschung zum Verarbeiten des Einmaleins an. In einer Studie wurden mithilfe bildgebender Verfahren die Unterschiede in den Gehirnaktivitäten zwischen »trainierten« und »untrainierten« Personen beim Lösen einfacher Multiplikationen- und Divisionsaufgaben aufgezeigt. Bei den »trainierten« Personen sind eher Automatisierungen und »direkte Verdrahtungen«, bei »untrainierten« eher umständliche Rechenprozesse zu erwarten.

Beeindruckend in ihrer Deutlichkeit sind die gewonnenen Forschungsergebnisse (▶ Abb. 7.4).

Die beiden farbigen Säulen in der Darstellung bilden diese Unterschiede ab. Säule 1 (rot – weiß) spiegelt die zusätzlichen Gehirnaktivitäten untrainierter Personen wider, wobei die Farbe Weiß für ein sehr hohes Ausmaß an Aktivität steht. Säule 2 (blau – hellgrün) steht für die zusätzlichen Gehirnaktivitäten bei trainierten Personen. Die untrainierten Probanden (Säule 1) weisen über beide Gehirnhälften deutlich mehr Hirnaktivitäten an unterschiedlichen Orten mit deutlich größerem Ausmaß auf (bis hin zu weiß) im Vergleich zu den trainierten Personen (blau). Bei Letzteren zeigt sich die Hirnaktivität deutlich begrenzter an wesentlich weniger Gehirnorten und zusätzlich auch in geringerem Ausmaß.

Diese Ergebnisse verweisen somit darauf, dass bei »trainierten« Personen mit »Automatisierungen« erkennbar geringere Anforderungen an die Arbeitsgedächtnisleistung gestellt werden (»blaues Gehirn«), wodurch Arbeitsgedächtnisspeicher frei wird für das leichtere Erlernen darauf aufbauender, komplexerer Rechenverfahren. »Untrainierte« weisen dagegen eine deutlich größere Auslastung ihrer Gehirnaktivitäten auf, so dass nur noch eine geringere Kapazität für das Erlernen weitergehender Rechenstrategien verfügbar ist, die z. B. beim Lösen mehrstelliger schriftlicher Multiplikationsaufgaben nötig sind (vgl. auch Landerl und Kaufmann 2017, S. 182). Deutlich wird auch, dass das »blaue Gehirn« viel weniger Konzentration benötigt, um die unterschiedliche Gehirnaktivitäten zu koordinieren.

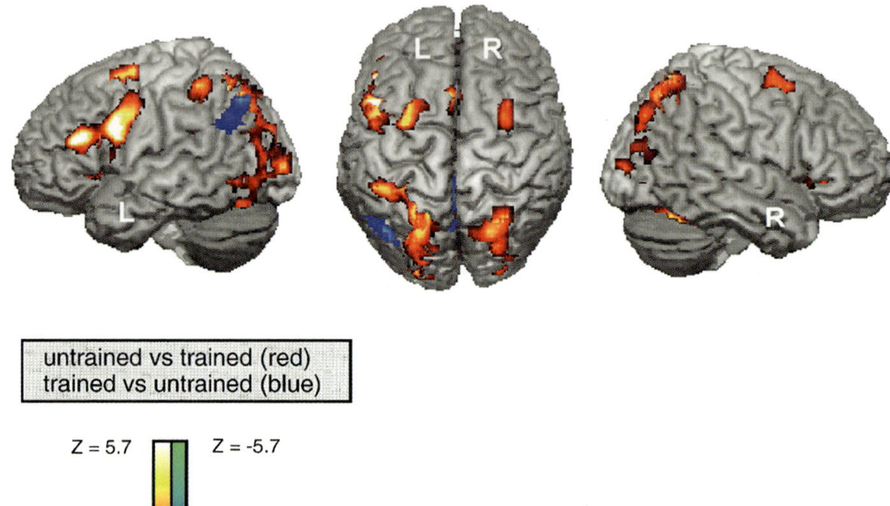

Abb. 7.4: Die Unterschiede in den Gehirnaktivitäten zwischen »trainierten« und »untrainierten« Personen beim Lösen einfacher Multiplikationen- und Divisionsaufgaben wurden in eine Gehirndarstellung projiziert (Reprinted from NeuroImage 44 (3), Ischebeck, Zamarian, Schocke, Delazer, Flexible transfer of knowledge in mental arithmetic – An fMRI study, 1103–1112 © (2009) with permission from Elsevier, S. 1108).
Säule 1 (rot – weiß): Gehirnaktivitäten untrainierter Personen
Säule 2 (blau – hellgrün): Gehirnaktivitäten bei trainierten Personen.

Fazit:

Um möglichst wenig Konzentrationsleistungen zu benötigen, gilt es zum einen, beim Erlernen der Basisfertigkeiten im Gehirn den **einfachsten und kürzesten Weg** zwischen den beteiligten Nervenzellen zu »verdrahten«. Wird eine **Automatisierung** durch passendes Üben und Wiederholen erreicht, reduziert sich zum anderem die Anforderung an das Ausmaß der in diesem Bereich einzusetzenden Konzentration. Gleichzeitig hilft ein hoher Grad an Automatisierung – nicht nur im Bereich der Basisfertigkeiten –, den **Arbeitsspeicher effektiv zu nutzen**, da sie nur **geringe Anforderungen an dessen sehr begrenzte Kapazität** stellt. Diese Grundgedanken haben wir als Ausgangspunkt genommen, um möglichst einfache und leicht umsetzbare Lernmethoden zu entwickeln. Das Lernen ist so für Kinder sowohl leichter als auch erfolgreicher geworden.

Teil II Allgemeine Tipps zum Lernen mit ADHS-Kindern

Kapitel 8: Lerntipps für ADHS-Kinder im Überblick

1. Grundprinzipien

Die Grundprinzipien für ein erfolgreiches Lernen lauten:

- Übungen regelmäßig wiederholen
- Lernen in kleinen Portionen

Aufgrund seiner Aufmerksamkeitsprobleme, seiner Filterschwache und seines in der Kapazität begrenzten Arbeitsspeichers ist es für das ADHS-Kind zum einen hilfreich, in kleinen Portionen zu lernen. Zum anderen ist es erforderlich, den Lernstoff regelmäßig zu wiederholen.

Beim Einprägen von neuen Inhalten gilt es deswegen eine gute Portionierung vorzunehmen. Statt 20 Vokabeln auf einmal zu lernen, müssen diese z. B. in Fünferpäckchen unterteilt werden, die an vier aufeinanderfolgenden Tagen jeweils neu eingeprägt werden. Da ADHS-Kinder bis zum dauerhaften Behalten und Beherrschen mehr Wiederholungen als andere Kinder brauchen, müssen die erstmals »gekonnten« Vokabeln anschließend noch über einen ausreichend langen Zeitraum wiederholt und in Anwendungen verankert werden.

Wie schaffen Lerninhalte (besonders aus dem Bereich der Grundfertigkeiten) den Sprung vom Arbeits- in das Langzeitgedächtnis?

Das Fassungsvermögen des Arbeitsgedächtnisses ist sehr klein und umfasst nur wenige Informationseinheiten. Damit diese im Arbeitsgedächtnis verbleiben können, ist es notwendig, sie innerlich zu wiederholen: Man hört dann immer wieder den gleichen Satz, die gleichen Inhalte oder sieht das gleiche Bild innerlich vor sich. Je öfter eine solche Information im Arbeitsgedächtnis wiederholt wird, desto eher geht sie unterteilt in einzelnen Informationseinheiten ins Langzeitgedächtnis über. Dadurch, dass das Arbeitsgedächtnis diese wenigen Informationseinheiten wie in einem Kreisprozess immer wieder aufs Neue wiederholt, wird es möglich, Gedächtnisspuren im Gehirn anzulegen und zu vertiefen. Dabei wirkt sich für das Erinnern günstig aus, dass die Informationseinheiten in schon bestehende »Fächer« von abgespeichertem Wissen im Gehirn integriert werden.

Beim Wiederholen von Lerninhalten im Arbeitsgedächtnis ist Konzentration von entscheidender Bedeutung. Konzentriert ist man nur, wenn man an nichts anderes als an die Informationen denkt, die man sich einprägen möchte.

2. Mehr Strukturierung des Lernstoffes von außen

Da ADHS-Kinder große Probleme in der Selbstorganisation, Selbststeuerung und auch Zeitplanung haben und im hohen Ausmaß ablenkbar und impulsiv sind, brauchen sie eine gute Vorstrukturierung des Lernstoffes. Gemeinsam mit Ihrem Kind sollten Sie sich deshalb einen Überblick sowohl über den jeweils aktuellen Lernstoff als auch über anstehende Schulaufgaben machen. Sie sollten also wissen, welche Vokabeln neu zu lernen sind, welche neuen Grammatikthemen in der Schule und welche neuen Rechenarten in Mathematik durchgenommen wurden. Tragen Sie die Termine für Klassenarbeiten in einen Monatsplaner ein, um stets den Überblick zu behalten und tägliche, angemessene Lernportionen festzulegen. Die Vereinbarungen über die »Lernportionen« können Sie wiederum schriftlich festhalten.

Im Grundschulalter sowie in den unmittelbar darauffolgenden Klassenstufen ist es nicht ratsam, den Kindern das Üben gänzlich selbst zu überlassen. Überlegen sie gemeinsam mit Ihrem Kind, wann welche Lernportionen für welches Fach am besten im Alltag unterzubringen sind. Hinsichtlich der Lernwege sollten Sie Kenntnisse über die effektivsten Möglichkeiten haben und den Lernstoff, z. B. in Mathematik, entsprechend vorgeben.

3. Wenige, passende Methoden und Reduktion auf das Wesentliche

ADHS-Kinder brauchen nicht ein Mehr an didaktischer und methodischer Vielgestaltigkeit, sondern ein Weniger. Ein Zuviel an Darstellungsformen und Übungswegen verunsichert die Kinder, ein erfolgreicher Abspeicherprozess wird in diesem Fall völlig unterlaufen. Einige wenige passende Methoden, die wir im dritten Teil des Buches in Bezug auf die einzelnen Fächer darstellen, bringen dagegen ein Mehr an Effektivität.

Reduktion auf das Wesentliche im Grundschulbereich bedeutet, sich darüber im Klaren zu sein, welches denn die eigentlich wichtigen Fächer sind. Zeit für Abschreiben, Ausmalen oder Arbeiten für Nebenfächer sollte zugunsten der Kernfächer (d. h. der Grundfertigkeiten Rechnen, Lesen und Schreiben) umverteilt werden.

4. Der visuelle Einprägeweg ist häufig günstiger

Aufgrund vieler empirischer Befunde und eigener Erfahrung wissen wir, dass der akustische Kanal bei ADHS-Kindern meist nicht so gut funktioniert und schneller überlastet ist als der visuelle Kanal. Alles, was nur gehört wird und keinen Anker visueller Natur hat, wird viel schneller vergessen. Lernwege sollten diese Voraussetzungen unbedingt berücksichtigen.

5. Lernwege ohne Schreiben

Da ADHS-Kinder häufig fein- und graphomotorische Schwierigkeiten haben, stoßen alle Übungsformen, die mit Schreiben verbunden sind, auf Ablehnung. Der Schreibprozess selbst (d. h. die Kontrolle der Schreibbewegung) benötigt umfangreiche Kapazitäten im Arbeitsspeicher, die sowieso schon sehr begrenzt sind. Diese Kapazitäten stehen dann dem eigentlichen Abspeicherprozess nicht mehr zur Verfügung – ein adäquates Abspeichern der eigentlichen Lerninhalte wird verhindert.

Wir müssen uns auf die Suche nach Lernwegen ohne Schreiben machen, damit ADHS-Kinder ihren Lernstoff sicherer behalten und automatisieren können. Auch reduziert das oft verhasste Schreiben bei den Kindern grundsätzlich die Motivation, überhaupt zu üben. Üben und Wiederholen sind aber eine absolute Notwendigkeit. Lernwege ohne Schreiben erhöhen die Bereitschaft der Kinder deutlich, sich auf das zusätzliche Üben einzulassen.

6. Unterstützung bei den Hausaufgaben

ADHS-Kinder profitieren von einem klar definierten äußeren Rahmen ihrer Hausaufgabensituation. Unklare Regelungen und ungeordnete äußere Bedingungen erhöhen das Ausmaß der Ablenkbarkeit und verhindern den Aufbau von stabilen äußeren *und* inneren Strukturen. Durch feste Regeln, strukturierte Abfolgen und eine gelassene, ruhige innere Einstellung der Eltern (die sehr schwer ist, da gerade hyperaktive Kinder durch ihre Umtriebigkeit leicht »nervös« machen können!) sowie effektive Hilfestellungen durch die Eltern als Begleiter in der Hausaufgabenzeit kann es schrittweise gelingen, den »Reibungsverlust« zwischen Eltern und Kindern im sonst üblichen »Hausaufgabenkrieg« abzubauen. Gesparte Energie durch ein Weniger an Diskussionen, Streit und Blockaden kann dann für alle Beteiligten gewinnbringend eingesetzt werden (z. B. für zusätzliches Üben).

Hausaufgabensituation:
Rahmenbedingungen und förderliches Hilfeverhalten

1. **»Ich weiß nicht, was ich aufhabe«**
   - Hausaufgabenheft mit täglicher Gegenzeichnung durch Lehrkraft
   - Vorbereitung des Hausaufgabenheftes, um Zeit zu sparen

2. **Gestaltung der Rahmenbedingungen**
   - ruhige, ablenkungsfreie Atmosphäre, keine Geschwister
   - gleicher Zeitpunkt
   - immer gleicher Arbeitsplatz
   - leergeräumter Schreibtisch
   - klare Regeln in Bezug auf Ausweichverhalten (kein Spielen, Trinken, Telefonieren etc.)
   - Hausaufgabenplan als Vorstrukturierung: Reihenfolge festlegen, Zeitbudget vereinbaren, Portionen festlegen
   - eventuell Einbettung der Hausaufgabensituation in Punkteplan mit Selbstbeobachtung, Selbstverstärkung, Fremdverstärkung etc.

3. **Allgemeine unterstützende Verhaltensweisen**
   - überwiegend ruhiges Zusehen, Zurückhaltung
   - bei Ablenkung und Unterbrechung möglichst nonverbal freundlich eingreifen
   - auf Weigerung und Argumentieren nicht eingehen

4. **Unzweckmäßige Verhaltensweisen, die unterlassen werden sollten**
   - zu viel reden
   - Wiederholung bereits verstandener Aufforderungen
   - ungeduldig werden
   - zu viele irritierende Fragen stellen
   - zu mehr Anstrengung auffordern
   - überflüssige Ratschläge
   - die Aufgabe letztlich selbst lösen

7. Pausen (vor und zwischen den Hausaufgaben)

Die Pause zwischen dem Mittagessen und dem Beginn der Hausaufgaben sollte 30 Minuten nicht deutlich überschreiten, da sonst die Bereitschaft des Kindes, überhaupt zu beginnen, immer mehr abnimmt.

Minipausen können die Aufmerksamkeit deutlich erhöhen. Pausen sollten in die Hausaufgaben- und Lernzeit vorher miteingeplant werden. 10–30 % der Arbeitszeit sollten in Pausen bestehen. Diese sollten dann eingelegt werden, wenn das Kind noch lernfähig ist und nicht, wenn dieses (und auch die Mutter) völlig erschöpft sind.

Eine Minipause kann 2–5 Minuten dauern und sollte bei Kindern im Grundschulalter alle 20–30 Minuten eingelegt werden. In dieser Zeit kann Ihr Kind kurz aufstehen, etwas trinken, herumlaufen, sich strecken oder beispielsweise einmal kurz auf dem Minitrampolin hüpfen.

Eine Verschnaufpause sollte spätestens nach 60 Minuten stattfinden und ca. 15 Minuten dauern. Jetzt darf Ihr Kind das Zimmer verlassen, Musik hören, etwas essen etc. Bei Jugendlichen, die längere Zeit zu arbeiten haben, sollte nach ca. 2–3 Stunden Arbeitszeit eine Erholungspause von etwa einer Stunde eingelegt werden. Hier ist es günstig, sich körperlich zu betätigen, z. B. Fahrrad zu fahren oder eine Runde Körbe mit dem Basketball werfen. Ungünstig nach einer Arbeitsphase ist dagegen Bildschirmkonsum in jeglicher Form (Handy, Computerspiele, YouTube-Videos etc.). Für jüngere Kinder sind Minipausen besser geeignet. Zu lange Pausen machen es ihnen schwer, wieder den Anschluss zu finden.

8. Den Sinn der Hausaufgaben wiederentdecken

Hausaufgaben haben das eigentliche Ziel, Unterrichtsinhalte zu wiederholen, zu vertiefen und zu verfestigen. Dieses ist nicht vorrangig dadurch zu erreichen, dass am Ende des Nachmittags viel im Heft steht. Vielmehr sollte der Stoff im Kopf, im Gedächtnis »stehen«. Deswegen ist es unbedingt notwendig, sich Gedanken über Formen, Inhalte und Umfang der Hausaufgaben zu machen. Dies rechtfertigt auch, mit dem Lehrer gegebenenfalls Absprachen darüber zu treffen, ob Ihr Kind alternative, günstigere Übungsformen (also Hausaufgaben) aufbekommt, die bei ihm zu einem größeren Lerneffekt führen.

Motto für die Hausaufgaben:
Nicht im Heft, sondern im Kopf, im Gedächtnis muss es stehen!

9. Zeit- und Lernmanagement in Abhängigkeit vom Lebensalter der Kinder

a) Zeitmanagement

Wer schlecht lernt, hat häufig Schwierigkeiten mit der zeitlichen Einteilung. Sehr oft wird dabei der Fehler gemacht, dass in zu großen Zeiteinheiten gearbeitet wird bzw. man sich zu große Lernportionen vornimmt. Besonders am Anfang ist die Zeit, in der Kinder konzentriert lernen können, sehr kurz, sie beträgt nur Minuten. Im Laufe des Lernens kann diese Zeit innerhalb bestimmter Grenzen ausgedehnt werden. Aber auch in diesem Fall beträgt die Obergrenze für konzentriertes Lernen und Einprägen üblicherweise eine Viertelstunde. Nur durch eine Pause können Sie Ihr Kind wieder in die Lage versetzen, erneut und häufig dann noch einmal kürzer konzentriert zu lernen. Für die Lernbereitschaft ist dies durchaus von Vorteil, da mit den meisten Kindern eine regelmäßige Lernzeit, z. B. von 8–14 Minuten in der Grundschulzeit, ohne größere Probleme zu vereinbaren ist. Wird dies mit Hilfe der Eltern konsequent durchgehalten, ist mit Erfolgen zu rechnen.

b) Lernmanagement

Bei jüngeren Kindern ist es in der Regel nicht schwierig, sich auf gemeinsame Lernzeiten und -portionen zu einigen, sofern diese Vereinbarungen umsichtig und geschickt *im Voraus* getroffen werden. Je älter die Kinder werden, umso wichtiger wird es, sie schrittweise in eine größere Selbstständigkeit zu entlassen, auch wenn hier die Erwartungen immer realistisch bleiben sollten. Hat sich die Beziehung zwischen Eltern und Jugendlichen völlig »verhakt«, kann es günstig sein, die Begleitung des Lernens an eine »neutrale« Person zu delegieren. Wichtig ist in diesem Fall eine ruhige und konsequente Lernbetreuung durch eine Person, die der Jugendliche akzeptieren kann und die über die Problematik Bescheid weiß. Mit dem Jugendlichen sollten seine eigenen kurz-, mittel- und langfristigen Ziele besprochen und schriftlich fixiert werden. Gemeinsam kann ausgehandelt werden, was der Jugendliche alleine angehen möchte und an welchen Stellen er sich Hilfe durch die Eltern oder durch einen »Coach« wünscht. Lerntechniken können mit dem Jugendlichen eingeübt und Freunde als Modell mit einbezogen werden. Bei größeren Problemen sind schriftliche Verträge mit einer bestimmten Gültigkeitsdauer, klaren Zielen und Aufgaben von Jugendlichem und Eltern oft hilfreich.

10. Problemfeld Handy und Computerspiele

Früher waren Kinder begierig auf das Fernsehen und saßen vor dem TV-Gerät. Eltern hatten während dieser Zeit endlich einmal eine Verschnaufpause. Inzwischen ist der Umgang mit den digitalen Medien deutlich herausfordernder geworden. Handy, Filme auf YouTube und Computerspiele haben dem Fernseher den Rang abgelaufen. Damit befriedigen ADHS-Kinder ein schon fast körperliches Bedürfnis nach hoher Reizstimulation.

Aber auch hier gilt: »Man übt das, was man tut«. Computerspielen und exzessive Handynutzung bedeuten das Gegenteil von aktiver Auseinandersetzung, Anstrengungsbereitschaft und schrittweiser Erhöhung der Ausdauer Ihres Kindes im Lernprozess.

Bezüglich des Aktivitätsniveaus der Kinder wird vermutet, dass flackernde Bilder die motorische Unruhe verstärken. Ferner wird angenommen, dass die motorische Unruhe der Versuch sein könnte, das zuvor erlebte hohe Reizniveau wiederherzustellen.

Durch den schnellen Bildwechsel, insbesondere bei Computerspielen, trainieren die Kinder regelrecht eine kurze Aufmerksamkeitsspanne und gewöhnen sich an ein sehr hohes Niveau an Reizstimulation. Eine geringere Reizqualität, wie sie z. B. im Unterricht besteht, wird für sie dann uninteressant.

Neben dieser grundsätzlichen Beeinträchtigung des Lernverhaltens besteht nicht selten die Gefahr der Abhängigkeit. Grundsätzlich sind ADHS-Kinder hier gefährdeter. Zum einen begünstigen eine ausgeprägte Impulsivität gekoppelt mit geringer Selbstkontrolle die Sucht. Online-Aktivitäten wie Spiele oder Chats mit ihrem schnellen Wechsel der Informationsreize sind für Jugendliche mit ADHS besonders attraktiv. Zum anderen werden Kinder und Jugendliche mit ADHS häufiger gemobbt, abgelehnt und isoliert und haben oft Lernprobleme und Misserfolge im (schulischen) Leistungsbereich. Es besteht dann die Gefahr, dass sie in virtuelle Welten flüchten, um dies zu kompensieren. Während sie dann Erfolge in den virtuellen Welten erleben, werden die Schwierigkeiten in der realen Welt immer größer.

Nach einer Studie der Bundeszentrale für gesundheitliche Aufklärung (2017) spielen 24 % der 12- bis 17-Jährigen täglich Computerspiele (vgl. S. 21). Dabei verbringen sie an normalen Werktagen drei Stunden, an einem normalen Tag am Wochenende etwa vier Stunden am PC, mit dem Laptop bzw. Notebook, dem Tablet-PC, dem Smartphone und mobilen oder stationären Spielkonsolen (vgl. S. 25).

»Bezogen auf das Alter zeigt sich ein besonders starker Anstieg im Altersbereich von 12 bis 15 Jahren. Die 12- und 13-jährigen Kinder verbringen pro Woche 14,4 Stunden mit Computerspielen und Internet. Bei 14- und 15-jährigen Jugendlichen sind es 24,7 Stunden pro Woche. Die meiste Zeit wenden die Jugendlichen im Alter von 16 und 17 Jahren für Computerspiele und Internet auf (26,8 Stunden pro Woche)« (S. 27).

Dabei gibt es große Geschlechtsunterschiede: »Jeder dritte männliche Jugendliche (36,2 %). aber nur jede neunte weibliche Jugendliche (11,3 %) spielt täglich Computerspiele« (S. 22). Mädchen nutzen dagegen häufiger soziale Medien wie z. B. Chats, E-Mails, Online-Communitys wie Facebook oder WhatsApp, um sich (exzessiv) mit anderen auszutauschen (vgl. ebda.).

Bezogen auf alle 12- bis 17-jährigen Jugendlichen besteht bei 5,8 % eine »computerspiel- oder internetbezogenen Störung« und bei weiteren 22,4 % eine »problematische Nutzung« (S. 29).

Bei Schülerinnen und Schülern, die das Gymnasium besuchen, sind computerspiel- und internetbezogene Störungen mit 3,8 % am geringsten. In der Gesamtschule sind sie mit 7,6 % und in den Berufsschulen mit 9,8 % bei den Schülern signifikant häufiger verbreitet (vgl. S. 31f).

Die Verbreitung computerspiel- und internetbezogener Störungen hat sich unter männlichen und weiblichen Jugendlichen von 2011 bis 2015 statistisch signifikant erhöht. Sie ist zum Beispiel »bei männlichen Jugendlichen von 3,0 % (2011) auf nun 5,3 % (2015) angestiegen.« (S. 34), bei »weiblichen Jugendlichen hat sie sich von 3,3 % (2011) auf 6,2 % (2015) fast verdoppelt« (S. 35).

»Bei männlichen 12- bis 17-jährigen Jugendlichen steigt die Verbreitung der problematischen Nutzung von 12,6 % (2011) auf 20,3 % (2015), bei weiblichen 12- bis 17-jährigen Jugendlichen von 12,5 % (2011) auf 23,1 % (2015)« (S. 36).

Exzessives, also übermäßiges Bildschirmverhalten, ist nicht gesund für Ihr Kind. Der Weg in eine Abhängigkeit verläuft meist schleichend. Genau zu beobachten ist deswegen, ob Ihr Kind nach den Computerspielen aggressiv oder emotional aufgewühlt wirkt, ob es aufgedrehter bzw. überdreht ist und ob es sich noch konzentrieren kann. Sehr häufig schaffen die Kinder und Jugendlichen es nicht, die vereinbarten Ausschaltzeiten einzuhalten. Bestehen die Eltern hartnäckig darauf, kommt es meist zu massiven Konflikten.

> »Das stärkste Suchtpotenzial haben offenbar sogenannte MMORPGs *(Massively Multiplayer Online Role-Playing Games)*, bei denen die Spieler gemeinsam mit zahlreichen Gleichgesinnten Aufgaben in einer virtuellen Welt meistern und auf durchschnittliche Spielzeiten von rund 30 Stunden pro Woche kommen. …
>
> Hohe Impulsivität und geringe Selbstkontrolle begünstigen die Sucht. Ein besonderes Risiko tragen deshalb offenbar Menschen mit Aufmerksamkeitsdefizit-Hyperaktivitätsstörung (ADHS). Auch Selbstwertprobleme gehen häufig mit einer Verhaltenssucht einher. Menschen mit schwachem Selbstwertgefühl sind besonders anfällig für Online-Computerspiele, denn in der virtuellen Welt ist Prestige einfacher zu erlangen und der Weg dorthin kontrollierbar. Da sich die Spieler häufig mit anderen in virtuellen Gruppen organisieren müssen, meistern sie ihre Aufgaben gemeinsam, bekommen dafür Anerkennung und fühlen sich ihrer Gruppe zugehörig. Das steigert das Selbstwertgefühl« (Computerspielsucht 2014).

Wenn Kinder und Jugendliche unbegrenzt und zu lange das Handy nutzen oder am Computer spielen, kann das zu Schlafproblemen führen. Insbesondere Kinder, die im eigenen Zimmer über einen PC, einen Internetanschluss, eine Spielkonsole oder einen Fernseher verfügen oder nachts unbegrenzt ein Handy nutzen können, schlafen durchschnittlich deutlich später ein und sind tagsüber merklich müder als Gleichaltrige ohne Geräte im Kinderzimmer. Neben der Beeinträchtigung der Konzentration tagsüber wird auch die Behaltensleistung für das am vorherigen Tag Gelernte reduziert. Unser Gehirn konsolidiert während des Schlafs das Gelernte. Schlafmangel vermindert die Behaltensleistung deutlich.

Zu bedenken ist, dass nach dem eigentlichen Lernprozess unser Gehirn weiter an der Stabilisierung der »Verdrahtungen« arbeitet. Wird sofort nach dem Lernprozess eine reizstarke Bildschirmaktivität aufgenommen, so überlagert diese neue Informationsaufnahme den Konsolidierungsprozess. Zuvor Gelerntes wird dadurch schlechter behalten.

Wird während der Lern- und Hausaufgabenzeit das Handy auch nur kurz genutzt, dauert es immer länger, bis das ursprüngliche Konzentrationsniveau wieder erreicht wird. Selbst ein ausgeschaltetes Handy, das im Zimmer Ihres Kindes während dieser Zeit verbleibt, reduziert die Konzentration.

Handy, Computer und Internet sind aus dem täglichen Leben nicht mehr wegzudenken und erfüllen durchaus auch nützliche Aufgaben. Aufgrund des gleichzeitig bestehenden, ausgeprägten Gefahrenpotentials empfehlen wir Ihnen aber im Umgang mit Bildschirmen Folgendes:

1. Bekommt Ihr Kind einen PC, Handy oder Computerspiele, ist es wichtig, dass Sie *im Voraus* klare Regeln (Zeit, Ort, Umfang, Art) der Nutzung vereinbaren und diese anfänglich besonders hartnäckig kontrollieren. Festzulegen ist eine begrenzte Zeitdauer und *mindestens* zwei bis drei computerspielfreie Tage in der Woche. Planen Sie auch Ausnahmen, zum Beispiel für Ferienzeiten oder ein verregnetes Wochenende, ein. Kinder sollen möglichst nicht täglich und dann nicht länger als die vereinbarten Zeiten Bildschirmmedien wie Computer, Spielekonsole, Fernsehen wie auch Tablets und Smartphones nutzen. Versuchen Sie dagegen erst zu einem späteren Zeitpunkt, nachdem die Bildschirmprobleme offensichtlich geworden sind, solche Regeln einzuführen, wird dies deutlich schwieriger. Hilfreich kann auch sein, dass Ihr Kind die Erlaubnis zur Nutzung der Medien nur auf Zeit erhält. Sie kann abhängig gemacht werden von Bedingungen wie zum Beispiel Einhalten des Ausschaltzeitpunktes oder vorher erbrachten Lernleistungen. Günstig kann es sein, eine kurze »Basisbildschirmzeit« auszumachen, um dann dem Kind die Möglichkeit zu geben, sich weitere kleine Zeiteinheiten zu verdienen. Insgesamt haben Sie so mehr Kontrolle über den Handy- und Computerkonsum und können dadurch vielleicht sogar die sonst selbstverständliche Bildschirmzeit verkürzen. Zu vermeiden ist durch die rechtzeitige Einführung von Regelungen der häufige Konflikt mit dem ADHS-Kind mit dem Inhalt: »Das ist **mein** Handy, PC oder Konsole, du hast mir gar nichts zu sagen …«
2. Es sollte das Motto gelten: Erst die (Lern-)Arbeit, dann erst die Möglichkeit der Bildschirmnutzung. Fallen sie nicht auf das Argument Ihres Kindes herein, wenn es sagt, dass es nach dem Unterricht erschöpft ist und sich vor dem Beginn des Lernens und der Hausaufgaben erst einmal erholen muss. Nach einer angenehmen und sehr attraktiven Tätigkeit fällt es Ihrem Kind sehr viel schwerer mit der harten Arbeit zu beginnen.
3. Während der Lern- und Hausaufgabenzeit sollte das Handy nicht im gleichen Zimmer verbleiben, da die Gefahr der Ablenkung bzw. des Konzentrationsverlustes zu groß ist.
4. Um die Effektivität des Lernens nicht zu beeinträchtigen, sollte ein »Sicherheitsabstand« von mindestens einer halben Stunde zwischen Beendigung der letzten Lernaktivität und der Aufnahme einer reizstarken Bildschirmtätigkeit eingehalten werden.
5. Möglichst eine Stunde vor dem Schlafengehen heißt es, das Handy abzugeben oder den Bildschirm abzuschalten. Chronischer Schlafmangel und die negative Auswirkung auf die Behaltensleistung sind unbedingt zu vermeiden.
6. PC, Handy oder Spielekonsole sollten sich möglichst, besonders in der Lernzeit, nicht im Zimmer des Kindes und Jugendlichen befinden. Je kürzer der Weg, desto höher die Versuchung.
7. Um ständige Auseinandersetzungen zu vermeiden, ist es hilfreich, technische Schutzmaßnahmen vorzunehmen. Mit Schutzsoftware oder Geräteeinstellungen können Sie Zeitpunkt, -dauer und Art der Nutzung durch Voreinstellungen regulieren. Aber Vorsicht: Technikversierte Jugendliche kennen nicht selten Mittel und Wege, solche Programme auszutricksen.

8. Grundsätzlich sollte gelten: Die Beschäftigung mit den Bildschirmmedien sollte immer nur eine von möglichst vielen Aktivitäten des Kindes sein und zeitlich klar begrenzt und von Eltern sinnvoll begleitet werden.

Lange Bildschirmnutzung bedeutet schließlich fehlende Zeit für andere Aktivitäten, so auch für das notwendige Lernen. Hinzu kommt, dass ausgeprägtes Computerspielen und internetbezogene Aktivitäten die Lernmotivation und die Effektivität des Lernprozesses stark beeinträchtigen. Wie beim Lernen sollten Sie deswegen mit Ihrem Kind klare Vereinbarungen über begrenzte Nutzungszeiten treffen.

11. Team-Gedanke anstatt »überzogene« Selbstständigkeitsanforderungen

Bleiben Sie realistisch. Bei ADHS-Kindern sind Sie als Eltern auch in Sachen Schule einige Jahre länger gefordert als andere Eltern. Ihre Kinder überschätzen möglicherweise ihre eigenen Möglichkeiten. Sie sollten wachsamer Begleiter, Trainer und Coach Ihrer Kinder sein. Als gut funktionierendes Team können sie Ihr Kind schrittweise zum (Lern-)Erfolg führen. Dazu gehört eine wohlwollende, aber auch hartnäckige Grundhaltung, die Würdigung der Bemühungen Ihrer Kinder, das Treffen von Vereinbarungen und das Einsetzen von Strukturierungshilfen für die Hausaufgaben und das Lernen.

Von entscheidender Bedeutung ist, dass Sie die Wertschätzung und Liebe Ihres Kindes und die Anerkennung seiner Anstrengungen nicht von den in Tests und Klassenarbeiten erzielten Noten abhängig machen. Wichtig ist hier allein die Bereitschaft und das Bemühen Ihres Kindes. Keinesfalls zeigen Sie Ihrem Kind Ihre Enttäuschung bei einer schlechten Note, wenn es sich vorher beim Lernen angestrengt hat. Mit dieser Anstrengung hat Ihr Kind ja eine Leistung erbracht, die anzuerkennen ist.

»Überfallen« Sie Ihr Kind im Hinblick auf zusätzliches Lernen nicht plötzlich nach dem Motto: »Jetzt machen wir noch mal schnell…«. Meist wird sich Ihr Kind dann wehren und verweigern. Treffen Sie solche Lernvereinbarungen vielmehr im Voraus. Vermitteln Sie Ihrem Kind das Gefühl, in die Vereinbarungen miteingebunden zu sein. Und denken Sie als Eltern daran, die Abmachungen auch *selber* einzuhalten!

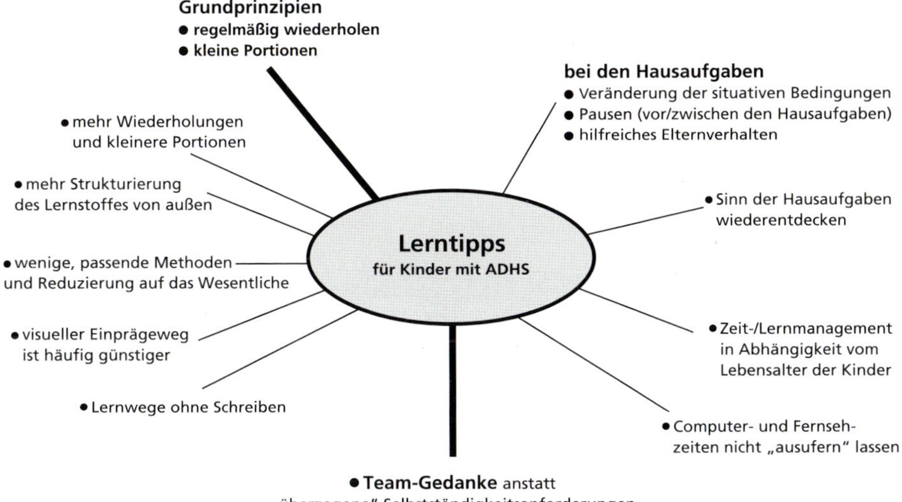

Abb. 8.1: Lerntipps für ADHS-Kinder auf einen Blick

Nicht vergessen:

- Lernprobleme effektiv angehen heißt, an vielen Stellen mit dem Ziel anzusetzen, möglichst wenig Zeit und Energie zu verschwenden.
- (Vor-)Strukturierung des Lernstoffs und hartnäckige Begleitung des Übens durch die Eltern sind für ein erfolgreiches Lernen unerlässlich!

Kapitel 9: Grundprinzipien der Lernmethoden

In den vorangegangenen Kapiteln haben wir dargestellt, welche besonderen Voraussetzungen ADHS-Kinder zum Lernen mitbringen, wie Abspeicher- und Lernprozesse funktionieren und wo die Hauptgefahren – und manchmal auch Vorteile – im Lernen von ADHS-Kindern liegen. In diesem Kapitel möchten wir unsere Grundprinzipien für das Lernen mit ADHS-Kindern im Sinne eines Fazits zusammenfassend vorstellen.

Basismethoden für das Lernen mit ADHS-Kindern

- weniger ist mehr
- möglichst nicht schriftlich
- regelmäßig und in kleinen Portionen

Diese Basismethoden sind für das Lernen in allen Fächern anzuwenden. Inhaltliche Besonderheiten der einzelnen Fächer und entsprechend gezielte Lernstrategien werden wir in den nachfolgenden Kapiteln ausführlich beschreiben.

1. Weniger ist mehr

Leider ist die Vielzahl der didaktischen und methodischen Prinzipien, die in unserem Schulsystem zum »Verautomatisieren« der Grundfertigkeiten angeboten wird, für ADHS-Kinder in der Regel eher ungünstig. Wir plädieren stattdessen für eine Reduktion der Methodenvielfalt – sowohl im schulischen als auch im häuslichen Lernbereich – und damit auf einige wenige einfache Methoden. Aufgrund der begrenzten selektiven Aufmerksamkeit, der hohen Ablenkbarkeit, der Aufnahme von vielen überflüssigen und irrelevanten Informationen in das Arbeitsgedächtnis besteht bei ADHS-Kindern häufig eine oberflächliche Informationsverarbeitung. Dies führt dazu, dass Grundlegendes nicht abgespeichert und später automatisiert werden kann. ADHS-Kinder benötigen einfache Lernmethoden, die sie regelmäßig anwenden, um den Stoff zu wiederholen und zu vertiefen.

2. Möglichst nicht schriftlich

ADHS-Kinder leiden oft unter fein- und auch graphomotorischen Schwierigkeiten. Dies bedingt zum einen eine erhebliche emotionale Abneigung gegenüber allem, was mit schriftlichen Leistungsanforderungen zu tun hat. Zum anderen wird das Arbeitsgedächtnis beim Schreiben zusätzlich in seiner ohnehin schon begrenzten Kapazität durch die Aufmerksamkeitsausrichtung auf den Schreibprozess abgelenkt. Damit verbleibt für den Verarbeitungs- und Abspeicherprozess nur noch geringe Aufmerksamkeitskapazität, und die eigentliche Lernaufgabe, die Einprägearbeit, kann nicht erfolgen. Wir plädieren deshalb für Übungs- und Lernformen, die zum großen Teil auf das Schreiben verzichten.

Die Arbeit mit den Lernkärtchen

Was lässt sich beim Lernen sinnvoller Weise an die Stelle des Schreibens setzen? In unserer Arbeit erleben wir immer wieder, dass Karteikarten von der Größe DIN A7 (7,4 x 10,4 cm), die mit einem dickeren schwarzen Filzstift (mit Keilspitze) beschriftet werden, eine gute Alternative darstellen. Dies gilt besonders auch für Kinder mit ausgeprägten Motivationsproblemen. Die Karteikarten können sowohl für den Grundwortschatz in der deutschen Rechtschreibung und die englischen Vokabeln als auch für die Grundrechenarten in Mathematik eingesetzt werden. Die Lernkarten sollten dabei möglichst nicht vom Kind beschriftet werden, da dieses von ihm einen zusätzlichen Aufwand erfordern würde. Zudem ist sein Schriftbild ja auch häufig schlecht. Das Einprägen z. B. der englischen Vokabel oder des deutschen Wortes bedeutet aber auch die Notwendigkeit einer »guten« und »prägnanten« Gestalt: Das Wort muss als Ganzes graphisch akzeptabel abgespeichert werden können. Im Falle der krakeligen Schrift eines ADHS-Kindes wäre es für dieses kaum möglich, ein Wort in seiner vollständigen Wortgestalt zu erfassen und abzuspeichern.

Ein weiterer Vorteil der Lernkärtchen liegt darin, dass diese Art zu Lernen für die Kinder nicht mühsam ist. Aufregung, Anstrengung und krampfhaftes Zermartern des Gehirns sind in der Arbeit mit Karteikarten nicht notwendig. Wird die Antwort vom Kind noch nicht gewusst, wird das Kärtchen umgehend umgedreht: Die Lösung kann dann auf »einen Blick« erfasst werden. Weitere Wiederholungen folgen.

Um die Informationen, die wir lernen möchten, später zu erinnern, müssen wir sie eine bestimmte kurze Zeitspanne lang in unserem Arbeitsgedächtnis präsent halten. Dazu können uns die Lernkärtchen verhelfen.

Ein Mathematikbeispiel: Automatisierung des Rechnens im 10er-Raum

Die Aufgaben werden in Zweiergruppen von den Eltern vorgestellt, das heißt der Wiederholungsprozess wird von außen gesteuert. Nehmen wir an, Ihr ADHS-Kind bekommt auf einem Kärtchen die Aufgabe »9 minus 4« vorgelegt, und es weiß die Antwort nicht binnen einer Sekunde. Dies ist kein Beinbruch.

Sie als Mutter oder Vater drehen die Karte einfach um, zeigen Ihrem Kind das Ergebnis auf der Rückseite (visueller Einprägeweg) und wiederholen die Aufgabe. Nun wissen es die Kinder: »9 minus 4 ist 5«.

Der Vergessensprozess ist völlig normal. Einprägen bedeutet Arbeit, deshalb sind Wiederholungen notwendig. Dafür muss man die Karte umdrehen. Warum also sich ärgern, dass Ihr Kind die Antwort nicht beim ersten Mal wusste? Weiß Ihr Kind die Antwort beim dritten Mal, sollten Sie sich positiv äußern: »toll«, »genau«.

Dann die nächste Aufgabe: »9 minus 6«. Ihr Kind weiß die Antwort nicht sofort? »Nicht anstrengen!« Sie drehen die Karte wieder um und zeigen das Ergebnis: »3«. »9 minus 6, schau dir die Karte einfach noch einmal an. Weißt du es noch? Genau, 3!«

Eine solche Lernarbeit mit den Kärtchen ist ein *interaktiver* Prozess und wirkt sich auf ihr Kind meist motivierender aus, als wenn es sich beim Lernen allein überlassen bleibt. Die Aufmerksamkeit kann zusätzlich in fast spielerischer Form auf das Einzuprägende ausgerichtet werden. Ungünstig bei der Arbeit mit den Lernkärtchen wäre es jedoch, wenn Sie ärgerlich und ungeduldig reagieren. Zuschreibungen wie »jetzt streng dich doch endlich einmal an – du bist schon wieder unkonzentriert« treffen auf bereits vorhandene Merkmalszuschreibungen, die Ihr Kind sowieso schon verinnerlicht hat und die den »Teufelskreis« Lernstörungen nur weiter verstärken.

Ein Beispiel mit dem deutschen Grundwortschatz

Sie haben ein Wort – zum Beispiel »schließen« – schön in Druckbuchstaben auf die Karte geschrieben. Indem Sie Ihrem Kind die Karte vorstellen, kann es seine Aufmerksamkeit auf das Wortbild lenken. Ihr Kind weiß, dass es das Wort später buchstabieren soll. Wenn es die Augen schließt, muss es das Wortbild im Gedächtnis erzeugen. Dies ist aktive Einprägearbeit. Die »Methode« Schreiben würde diesen Vorgang dagegen häufig erschweren bzw. unmöglich machen.

3. Regelmäßig und in kleinen Portionen

Das regelmäßige innere Wiederholen mit dem Ziel, den Lernstoff präsent, d. h. »lebendig« zu halten, ist notwendig, um ihn ins Langzeitgedächtnis überführen zu können. ADHS-Kinder dürfen nicht mit zu vielen Informationen, die sie gleichzeitig im Arbeitsgedächtnis präsent halten müssen, überschüttet werden. Nicht mehr als fünf Informationseinheiten (Schubladen, vgl. S. 22) pro Zeiteinheit können vom ADHS-Kind zum jeweiligen Zeitpunkt auf einmal abgespeichert werden. Zusätzlich sollte der »Berg« an zu Lernendem vom unterstützenden Erwachsenen stets in kleinere Portionen unterteilt werden. Muss ihr Kind beispielsweise 20 Vokabeln lernen, so sind maximal Päckchen von je fünf Vokabeln auf einmal neu einzuprägen. Als günstig haben sich bei schwierigeren Kombinationen Zweier- oder Dreierpäckchen erwiesen. Sehr hilfreich ist es auch, sich von der schulischen Aufgabenstellung (20 oder gar 30 Vokabeln von heute auf morgen zu lernen) unabhängig zu machen und unseren »Geheimtrick« (vgl. S. 239) zu benutzen. Statt 20 Vokabeln lernen zu wollen, besteht das Ziel darin, nur fünf bis sechs Vokabeln pro Tag neu zu lernen. Dieses Unterteilen in kleine Portionen hat zugleich einen Motivationseffekt. Der »Berg« an Lernmenge, der bei Ihrem Kind ja in erster Linie Abneigung erzeugt, wird in kleine Portionen zergliedert, die damit handhabbar und überschaubar sind. Die Motivation Ihres Kindes steigt.

Die Regelmäßigkeit des Wiederholens ist nötig, um effektives Einprägen und Behalten zu ermöglichen. Gelingt es, *im Alltag regelmäßig* kleine Portionen – möglichst immer zur gleichen Zeit – einzuprägen, wird sich dieses im Tagesablauf mit der Zeit fest verankern: Das Lernen wird damit für Ihr Kind etwas Alltägliches und Selbstverständliches.

Ferienzeit – Vergessenszeit

Kinder (und auch Eltern) wünschen sich zumeist für die Zeit der Ferien eine Lernpause, in der nicht für die Schule gearbeitet werden muss. Diese Einstellung ist verständlich, bringt aber auch erhebliche Nachteile mit sich. Eine häufige Erfahrung der Eltern besteht darin, dass Kinder in den Ferien sehr schnell vergessen. So werden beispielsweise das vorher gelernte Einmaleins, Lernwörter oder sogar das Lesen vollständig »vergessen«.

Was passiert in der Ferienzeit? Sind Automatisierungsvorgänge in den Grundfertigkeiten Lesen, Schreiben, Rechnen noch nicht abgeschlossen, setzt der Vergessensprozess ein, d. h. nach den Ferien müssen ADHS-Kinder mit der jeweiligen Grundfertigkeit fast wieder von vorne beginnen. Dies ist für die betroffenen Kinder und ihre Eltern frustrierend und mühsam.

Sinnvoll ist es deshalb, auch in den Ferien *nach vorheriger Vereinbarung mit Ihrem Kind* Zeiten festzulegen, in denen in kleinen Portionen – möglichst am Vormittag – gelernt wird. Ein bestimmter Lernrhythmus und Tagesablauf wird damit beibehalten. Der Übergang von der Ferien- zur Schulzeit gelingt auf diese Weise auch emotional wesentlich besser und Erfolgserlebnisse stehen möglicherweise am Anfang des neuen Schuljahres.

Kapitel 10: Mein Kind will nicht lernen – Grundprinzipien bei der äußeren Strukturierung

Sie kennen das Problem. Das Kind müsste eigentlich lernen, um seine Leistungsdefizite aufzuholen, verweigert sich aber vollständig. Die Folgen sind ein ständiger Streit und Kampf und letztlich kommt bei den erzwungenen Lernübungen nicht viel heraus. – Was kann ich als Mutter, als Vater und auch als Lehrer/in in dieser Situation tun? Wie kann ich mit Aussicht auf Erfolg mein Kind unterstützen?

Wie können Eltern und Lehrer Lernprobleme von ADHS-Kindern angehen? – Einige wichtige Grundprinzipien im Überblick

- Vereinbarungen im Voraus treffen
- Realistische Ziele setzen
- Erfolge ermöglichen
- Anreize schaffen
- Anforderungen auch an die Eltern stellen

1. Vereinbarungen im Voraus treffen

Bedenken Sie die Lernvoraussetzungen bei Ihrem Kind, insbesondere seine emotionale Situation. Sein Erregungsniveau ist schnell hochschießend, nach den Hausaufgaben ist seine Bereitschaft zu weiterem Üben in der Regel gleich null. Sollten Sie nun Ihr Kind mit der Idee »überfallen«, nun noch ein bisschen zu üben, werden sie nur Diskussionen oder Tränen ernten.

Für ein erfolgreiches Lernen mit ADHS-Kindern ist es wichtig, *Vereinbarungen im Voraus* zu treffen. Stellen Sie schon am Sonntag einen gemeinsamen Plan für die Woche auf oder treffen Sie beim Mittagessen mit Ihrem Kind eine Vereinbarung für ein zusätzliches Lernen am Nachmittag. Diese Vereinbarungen müssen klar umrissene Ziele enthalten, d. h. die Kinder müssen wissen, was auf sie zu kommt. Dies betrifft den genauen Zeitpunkt des Lernens, dessen Zeitdauer sowie die Menge des zu lernenden Stoffes. Ihrem Kind wird das Lernen leichter fallen, wenn es sich frühzeitig darauf einstellen kann. Auch Sie als Eltern müssen Vereinbarungen selbstverständlich in verlässlicher Weise einhalten, denn Sie nehmen gegenüber Ihrem Kind eine wichtige Modell- und Vorbildfunktion ein.

Wichtig ist es, gerade in Abhängigkeit vom Alter der Kinder, diese zunehmend in das Treffen von Vereinbarungen mit einzubeziehen. Geben Sie ihren Kindern das Gefühl, dass sie mitentscheiden dürfen. Sie diskutieren jedoch nicht darüber, dass grundsätzlich z. B. im Bereich des Rechnens geübt wird. Denken Sie daran, dass sich auch Ihr Kind verbessern möchte, es aber dafür eine klare Struktur von außen braucht. Lassen Sie Ihr Kind z. B. über den Zeitpunkt oder den Umfang der Lernübungen mitbestimmen: »Beginnen wir um 14.30 oder um 15.00 Uhr?« Das Erleben, mitentscheiden zu dürfen, wird sich bei Ihrem Kind günstig auf seine Motivation auswirken.

Sie können mit Sicherheit davon ausgehen, dass Ihr Kind unter schlechten Schulleistungen leidet. Jedes Kind möchte besser werden und ist anfangs gerne in die Schule gegangen. An diesem Punkt können Sie Ihr Kind »abholen«. Versuchen Sie es mit dem so genannten »Ja-Set«, wenn Sie eine Vereinbarung treffen: »Willst du wirklich besser werden? – Bist du dir ganz sicher? – Willst du wirklich ein bisschen investieren, um besser zu werden? – Bist du sicher, dass du bereit bist, jeden Tag ein bisschen zu lernen?« Sie können dann mit dem gemeinsamen Vereinbaren des zeitlichen Lernrahmens fortfahren: »Wie viel Zeit würdest du einsetzen? – Oh, eine halbe Stunde erscheint mir viel zu viel, zehn Minuten wären schon enorm! – 15 Minuten willst du machen, das ist prima! Also, wir vereinbaren: zehn Minuten lernen, wenn du viele Hausaufgaben aufhast, und 15 Minuten, wenn du nicht so viel aufhast. Die Zeit legen wir immer beim Mittagessen fest. Abgemacht?«

In der Hausaufgaben- und Lernzeit müssen Sie eine besondere *Falle* im Auge behalten. Viele Eltern erlauben ihren Kindern die Belohnung schon vor der Arbeit. Dies bedeutet, dass mit Ihrem Einverständnis schon der Computer oder das Handy *vor* der Hausaufgaben- oder Lernzeit eingeschaltet wird. Die Gesetze der klassischen Lerntheorie aber sagen uns, dass die Belohnung erst auf das erwünschte Verhalten (hier das Lernen) hin erfolgen und nicht schon vorher »verbraucht« werden sollte. Wer beendet schon das Computerspiel freiwillig, um zehn Minuten Vokabeln zu lernen?

Treffen Sie also frühzeitig mit Ihrem Kind eine Vereinbarung und führen Sie diese vor allem täglich durch. Durch Ihr hartnäckiges Einhalten und tägliches Bestehen auf der gemeinsamen Absprache stehen Sie Ihrem Kind – möglichst ohne Diskussionen und negative Bemerkungen – zur Seite. Damit ermöglichen Sie Ihrem Kind einen Gewöhnungseffekt im Sinne eines Rituals. Vertraute Rituale bedeuten weniger Reibungsverlust durch Diskussionen, Tränen usw. Die Abneigungen und das Blockieren Ihres Kindes gegenüber dem Lernen können Sie damit deutlich reduzieren.

2. Realistische Ziele setzen

Um Erfolge möglich zu machen, müssen Ziele so gesetzt werden, dass sie auch erreicht werden können. Sind Ziele zu hochgesteckt, da sie auf unrealistischen Wunschvorstellungen beruhen, ist die Frustration der Kinder direkt vorprogrammiert. Gerade für ADHS-Kinder – und dies betrifft nicht nur das Lernen – gilt es, größere Ziele in kleinere und vor allem erreichbare Ziele zu unterteilen oder in Teilziele zu zerlegen, um ihnen in jedem Fall ein Erfolgserlebnis zu ermöglichen.

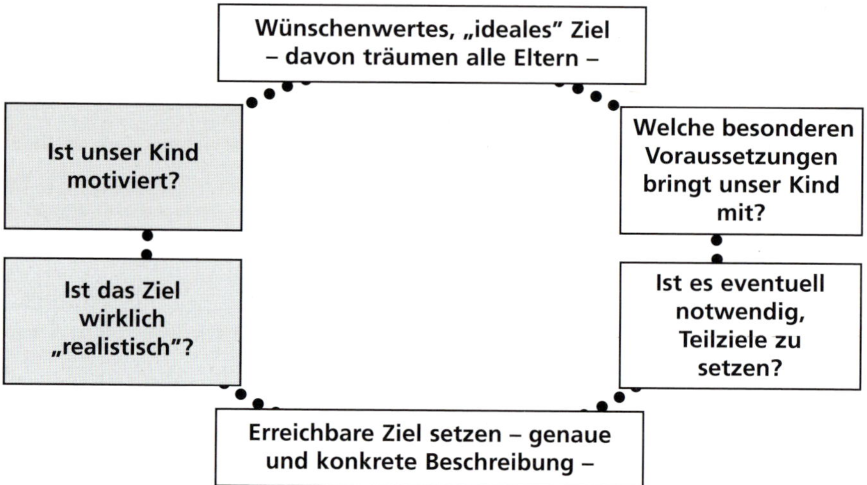

Abb. 10.1: Was haben wir als Eltern bei der Festlegung von Lernzielen zu berücksichtigen?

3. Erfolge ermöglichen

Motivation kann Leistungen bewirken, die bei günstiger Ausgangslage das »normal Mögliche« deutlich überschreiten. Tatsache ist es, dass bei Kindern Interesse, Freude, Begeisterung oder Faszination bei der Arbeit mit »langweiligem« Schulstoff, besonders beim Prozess der Automatisierung von Grundfertigkeiten, nicht vorausgesetzt werden kann. ADHS-Kinder bleiben hier – ebenso wie ihre Mitschüler – meist freudlos und uninteressiert. Da wir also nicht von einer primären Motivation ausgehen können, müssen wir das Erfolgsmoment nützen, um die Motivation in Gang zu setzen: Unser Kind muss Erfolg haben, und zwar auf der Stelle und sei dieser Erfolg auch noch so klein.

> Der grundlegende Motor zur Erhöhung der Motivation von (ADHS-)Kindern sind erlebte Erfolge.

Wie können Sie Ihrem Kind beim Lernen Erfolgserlebnisse ermöglichen? Wirksame Mittel stehen Ihnen dafür in den zu treffenden Vereinbarungen und dem Setzen von realistischen, erreichbaren Zielen zur Verfügung.

Wir wissen, dass die Lernleistungen von ADHS-Kindern in erheblichem Maße von der äußeren »Verstärkung« ihrer Bemühungen abhängig sind (vgl. Barkley 1998, S. 117). Werden ADHS-Kinder unmittelbar und regelmäßig verstärkt, steigt ihre Leistung deutlich. Da unser Schulsystem diese Aufgabe in der Regel nicht (ausreichend) wahrnehmen kann, fällt Ihnen als Eltern hierbei eine besonders wichtige Rolle zu. Wenn Sie mit Ihrem Kind lernen, ist es also wichtig, dass Sie Ihr Kind regelmäßig loben und vor allem seine Anstrengungen anerkennen. Nicht die Noten in den Klassenarbeiten sollten im Vordergrund stehen, sondern das Bemühen und die Lernbereitschaft Ihres Kindes. In Ihrem Lob müssen Sie nicht übertreiben, es reichen wenige Worte oder auch nonverbale Gesten. Mindestens genauso wichtig ist es, dass Ihr Kind die Lernerfolge *selbst* erlebt und bewusst wahrnimmt: »Ich mache Fortschritte, ich werde immer besser«. Mit zunehmenden Erfolgen – »Im Einmaleins bin ich jetzt sehr gut« oder »Diesen Packen Vokabeln beherrsche ich schon sicher. Der Packen wird täglich ein bisschen größer« – wird seine Motivation stetig wachsen.

Erfolge durch die richtigen Lernstrategien zu ermöglichen, ist also eine grundlegende Voraussetzung für Motivation, die ADHS-Kinder dringend benötigen. In Ihrem Kind muss die Hoffnung entstehen: »Ich kann das schaffen, wenn ich mich anstrenge«. Nichts macht erfolgreicher als der Erfolg!

Abb. 10.2: Nichts macht erfolgreicher als Erfolg!

Exkurs: Wie das Gehirn Lernerfolge belohnt

In neuen wissenschaftlichen Untersuchungen hat man festgestellt, dass unser Gehirn ein eigenes Belohnungssystem hat. Treten Ereignisse ein, die sich positiv von dem abheben, was wir voraus »berechnet« haben – also ein unerwarteter Erfolg –, wird Dopamin im Frontalhirn produziert. Der Freisetzung von Dopamin kommt für die weitere Informationsverarbeitung eine »Türöffnerfunktion« zu: Der unerwartete Lernerfolg wird in der Weise weiterverarbeitet und abgespeichert, dass von nun an leichter und besser gelernt wird. Für das tägliche Lernen bedeutet dies, dass besonders effektiv gelernt wird, wenn positive Erfahrungen gemacht werden. Das Abspeichern von neuen Informationen wird damit erheblich begünstigt (vgl. Spitzer 2000, Seite 71ff).

4. Anreize schaffen

Leider besteht die Ausgangssituation bei ADHS-Kindern typischerweise oft darin, dass sich bereits ein »Teufelskreis« Lernstörung entwickelt hat. Um diesen zu verlassen und an seine Stelle einen »Engelskreis« zu setzen, ist es notwendig, zunächst mit Anreizen und Verstärkungen zu arbeiten, die Sie als Eltern von außen setzen.

Diese können darin bestehen, dass Sie sich mit Ihrem Kind konkrete Belohnungen für das Erledigen von bestimmten Lerneinheiten überlegen. So genannte Punktepläne können hier hilfreich sein. Sie verabreden dabei klare Ziele, beispielsweise jeden Tag zehn Minuten mit der Lernkartei zu lernen. Für dieses zusätzliche Lernen kann Ihr Kind zwei Punkte bekommen. Am Ende der Woche könnte es also maximal 14 Punkte erreicht haben. Sie verabreden mit Ihrem Kind, dass es beim Erlangen von zehn Punkten – nicht bei der unrealistischen Maximalpunktzahl – diese in etwas eintauschen darf. Diese »Verstärker« (also Belohnungen) müssen von Ihrem Kind selbst aus einem von Ihnen vorgegebenen Pool an Möglichkeiten ausgewählt werden können. Beispielsweise kann sich Ihr Kind entscheiden, mit Ihnen am Sonntag Eis essen oder ins Schwimmbad zu gehen. Diese äußeren Anreize bilden am Anfang einen wichtigen Faktor, um dem täglichen Lernen eine gewisse Regelmäßigkeit und Routine zu verleihen. Später können die äußeren Verstärker durch den von Ihrem Kind eigenständig erlebten Erfolg und die mit dem Lernen verbundenen Rituale abgelöst werden.

5. Anforderungen auch an die Eltern stellen

Als Eltern kommt Ihnen an der Aufgabe, den »Teufelskreis« Lernstörungen in einen »Engelskreis« Lernerfolge zu verwandeln, der entscheidende Anteil zu.

Für Ihr Kind, das mit großen Schwierigkeiten in der Selbststeuerung, im Zeitmanagement und in der Strukturierung des Lernstoffes kämpft, besitzen Sie eine wichtige Vorbild- und Modellfunktion. Nur durch Ihr eigenes konsequentes Verhalten, d. h. das regelmäßige, oft heikle Einstehen für die gemeinsamen Lernvereinbarungen ist Erfolg für Ihr Kind und Sie als Team möglich.

Dies wird sich positiv auch auf Ihr eigenes Zeitmanagement auswirken, denn die Zeit, die Sie früher mit Diskutieren und Streiten verbracht haben, können Sie nun wirkungsvoller und effizienter einsetzen. Hilfreich kann dabei der Gedanke sein, dass sich in erster Linie nicht Ihr Kind, sondern Sie selbst sich ändern müssen. Machen Sie sich dabei immer wieder bewusst, dass Sie für die Schullaufbahn Ihrer Kinder ganz wichtige Voraussetzungen schaffen können. In der Praxis haben wir es oft erlebt, dass Eltern, denen es gelungen ist, in der Grundschulzeit und zu Beginn der weiterführenden Schulzeit solche Lernstrukturen aufzubauen, erleben durften, wie ihre Kinder mit zunehmendem Alter Schritt für Schritt diese Strukturen eigenständig übernehmen konnten. Dies sind echte Früchte, die Sie als Eltern ernten können.

Wie sollen wir uns als Eltern beim Lernen unserer ADHS-Kinder verhalten?

- Verhalten Sie sich gegenüber Ihrem Kind einerseits ruhig, gelassen, wohlwollend, freundlich und geduldig, andererseits jedoch auch hartnäckig, kontrollierend und strukturierend
- Zeigen Sie Ihrem Kind, dass Sie seine Lernbereitschaft und -bemühungen anerkennen
- Entwickeln und fördern Sie mit Ihrem Kind den »Teamgedanken«: Nur gemeinsam als »Team« können Eltern und Kind erfolgreich lernen

Sie werden sich vielleicht fragen, wie Sie Ihre besondere Rolle und Aufgaben in der Begleitung Ihrer Kinder neben den ohnehin schon hohen Belastungen Ihres Alltags auch noch erfüllen sollen. Die Mütter, aber zunehmend auch die Väter, sind sehr stark belastet und die Anforderungen ihres Alltags sind meist erheblich (jüngst auch noch zusätzlich verstärkt durch die Corona-Pandemie), so dass viele von ihnen angespannt, nervös und hektisch werden. Um Ihr Kind letztlich erfolgreich unterstützen zu können, ist möglicherweise eine Veränderung Ihrer eigenen Grundhaltung notwendig. Ihre Ziele sind längerfristiger Natur. Die Teilschritte, in denen Sie planen und vorgehen, sollen jedoch bewusst klein sein, so dass es Ihnen möglich wird, eine gelassene und ruhige innere Haltung einzunehmen. Es ist möglich, vieles zu lernen. Es ist ebenso möglich zu »trainieren«, innerlich etwas ruhiger zu werden, verbunden mit einer zuversichtlichen Erwartungshaltung an die Zukunft. Die Lern- und familiären Strukturen, die für Ihre Kinder gut sind, sind für Sie als Eltern mit Sicherheit auch gut. Strukturen und

Rituale, die die Hektik aus dem Alltag verbannen und zu mehr Gelassenheit führen, können auch für Ihr Leben eine Bereicherung darstellen.

Wenn es Ihnen gelingt, *ein Team mit ihrem Kind* zu bilden, d. h. mit diesem gemeinsam an einem Strang zu ziehen, legen Sie ein sehr wichtiges Fundament für dessen Motivation und Lernbereitschaft. Durch Ihr gemeinsames Lernen – z. B. mit den Lernkärtchen oder anderen Lerntricks (z. B. mithilfe des Pyramidenspiels, vgl. S. 111f) – geben Sie Strukturen von außen vor, die ein erfolgreiches, effektives Lernen und damit eine wachsende Motivation Ihres Kindes ermöglichen. Dies schafft für die Lernsituation völlig andere Rahmenbedingungen, als wenn Ihr Kind beständig und regelmäßig alleine üben müsste, zumal es dazu nicht die entsprechend notwendigen Voraussetzungen mitbringt.

Das Team, das Sie als Eltern mit Ihrem Kind bilden, kann unterschiedlich besetzt sein. So ist es beispielsweise sinnvoll, die Belastung »gerecht« (entsprechend der eigenen Möglichkeiten, Kompetenzen, Vorlieben) aufzuteilen und z. B. die Fächer aufzuteilen. Ein Elternteil kann z. B. die Lernbegleitung in den Fremdsprachen übernehmen, der andere in Mathematik und den Naturwissenschaften.

Eine Anmerkung zur Dauer des Lernens

Wenn Sie es schaffen, mit Ihrem ADHS-Kind im Grundschulbereich für ein Fach zehn Minuten täglich zu lernen, ist dies für den Anfang großartig. Die Zeiteinheiten sollten aus Motivations- sowie aus Kapazitätsgründen des Arbeitsgedächtnisses kurz, aber regelmäßig sein. Länger als 15 Minuten am Stück zu lernen, ohne eine Pause einzulegen, ist wenig effektiv. Ratsam ist es zudem, vor, während und nach den schriftlichen Hausaufgabe eine kurze Einprägephase einzuplanen: z. B. bei Vokabeln oder Wörtern aus dem Grundwortschatz. Eine kurze Wiederholungs- und Überprüfungsphase kann auch auf den Abend verlegt werden.

Kapitel 11: Reformpädagogisch orientierte Unterrichtskonzepte und ADHS-Kinder

1. Leitvorstellungen

Die Pädagogik Maria Montessoris oder Peter Petersens (Jena-Plan-Schule) lassen sich mit ihren Ideen in das erste Drittel des letzten Jahrhunderts zurückverfolgen. Diese pädagogischen Ansätze waren überwiegend geprägt von der Grundidee einer »Pädagogik vom Kinde aus«. Leitvorstellungen bestanden darin, dass im Kinde »gute Kräfte« wirken. Es müsse ihm nur der notwendige Freiraum gegeben werden, damit sich das Kind dann gut entwickeln könne. Unterstellt wurde hier eine ausgeprägte »intrinsische Motivation«. Dies bedeutet, dass Kinder notwendiges Lernen von selbst und eigenmotiviert durchführen. Diese Ideen spiegeln sich zum Beispiel in Maria Montessoris Motto »Hilf mir, es selbst zu tun« wider.

Selbstständiges Arbeiten stellt innerhalb dieser pädagogischen Ideen ein wichtiges Leitprinzip dar. Lernaufgaben, so glaubt man, würden vom Kind am besten bewältigt, wenn sich das Kind eigenständig mit dem Lerngegenstand auseinandersetzt. Der Lehrer tritt somit gegenüber den angebotenen Lernmaterialien zurück. Das notwendige Wissen erwirbt das Kind in eigenständiger Auseinandersetzung mit dem dargebotenen Lernmaterial, das vom Umgang mit Montessori-Materialien, insbesondere Anschauungsmaterialien, bis hin zum Durcharbeiten von Lehrgängen und Arbeitsblättern reichen kann.

2. Unterrichtskonzepte

Die Freiarbeit und der Wochenarbeitsplan spielen in diesen reformpädagogischen Ansätzen eine wichtige Rolle. Gefordert ist eine selbstständige Auseinandersetzung des Kindes mit dem Lernstoff und den Lernmaterialien und der eigenständigen Strukturierung der Lernaufgaben und -portionen.

ADHS-Kinder zeigen immer wieder Schwierigkeiten mit Wochenarbeitsplänen und Freiarbeit. Insbesondere die selbstständige Strukturierung, d. h. die Einteilung von Arbeitseinheiten und -portionen, überfordert sie. Nicht selten erfahren wir in der Praxis, dass ADHS-Kinder mit ihren Wochenplänen nicht fertig werden, dass sie Konflikte in der Entscheidungsfindung, d. h. in welcher Reihenfolge sie welche Aufgaben bearbeiten sollen, erleben, und dass sie bei ihren Arbeiten gedanklich abdriften.

So erzählen ADHS-Kinder im Umgang mit dem Wochenarbeitsplan: »Ich sitze nur herum, wenn ich ihn bekomme«. »Das ist so ein großer Berg, ich kann mich nicht entscheiden, womit ich anfangen soll«. Mütter klagen häufig: »Mein Kind wird nicht fertig und wir müssen am Wochenende alles nachholen.« Werden dagegen klare Strukturierungshilfen durch die Lehrkraft gegeben – was dem pädagogischen Ansatz widerspricht – vermindern sich die Probleme meist deutlich. Lehrer berichten, dass die ADHS-Kinder bei enger Führung, genauer Vorgabe der einzelnen am jeweiligen Tag zu erbringenden Arbeitsleistungen und sofortiger begleitender Kontrolle deutlich besser zurechtkommen. Kinder, die Schwierigkeiten haben, sich selbst zu strukturieren, das Arbeitspensum zu ordnen und die dazu neigen, sich zu verzetteln und abzudriften, können bei passender Führung und Begleitung immer häufiger den angestrebten Arbeitserfolg erleben.

Teilweise wird dieser pädagogische Ansatz von Lehrerseite aber auch in undifferenzierter Weise im Unterricht umgesetzt. Begründet wird er damit, dass das Kind selbstständiges Arbeiten lernen soll. Eltern hören dann häufig: »Ihr Kind wird nur selbstständig, wenn es selbstständig arbeitet.« Unserer Auffassung nach handelt es sich hierbei um eine unpädagogische Äußerung. Die pädagogische Aufgabe besteht vielmehr darin, von der besonderen Individuallage jedes Kindes auszugehen, um dann zu überlegen, wie es angesichts dieser seiner individuellen Voraussetzungen zur Selbstständigkeit und zum Lernerfolg geführt werden kann. Viele Lehrer erkennen in ihrer täglichen Unterrichtspraxis die Schwierigkeiten der ADHS-Kinder und helfen ihnen, in dem sie beispielsweise den Wochenarbeitsplan in definierte Portionen zerlegen oder in Lerneinheiten zergliedern, damit die Kinder diese dann Schritt für Schritt einüben können.

»Bei der freien stillen Arbeit war es notwendig, Zeitgrenzen für bestimmte Tätigkeiten festzulegen, um ein zu oberflächliches schnelles Arbeiten zu verhindern«. *Zitat aus dem Zwischenzeugnis von Niklas, 4. Klasse*

Wird das ADHS-Kind mit seinen Aufgaben oder Arbeitsblättern »alleine gelassen«, d. h. arbeitet es diese wie gefordert selbstständig durch, entspricht dies einem eher oberflächlichen Lernen. Fälschlicherweise wird »selbstständiges Erarbeiten« gleichgesetzt damit, dass dann »automatisch« das Richtige im Gehirn geschehe und das Kind die notwendige Anzahl der Wiederholungen beim Automatisieren der Grundfertigkeiten zwangsläufig durchführt. Dies ist bei ADHS-Kindern natürlich nicht der Fall. Besonders wenn die Kinder Schwierigkeiten in dem einen oder anderen Teilbereich erleben, vermeiden sie zunehmend häufiger die Auseinandersetzung gerade mit diesen Inhalten.

Für ADHS-Kinder ist es somit meist hilfreicher, wenn ihr Lernen unter direkter Führung und Strukturierung seitens des Lehrers oder der Eltern stattfindet. Anleitung und Kontrolle sind sehr viel länger als bei anderen Kindern notwendig. ADHS-Kinder werden Lernaufgaben in der Regel vermeiden, wenn sie diese als schwierig und anstrengend erleben. Wiederholungen, die für die Automatisierung der Grundfertigkeiten notwendig sind, werden sie sicherlich nicht freiwillig durchführen.

Eine weitere Grundidee in den genannten reformpädagogischen Grundansätzen ist der Glaube an das »selbstentdeckende Lernen«, an das Entdecken eigener Lernwege und deren selbstständiger Durchführung. Aber: ADHS-Kinder tun sich aufgrund ihrer Voraussetzungen bei diesen Formen des Lernens schwer. Ihre reduzierte Aufmerksamkeitsausrichtung auf den Lerngegenstand, ihr geringeres Durchhaltevermögen und auch ihre geringere Frustrationstoleranz beeinträchtigen die Möglichkeit, auf diese Art und Weise besonders im Grundlagenbereich die notwendigen Lernprozesse durchzuführen.

Es erscheint für ADHS-Kinder günstiger, wenn die Lehrkraft Lerninhalte zergliedert, sie systematisch aufeinander aufbaut, sie explizit vermittelt und kleinschrittig präsentiert. Es erscheint hilfreicher, die Kinder unter der Anleitung der Lehrkräfte üben zu lassen und somit auch kontrollieren zu können, um sie dann auch anschließend für ihre Lernfortschritte zu loben.

3. Reformpädagogisch orientierte »alternative Schulformen«

Besonders Eltern, die im Schulalltag die Schwierigkeiten ihrer Kinder erleben, suchen nach Alternativen. Eine Lösung wird dann oft in einem Schulwechsel aus dem Regelschulsystem heraus in eine sogenannte alternative Schule, wie beispielsweise die Montessori-Schule bis hin zur Jena-Plan-Schule gesehen.

Zunächst erleben sowohl die Kinder als auch die Eltern häufig Entlastung. Durch weniger rigide Strukturen in der Klasse fällt das ADHS-Kind auch in geringerem Maße mit seinen Schwierigkeiten auf. Das Hausaufgabendrama vermindert sich, da die Bewältigung der Hausaufgaben mehr in den Schulalltag verlagert ist. Leistungs- und Notendruck reduzieren sich oder verschwinden ganz, da sie durch individuelle verbale Entwicklungsberichte und Bewertungen ersetzt werden.

Die Kehrseite des Schulwechsels zeigt sich erst nach einer gewissen Zeit, jedoch dann auch häufig drastisch. So werden Entwicklungsberichte meist ohne Noten verfasst und verschleiern Leistungsrückstände, die erst vor oder in zentralen Abschlussprüfungen offensichtlich werden. Die geforderte Selbstständigkeit führt oft zu einer Überforderung der ADHS-Kinder. In diesen freieren Systemen finden ADHS-Kinder oft die Lücken und lernen, ihr Vermeidungsverhalten noch besser zu »trainieren.« Dies birgt die große Gefahr in sich, dass sich Leistungsschwächen erst recht entwickeln bzw. Leistungsrückstände sich zunehmend vergrößern, ohne dass dies sofort durch Eltern oder Lehrkräfte wahrgenommen wird.

Entscheidungen über die Beschulung in einer alternativen Schulform sind natürlich immer im Einzelfall zu treffen. Neben der genannten Entlastung sollten jedoch die Nachteile von vorneherein mitbedacht werden, damit das »böse Erwachen« nicht zwangsläufig folgen muss. In jedem Fall ist eine engere Kooperation mit den Lehrkräften sowie ein engmaschiges Arbeiten unter Anleitung und Kontrolle anstehender Lernschritte notwendig.

4. Reformpädagogisch orientierte Lernmethoden bei Lernschwächen

ADHS-Kinder entwickeln überzufällig häufig Lern- und Leistungsschwächen. In unserem Schul- und Fördersystem besteht oft der Glaube, dass die reformpädagogisch-orientierten Lernmethoden Kindern mit Lernschwächen und -störungen möglicherweise am besten helfen können. Wie aber Analysen zeigen, scheint es notwendig zu sein, an dieser Idee Zweifel anzumelden. So untersuchte Grünke (2006) in einer Metaanalyse von Lernförderstudien die Effektivität von Fördermethoden. Er kommt in seiner Analyse zu einer kritischen Bewertung der sogenannten »konstruktivistischen« Fördermethoden, unter die er »spezifische reformpädagogische Konzepte wie die Montessori- oder die Freinet-Pädagogik sowie die meisten Realisierungen von entdeckenden Lernformen oder des Problem- und handlungsorientierten Unterrichts« zusammengefasst hat (Grünke 2006, S. 242).

»Ein freies, entdeckendes, kindzentriertes, konstruktivistisches Herangehen oder gar ein indirekter Ansatz über die Förderung der Psychomotorik oder der Wahrnehmung ... bewirken im günstigsten Fall relativ geringe Verbesserungen, im ungünstigsten schaden sie«. »Der Tenor dieser Befunde besagt, dass im Hinblick auf die allermeisten Lernziele ein eher lehrkraftgesteuertes und gut geplantes Vorgehen angebracht ist, bei dem die Inhalte oder Strategien explizit, redundanzreich und schrittweise vermittelt werden. Hierbei sind die Schüler ständig zu einer aktiven Beteiligung sowie zum ausgiebigen Üben aufgefordert. Sie erhalten für alle Leistungen und Antworten eine sofortige konkrete Rückmeldung.« (Grünke 2006, S. 251). Grünke stellt abschließend kritisch fest, dass »die Wirksamkeit der Interventionskonzepte kaum ihrer tatsächlichen Verbreitung im Alltag entspricht. So stellt insbesondere, dass mit einer konstruktivistischen Vorgehensweise verbundene Menschenbild des freien, inhärent motivierten und zur eigenständigen Gestaltung von Wissen fähigen Kindes vielfach ein Leitbild in der sonderpädagogischen Praxis dar und bestimmt die Wahl der Methoden« – obwohl es den am wenigsten effektiven Förderansatz darstellt. Der Autor plädiert deswegen mit »Nachdruck dafür [...], die recht eindeutigen Erkenntnisse über effektive und weniger effektive Förderprinzipien nicht mehr in dem Maße zu ignorieren, wie es bisher der Fall war« (Grünke 2006, S. 252).

Grünkes Metaanalyse betrifft Kinder mit Lernschwächen und Lernstörungen. Was jedoch für diese Kinder gilt, dürfte für unsere ADHS-Kinder mit einer Lernschwäche noch mehr zutreffen.

Reformpädagogisch-orientierte, »konstruktivistische« Förderkonzepte sind somit nicht unbedingt für ADHS-Kinder geeignet – manchmal können sie ihnen auch schaden. Besonders wenn im Leistungsbereich Schwächen vorliegen, bedarf es einer genauen Lernplanung und -begleitung, damit Schaden verhindert werden kann. ADHS-Kinder brauchen eine zusätzliche konsequente Begleitung und Führung.

Unabhängig davon, in welcher Schulform ADHS-Kinder unterrichtet werden, bedarf es in jedem Falle jedoch einer engen Kooperation des Elternhauses und der Lehrkräfte, gegebenenfalls auch der beteiligten Therapeuten. Die individuelle Begleitung des Kindes sollte von Eltern und Lehrern abgestimmt werden und die besonderen Voraussetzungen der ADHS-Kinder berücksichtigt werden. Kritisch sollten stets Unterrichtsformen und Lehrmethoden reflektiert werden.

5. Reformpädagogisches Gedankengut und das neue schulpädagogische Leitkonzept der »Kompetenzorientierung«

In den letzten Jahren wurde und wird noch die Schulwirklichkeit unter dem Leitbegriff Kompetenzorientierung umgestaltet. Zunächst einmal ist »Kompetenzorientierung« ein attraktiver Begriff. Wer könnte etwas dagegen haben, wenn Schüler möglichst viele Kompetenzen erwerben.

Wenn man die neuen Konzepte anschaut, so stellt man z. B. im Fach Mathematik fest, dass zwischen inhalts- und prozessbezogenen Kompetenzen unterschieden wird. Da die verstärkte Orientierung an prozessbezogenen Kompetenzen das »Neue« ist, besteht die Gefahr, dass die inhaltsbezogenen Kompetenzen in den Hintergrund treten. Plakativ ausgedrückt: Die Schüler sollen nicht mehr das Einmaleins beherrschen, sondern in die Lage versetzt werden, sich Wege zu erschließen, wie eine Einmaleinsaufgabe ausgerechnet werden kann. Ein systematisches und gehirngerechtes Einüben und Automatisieren von Grundfertigkeiten bzw. Grundschemata als Grundlage und als »Handwerkszeug« für das jeweilige Fach wird weniger stark beachtet. Dieses grundlegende Basiswissen bzw. die Basisfertigkeiten sind aber gerade der Bereich, in dem ADHS-Kinder häufig Leistungslücken und -schwächen entwickeln.

Eine zweite noch größere Gefahr besteht darin, dass in reformpädagogischer Tradition die Bedeutung des selbstentdeckenden Lernens überbetont wird. So setzt z. B. der Lehrplan in Bayern für »die Entwicklung mathematischer Kompetenzen bei Schülern und Schülerinnen […] aktivierende und selbstgesteuerte Lernsituationen voraus« (Bayerisches Staatsministerium für Bildung und Kultus, Wissenschaft und Kunst 2014, S. 105).

Beispielhaft postuliert Zöchlinger, dass »Mathematikunterricht, der sich an Kompetenzen orientiert«, Schülern und Schülerinnen Wege eröffnen muss, »eigene Lösungsstrategien zu entwickeln, selbständig Aufgaben zu bearbeiten und

Lösungen in Eigenverantwortung zu kontrollieren: Für die Auseinandersetzung mit der Mathematik sollen Raum und Zeit vorhanden sein, eigene Ideen zu entwickeln und auch auf Umwegen zu Lösungen zu gelangen« (Zöchlinger 2011, S. 92f).

Im Lernweg sind so selbst »Umwege und Fehler« von Bedeutung. »Denk- und Lösungswege, die sich als umständlich oder als nicht zielführend erweisen, dienen als Anlässe zu Reflexion und Kommunikation und eröffnen neue Lernchancen« (Bayerisches Staatsministerium für Bildung und Kultus, Wissenschaft und Kunst 2014, S. 24). Vom Schüler selbst entwickelte Fehler und Umwege sind also als Lernchance zu sehen. Es besteht die Vorstellung, dass bei falschen oder umständlichen Lösungswegen durch Argumentation, Diskussion und Reflexion in der Gruppe vertiefte Einsichten entstehen.

Hier ist vielleicht eine grundsätzliche kritische Einschätzung notwendig, da ideologische Vorstellungen in unserem Schulsystem ADHS-Kindern schaden.

Um es noch einmal deutlich zu machen und plakativ auszudrücken: Es zeichnete sich schon nach anfänglichem euphorischem Überschwang am Ende der Weimarer Zeit im letzten Jahrhundert ab, dass der reformpädagogische Traum ausgeträumt war. Die Grenzen der reformpädagogischen Ideologie von der »Weisheit des Kindes », das für sich den besten Lernweg findet, wurden offensichtlich. Zudem führte der Reformpädagoge Peter Petersen (Jena-Plan-Schule) schon in den 1930er Jahren des letzten Jahrhunderts mit seiner »Pädagogischen Tatsachenforschung« die Notwendigkeit der empirischen Überprüfung und Absicherung eines jeden pädagogischen Konzepts ein.

Bezeichnend ist, dass mit dem Konzept »Kompetenzorientierung« meist nur Postulate verknüpft sind, die vor seiner Einführung nicht empirisch überprüft wurden. Aus Zielsetzungen wurden aufbauend auf einem ideologischen Hintergrund pädagogische Vorgehensweisen abgeleitet. Immer noch steht eine systematische empirische Überprüfung und Evaluierung aus. Nicht gesichert ist, welche Auswirkungen die einzelnen Vorgaben haben und erst recht nicht, welche Konsequenzen sie für Kinder mit Schwächen nach sich ziehen.

Um einige Kritikpunkte im Einzelnen anzuführen: Aus Forschungen der pädagogischen Psychologie wissen wir, dass selbstentdeckendes Lernen grundsätzlich nicht so günstig ist, wenn Neues (Grundfertigkeiten/Schemata) gelernt werden soll. So weist z. B. Wellenreuther darauf hin, »dass Methoden entdeckenden Lernens, die für viele ›progressive Unterrichtsmethoden‹ eine Grundlage bilden, für die erste Aneignung neuer Schemata als ungeeignet betrachtet werden müssen« (2009, S. 23). Zusätzlich gilt es zu bedenken, dass sich Trainings zu selbstreguliertem Lernen »in der Regel […] an Jugendliche oder junge Erwachsene [richten], weil bei jüngeren Kindern die erforderlichen Entwicklungsvoraussetzungen oftmals noch nicht gegeben sind.« (Hasselhorn, Gold 2022, S. 323)

Unter neuropsychologischer Perspektive ist es in dieser ersten Phase besonders wichtig, das neu Einzuprägende so aufzubereiten, dass die Kapazität des Arbeitsspeichers am geringsten belastet, die kürzesten Wege im Gehirn angelegt und so am leichtesten Automatisierungen der Grundfertigkeiten und -schemata erreicht werden. Wie soll das Kind, das nicht über die Kenntnisse eines Fachstudiums verfügt, hier den besten Lernweg finden?

In der sich anschließenden Phase, wenn es darum geht, das neu Gelernte in Anwendungen zu verankern, hat die Selbsttätigkeit des Schülers durchaus seinen berechtigten Platz. Es gilt also entsprechend der jeweiligen Lernphase genau zu differenzieren

Bestehen zudem noch Schwierigkeiten beim Lernen, so ist eine »einheitliche Tendenz« in der Fachliteratur zu erkennen: »Gleichwohl durchzieht ein bestimmtes Leitmotiv die einschlägigen Übersichtsarbeiten zur Instruktion von Kindern mit Lernschwierigkeiten (Kame'enui, Fien & Korgesaar, 2013; Souvignier, 2003; Walter 2002, 2007; Wember, 2020): nämlich die Empfehlung einer eher anleitungsorientierten, expositorischen, strukturierten und kleinschrittigen Form des Unterrichtens mit vielen Übungsphasen, unmittelbaren Rückmeldungen und der Sicherstellung einer möglichst vollständigen Zielerreichung bei jedem Lernschritt.« (Hasselhorn, Gold 2022, S. 450)

Kinder mit Lernschwächen werden häufiger »Umwege und Fehler« entwickeln, die aber, so das Konzept, »neue Lernchancen« für diese Kinder beinhalten. Allein die Vorstellung, dass ein ADHS-Kind in der Gruppendiskussion nachgewiesen bekommt, dass sein mit viel Mühe selbstentdeckter Lösungsweg falsch ist, lässt Schlimmes erwarten: Entweder versinkt das Kind vor Scham im Boden und fühlt sich bestätigt in der Selbsteinschätzung, dass es einfach dumm ist. Oder es kommt zu aggressiven Verhaltensausbrüchen, zu »Ausrasten« und Verweigern, für die dann der Schüler, aber nicht die Methode verantwortlich gemacht wird.

Insgesamt sind bei dem neuen pädagogischen Leitkonzept der Kompetenzorientierung die Zielsetzung von umfassenderen Bildungsinhalten (z. B. inhalts- und prozessbezogenen Kompetenzen) oder das Prinzip der Alltagsnähe durchaus zu begrüßen. Die Umsetzung dagegen sollte ideologiefrei noch einmal neu überdacht und anschließend empirisch überprüft werden. Zudem sollte die Forderung nach Individualisierung ernst genommen werden.

Ohne genaue Anleitung und konsequente und ermutigende Begleitung und Kontrolle ist der Lernprozess für ADHS-Kinder schwierig.

Lehrer, Lerntherapeuten und Heilpädagogen sind grundsätzlich dafür verantwortlich, dass dem Kind im Förderprozess der effektivste Lernweg angeboten wird, der vorrangig die Vorgaben, die sich aus der Funktionsweise des Gehirns ergeben, berücksichtigt.

Teil III Konkrete Lernstrategien für einzelne Schulfächer

Kapitel 12: Rechnen

1. Zur Rechenstörung (Dyskalkulie) aus kinder- und jugendpsychiatrischer und pädagogischer Sicht

Rechenstörungen werden im aktuellen internationalen Krankheitsklassifikationsschema ICD-11 der Weltgesundheitsorganisation (WHO) den so genannten Entwicklungsstörungen des Lernens (Developmental learning disorder) zugeordnet. Eine Dyskalkulie (ICD-11: A03.2) wird dann diagnostiziert, wenn die Rechenleistung des Kindes eindeutig unterhalb des Niveaus liegt, welches aufgrund des Alters, der allgemeinen Intelligenz und der Schulklasse zu erwarten ist.

Eine Rechenstörung liegt im Grundschulalter durchschnittlich bei 3–8,4 % der Kinder vor (vgl. Landerl u. a. 2017, S. 104), wobei Mädchen häufiger betroffen sind. Zusätzliche 15 % der Kinder weisen Rechenschwächen auf und gelten als förderbedürftig. Die Ergebnisse der aktuellen PISA-Studie 2018 und der TIMMS-Studie 2019 bestätigen diese Prozentzahlen.

Ergebnisse aus der PISA- und der TIMMS-Studie

21,1 % (Deutschland) bzw. 16,8 % (Schweiz) der über alle Schulformen hinweg repräsentativ untersuchten 15-jährigen Jugendlichen verfügen nur über Leistungen unter oder auf der niedrigsten Kompetenzstufe 1 (Reiss u. a. 2019, S. 198). Damit mussten in beiden Ländern eine Verschlechterung gegenüber den Leistungen, die 2015 erzielt wurden, festgestellt werden: 17,2 % (Deutschland) bzw. 15,8 % (Schweiz) (Reiss u. a. 2016, S. 232).

In Deutschland wurde 2015 ein signifikanter Unterschied in der mathematischen Kompetenz von im Mittel 17 Punkten (Schweiz: 12 Punkten) zwischen Jungen und Mädchen festgestellt (Reiss u. a. 2016, S. 235).

Zwar verringerten sich die Geschlechterunterschiede in beiden Ländern auf 7 Punkte (Reiss u. a. 2019, S. 200). Diese Veränderung ist jedoch nicht darauf zurückzuführen, dass die Mädchen besser, sondern allein dadurch, dass die Jungen schlechter geworden sind. Deswegen gilt weiterhin die Feststellung von 2015: »Maßnahmen zur besseren Förderung der mathematischen Kompetenz von Mädchen haben offenbar bisher noch nicht erfolgreich gegriffen« (Reiss u. a. 2016, S. 244). Bei den Geschlechterunterschieden ist jedoch weiterhin zu berücksichtigen, dass es Länder wie z. B. Finnland, Norwegen und Island gibt, in denen die Leistungen der Mädchen sogar signifikant besser sind als die Leistungen der Jungen (Reiss u. a. 2019, S. 200).

Wie die Ergebnisse der internationalen Vergleichsstudie TIMMS 2019 zeigen, scheint sich das Leistungsvermögen deutscher Schüler in Mathematik auch zukünftig nicht zu verbessern.

2019 erreichten 25.4 % der Schülerinnen und Schüler der 4. Klasse in Deutschland in Mathematik nur die Kompetenzstufe I oder II (vgl. Schwippert u. a. 2020, S. 89). »Mathematisches Lernen in der Sekundarstufe I wird dieser Schülerinnen- und Schülergruppe erhebliche Schwierigkeiten bereiten.« (Schwippert u. a. 2020, S. 91). In Japan (5,2 %), Südkorea (4,8 %) oder Taiwan (4,2 %) ist diese Schülergruppe mit unterdurchschnittlichen mathematischen Kompetenzen deutlich kleiner (vgl. Schwippert u. a. 2020, S. 89).

Auch in der TIMMS-Studie 2019 erzielten die Mädchen in Deutschland im Mittel 10 Punkte weniger als die Jungen. Im Gegensatz dazu wurden z. B. in Norwegen und Finnland, oder in Südkorea und Japan keine statistisch signifikanten Unterschiede zwischen Mädchen und Jungen festgestellt (Schwippert u. a. 2020, S. 231).

»Dyskalkulie tritt häufig nicht isoliert, sondern in Kombination mit Legasthenie oder ADHS auf« (Landerl u. a. 2017, S. 10). Bei 17–60 % der Kinder mit Rechenstörung im Grundschulalter treten Legasthenie und Dyskalkulie gemeinsam auf. 33–42 % der von einer Rechenstörung betroffenen Kinder haben zusätzlich Symptome einer Aufmerksamkeitsdefizit-Hyperaktivitätsstörung (vgl. Landerl u. a. 2017, S. 105; AWMF 2018, S. 40f).

In der 2018 von der Arbeitsgemeinschaft der Wissenschaftlichen Medizinischen Fachgesellschaften herausgegebenen Leitlinie zur Diagnostik und Behandlung der Rechenstörung findet man folgende Prozentzahlen für dieses gleichzeitige Auftreten der beiden Störungsbilder Dyskalkulie und ADHS und eine Aufteilung der ADHS in Subtypen:

Tab. 12.1: Auftreten der Störungsbilder Dyskalkulie und ADS (AWMF 2018, S. 40f)

Rechenstörung und ADHS gesamt	41,75
a. Rechenstörung und »Aufmerksamkeitsdefizit-/ Hyperaktivitätsstörung« (ADHS kombinierte Erscheinungsform)	11,08
b. Rechenstörung und »Aufmerksamkeitsstörung« (ADHS vorwiegend unaufmerksame Erscheinungsform)	21,74
c. Rechenstörung und »Hyperaktivitätsstörung« (ADHS vorwiegend hyperaktiv-impulsive Erscheinungsform)	8,93

Eine Rechenstörung wird meistens von der 2. Grundschulklasse an erkennbar. Im kinder- und jugendpsychiatrischen Bereich wurden bisher Rechenstörungen (= Dyskalkulie) analog zur Lese-/Rechtschreibstörung durch eine so genannte Diskrepanzdiagnostik bestimmt. Es muss ein vorgegebener großer Unterschied zwischen dem Abschneiden in einem standardisierten Rechentest und einem normierten Intelligenztest vorhanden sein. In der Diagnostik zeichnet sich zwischenzeitlich jedoch ab, dass man vom Diskrepanzmodell, das einen großen, statistisch bedeutsamen Unterschied zwischen den Leistungen in einem Rechen- und einem Intelligenztest fordert, abzurücken beginnt. Eine in einem bestimmten Ausmaß schlechtes Ergebnis in einem Rechentest allein könnte ausreichen. So hat sich z. B. die Leitliniengruppe der AWMF bei der Definition der Rechenstörung dafür ausgesprochen, als Diagnosekriterium allein eine Alters- oder Klassennormdiskrepanz von mindestens 1,5 Standardabweichungen zu benutzen: »Das heißt, ein Prozentrang kleiner 7 bzw. ein T-Wert kleiner 35 bei einer Alters- oder Klassennorm weist auf das Vorliegen eine Rechenstörung hin.« (AWMF 2018, S. 21). In der Literatur sind hier aufgrund statistischer Maße Prozentränge zwischen 3 (2 Standardabweichungen vom Durchschnitt) und 15 (eine Standardabweichung) zu finden (Landerl u. a. 2017, S. 102f).

Exkurs: Vom Nutzen einer qualitativ orientierten Defizit-, Lücken- und Fehleranalyse

Während für die kinder- und jugendpsychiatrische Diagnostik eine quantitative Erfassung der Rechenleistung wichtig ist, ist für den Bereich der Förderung eine qualitative Analyse hilfreicher. Entscheidend ist hier eine genaue Defizit- bzw. Fehleranalyse, die Erfassung von individuell verschiedenartigen Problemstellen im Aufbau mathematischer Operationen, von fehlenden oder gar falschen Strategien, von durch die Art des Lehrens verursachten Defiziten und von emotionalen Beeinträchtigungen, die in verschiedensten Konstellationen in Hunderten von Varianten von Rechenschwächen vorkommen können.

Für die Ursachen (Ätiologie) von Rechenstörungen gibt es derzeit noch keine eindeutigen Erklärungsmodelle. In der wissenschaftlichen Forschung wird ein pathogenethisch bedeutsamer Zusammenhang mit Besonderheiten der sprachlichen Informationsverarbeitung angenommen. Auch Komponenten der visuellen Informationsverarbeitung sowie konzeptuelle und rechenstrategische Komponenten werden diskutiert. Linguistische Fähigkeiten, aber auch Fähigkeiten zur räumlichen Informationsverarbeitung bei Zählvorgängen spielen eine Rolle. Ferner sind Rechenstrategien beeinflusst von Aufmerksamkeit, Gedächtnisspanne und Tempo der Informationsverarbeitung. Vermutlich existieren ebenso wie bei der Lese-/Rechtschreibstörung Subgruppen (vgl. Landerl u. a. 2017, S. 107ff).

Bezeichnend ist, dass die Ursachen allein beim Schüler gesucht werden. Was jedoch nicht reflektiert und in empirischen Untersuchungen überprüft wird ist, inwieweit bei manchen Schülern die von der Didaktik vorgegebene Form des Lernweges zu einer Rechenschwäche führt. Dieser Lernweg wird zudem nur durch Postulate und theoretische Setzungen begründet und kann sich nicht auf eine empirische, durch Forschung belegte Absicherung stützen.

2. Wie lernen Kinder das Rechnen? – Phasen beim Erlernen der Grundfertigkeit Rechnen

Aus schulischer Perspektive wird meist eine bestimmte Stufenabfolge bei der Aneignung mathematischer Grundfertigkeiten unterstellt. Auf der *ersten Stufe* des Rechenerwerbs steht die *Handlung an konkretem Material* im Vordergrund. In dieser Phase, in der mit Alltagsgegenständen oder mit schulischen Veranschaulichungshilfen wie Mengenplättchen, Perlen, Stäben, Steinen usw. gearbeitet wird, wird ein grundlegendes Verständnis dessen angestrebt, was bei der einzelnen Rechenoperation eigentlich passiert. Bei »plus« (Addition) werden die Mengen zusammengelegt, bei »minus« (Subtraktion) wird weggenommen, beim Zehnerübergang (Addition/Subtraktion) werden Einzelperlen in Perlenstränge umgetauscht und umgekehrt, beim Malnehmen werden Mengen mehrfach hingelegt, beim Teilen wird in gleiche Teilmengen aufgeteilt usw. ... In der Handlung mit konkretem Material ist also immer das »logisch-strukturelle Skelett« der jeweiligen Rechenoperation enthalten. Gleichzeitig wird die Handlung auch in einer symbolischen Schreibweise (Ziffern und Rechenzeichen) dargestellt.

Das Ziel dieser Methode besteht darin, dass die Schüler diese Handlungen mit ihren jeweiligen Teilschritten visuell erinnern bzw. sich diese innerlich vorstellen können.

Auf dieser ersten Stufe des Handelns und Nachvollziehens am konkreten Material können Beeinträchtigungen der visuellen Wahrnehmung, des visuellen Gedächtnisses und des Sprachverständnisses (Klassifikationen wie kurz–lang, mehr–weniger oder räumlich-zeitliche oder kausale Beziehungen wie vorher, nachher, vor, nach, wenn ... dann etc.) zu Schwierigkeiten führen.

Auf der *zweiten Stufe*, der Stufe der *bildhaften Darstellung*, erfolgt eine Verkürzung der dreidimensionalen, alltäglichen Gegenstände auf zweidimensionale bildhafte Darstellungen. Wiederum wird die bildhafte Darstellung verknüpft mit der symbolischen Schreibweise, die zunehmend an Bedeutung gewinnt. Die Rechenoperationen werden jetzt nicht mehr durch Handeln durchgeführt, sondern durch Abbildung der Mengen und durch graphische Zeichen für die Operationen ersetzt. Die Schüler müssen sich den eigentlichen Handlungsablauf vorstellen, d. h. ein Bild der Rechenoperation in der Vorstellung gewinnen. Viele Kinder haben dabei Schwierigkeiten in Form von Orientierungsfehlern, d. h. in einer richtigen Zuordnung der Reihenfolge der Ziffernsymbole zum Wert der Zahl.

Die *dritte Stufe* ist die Stufe der *symbolischen Darstellung*. Mathematische Operationen werden jetzt nur noch mit Ziffern ausgeführt, die Handlung muss erinnert bzw. vorgestellt werden können. Wichtig ist hier, dass das Kind die richtige Anordnung der Symbole (Ziffern und Rechenzeichen) abspeichern und behalten kann. Neben visuellen Fähigkeiten spielt dabei das auditive Kurzzeitgedächtnis eine Rolle, die Schüler müssen eine verbal vermittelte Ziffernfolge kurzfristig abspeichern können, um weiter zu rechnen.

Die *vierte Stufe* dient dem Üben des vom Handeln abgelösten Rechnens. Ziel ist die *Automatisierung*. So soll dem Kind in den ersten Schuljahren bei Additions- und Subtraktionsaufgaben im 10er-Raum und bei Aufgaben des kleinen Einmaleins bzw. bei den entsprechenden Teilaufgaben sofort das Ergebnis einfallen, ohne dass es irgendein inneres Rechnen durchführen muss. Additions- und Subtraktionsaufgaben ohne und mit Zehnerübergang im 20er-Raum sollen auf die einfachste und schnellste Weise durchgeführt werden können. Durch dieses »Wissen« wird das kindliche Arbeitsgedächtnis besonders bei schwierigeren und komplexeren Aufgaben in entscheidender Weise entlastet. Automatisierung wird nur durch Üben oder genauer durch ein angemessenes, für das Kind »passendes« Wiederholen erreicht. Unserer Erfahrung nach stehen ADHS-Kinder besonders auf dieser Stufe vor Schwierigkeiten. Vor allem in den Grundrechenarten erreichen sie eine Automatisierung erst gar nicht oder vergessen das Gelernte – wenn sie es doch schaffen – schnell wieder.

Die letzte und *abschließende Stufe* beinhaltet die Verankerung des Gelernten in Anwendungen, d. h. das Übertragen der gelernten und automatisierten Rechenoperation auf *Sachrechnen und Textaufgaben*. Hierzu ist eine genügende Leseleistung, ein zum Teil anspruchsvolles Sprachverständnis und eine konzentrierte Ausrichtung auf den Textinhalt über einen bestimmten Zeitraum hinweg notwendig. Ferner wird als kognitive Anforderung eine Entscheidung über die auszuführende Operation verlangt.

Wie sieht nun jenseits dieser didaktisch orientierten Stufenabfolge die Entwicklung der Rechenfertigkeit im Normalfall aus?

Die allgemeine Entwicklungssequenz basaler Strategien zur Lösung einfacher Arithmetikaufgaben beginnt mit *Fingerzählen und verbalen Zählstrategien* und führt dann zu Strategien des Wissensabrufs und zu Zerlegungsstrategien:

»Mit zunehmender Vertrautheit einfacher Additionsaufgaben kommt es zur strategischen Nutzung des *Wissensabrufs aus dem Langzeitgedächtnis.* Ist die Lösung einer Aufgabe bereits bekannt (d. h. in der Wissensbasis repräsentiert), so kann sie unmittelbar abgerufen werden und die Anwendung aufwendiger Lösungsprozesse erübrigt sich. […] Zusätzlich und damit überlappend bilden sich **Zerlegungsstrategien** heraus, wenn die Lösung einer Aufgabe zwar nicht direkt aus der Wissensbasis extrahiert werden kann, wenn aber Wissen über verwandte oder ähnliche Aufgaben genutzt wird, um zur Lösung zu gelangen. […] So kann – um ein einfaches Beispiel zu wählen – die Aufgabe $5 + 7$ über das direkt abrufbare Wissen um die Gleichung $5 + 5 = 10$ leichter gelöst werden: Durch Zerlegung der Aufgabe ergibt sich nämlich: $5 + 7 = 5 + 5 + 2 = 10 + 2 = 12$.« (Hasselhorn, Gold 2022, S. 194)

3. Grundsätzliche Herangehensweise bei einer Rechenschwäche oder -störung

a) Hauptauffälligkeiten bei Kindern mit Rechenstörung

Hasselhorn und Gold (2022) verweisen darauf, »dass Erstklässler mit einer Rechenstörung länger bei der Strategie des Fingerzählens verharren […]. Selbst in der 3. Klassenstufe nutzen sie weiterhin die sehr *rudimentäre Strategie des Fingerzählens* [...]. Auch die Fähigkeit, einfaches *arithmetisches Faktenwissen* (Basic Arithmetic Facts) abzurufen, verbessert sich bei rechengestörten Kindern im Verlauf der Primarschuljahre kaum [...]. Zudem ist bei Kindern mit Dyskalkulie eine *deutlich verzögerte Entwicklung der Strategienutzung* bei einfachen Arithmetikaufgaben festzustellen.« (2022, S. 194)

Auch Landerl, Vogel und Kaufmann (2017, S. 111f) betonen die Bedeutung des fehlenden automatisierten arithmetischen Faktenwissens: »Das am konsistentesten belegte Symptom bei Dyskalkulie besteht in einer deutlichen Beeinträchtigung von Aufbau und Abruf des arithmetischen Faktenwissens [...] Der Übergang vom zählenden Rechnen zum direkten Abruf von arithmetischen Fakten aus dem Gedächtnis gelingt offenbar nicht. Darüber hinaus verwenden dyskalkulische Kinder im Vergleich zu Kindern mit unauffälliger Entwicklung häufig entwicklungspsychologisch unreifere Strategien (insbesondere Fingerrechnen), machen beim zählenden Rechnen häufiger Zählfehler und verwenden unreifere Zählstrategien [...]. Offenkundig ist zählendes Rechnen die einzig verfügbare Strategie, solange kein ausreichendes Faktenwissen vorhanden ist.«

Dies bedeutet, dass man zuerst überprüfen muss, inwieweit das arithmetische Faktenwissen automatisiert worden ist.

b) Analyse von Schülerfehlern bei komplexeren Rechenoperationen

Die Analyse von Schülerfehlern dient dazu, die Lernschwierigkeit des einzelnen Kindes beim Lösen von komplexeren Rechenoperationen zu erkennen. Die angewandten Strategien und Fehlermuster des Kindes sind zu identifizieren, um später entsprechend gezielt fördern zu können. Schülerfehler im Mathematikunterricht entstehen in der Regel seltener durch flüchtiges Verrechnen, sondern fast immer aufgrund mangelhafter individueller Lösungsstrategien oder Rechenregeln, die von den Kindern nicht erkannt werden. Solche Fehlermuster, die den Schülern irrtümlicherweise als sinnvoll erscheinen, werden sodann systematisch angewandt.

c) Spezielle Analyse der Lösestrategien

Mathematische Fehlstrategien zu suchen, gilt es nicht nur, wenn das Ergebnis einer Rechnung falsch ist. Auch die richtige Lösung einer Mathematikaufgabe gibt noch lange keinen Aufschluss darüber, auf welche Weise das Ergebnis zustande gekommen ist. Wenn wir Kinder mit Rechenschwierigkeiten beobachten, um Fehlstrategien auf die Spur zu kommen, sollten wir die Kinder während des gesamten Rechenvorgangs beobachten. Beispielsweise können wir dann sehen, dass manche Kinder für ihre Zählstrategien nicht mehr offen ihre Finger benutzen – dies wurde ja schon verboten. Sie haben stattdessen »unsichtbare« Strategien entwickelt: Bei »einfachen« Aufgaben, bei denen eigentlich eine Automatisierung bestehen sollte, »rechnen« bzw. zählen sie mittels Druckes der Finger auf den Tisch, mithilfe von Muskelanspannungen in Fingern bzw. Beinen oder Klopfen der Füße. Durch langes Üben dieser Methoden entwickeln sie oft eine ungeahnte Kompetenz. Aber es bleiben Fehlstrategien, die bei schwierigeren Aufgabenstellungen z. B. bei Rechnungen mit mehrstelligen Zahlen zwangsläufig zu massiven Problemen führen. Verschiedene Arten von Fehlstrategien überbeanspruchen dann die begrenzte Kapazität des Arbeitsspeichers, beeinträchtigen zusätzlich die Aufmerksamkeit und führen oft zu einer subjektiv empfundenen Überbelastung, die sich in Abschalten, Herumzappeln etc. äußern kann.

Beispiel für eine Fehlstrategie mit falschem Ergebnis

Aufgabe: 9 – 5 = 5
Das Kind zählt mithilfe der Finger zurück: »9...8...7...6...5 – – –
Ergebnis ist 5«.

Beispiel für eine Fehlstrategie beim Rechnen mit richtigem Ergebnis

Aufgabe: 6 x 8 = 48
Innerlich passiert hierbei folgendes: Unter Zuhilfenahme der Finger zählt das Kind hoch: »8...16...24...32...40...48 – – –
Ergebnis ist 48«.

4. Wo liegen die größten Gefahrenstellen beim Erlernen der Rechenfertigkeiten? – Häufige Fehlstrategien von ADHS-Kindern

Unserer Beobachtung nach liegen für ADHS-Kinder die größten Gefahrenstellen beim Erlernen der Rechenfertigkeiten in der oben beschriebenen vierten Phase des Rechenlernprozesses, der *Phase der Automatisierung*. Hier ist das Automatisieren von Rechenoperationen im Zahlenraum bis zehn, der Addition und Subtraktion im Zahlenraum bis zwanzig und des kleinen Einmaleins gefordert, um das Wissen fest zu verankern und in der Folge komplexere Aufgaben schnell und fehlerfrei bearbeiten zu können. Die ersten drei Phasen des Rechenlernprozesses werden in der Schule meist sehr ausführlich durchgeführt, so dass hier weniger häufig Schwierigkeiten auftreten.

Machen wir uns noch einmal die besonderen Ausgangsbedingungen der ADHS-Kinder bewusst: Aufgrund ihres begrenzten Arbeitsspeichers (Anzahl der Informationseinheiten sowie Dauer des Speichervermögens) benötigen Kinder mit ADHS mehr Wiederholungsdurchgänge als andere Kinder, um sich neuen Lernstoff einprägen zu können. Eine Verautomatisierung der Rechenaufgaben und -ergebnisse, d. h. die Fähigkeit, diese ohne (langes) Nachdenken auswendig zu beherrschen, fällt ADHS-Kindern damit grundsätzlich schwerer.

ADHS-Kinder lernen, d. h. merken sich aus schriftlichen Arbeiten weniger, da ihre graphomotorischen Probleme ihren Arbeitsspeicher zusätzlich belasten. Damit aber können die wichtigen Einprägeprozesse kaum noch stattfinden, so dass das »endlose« schriftliche Rechnen von Rechenpäckchen für ADHS-Kinder wenig hilfreich ist.

Die ersten drei Stufen des Rechenlernprozesses werden in der Schule dagegen meist sehr bzw. zu ausführlich durchgeführt.

a) Wie wird die Automatisierung in der Schule geübt? – Wie läuft der Einprägeprozess ab?

Bei guten Rechnern läuft der Automatisierungsprozess in den ersten drei Phasen des Rechnenlernens quasi »nebenbei« ab. Diese ersten drei Phasen – d. h. die Phase der Handlungen am konkreten Material, der bildlichen sowie der symbolischen Darstellung – dienen in erster Linie der Einsicht und dem Verstehen bzw. dem Begreifen, was die jeweilige Rechenoperation bedeutet. Diese Phasen bewirken nur in einem geringen Maße eine Automatisierung der jeweiligen Rechenoperation.

Die Schule geht dann, wenn der »Übergang vom zählenden Rechnen zum Abruf von arithmetischen Fakten« überhaupt reflektiert wird, davon aus, dass durch häufig durchgeführte Zähl- bzw. individuell entwickelte Rechenoperationen eine Automatisierung beim Einspluseins und Einmaleins eintritt: »Mit entsprechender Übung werden einfache Rechnungen, deren Ergebnis wiederholt ›errechnet‹ wurde, als *arithmetische Fakten* im Langzeitgedächtnis gespeichert. Dies gilt insbesondere für einfache Additionen (z. B. 2 + 3) sowie für das kleine Einmaleins.« (Landerl 2017, S. 82)

Gehirntechnisch gesehen ist dies jedoch extrem schwierig. Schauen wir uns z. B. noch einmal die Aufgabe 9 – 6 an, deren Ergebnis dann vom Kind »errechnet« wird. Was passiert im Arbeitsspeicher?

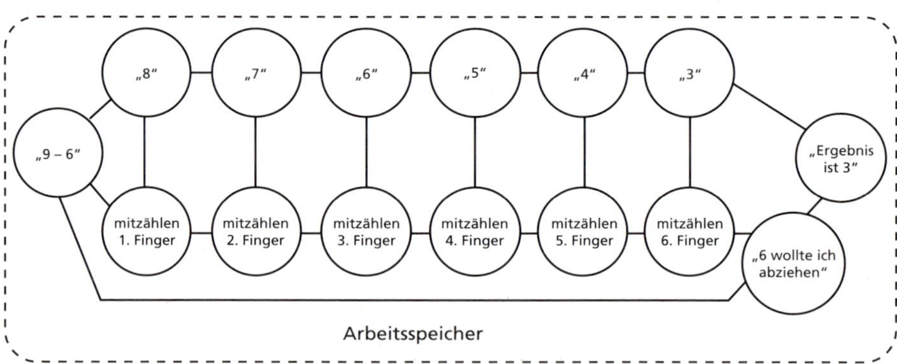

Abb. 12.1: Denkprozess im Arbeitsspeicher beim Ausrechnen der Aufgabe 9 – 6

Im Arbeitsspeicher sind zwischen Aufgabe und Ergebnis zu viele Denkinhalte (Informationseinheiten), die präsent gehalten werden müssen: ein Zurückzählen von 9 bis 3, gleichzeitig ein Mitzählen von 1 bis 6 und der Kontrollprozess »6 wollte ich abziehen«. Auf diese Weise ist es äußerst schwierig, eine prägnante Verknüpfung zwischen Aufgabe und Ergebnis zu erhalten. Hinzu kommt, dass diese dann auch noch durch zeitnahe und häufige Wiederholung verfestigt werden müsste.

Dies dürfte auch die Erklärung dafür sein, dass Plusaufgaben mit kleineren Zahlen besser behalten werden als z. B. Minusaufgaben mit größeren Zahlen: Bei ersterem befinden sich zwischen Aufgabe und Ergebnis weniger Informationen, so dass deren direkte »Verdrahtung« im Gehirn leichter möglich ist.

In ähnlicher Weise sind Einmaleinsaufgaben zu analysieren (▶ Kap. 7).

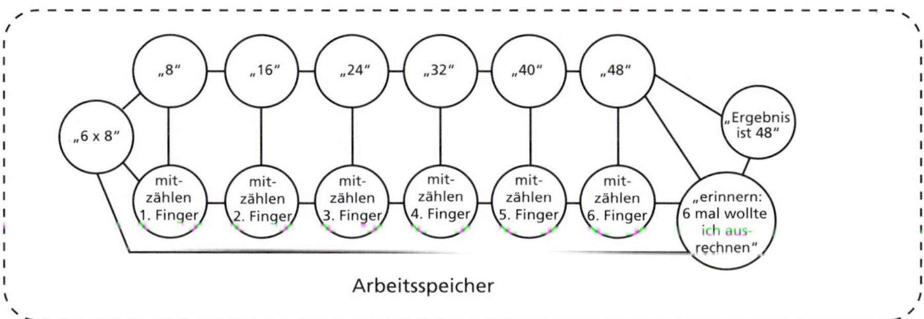

Abb. 12.2: Denkprozess im Arbeitsspeicher beim Ausrechnen der Aufgabe 6 x 8

Wieder sind im Arbeitsspeicher viele Inhalte: ein serielles Hochzählen von 8 bis 48, gleichzeitig ein Mitzählen von 1 bis 6 und der Kontrollprozess »6 mal wollte ich ausrechnen«. Auch hier ist es recht schwierig, eine prägnante Verknüpfung zwischen Aufgabe und Ergebnis zu erhalten.

Machen wir uns an dieser Stelle noch einmal die besonderen Ausgangsbedingungen der ADHS-Kinder bewusst: Für ADHS-Kinder mit Aufmerksamkeitsproblemen, denen es also schwerfällt, die Aufmerksamkeit eine bestimmte Zeit lang zu fokussieren, die zu leichtem Abdriften neigen und deren Arbeitsspeicherkapazität begrenzt ist im Hinblick auf Anzahl der Informationseinheiten sowie der Dauer des Speichervermögens dürfte dieser »normale« Lernweg zu ausgeprägten Problemen führen. Eine Verautomatisierung der Verknüpfung von Rechenaufgaben und -ergebnissen, d. h. die Fähigkeit, diese ohne (langes) Nachdenken auswendig zu beherrschen, fällt ADHS-Kindern auf diese Weise grundsätzlich äußerst schwer.

Untersuchen wir jetzt noch einige Übungsformen der Schule im Hinblick auf ihre Effektivität:

Die aus allen Schulbüchern der Grundschule bekannten »Rechenpäckchen« erbringen – nicht nur für ADHS-Kinder – einen geringen Behaltensertrag. Bei den »Rechenpäckchen« wechseln die Aufgaben viel zu schnell ab, so dass eine Verfestigung der Verknüpfung von Aufgabe und Ergebnis kaum möglich wird.

Zudem besteht bei diesem schriftlichen Üben normalerweise keine Kontrolle darüber, welche Gehirnprozesse im Kopf des Kindes stattfinden. Damit besteht auch keine Kontrolle darüber, was es damit über die Wiederholung automatisiert. Ein solches schriftliches Üben führt so häufig zu einer Verfestigung der Fehlstrategien bzw. der individuellen Fehlermuster (▶ Abs. 3 c).

Bedenken wir weiterhin die häufigen graphomotorischen Probleme von ADHS-Kindern. Ein »zu viel« an Schreiben bewirkt häufig eine Demotivierung des Kindes. Besonders am Anfang der Grundschuljahre, wenn der Schreibprozess noch nicht automatisiert ist, wird ein Teil der Kapazität des Arbeitsspeichers durch die Kontrolle der Schreibewegung abgezogen. Damit steht die vollständige Verarbeitungskapazität nicht mehr dem Einprägeprozess zur Verfügung.

Im Rahmen des Mathematikunterrichts lassen sich – genauso wie im Bereich des Rechtschreibens – die »buntesten« und methodisch vielfältigsten Formen finden, die entsprechenden Aufgaben darzustellen: Operatorenmodelle, Rechenräder, Pfeildiagramme, Rechentabellen und vieles mehr. Ist die jeweilige Rechenfertigkeit bei den Kindern jedoch noch nicht gesichert, d. h. wird sie von ihnen noch nicht weitgehend auswendig beherrscht, verursachen diese unterschiedlichen Übungsformen eher eine zusätzliche Verunsicherung der Kinder als die eigentlich angestrebte Rechen-Automatisierung. Der tatsächliche Lernertrag fällt auf diese Weise recht gering aus, besonders wenn man den zuvor erbrachten Arbeitsaufwand betrachtet. So üben die Kinder letztlich im Wesentlichen die jeweilige spezielle Übungsform und nur zu einem Teil die Grundrechenart, die sie »verautomatisieren« sollen.

Da die Lehrer ihren Unterricht entsprechend der vorgegebenen Lehrpläne gestalten müssen, sind sie gezwungen, im Lernstoff weiter voranzuschreiten. Dies hat häufig zur Folge, dass mit neuen und schwierigeren Rechenoperationen schon begonnen wird, obgleich einzelne Kinder die einfacheren noch nicht sicher – d. h. »automatisch« – beherrschen.

b) Häufige Fehlstrategien und die Reaktion des »Systems« Schule

Stellen wir uns ein ADHS-Kind in der Schule vor, das Schwächen im Bereich der Addition und Subtraktion im Zahlenraum bis zehn zeigt. Das notwendige Fundament, um die nächsten mathematischen Schritte zu erlernen, besitzt es nicht. Wie wird typischerweise sein Lehrer bzw. seine Lehrerin auf diese Schwäche reagieren? Ein häufig angewandtes Prinzip lautet »mehr desselben«. Dabei wird in aller Regel erneut auf der »niedrigen« Stufe der ersten drei Phasen des Rechenlernprozesses angesetzt, die mithilfe von konkretem Material und bildhafter Darstellung vorrangig dem Verstehen der Rechenoperationen dienen. Ein häufiger Irrglaube in diesem Zusammenhang ist das Motto: »Rechenschwache Kinder brauchen noch mehr Veranschaulichungen«. Möglicherweise sind aber zu viele Veranschaulichungen, vorrangig in der ersten Phase des Rechenerwerbs, nicht nur wenig nützlich, sondern sogar eher kontraproduktiv. Denn zu viele Veranschaulichungen drohen ein »Chaos im Gehirn« zu erzeugen und das Lernen im Sinne einer zunehmenden Automatisierung der Rechenfertigkeit zu verhindern.

»Wenn ein Kind eine Rechenschwäche hat, braucht es noch mehr Veranschaulichungen!« Bei dieser Aussage scheint es sich weniger um eine Tatsache als um einen **Mythos** zu handeln, worauf Jens Holger Lorenz – Professor für Mathematik und ihre Didaktik an Pädagogischen Hochschule Heidelberg – nachdrücklich hinweist:

»In Untersuchungen zeigt sich immer wieder, dass die leistungsstarken Kinder die Veranschaulichungsmittel nicht mehr benötigen und die Übersetzung ihrer Lösungswege an diese Materialien eher als lästig und als zusätzliche Aufgabe ansehen, und **dass leistungsschwache Schüler vom Umgang mit den Materialien auch nach häufigem Gebrauch nicht profitieren.**« (Lorenz 2003, S. 94)

Auch im Hinblick auf das Veranschaulichen müssen wir stets daran denken, dass jede einzelne Veranschaulichungsform eine Verankerung in einem eigenen neuronalen Netzwerk der betroffenen Kinder erfordert. Jedes neue Veranschaulichungsmittel – seien es die Steckwürfel, die Cuisenaire-Stäbe, Spindelkästen, Rechenschiffchen, Rechenringe, das goldene Perlenmaterial, Würfelbilder, der Rechenrahmen, der Zahlenstrahl, die Hundertertafel etc. oder von Lehrern selbst erstellte Materialien – muss neu erfasst und gelernt werden. Denn die Handlung, die das Kind an einem Material lernt, beispielsweise die Rechenaufgabe 13 + 25, kann es nicht ohne weiteres auf ein anderes Material übertragen. Diese Handlungen sind völlig unterschiedlich. Viele Formen, viele Farben, viele Veranschaulichungsmittel bedeuten auf der Ebene der neuronalen Informationsverarbeitung letztendlich das Hinterlassen nur oberflächlicher Gedächtnisspuren, die wieder verblassen werden, da sie jeweils nur begrenzt wiederholt werden. In diesem Zusammenhang vertritt Professor Lorenz sogar die Auffassung, dass leistungsschwächere Schüler – und hier gehören unsere ADHS-Kinder zumindest zu einem Teil dazu – Lernprobleme entwickeln, wenn sie von einem auf ein anderes Veranschaulichungsmittel umlernen müssen (Lorenz 2003, S. 35ff). Die »Hilfestellungen« seitens der Schule nach dem Motto »mehr desselben« bleiben demnach ohne positive Wirkung, da sie ohne Einfluss auf den Verautomatisierungsprozess bzw. das Auswendiglernen sind. Stattdessen tragen sie vielmehr dazu bei, Fehlstrategien – wie die des inneren Zählens – zu verfestigen.

Beispiel einer Fehlstrategie

Ein Beispiel für die Verfestigung einer häufigen Fehlstrategie stellt die folgende »Hilfe« einer Lehrerin dar: Das Kind (Rechenschwäche, 3. Klasse) sollte sich ein Papiermetermaß aus dem Möbelmarkt besorgen und dann bei Additions- und Subtraktionsaufgaben vor- und zurückzählen. Grundsätzlich führt der gut gemeinte Rat der Lehrkraft, weiter und verstärkt »Veranschaulichungsmittel« zum Üben einzusetzen, eher zu einer Verfestigung der Rechenschwäche, da diese Materialen »zu häufig und gerade von leistungsschwächeren Schülern als Zählhilfe« (Lorenz 2003, S. 34) benutzt werden.

Neben der Darbietung unterschiedlicher Veranschaulichungsformen wird später häufig auch mit zu vielen unterschiedlichen Darstellungsformen in wenig passender Weise geübt. Die »Förderung« besteht dann darin, nach dem »Gießkannenprinzip« aus dem Bereich der »methodischen Vielfalt« noch mehr anzubieten und dem Kind mit der Aufforderung »Üb' mehr« kopierte Arbeitsblätter mit den unterschiedlichsten Übungsformen mit nach Hause zu geben. Eine Mikroanalyse des Rechenvorganges fehlt dagegen zumeist.

Wie aber sehen die Folgen aus? Das Kind wird sich verstärkt an der unerkannten Fehlstrategie festhalten und in den Grundrechenarten weiterhin unnötige und störende zusätzliche Rechenprozesse anwenden.

»Es gibt kein schlechtes Gedächtnis, sondern nur ein schlechtes Lernen« (Lorenz, Radatz 1993, S. 179).

c) Worauf sollte ich als Lehrerin bzw. Lehrer oder als Eltern – nicht nur – bei ADHS-Kindern achten?

Wichtig ist es, bei jeder Stufe der mathematischen Operationen, sei es z. B. bei der Addition im 10er-Raum oder beim Bruchrechnen, zu fragen: Ist die Automatisierung erreicht, und zwar dauerhaft? Höhere Aufgaben auf der jeweiligen Stufe können nur angemessen gerechnet werden, wenn bei den Kindern ein sicheres Fundament der Automatisierung besteht.

Wenn z. B. ein Kind am Ende der ersten Klasse nicht auf Anhieb weiß, wie viel 9 minus 4 ist, weil es diese Rechenoperation nicht auswendig beherrscht, sondern innerlich oder mit Hilfsmitteln zählt, bedeutet seine Herangehensweise einen Fehlweg, der die Schwäche des Kindes in Mathematik zementiert. Rechnet das betroffene Kind die Aufgabe mithilfe seiner Finger oder von Perlen, wird sein Arbeitsspeicher zusätzlich und unnötig belegt und dessen Kapazität rasch erschöpft.

Die häufigsten Fehlstrategien, die wir bei ADHS-Kindern erleben, sind das Rechnen mit den Fingern und das innere Hoch- und Zurückzählen.

Bleiben die Kinder auf diesen ersten Lernstufen z. B. beim Einmaleins stehen und folgt als nächster Lernstoff das schriftliche Malnehmen, stehen sie vor einem großen Problem: Sie benötigen viel mehr Zeit als ihre Klassenkameraden und kommen leicht durcheinander.

In der Praxis angewandte Fehlstrategien – eine Beispielaufgabe: 74 x 6

Wie sieht der innere Rechenprozess des ADHS-Kindes beim schriftlichen Malnehmen aus?

- 6 x 4: erster Finger: 4, zweiter Finger: 8, dritter Finger: 12 usw. bis 24
- Dann geht es weiter: 4 hingeschrieben, 2 gemerkt
- 7 x 6: erster Finger: 6, zweiter Finger: 12 usw. bis 42

Ob sich das ADHS-Kind die 2 (von 24) zwischenzeitlich innerlich erfolgreich gemerkt hat, ist fraglich.

Das innere Rechnen ist nicht nur sehr zeitaufwendig, sondern birgt auch die Gefahr des Verrechnens. Besonders wenn das Kind z. B. »Tricks« bzw. den häufig benutzten Weg der Schule über gelernte »Kernaufgaben« einsetzt, wird in unnötiger Weise Speicherkapazität des Arbeitsgedächtnisses belegt (S. 55–59).

Welche Rechenfertigkeiten sollen in welcher Klasse beherrscht werden?

Hinweise auf Schwierigkeiten gegen Ende der 1. Klasse

Gegen Ende des ersten Grundschuljahres verlangen jene Schüler besondere Aufmerksamkeit, die den Zahlenraum bis 10 noch nicht automatisiert haben und die die Zahlzerlegung nicht beherrschen. Ebenso muss auf zu diesem Zeitpunkt noch vorhandene Zählstrategien (inneres Hoch- oder Zurückzählen, mit den Fingern zählen …) geachtet werden, da sie sich zu verfestigen drohen und die notwendige Automatisierung die Ausbildung wirkungsvoller Strategien verhindern (vgl. Lorenz 2003).

Hinweise auf Schwierigkeiten in der 2. Klasse

Mitte der zweiten Klasse ist auf jene Kinder zu achten, die noch Schwierigkeiten mit dem Zehnerübergang haben und analoge Verallgemeinerungen (8 + 5, 18 + 5, 28 + 5 …) nicht nachvollziehen können.

Am Ende der zweiten Klasse sollten die Kinder Additions- und Subtraktionsaufgaben im 100er-Raum mit zweistelligen Zahlen (43 + 38/72 – 28) sicher und zügig lösen können.

Hinweise auf Schwierigkeiten in der 3. Klasse

Mitte der dritten Klasse sollten jene Kinder Beachtung finden, die das Einmaleins »rechnen«, d. h. die bei den 1 x 1-Reihen seriell hochrechnen oder »Ankeraufgaben« benutzen. Der Rechenweg für die Aufgabe 6 x 8 könnte dann folgendermaßen aussehen: 5 x 8 ist 40, 6 x 8 ist 5 x 8 + 1 x 8 d. h. 40 + 8 = 48.

Das Einmaleins sollte Ende der dritten Klasse stattdessen aber vollständig, ohne das Zurückgreifen auf Fehlstrategien, automatisiert sein.

Hinweise auf Schwierigkeiten gegen Ende der 4. Klasse
Hier sollten die Kinder beachtet werden, bei denen sich Schwierigkeiten beim schriftlichen Malnehmen und Teilen zeigen.

d) Welche Erklärungen haben Eltern und Lehrer häufig für die Rechenprobleme von ADHS-Kindern?

Einige ausgewählte, aber häufige Erklärungen:

Das Kind (häufig Mädchen) tut sich schwer mit Mathematik. Eine Lehreräußerung dazu: »Klar, dafür muss sie sich mehr anstrengen, deshalb mag sie's nicht. Sie muss lernen, dass einem nicht alles zufliegt.« Eine Mutter erklärt die Rechenschwierigkeiten folgendermaßen: »Mein Mann (war immer gut in Mathematik) und ich (war immer mit Mathematik auf Kriegsfuß) waren bisher der Meinung, dass die eine Hälfte der Menschheit eben Mathe einfach kann und die andere Hälfte sich halt schwer tut.« Von Eltern ist auch zu hören: »Unser Kind hat einfach keine Begabung für Mathematik. – Vielleicht sollte man es in Ruhe lassen, schonen.«

Weder die Erklärung, sich mehr anstrengen und üben zu müssen, noch es auf Begabungsmängel zurückzuführen und gar die Schlussfolgerung, dass Kind schonen zu müssen, sind hilfreich, sondern bewirken nur, dass die Defizite sich verfestigen.

Besser dagegen ist: »Wir haben einfach noch nicht den richtigen und passenden Lernweg für dich in Mathematik gefunden.«

5. Vorüberlegungen für eine angemessene Vorgehensweise

a) Die Ausgangssituation des ADHS-Kindes mit einer Rechenschwäche

Welche Voraussetzungen bringt ein ADHS-Kind mit? Die Kinder sind in der Regel durch viele Misserfolgserlebnisse sehr demotiviert. Dies bedeutet, dass für sie zusätzliches Üben in Mathematik am Nachmittag mit der Mutter überhaupt nicht in Frage kommt. Dies gilt umso mehr, wenn die ADHS-Kinder zusätzlich noch schreiben sollen, was sie sowieso »hassen«. ADHS-Kinder bringen zudem oft bereits sehr eingeschliffene falsche Rechenstrategien mit. Die Grundrechenarten werden meist nicht ausreichend beherrscht. Insofern weisen die Kinder bereits echte Lernrückstände und Leistungslücken auf. Zusätzliche Fördermaßnahmen von Seiten der Schule – soweit dies von deren Personalstand überhaupt möglich ist – bestehen nicht selten aus noch mehr Veranschaulichungs- und Übungsformen, noch mehr Fotokopien mit unterschiedlichsten Rechenaufgaben. Eine individuelle Mikroanalyse der Fehlstrategien findet zumeist nicht statt und ist angesichts der großen Schülerzahlen pro Klasse nur schwer zu leisten. Reaktionen von Schule und Elternhaus gipfeln gleichermaßen in dem Satz: »Du musst einfach mehr üben – du bist nur zu faul ...«. So bröckelt das ohnehin angeschlagene Selbstwertgefühl der ADHS-Kinder weiter ab.

Die fortgesetzte Konfrontation mit Misserfolgen bzw. mit schlechten Noten mündet bei den Kindern in den üblichen Teufelskreis. Mathematikschwache Kinder entwickeln so schnell Ängste, wobei nachweislich Mädchen höhere Angstwerte zeigen als Jungen. Diese Ängste führen zu Vermeidungsverhalten und Blockaden. Aus der Vermeidung resultieren Übungsdefizite, welche die Leistungsschwächen noch weiter verstärken (vgl. Landerl u. a. 2017, S. 91f).

Gleichzeitig reduzieren die Ängste aber auch die Aufmerksamkeitsfähigkeit und die Kapazität des Arbeitsgedächtnisses. Mit zunehmender Angst verlängert sich die Bearbeitungszeit und die Fehlerrate beim Lösen von Aufgaben steigt. Selbstwertmindernde Einstellungen, wie »Das lerne ich sowieso nie – Ich bin zu blöd« verfestigen sich und senken weiter Motivation und Anstrengungsbereitschaft. Der emotionale Kontext, d. h. das Ausmaß der Angst, in dem das Rechnenlernen eingebunden ist, hat somit weitreichende Konsequenzen für die weiteren Lernprozesse (vgl. von Aster 2005b, S. 30ff).

b) Worin besteht das wichtigste Lernziel für die Grundrechenarten?

Wenn Ihnen als Eltern einfache Rechenaufgaben wie z. B. »9 minus 6« oder »6 mal 4« gestellt werden, fällt Ihnen in der Regel das entsprechende Ergebnis sofort ein. Sie müssen dafür meist nicht innerlich irgendwelche Rechenarten durchführen. – Was möchten wir bei den Kindern erreichen? Ihrem Kind soll – genauso wie Ihnen selbst – das Ergebnis bei den Grundrechenarten ohne langes Überlegen einfallen. Ziel ist es, die Lösungen aus dem Bereich der *einfachen* Additions- und Subtraktionsaufgaben im 10er-Raum und des »kleinen« Einmaleins auswendig zu wissen – als Grundlage für schwierigere und komplexere Aufgaben. Wir möchten für Ihre Kinder ein solides Fundament für ein Zutrauen in die eigene mathematische Leistungsfähigkeit legen. Auf dieses Fundament soll es später auch bei komplexeren Rechenoperationen bauen können, bei denen es in ähnlicher Weise gilt, die Abfolge der richtigen Rechenschritte zu »verautomatisieren«.

c) Grundprinzipien zur Entwicklung erfolgversprechender Lernstrategien

Sind die Fehlstrategien bei ADHS-Kindern entdeckt, gilt es die Kinder zu zusätzlichem Üben zu bewegen. Dies ist aufgrund ihrer Demotivation und Frustration – »Rechnen ist blöd – ich kann kein Rechnen« – schwierig. Neben den bereits in den Kapiteln 4 bis 6 beschriebenen grundsätzlichen Lerntipps – z. B. das gemeinsame Treffen von Vereinbarungen – sollten Eltern und Lehrer beachten, dass auch in Mathematik das verstärkte schriftliche Üben am Anfang nicht der erfolgversprechendste Weg ist. ADHS-Kinder schreiben nicht gerne. Werden sie mit zusätzlichen Schreibübungen konfrontiert, werden sie sich noch mehr verweigern. Eltern und Lehrer sind also aufgefordert, Übungsformen zu entwickeln, die nicht mit Schreiben in Verbindung stehen. Und dies nicht aus falsch verstandener Rücksichtnahme auf die Abneigung der Kinder gegen das Schreiben, sondern weil der Schreibprozess die Aufmerksamkeit der Kinder auf Kosten des

Einprägeprozesses auf sich »ablenkt«. Soll aber eine erfolgreiche Verknüpfung zwischen Rechenaufgaben und Ergebnis im Gedächtnis zustande kommen, scheint eine Zeitdauer von einer halben Sekunde sehr wichtig zu sein. Beide Reize müssen möglichst gleichzeitig, zumindest innerhalb einer halben Sekunde dargeboten werden, damit sie gemeinsam abgespeichert werden können. Ein langsames (und mühevolles) Schreiben überschreitet dagegen diese Zeitdauer, erlaubt kein rasches Einprägen und lässt zwischen Aufgabenstellung und Ergebnis keine Verknüpfung im Gehirn entstehen. Ein »Einschleifen« und »Verautomatisieren« kann an dieser Stelle nicht stattfinden. Das erzwungene Schreiben verhindert also bei ADHS-Kindern in doppelter Hinsicht das richtige Einprägen: Zum einen verstärkt es ihre Unlust zum Lernen erheblich, zum anderen verursacht es in mehrfacher Hinsicht eine Überbelastung des Arbeitsgedächtnisses.

Exkurs: »Spielerisches Lernen« versus »Lerndrill«?

Einige Pädagogen sind der Meinung, dass im spielerischen Lernen der günstigste Weg zum dauerhaften Behalten von neuen Informationen liegt. Sie verwechseln hier jedoch Lernmotivation mit Lerneffekt und stimmen ihre Methodik darauf ab. Das *vielfältige* Gestalten von Lernstoff, -methoden und -situation führt allerdings nicht unbedingt dazu, dass (ADHS-)Kinder das Lernen als solches meistern. Häufig wird dabei vielmehr dem Lernen aus dem Weg gegangen und dem Vergessen der Weg geebnet. Das Kernstück des Lernens ist nicht die erste spielerische Begegnung mit dem Lernstoff, sondern der *unermüdliche Kampf gegen die »menschliche Vergesslichkeit«* mithilfe des regelmäßigen Wiederholens.

An dieser Stelle möchten wir uns einem oft erhobenen Vorbehalt stellen: Wenn vom Kind verlangt wird, dass Antworten blitzschnell, d. h. ohne Nachdenken »wie im Schlaf« sitzen müssen, wird dies von vielen Pädagogen und Eltern als bloßer Drill, als Belastung und sinnlose Schikane betrachtet. Im Lichte der Lernpsychologie betrachtet sind diese Vorwürfe schlichtweg falsch. Denn die Verbindung, die Assoziation zwischen zwei geistigen Ereignissen, zwischen Signal und Handlung, Reiz und Reaktion, Frage und Antwort, wird dann am erfolgreichsten geknüpft, wenn beide Assoziationsglieder einander im Abstand von höchstens einer halben Sekunde wiederholt folgen.

ADHS-Kinder brauchen für den Mathematikunterricht ein sicheres, absolut automatisiertes Fundament. Deswegen ist als Ausgangspunkt für Lernübungen die erste erkennbare Leistungslücke zu nehmen. Hat beispielsweise bei einem Kind keine Automatisierung der Addition und Subtraktion im 10er-Raum stattgefunden und wird in der Klasse aber schon im 100er-Raum gerechnet, ist dennoch mit einem individuellen Lernprogramm im 10er-Raum zu beginnen.

Es gibt also keinen »Zauberstab«, kein »Wundermittel«, wie ohne größere Mühe möglichst spielerisch der Zusammenhang zwischen Rechenaufgabe und

Ergebnis in unser Gedächtnis gelangen kann. Es geht hier vielmehr schlichtweg um Üben, Auswendiglernen und Verautomatisieren, um in ihrem Selbstbewusstsein und Selbstwertgefühl erschütterten Kindern Sicherheit und Zutrauen in ihre eigene mathematische Leistungsfähigkeit zu geben. Dies bedeutet Arbeit, systematische sowie individuell passende Einprägearbeit. Nur so kann die Grundlage für sicheres und schnelles Rechnen gelegt werden.

d) »Die Geschichte mit den Kärtchen«

Unserer Erfahrung nach arbeiten ADHS-Kinder sehr gerne mit Kärtchen, da für sie das Lernen mit ihnen keine größere Anstrengung bedeutet: Sie müssen ja nicht schreiben, sondern nur das Ergebnis äußern. Auf diese Weise beginnen die Kinder die Rechenaufgabe häufig erstmals ohne Widerstände zu lernen. Günstig ist es, wenn Sie als Eltern mit einem dickeren schwarzen Filzstift die Aufgaben auf Kärtchen der Größe DIN A 7 (7,4 x 10,4 cm) schreiben. Dabei ist ein Stift mit Keilspitze vorzuziehen, da damit das Schriftbild automatisch »schöner« wird.

e) »Weniger ist mehr«

Viele unterschiedliche Übungsformen verwirren ADHS-Kinder – und nicht nur diese. Gleichzeitig vermindert sich auf diese Weise die Anzahl der Wiederholungsdurchgänge pro Übungsform zwangsläufig. Deswegen sind wenige ausgewählte Einprägeformen günstiger. Diese sind im jeweiligen Einzelfall auf ihre Tauglichkeit hin zu überprüfen. Am effektivsten ist es, sich auf in der Praxis hilf- und erfolgreich bewiesene Methoden zu beschränken und mittels ihrer ausreichenden Wiederholung eine Automatisierung anzustreben. Ein *weniger* an Methoden erbringt – durch die deutlich höhere Anzahl an Wiederholungsdurchgängen – ein *mehr* an Behaltensleistung.

f) Erst das Fundament sichern, dann die Anwendungen

Erstes Ziel nach dem Begreifen der jeweiligen Rechenoperation muss bei ADHS-Kindern die Automatisierung sein. Erst wenn diese erreicht ist, machen die unterschiedlichen Übungs- und Anwendungsformen wie z. B. Rechenräder, Pfeildiagramme, Rechentabellen und besonders auch Sachaufgaben Sinn. Ohne zuvor erfolgte angemessene Automatisierung besteht die Gefahr, dass die vielfältigen Anwendungsformen bei den Kindern die Fehlstrategien weiter verfestigten und zusätzlich noch zu Misserfolgen und Verunsicherung führen.

g) Man trainiert das, was man trainiert

Eltern und Lehrer sollten bei jeder Übungsform hinterfragen, wie direkt das angestrebte Ziel angegangen wird. Möchte ich z. B. beim Einmaleins die Kombination von Aufgabenstellung und Ergebnis »verautomatisieren«, muss ich versuchen, mir diese Kombination möglichst direkt einzuprägen. Sehr kreative Übungsformen können durch die zusätzliche Anforderung an die Kinder, die Übungsform zu verstehen, vom eigentlichen Ziel ablenken. Für Lehrer gibt es die vielfältigsten Kopiervorlagen. Zu bedenken gilt aber dabei immer: Die Kinder sollen sich die Kombination von Aufgabe und Ergebnis einprägen und nicht die Art und Weise, wie sie eine spezielle Übungsform durchzuführen haben.

6. Konkrete Lernstrategien: Wie kann das Kind üben?

Waren in den ersten drei Phasen des Rechenlernprozesses keine größeren Probleme zu erkennen, beginnen wir mit unseren Übungen auf der vierten Lernstufe der Automatisierung. Konkrete Übungsformen hierzu finden Sie ab Abschnitt 6 d (s. u.). Voraussetzung für diese Lernmethoden ist jedoch, dass Ihr Kind eine Vorstellung vom jeweiligen Zahlenraum besitzt.

Dies dürfte in den meisten Fällen gegeben sein: »Das Zahlenverständnis ist bei Kindern mit Dyskalkulie weitgehend intakt – zumindest im Zahlenraum bis 20« (Hasselhorn, Gold 2022, S. 193).

Wenn dies ausnahmsweise, nach Überprüfung, nicht der Fall sein sollte, müssen wir noch einmal auf der Veranschaulichungsebene ansetzen, um hier das Fundament zu sichern. Unser Kind muss also zunächst ein Vorstellungsbild vom Zahlenraum (zunächst bis 10) entwickeln und außerdem ein Verständnis davon erlangen, was bei der Addition und Subtraktion »passiert« sowie auf welche Weise ein Ergebnis erzielt wird.

Zu bedenken ist hier, dass Kinder »durch ein zu reichhaltiges Angebot an Anschauungshilfen eher verwirrt werden« (Landerl u. a. 2017, S. 189). Umstritten ist die notwendige Dauer des Einsatzes. Bei Lorenz ist z. B. die Empfehlung einer »*rechtzeitigen Entfernung* von Veranschaulichungsmaterial« zu finden. »Das zu lange Verwenden von Anschauungshilfen birgt die Gefahr, dass der Übergang von konkreten zu abstrakten Zahlenrepräsentationen verzögert werden kann.« (Landerl u. a. 2017, *S.* 168)

Leitprinzipien im Bereich der Veranschaulichung

- Über Veranschaulichung ist die notwendige Automatisierung z. B. bei Additions- und Subtraktionsaufgaben oder beim Einmaleins nur in sehr begrenztem Umfang zu erreichen.
- Mehrere unterschiedliche Veranschaulichungsformen verwirren das ADHS-Kind mehr, als dass sie ihm helfen.
- Veranschaulichungsformen sollten besonders bei einem ADHS-Kind mit Rechenschwäche nur dosiert und eingedenk ihrer Grenzen eingesetzt werden.

Wie gelingt es, eine Mengenvorstellung im Zehnerraum zu entwickeln sowie die Bedeutung der Addition und Subtraktion zu erfassen?

Nach dem Motto »weniger ist mehr« halten wir zwei Veranschaulichungsformen in diesem Bereich für ausreichend (▸ Abs. 6 a und ▸ Abs. 6 b). Die Steckbretter können dabei nicht nur bei Schulkindern, sondern besser noch bei Kindern im letzten Jahr vor der Einschulung eingesetzt werden.

a) Das Zehnersteckbrett

Erstklässler tun sich zum Teil schwer, ungeordnete Gegenstände wie Perlen oder Klötzchen in ihrer Menge direkt zu erfassen. Oft gelingt es den Kindern zwar, eine Anzahl von 4 oder 5 Objekten auf einen Blick zu erkennen, alles was jedoch darüber hinaus geht, ist meist nur »viel«. Hier benötigen die Kinder eine äußere Struktur, die sie als inneres Bild abspeichern können: Was bedeutet z. B. die Zahl 7)

Die 7 hat eine bestimmte Gestalt (5 + 2 in Analogie zu unseren Händen). In der Arbeit mit dem auch motorisch für ADHS-Kinder gut zu handhabenden Steckbrett, sollte es nicht beim bloßen Hantieren und Experimentieren bleiben. Ziel ist das »Abfotografieren« der visuellen Gestalt der Menge, so dass ein inneres Bild der Menge entstehen kann.

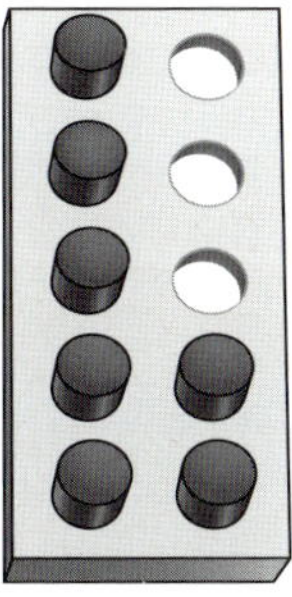

Abb. 12.3: Visuelle Erfassung einer höheren Zahl im 10er-Raum mit Hilfe eines Steckbrettes*

Übungsformen (▸ Abb. 12.4)

a. Eltern: Steck mir 3, 5, 8, …!
Das Kind steckt zählend die vorgegebene Zahl in der richtigen Anordnung.

b. Eltern: Welche Zahl ist das?
Als Eltern machen Sie eine Vorgabe, indem Sie im Steckbrett z. B. die Zahl 8 stecken, die Ihr Kind sodann sofort erkennen muss.

---

* Die Steckbretter können bezogen werden über: Mainfränkische Werkstätten GmbH, Ohmstraße 13, 97076 Würzburg. Tel. 0931/200220. Bestelladresse: info@mainfraenkische-werkstaetten.de. Die Mainfränkische Werkstätten GmbH ist eine gemeinnützige Gesellschaft, die ein umfassendes Angebot an Arbeitsplätzen für erwachsene Menschen mit Behinderung bereithält.

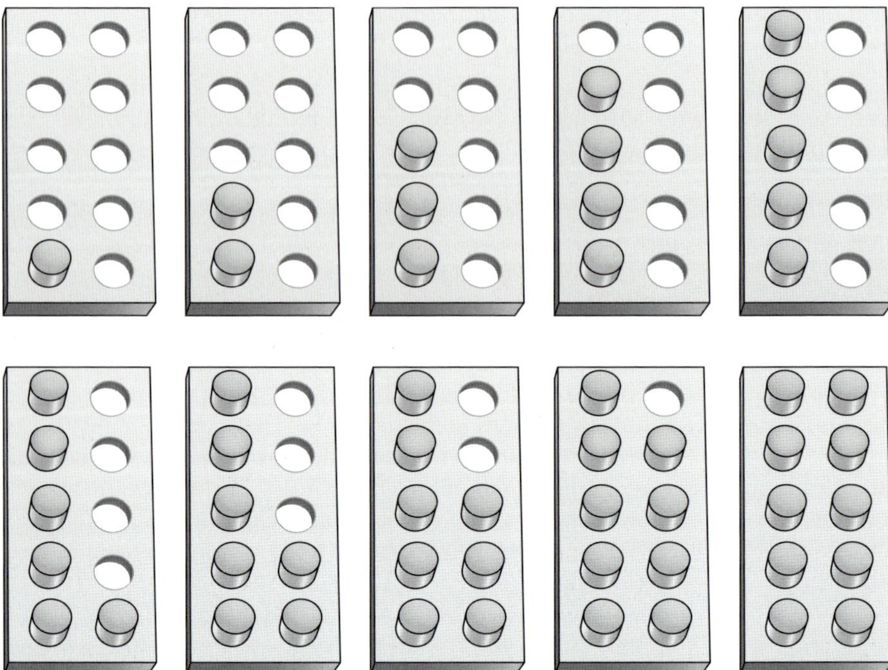

Abb. 12.4: Das Steckbrett – ein einfaches und taugliches Mittel, ein inneres Bild der Zahlen von 1 bis 10 zu erfassen

Durch häufiges Vorgeben, d. h. durch häufiges »Abfotografieren«, werden Gestalt und Menge auswendig gelernt.

Im nächsten Schritt wird der Rechenvorgang der Addition und Subtraktion veranschaulicht (▶ Abb. 12.5). Die Aufgabenstellung 6 + 2 (durch farbig unterschiedliche Darbietung) und das entsprechende Ergebnis erkennt das Kind sofort: 8.

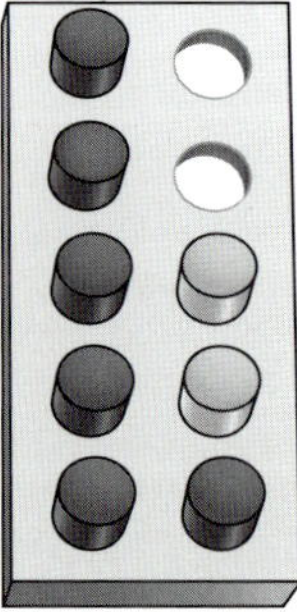

Abb. 12.5: Additions- und Subtraktionsaufgaben im 10er-Raum lassen sich mit Hilfe des Steckbrettes leicht erfassen

b) Der Übergang vom Zehnersteckbrett zum Zahlenstrahl

Ein zweites Steckbrett, bei dem die beiden parallel angeordneten Fünfer-Reihen aufgeklappt werden, ist eine Fortführung des ersten Steckbretts. Die Zahlen sind jetzt der Reihe nach angeordnet.

Dieses Steckbrett (► Abb. 12.6) stellt daher den Übergang zur zweiten Veranschaulichungsmethode dar, nämlich der des Zahlenstrahls.

Abb. 12.6: Steckbrett 2

Wenn Sie Abbildung 12.7 betrachten, sehen Sie in der Mitte zwischen den beiden Fünfer-Blöcken einen etwas größeren Einschnitt. Diese kleine Unterbrechung zwischen den zwei Fünfer-Reihen ist eine visuelle Hilfe, jedoch so gering, dass sie die Gleichförmigkeit der Anordnung nicht deutlich unterbricht. Die Zahl »7« ist weiterhin auf einen Blick erkennbar, da der kleine Einschnitt nach dem Fünfer-Segment den Beginn des neuen Fünfer-Segmentes nur andeutet. Wenn Ihr Kind mit diesem Steckbrett hantiert, liegt ein kleiner Trick darin, den Zeigefinger auf die Stelle zwischen der »5« und der »6«, die etwas breiter ist, zu legen, um dem Kind den Beginn des neuen Segmentes zu verdeutlichen.

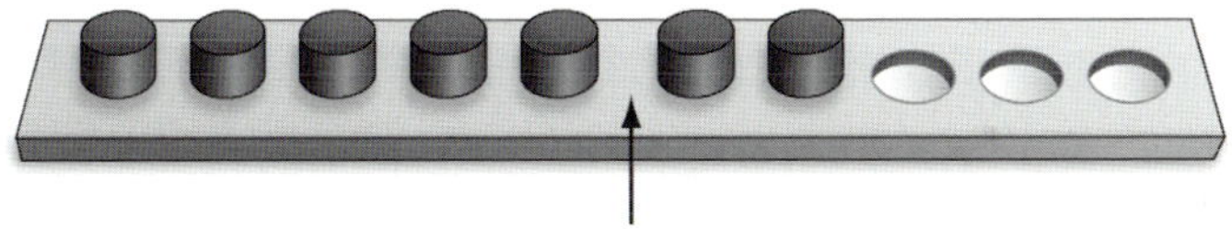

Abb. 12.7: Steckbrett 2 – Hilfe beim direkten Erfassen

Legt man zwei Steckbretter hintereinander, wird der Übergang zum Zahlenstrahl ersichtlich.

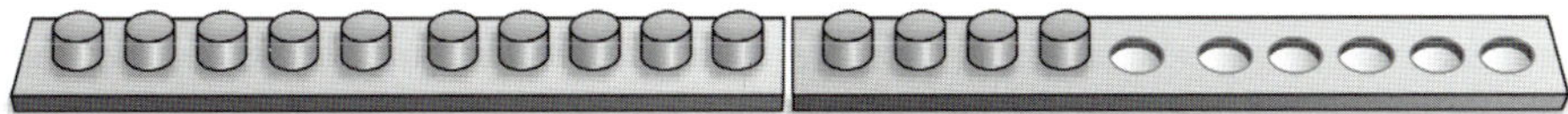

Abb. 12.8: Steckbrett 2 – der Übergang zum Zahlenstrahl

c) Der Zahlenstrahl

In der ersten Klasse, als Voraussetzung für die Durchführung mathematischer Operationen mit Ziffern und Rechenzeichen, müssen die Kinder eine Vorstellung über die serielle Anordnung der Zahlen im Zahlenraum erwerben.

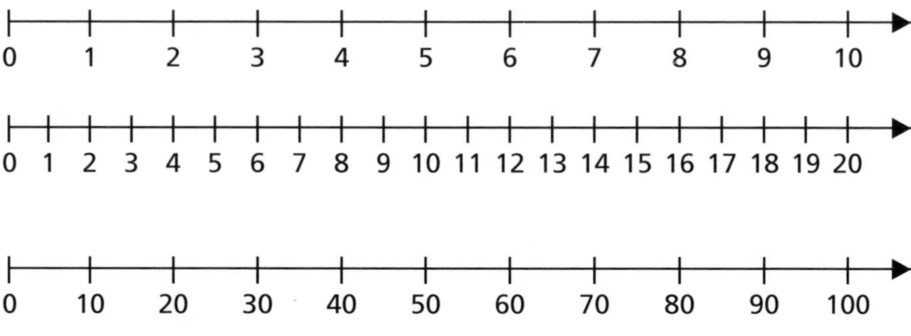

Abb. 12.9: Zahlenstrahle 0–10, 0–20 und 0–100

Sinnvoll ist es hierfür, mit dem Zahlenstrahl zu arbeiten. Mit seiner Hilfe müssen die Kinder z. B. Nachbarzahlen »auswendig« benennen und einordnen können.

Übungsform

Eltern: Wie heißen die Nachbarzahlen der Zahl 6?

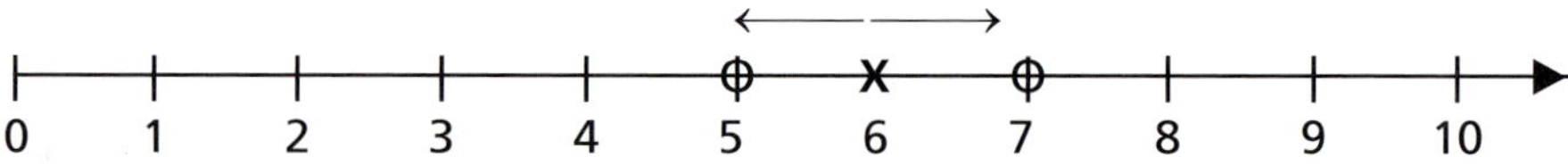

Abb. 12.10: Mit Hilfe des Zahlenstrahls 0–10 können die Nachbarzahlen der 6 visuell leicht erfasst werden.

Weitere Übungsformen (▶ Abb. 12.11)

a. Eltern: Wo liegt die 8? Mach dort ein Kreuz!
b. Eltern: Welche Zahl ist das?
   Die Eltern markieren eine unbenannte Stelle auf dem Zahlenstrahl durch ein Kreuz. Das Kind soll diese – sofort – benennen.

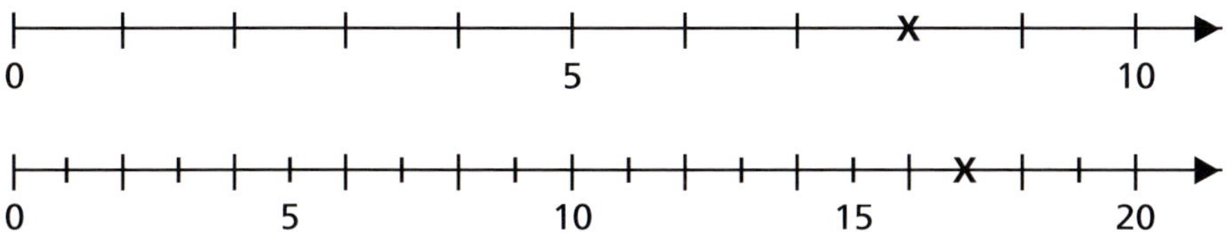

Abb. 12.11: Weitere Übungsformen mit dem Zahlenstrahl

Zahlenstrahl mit Rechenoperationen

Während das Einüben der Vorstellung des Zahlenraumes in Form eines inneren Zahlenstrahls unabdingbar erscheint, gibt es Hinweise darauf, dass möglicherweise das Einüben von Rechenoperationen (▶ Abb. 12.12) eine geschlechtsspezifische Differenzierung notwendig macht. Jungen, die eher zu visuell-räumlichen, funktionalen Denkstrategien neigen, scheinen davon zu profitieren, während Mädchen dadurch verunsichert werden können (vgl. Schweiter, von Aster 2005, S. 50).

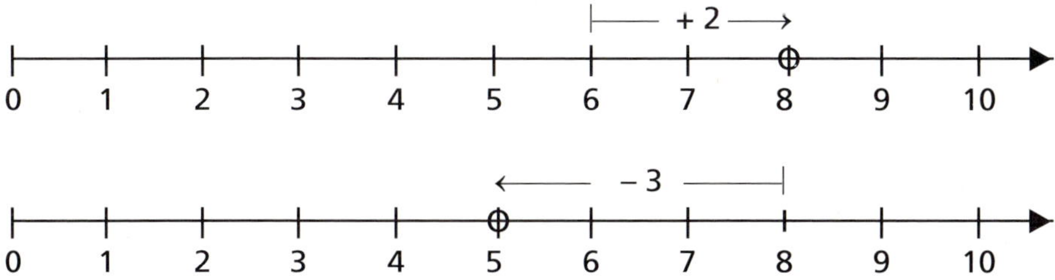

Abb. 12.12: Der Zahlenstrahl eignet sich gut zur Veranschaulichung von Additions- und Subtraktionsaufgaben

Übungsformen (▶ Abb. 12.12)

a. Zeichne mir ein: 6 + 2!
   Das Kind führt zeichnerisch auf dem Zahlenstrahl die Rechenoperation durch.
b. Zeichne mir ein: 8 – 3!
   Das Kind führt wiederum zeichnerisch auf dem Zahlenstrahl die Rechenoperation durch.

An dieser Stelle möchten wir betonen, dass Steckbrett und Zahlenstrahl als Veranschaulichungsmittel keinen Selbstzweck darstellen. Hier geht es vielmehr darum, Kindern Einsichten zu vermitteln. Diese müssen jedoch wiederholt werden, um dauerhaft abgespeichert werden zu können. In vielen Lehrbüchern wird hier (leider immer noch) oft ein künstlicher Gegensatz aufgebaut. Seit der Bildungsreform der 1970er-Jahre wurde der Grundsatz aufgestellt, dass alle Lerninhalte – auch diejenigen einfacher Art – »verstanden« werden sollten. Auswendig lernen galt (und gilt bei vielen nach wie vor) als stupide, als das Gegenteil von »Einsicht«. Diese Ansicht wird aber immer wieder auch kritisch hinterfragt. Professor Dr. Elsbeth Stern, Forschungsgruppenleiterin am Max-Planck-Institut für Bildungsforschung, hat dem obigen Grundsatz sogar vehement widersprochen: Sie vertritt die Auffassung, dass automatisiertes Wissen – wie z. B. das auswendig gelernte Beherrschen des Einsundeins im Zehnerzahlenraum oder des Einmaleins – die notwendige Voraussetzung für Verstehensprozesse darstellt, weil man für diese freie Gedächtniskapazitäten benötigt (vgl. Stern 2003). Nur wer grundlegende Lernschritte automatisiert hat, kann genügend Aufmerksamkeits- sowie Gedächtniskapazität zur Verfügung stellen, um komplexeren Lernanforderungen in der Folge gerecht zu werden (vgl. Landerl u. a. 2017, S. 182).

Fazit

Bei einer Veranschaulichung von Rechenoperationen darf es in der frühen Stufe des Rechenlernprozesses nicht bleiben. Sinn und Zweck des Übens mit dem Steckbrett oder dem Zahlenstrahl ist es nicht, in dessen Folge bei einfachen mathematischen Aufgaben »innerlich zu jonglieren«, sondern deren korrektes Ergebnis sofort, d. h. unmittelbar mitteilen zu können. Aus der Einsicht bzw. dem Verstehen muss also ein Automatisieren, ein auswendig gelerntes Beherrschen werden.

Die folgenden Methoden helfen ihren Kindern Schritt für Schritt den Zahlenraum mit seinen jeweiligen Rechenoperationen zu automatisieren. Wir fangen dabei so »tief« wie nötig an, um das Fundament zu sichern – oft im 10er-Bereich.

d) Additions- und Subtraktionsaufgaben im Zehnerraum

Sie stellen Ihrem Kind die Aufgaben zum schrittweisen Verautomatisieren von Additions- und Subtraktionsaufgaben im 9er-Raum (► Abb. 12.13). Es ist günstig, wenn Sie dabei stets nicht mehr als drei Aufgaben an einem Tag neu einüben. Erst wenn Ihr Kind es durch eine passende Anzahl von Wiederholungsdurchgängen am ersten Lerntag geschafft hat, ein solches Päckchen am nächsten Tag noch sicher zu beherrschen, können Sie dann mit dem Verfestigen beginnen und die gekonnten Aufgaben weiter wiederholen.

Bedenken Sie aber, dass der erste Einprägetag am schwierigsten ist und hier erst der passende Lernweg bei Ihrem Kind gefunden werden muss. Überprüfen Sie daher immer am nächsten Tag die am Tag zuvor gelernten Aufgaben. Zögert Ihr Kind mit seiner Antwort oder weiß es sie nicht mehr, wissen Sie, dass Sie am ersten Einprägetag beim Wiederholen der Aufgaben den zeitlichen Abstand verringern und die Anzahl der Durchgänge erhöhen müssen.

Ein Lerntag wird dann bei Ihnen so aussehen, dass Sie jeweils ein Päckchen mit maximal drei noch nicht richtig beherrschten Aufgaben neu lernen und zusätzlich alle gekonnten Aufgaben täglich zumindest einmal wiederholen. Stellen Sie beim Wiederholen der gekonnten Aufgaben ein Zögern fest, bekommt diese Aufgabe eine »Spezialbehandlung« mit dem Ziel der Beschleunigung und des sich weniger Anstrengens: gezieltes Wiederholen nach dem Motto »Weißt du noch die schwierige Aufgabe …?«

Was die Anzahl der neu hinzukommenden Aufgaben anbelangt, ist hier in Abhängigkeit vom Alter der Kinder und auch von ihrer Behaltensleistung zu differenzieren. Ältere Kinder, z. B. aus der 3. oder 4. Klasse, können sich pro Tag durchaus drei neue Kombinationen einprägen. Bei jüngeren Kindern, die die 1. oder 2. Klasse besuchen, ist möglicherweise nur eine neue Kombination pro Tag angemessen. Sie könnten sonst überfordert werden. Auch Kindern mit ausgeprägten Schwächen in der Kapazität ihres Arbeitsgedächtnisses sollten hier nicht überfordert werden. Nun mögen Sie sich fragen, ob so wenige neue Kombinationen ausreichend sind, um das Pensum des Stoffes zu bewältigen. Ihr Kind muss sich jedoch nur die Kombinationen einprägen, die es nicht beherrscht. Bei Additionsaufgaben sind es insgesamt nur 21 Aufgaben, wenn man 1 + _ und _ + 1 Aufgaben weglässt. Verdopplungen, wie 2 + 2 und 3 + 3 beherrschen die Kinder in der Regel schon gut, diese Aufgaben kann man dann auch weglassen: Es verbleiben dann nur noch 19 Aufgaben. Ähnliches gilt auch bei Subtraktionsaufgaben.

+	1	2	3	4	5	6	7	8	9
1	2	3	4	5	6	7	8	9	
2	3	**4**	**5**	**6**	**7**	**8**	**9**		
3	4	**5**	**6**	**7**	**8**	**9**			
4	5	**6**	**7**	**8**	**9**				
5	6	**7**	**8**	**9**					
6	7	**8**	**9**						
7	8	**9**							
8	9								
9									

Abb. 12.13: Überprüfungstabelle Addition (+) im Zahlenraum bis 9

Mit Hilfe der abgebildeten Tabellen können Sie im Bereich der Addition und Subtraktion im Zahlenraum bis 9 überprüfen, welche Aufgaben Ihr Kind schon sicher beherrscht und welche Aufgaben noch zu automatisieren sind. Bei einem sicheren Beherrschen gibt Ihr Kind sofort nach der Aufgabenstellung durch Sie die Antwort. Was eine sofortige Antwort bedeutet, können Sie ermessen, indem Sie Ihr Kind die Aufgaben 1 + 1 oder 2 + 2 lösen lassen: Sie werden das richtige Ergebnis spätestens nach ca. einer halben Sekunde zu hören bekommen.

Bei dieser Art des Lernens werden die beiden Hauptsinneskanäle eingesetzt. Die Kinder sehen die Zahlen, d. h. sie können sie visualisieren. Sie können aber auch die Aufgabenstellung noch einmal verbal wiederholen.

Wichtig, ja entscheidend ist bei diesem Lernvorgang Folgendes – kann Ihr Kind die Aufgabe nicht auf Anhieb beantworten, drehen Sie das Kärtchen sofort herum und zeigen ihm das Ergebnis. Dies ist zum einen wichtig, um die halbe bis eine Sekunde zur Herstellung der Assoziation von Aufgabe und Ergebnis im Gehirn nicht zu überschreiten. Würden Sie das Kärtchen in diesem Fall nicht sofort umdrehen, bestünde zum anderen die Gefahr, dass Ihr Kind erneut zu einer Fehlstrategie griffe, z. B. zum Zählen mit den Fingern oder dem inneren Hoch- und Zurückzählen. An die Stelle solcher mangelhaften Strategien sollte aber in Zukunft das auswendig beherrschte, das »verautomatisierte« Ergebnis treten.

Um die Behaltensleistung Ihres Kindes zu verbessern, verändern Sie in einem nächsten Schritt die Karten sowohl hinsichtlich ihrer Raumlage als auch in ihrer Reihenfolge. Sie schieben die drei Kärtchen hin und her und wiederholen sie dabei mehrmals.

–	1	2	3	4	5	6	7	8	9
9	8	7	6	5	4	3	2	1	
8	7	6	5	4	3	2	1		
7	6	5	4	3	2	1			
6	5	4	3	2	1				
5	4	3	2	1					
4	3	2	1						
3	2	1							
2	1								
1									

Abb. 12.14: Überprüfungstabelle Subtraktion (-) im Zahlenraum bis 9

Sofern Sie nur eine neue Aufgabe pro Tag einführen, jedoch drei Aufgaben zum Verändern der Raumlage benötigen, nehmen Sie dann einfach die Aufgaben aus den letzten beiden Tagen hinzu. Zusätzlich gilt es, alle bisher gelernten Kombinationen täglich ein bis zwei Mal im »Schnelldurchlauf« zu wiederholen. Sie zeigen dem Kind die Aufgaben, Ihr Kind sagt sofort das Ergebnis. Zum Schluss haben Sie maximal 42 Aufgaben für diesen »Schnelldurchlauf«. Diese Aufgaben sollten Sie nicht alle hintereinander präsentieren, sondern z. B. in 10er-Blöcken abfragen. Dies kostet Sie vielleicht eine Minute. Nutzen Sie anfangs immer die visuelle Darbietung mit den Kärtchen, statt die Aufgaben nur verbal abzufragen. Diese »Schnelldurchläufe« sollten Sie sinnvollerweise mehrfach täglich, zerlegt in kleinere Übungseinheiten durchführen, um zur Automatisierung zu gelangen.

Kinder lassen sich zumeist ohne Schwierigkeiten dazu bewegen, am Tag vier bis sieben Sequenzen von z. B. ein bis drei Minuten pro Übungseinheit mit ihnen zu lernen. Hier können Sie sowohl die Dreier-Gruppe als auch den »Schnelldurchlauf« machen.

Wichtig : Kein inneres Hoch- bzw. Zurückzählen!
Ziel : Lösung inerhalb einer Sekunde.

Kärtchen wird umgedreht/Lösung gezeigt, wenn erkennbar ist, dass das Kind innerlich zählt oder es länger als eine Sekunde dauert.

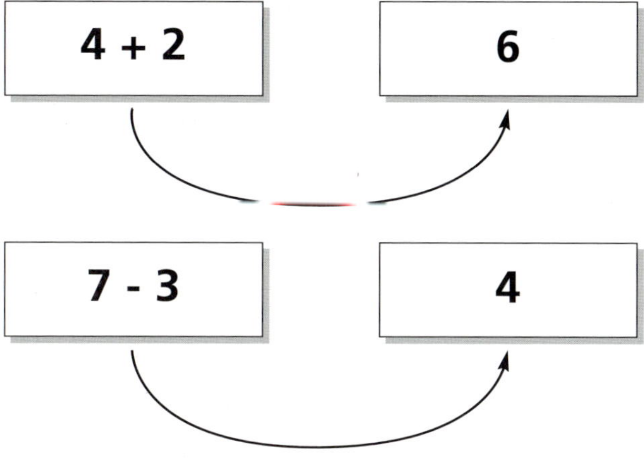

Übungsbeispiel

Einprägen des Ergebnisses möglichst in Dreierblöcken mit Wechsel der Raumlage und mehrmaligem/vielfachem Wiederholen.

Abb. 12.15: Zum schrittweisen »Verautomatisieren« von Additions- und Subtraktionsaufgaben im 9er-Raum

Dies kann zu Beginn oder zur Halbzeit der Hausaufgaben sein, am Abend oder sogar während des Autofahrens. Aber Ihre Anwesenheit als Mutter oder Vater ist wichtig. Sobald die Kinder alleine mit den Rechenkärtchen arbeiten, können sich wieder Fehlstrategien einschleifen.

Rechenaufgaben mit Lernkärtchen im 9er-Raum – ein Beispiel

Eltern: Hier siehst du die Aufgabe 3 + 2, weißt du das Ergebnis?
Kind: 5
Eltern: Gut, prima. Nun, 3 + 4?
Kind: *(kurzes Zögern)* 7
Eltern: Richtig. Jetzt wieder 3 + 2, weißt du es noch?
Kind: 5 Eltern: Genau. Dann, 3 + 4?
Kind: 7
Eltern: Stimmt. Jetzt 3 + 6?
Kind: *(Schweigen)*
Eltern: *(drehen die Karte um)* Nicht anstrengen!
Kind: 9
Eltern: *(wiederholen die Aufgabe)* 3 + 6? *(und drehen die Karte um)* 9; und wie viel gibt 3 + 4?
Kind: 7
Eltern: 3 + 6? Weißt du es noch?
Kind: 9
Eltern: Prima
Die Eltern verändern die Raumlage und die Reihenfolge der Lernkärtchen.
Eltern: Ich werde jetzt versuchen, dich reinzulegen. Weißt Du noch, was das 3 + 4 ergibt?
Kind: 7
Eltern: Hm, du hast dich nicht reinlegen lassen. Weißt du noch 3 + 6?
Kind: 9
Eltern: Genau, stimmt!

Als nächstes bereiten wir nun den 10er-Übergang vor, und zwar mithilfe des »Pärchenspiels« (▶ Abb. 12.16).

Das »Pärchenspiel« – zwei Beispiele

Die »Pärchen« liegen im folgenden ersten Beispiel immer nebeneinander.
Eltern: 4 + 6?
Kind: 10
Eltern: Stimmt!
Dann wird die Reihenfolge der Zahlen vertauscht.
Eltern: 6 + 4?
Kind: 10
Eltern: Stimmt!

Im nächsten Beispiel wird vor jeder Aufgabenstellung das Kärtchen mit dem Ergebnis herumgedreht, so dass die Lösungszahl verdeckt ist. Nach der Antwort des Kindes wird das Ergebnis noch einmal gezeigt.
Das Kärtchen mit der 4 wird umgedreht.
Eltern: 10 – 6? oder 6 und wie viel ergibt 10?
Kind: 4
Eltern: Richtig!
Das Kärtchen wird umgedreht und das Ergebnis noch einmal gezeigt.

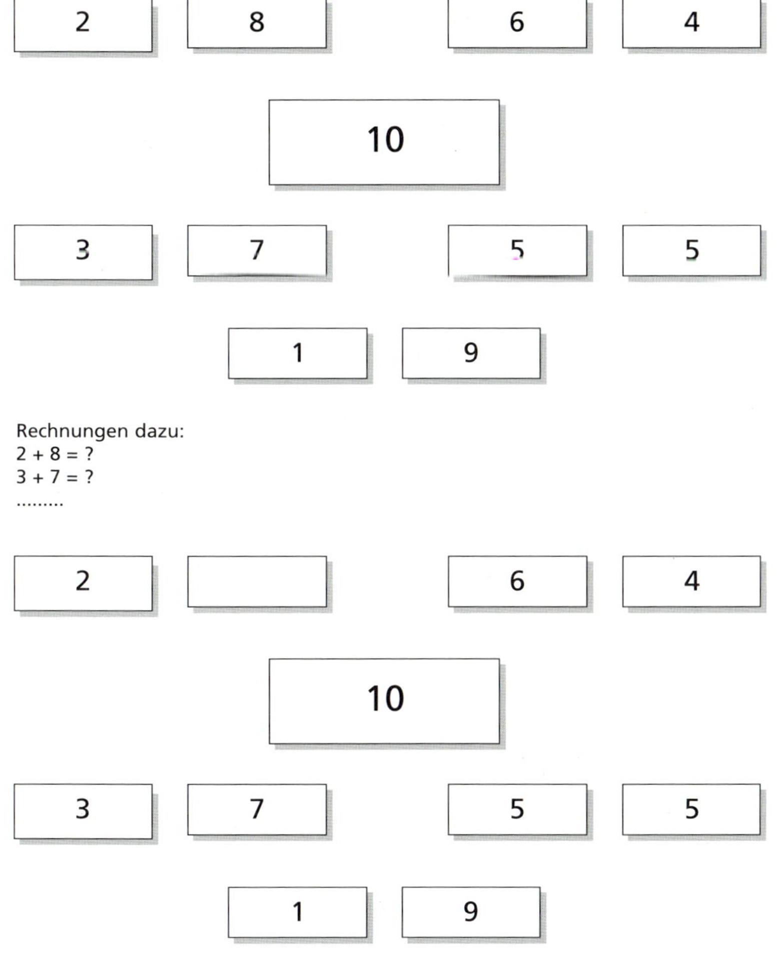

Rechnungen dazu:
2 + ? = 10 oder 10 - 2 = ?

Abb. 12.16: Das Pärchenspiel – zur Vorbereitung des 10er Übergangs

Um den 10er-Übergang vorzubereiten, müssen wir die Aufgaben, die das Ergebnis »10« haben, automatisieren. Hier lässt sich mit Zahlenpärchen arbeiten, von denen es *nur fünf* gibt. Wie in Abbildung 12.16 dargestellt, können Sie nun mit Ihrem ADHS-Kind alle Additions-, Subtraktions- und Platzhalteraufgaben einüben.

Wichtig ist für den Lernerfolg wieder, dass Ihr Kind die Zahlenpärchen innerhalb von einer halben Sekunde erinnert. Denken Sie daran: Überschreiten Ihr Kind und Sie diese Zeit, beginnt erneut das innere Hoch- und Zurückrechnen. Dies möchten wir vermeiden, gegebenenfalls durch das schnelle Umdrehen (und Erinnern) des Kärtchens.

e) Rechnen im 20er- bzw. im 100er-Raum ohne 10er-Übergang

Zum Begreifen der Zahlen

Sie bereiten Kärtchen vor, auf denen Sie die Zehnerzahlen: 10, 20, 30 … schreiben. Nun halbieren Sie die Kärtchen und schreiben auf sie die Einerzahlen.

Zunächst werden die Kärtchen eingeführt und zweistellige Zahlen zusammengesetzt.

Ein Beispiel

»Die Zahl 16« – *hier legen Sie die Karte 10 hin und decken dessen 0 mit der 6 ab* – »besteht aus«– *nun nehmen Sie die Karte mit der 6 wieder weg* – »aus: 10 und 6; 10 und 6 ergibt wieder 16«. *Ihr Kind kann die 6 nun selber auf die 10 legen.* (Die Zahl 87 besteht analog aus der 80 und der 7.)

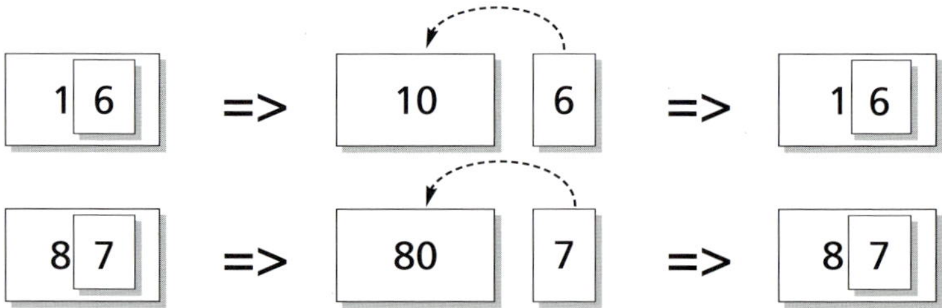

Abb. 12.17: Zum »Verstehen« von zweistelligen Zahlen

Zum Rechnen im 20er-Raum ohne 10er-Übergang

Ein Beispiel

Zunächst schreiben Sie jeweils die anstehend Aufgabe groß auf ein Blatt (z. B. 13 + 5 =). Darunter legen Sie dann die Aufgabe noch einmal mit Kärtchen. Die Zahl 13 setzen Sie wie in Abbildung 12.17 dargestellt, aus 10 und der Einerzahl 3 zusammen. »13 + 5, dies ist unsere Rechenaufgabe«. Sie ziehen nun die 10 nach oben und es bleibt die »kleine Aufgabe« 3 + 5 zurück. »3 + 5 ergibt?« Diese Aufgabe hat Ihr Kind schon im ersten Grundlagenschritt Rechnen im Zahlenraum bis 9 automatisiert und weiß sofort die Lösung: »8«. »Was machen wir jetzt mit der 8?« Sie legen die 8 auf die Zehnerzahl und erhalten das Ergebnis: »18« (▶ Abb. 12.18). Jetzt kann Ihr Kind das Ergebnis in die Aufgabe auf dem Blatt eintragen: 13 + 5 = 18.

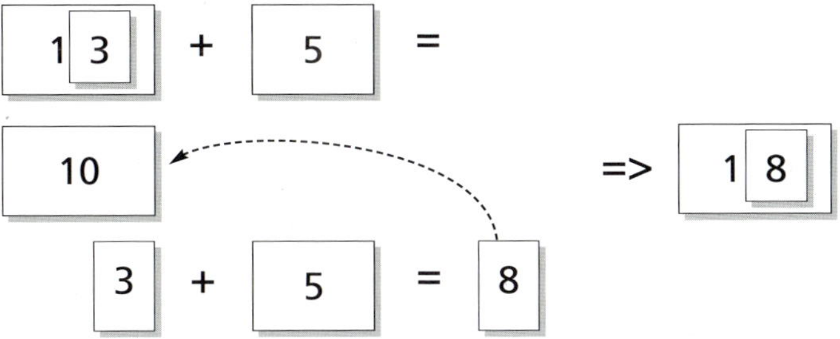

Abb. 12.18: Additionsaufgaben im 20er-Raum ohne 10er-Übergang

Analoges gilt bei der Subtraktion.

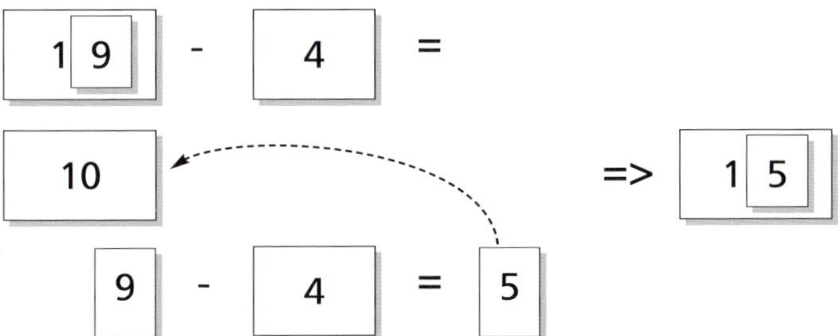

Abb. 12.19: Subtraktionsaufgaben im 20er-Raum ohne 10er-Übergang

Rahel, die wegen Mathematik die 2. Klasse wiederholte, erfuhr bei dieser Veranschaulichung des »Tricks« beim Rechnen von Additions- und Subtraktionsaufgaben im 20er-Raum ohne Zehnerübergang ein »Aha-Erlebnis«: »Da brauche ich ja gar nicht mit den Händen zu rechnen!«

Zum Rechnen im 100er-Raum ohne 10er-Übergang

Hier wendet man die gleichen Schritte wie im 20er-Raum an. Dabei sehen Sie noch einmal, wie wichtig die Verautomatisierung der ersten Stufe des Rechnens im Zahlenraum bis 9 für die Aufgaben ohne Zehnerübergang ist.

Bericht einer Therapeutin aus einer Trainingsgruppe für Kinder mit ADHS und Rechenschwäche

In der vierten Sitzung der Mathematik-Trainingsgruppe für Kinder mit einer Aufmerksamkeitsstörung wurde mit den Kindern unter anderem das Thema »Addition und Subtraktion im Zahlenraum bis 100 ohne Zehnerübergang« erarbeitet. Die Kinder hatten ihre Karteikästen (ADHS-Box) mit den Karten für die Visualisierungstechnik von Additions- und Subtraktionsaufgaben im Zahlenraum bis neun mitgebracht.

Um das neue Thema einzuführen, nahm die Kursleiterin eine bereits gut automatisierte Karteikarte aus Svens (8 Jahre, schwere »Dyskalkulie«) Karteikasten und fragte ihn nach der Lösung der Aufgabe »3 + 4«. Wie aus der Pistole geschossen kam die »7«, woraufhin der Erfolg ausgiebig gewürdigt wurde. Auf eine noch leere Karteikarte schrieb die Kursleiterin die Aufgabe »53 + 4« und fragte Sven, der sichtlich schockiert und ratlos beim Anblick der augenscheinlich schwereren Aufgabe war, nach dem Ergebnis. Da er die Aufgabe zunächst nicht lösen konnte, wurde die Aufgabe noch einmal mit Zehner- und Einerkärtchen gelegt. Die Kursleiterin schob die Einerkärtchen nach unten und zeigte Sven noch einmal mit Erfolg die Aufgabenstellung »3 + 4« und legte das Ergebnis »7« auf die »0« der »50«. Man hörte den Groschen förmlich fallen, als Sven plötzlich herausplatze: »Aber das ist ja ganz einfach: 57!! Das ist ja babyeinfach!« Jetzt war auch die Aufgabe »73 + 4« kein Problem mehr für Sven, und begeistert dachte er sich selbst neue Aufgaben nach dem gleichen Prinzip aus, die mithilfe weiterer Karteikarten gelegt wurden.

f) Rechnen im 20er- bzw. 100er-Raum mit Zehnerübergang

Additionsaufgaben im 20er-Raum mit Zehnerübergang

Durch das Pärchenspiel haben wir den 10er-Übergang schon vorbereitet. Nun kann Ihr Kind auf selbsthandelnde, anschauliche Weise den 10er-Übergang ohne Schreiben üben (▶ Abb. 12.20).

Ein Beispiel

»Unsere erste Aufgabe heißt: 7 + 8«.
Die Aufgabe veranschaulichen Sie Ihrem Kind darunter mithilfe der Kärtchen. Ihre erste Frage lautet: »7 plus wie viel fehlt noch zum Zehner?«
Das haben die Kinder mittels des Pärchenspiels vorher trainiert, d. h. das Pärchen heißt in diesem Fall 7 + 3.
»Ich brauche die 3, stimmt.« *Sie legen nun die 3 unter die 8.* »Ich wollte aber 8 hinzuzählen, 3 habe ich schon hinzugezählt, wie viel muss ich noch hinzuzählen?«
Dies wissen die Kinder schnell und kommen dann auf die 5. Sie legen nun die 5 unter die 8.

»Jetzt kommt der Trick. Ich muss nicht zählen, sondern lege einfach die 5 auf meine Zehnerkarte, nämlich auf die 0, und erhalte das Ergebnis: 15«.

a) **7** + **8** =

b) **„7 und wieviel ist 10?"** (Sie erinnern sich: „Das Pärchenspiel"!)

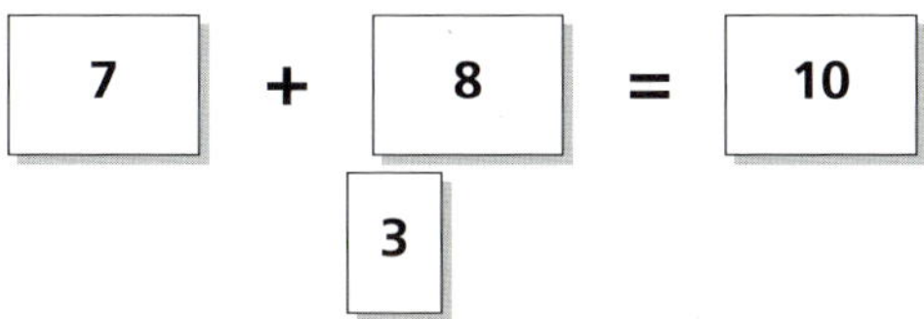

c) **„3 hab' Ich schon dazu gezählt, 8 wollte ich aber.**
Wieviel fehlt jetzt noch?" (notfalls 8 - 3)

„Ja, genau 5 muss ich noch dazu zählen"

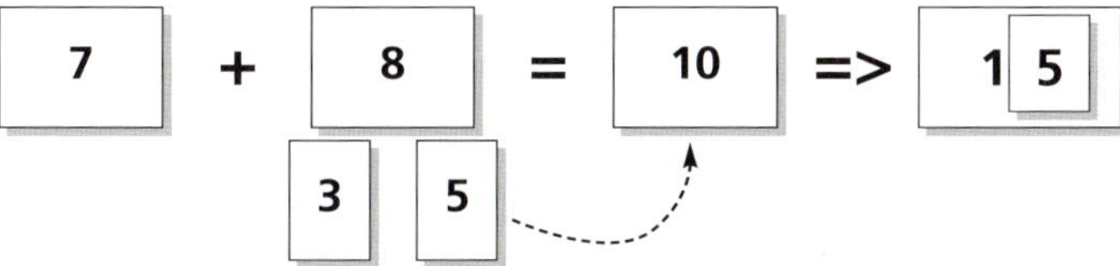

Abb. 12.20: Additionsaufgaben im 20er-Raum mit 10er-Übergang

Subtraktionsaufgaben im Zwanzigerraum mit Zehnerübergang

Nach dem gleichen Prinzip lässt sich bei den Minusaufgaben verfahren (▶ Abb. 12.21).

Ein Beispiel

»Habe ich eine Minusaufgabe, z. B. 17 – 9, kommt gleich am Anfang der Trick. Ich zähle nicht zurück, sondern nehme die 7 *(das halbierte Kärtchen, das auf der 0 von der 10 liegt)* von der 10 weg.«
»7 habe ich schon weggenommen, ich wollte aber 9 wegnehmen. Wie viel muss ich noch wegnehmen?«
»2«
»Richtig, 2« – *die 2 legen Sie dann wieder unter die 9, die 7 liegt bereits unter der 9.*

»Als letzten Schritt muss ich nun von der 10 noch die 2 abziehen«.
Das Ergebnis wissen die Kinder sofort (Pärchenspiel!): »8«
»Genau, ich erhalte als Ergebnis 8!«

a)
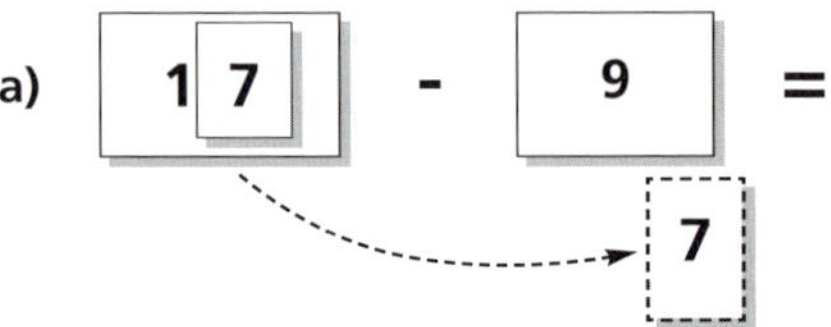

b) „7 hab ich schon weggenommen. Ich wollte aber 9 abziehen Wieviel muss ich noch?" (notfalls 9 - 7)

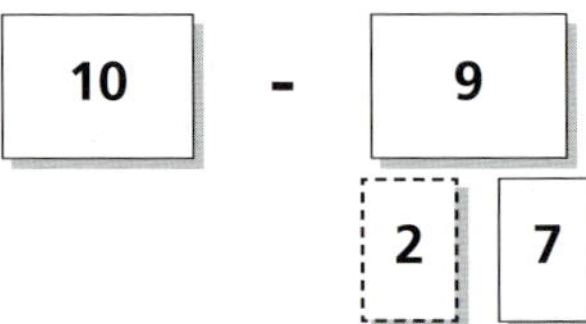

c) „Jetzt muss ich von der 10 nur noch die 2 abziehen"
(Das „Pärchenspiel"!)

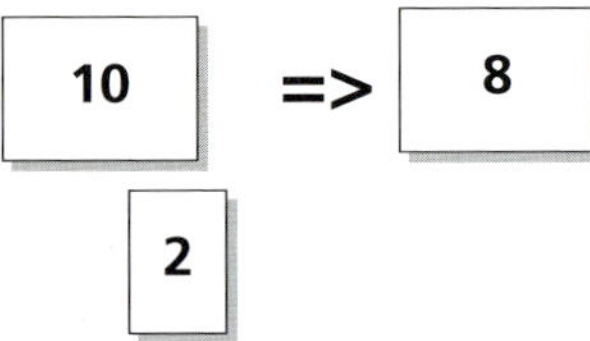

Abb. 12.21: Subtraktionsaufgaben im 20er-Raum mit 10er-Übergang

In einem Brief berichtet eine Mutter über ein großes »Erfolgserlebnis« bei ihrer Tochter, die »mit einer regelrechten Blockade auf Mathe reagiert« hatte: »...sie addieren seit einer Schulstunde im zweistelligen Bereich, prompt kamen heute Minusaufgaben, ohne dass die Plusaufgaben länger eingeführt bzw. gefestigt wurden. Dachte ich gleich, dass wird nichts. Aber wir haben uns drangewagt, und obwohl ich heute nicht sehr geduldig war, hat Sarah durchgezogen. Mit Pärchenaufgaben und dann den Rest der Einer und dann die Zehner, und sie meinte, sie hätte das jetzt verstanden, wieso die Lehrerin das nicht so erklären kann!«

Mittels häufigem Wiederholen kann Ihr Kind auf diese Weise die richtige Abfolge der Rechenschritte automatisieren. Dies geschieht *ohne zu schreiben*. Dabei kommt es nicht so sehr auf die Schnelligkeit der Ergebnisfindung an, sondern auf die Reihenfolge der richtigen Schritte. Haben ADHS-Kinder die Rechenschritte im 20er-Raum automatisiert, ist es für sie kein Problem mehr, auf den 100er-Raum überzugehen.

Ein Beispiel

Statt der 10 legen Sie eine 60 hin und erhalten jetzt die Rechenaufgabe 67 – 9. Sie gehen in der gleichen Weise wie zuvor vor und nehmen wieder die Einerzahl (7) weg:
Eltern: 7 haben wir schon abgezogen, wir wollten aber 9 abziehen.
Kind: Also muss ich noch 2 abziehen.
Eltern: Jetzt musst du von der 60 noch die 2 abziehen.
Kind: Stimmt! Das Ergebnis heißt 58.

Exkurs: Zum Unsinn sogenannter unterschiedliche Lösungswege bei ADHS-Kindern

Von der Mathematikdidaktik wird gefordert, dass die Schüler über flexible Operationsvorstellungen verfügen. ADHS-Kindern fällt es aber häufig schwer, überhaupt einen Rechenweg sicher zu beherrschen. Mehrere Lösungswege verunsichern sie und verhindern eher eine Automatisierung der Rechenschritte.

So sollen die Schüler z. B. bei Additionsaufgaben beim Zehnerübergang zusätzlich noch mit der Verdopplungsaufgabe oder der Aufgabe mit 10 rechnen können.

Beispiel: Aufgabenstellung: 7 + 8
Vorgabe der Schule: »Verdopplungsaufgabe: Rechne doch zuerst 8 + 8 = 16, dann 16 – 1 = 15«

Für Schüler, die das Rechnen sicher beherrschen und auch Erwachsene stellt diese Flexibilität bei den Rechenwegen kein Problem dar. Schwierig ist für ADHS-Kinder, dass diese alternativen Rechenwege nicht immer »gehen« bzw. vorteilhaft sind (z. B. bei der Aufgabe 7 + 4). Das ADHS-Kind muss also zuerst entscheiden, welchen Weg es jetzt benutzen muss. Im Arbeitsspeicher muss es dabei mehrere Informationen gegeneinander abwägen. Schon hier ist ein erstes Abdriften der Aufmerksamkeit möglich. Hat es sich entschieden, kann es dann beim Lösungsweg leicht vorkommen, dass es Rechenschritte verwechselt. Ein sicheres Einschleifen und Automatisieren gelingt auf diese Weise nicht besonders gut. Die Verwirrung ist am Ende größer als zu Beginn; schnelles, automatisiertes Rechnen kann so nicht gelingen.

Deshalb unser Rat: Sehen Sie von unterschiedlichen Lösungswegen ab, bevor Ihre Kinder die richtigen (direkten) Rechenschritte, die *immer* benutzt werden können, nicht automatisiert haben. In großem zeitlichem Abstand können dann, wenn ein Rechenweg sicher beherrscht wird, auch noch zusätzliche Lösungswege gelernt werden.

g) Einfache Multiplikations- und Divisionsaufgaben

Manche Lehrpläne sehen vor, dass sich die Kinder beim Erlernen des Einmaleins »Kernaufgaben« zu merken brauchen. Die weiteren Aufgaben sollen über diese gelernten Kernaufgaben durch Addition oder Subtraktion *errechnet* werden (▶ Abb. 7.1). Die Folge ist, dass durch diese Umwege der Arbeitsspeicher in unnötiger Weise sehr stark belastet wird. Diese Vorgehensweise ist nicht nur wenig sinnvoll, sondern vielmehr gefährlich, da viele Kinder spätestens beim schriftlichen Malnehmen oder Teilen »Schiffbruch« erleiden werden.

Auch bei Multiplikations- und Divisionsaufgaben geht es stattdessen mit Hilfe der Kärtchen um das Verautomatisieren der Rechenoperationen innerhalb einer halben Sekunde. Hier lässt sich wie beim ersten Schritt, dem Rechnen im 9er-Raum, verfahren: D. h. wir arbeiten zunächst mit Dreier-Päckchen.

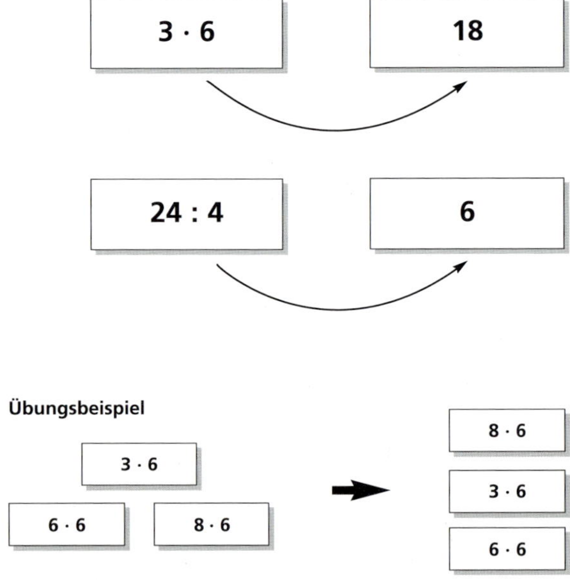

Abb. 12.22: Zum schrittweisen »Verautomatisieren« von Multiplikations- und Divisionsaufgaben

Ein Beispiel

Eltern: 8 x 6, wie viel ist das?
Wenn Ihr Kind zögert oder innerlich zu rechnen beginnt, strecken Sie abwehrend den Arm aus: »Nicht anstrengen!«. *Sie drehen sofort das Kärtchen um und zeigen das Ergebnis: 48. Sie wenden das Kärtchen nun wieder um und zeigen die Aufgabe erneut.*
Eltern: 8 x 6. Weißt du das Ergebnis noch?
Kind: 48.
Eltern: Genau, stimmt!
Sie zeigen wieder das Ergebnis und wiederholen die Aufgabe noch mehrmals.
Eltern: Weißt du jetzt, wie viel 3 x 6 ergibt?
Kind: 18.
Eltern: Richtig, das stimmt!
Sie drehen die Karte um und zeigen das richtige Ergebnis.
Eltern: 6 x 6?
Kind: 36.
Eltern: Stimmt! Weißt du noch das Resultat von 8 x 6?
Kind: 48
Eltern: Sehr gut!
Da ADHS-Kinder clever sind und den leichten Weg lieben, kann es vorkommen, dass sie nicht die Aufgabenstellung, sondern die Lage des Kärtchens mit dem Ergebnis »verdrahten«. Wenn Sie die drei Aufgabenstellungen wiederholen, ist es deswegen günstig, dass Sie dabei immer wieder die Reihenfolge und räumliche Anordnung der drei Kärtchen verändern.

Auf diese Weise können Sie erst einmal mit Ihrem Kind innerhalb einer Einmaleinsreihe systematisch üben, dann später durcheinander. Bei Divisionsaufgaben verfahren sie analog.

Die Magie des Sich-Nicht-Anstrengen-Dürfens

Besonders bei den schwersten Aufgaben im 1 x 1 wie 7 x 8 oder 6 x 7 werden die Vorteile der Kärtchenmethode deutlich erkennbar. Sie zeigen ihrem Kind z. B. die Aufgabe 7 x 8. Wenn Ihr Kind die Antwort nicht sofort weiß und anfängt, innerlich komplizierte Rechnungen durchzuführen oder die Einmaleinsreihe hochzuzählen, unterbrechen Sie diese anstrengenden Umwege im Gehirn und drehen einfach das Kärtchen mit dem Ergebnis 56 um. Ihr Kind soll die Verknüpfung Aufgabe – Ergebnis auswendig lernen und dies gelingt ihm am besten und »ohne Anstrengung«, wenn Sie ihm Aufgabe und Ergebnis immer wieder aufeinander folgend zeigen.

Sie können mit dem schnellen Herumdrehen der Antwortseite des Kärtchens (56) zusätzlich eine Motivationshilfe verbinden. Zögert Ihr Kind bei der Präsentation der Aufgabe 7 x 8, halten Sie ihm deutlich die Hand hoch und sagen »Nicht anstrengen«. Von diesen zwei Worten geht eine gewisse Magie aus. Sie sind eine Überraschung für Kinder, da »Nicht anstrengen« eine Leichtigkeit beim Lernen signalisiert, die im Gegensatz zum bisher zumeist sehr mühevollen Lernprozess steht. Die Kinder machen eine gänzlich neue und für sie paradoxe Erfahrung: Lernerfolg kann auch ohne Anstrengung erreicht werden. Die Magie des »Sich-Nicht-Anstrengen-Dürfens« verstärkt die Motivation der Kinder. Lernen wird hier in der Regel in einen neuen, »leichteren« und entlastenderen Kontext eingebunden.

Besonders eindrucksvoll zeigt sich diese Wirkung in folgendem Beispiel: Ein Junge mit ausgeprägter Rechenschwäche trifft nach der Therapiesitzung auf seinen wartenden, älteren Bruder und berichtet ihm sofort begeistert: »Du, ich darf mich beim Lernen fei nicht mehr anstrengen!«

Wie bei den Lernkärtchen zu den Additions- und Subtraktionsaufgaben müssen Sie wieder auf den ersten Einprägetag achten. Wenn Ihr Kind am nächsten Tag die drei Aufgaben noch sicher beherrscht, d. h. das Ergebnis ohne zu überlegen innerhalb einer halben Sekunde wiedergibt, können Sie durch Wiederholen im »Schnelldurchlauf« mit dem Verfestigen beginnen.

Wenn Ihr Kind zögert und besonders an seinen Augenbewegungen erkennbar wird, dass es »rechnet« und sich anstrengt, wissen Sie, dass Sie den ersten Einprägetag verbessern müssen. Beim Wiederholen der Aufgaben beim erstmaligen Einprägen können Sie ausprobieren, den zeitlichen Abstand zu verringern und die Anzahl der Durchgänge zu erhöhen, damit Ihr Kind am nächsten Tag die Ergebnisse sicher weiß.

Ein Lerntag wird dann wieder so aussehen, dass jeweils maximal drei Aufgaben neu gelernt und zusätzlich alle bisher gelernten Aufgaben täglich zumindest einmal im Schnelldurchlauf wiederholt werden.

Alle gekonnten Aufgaben kommen in das Päckchen mit dem Schnelldurchlauf. Diese umfasst zum Schluss jeweils 64 Aufgaben zur Multiplikation und zur Division. Für die Aufgaben mit 1 oder mit 10 brauchen Sie keine Kärtchen zu machen, da sie leicht sind. Die Aufgaben 7 x 4 und 4 x 7 sind dabei unterschiedliche Aufgaben, die Sie auf zwei Kärtchen schreiben.

Beim Schnelldurchlauf zeigen Sie Ihrem Kind die Oberseite des Päckchens mit den gekonnten Aufgaben. Ihr Kind sagt das Ergebnis und Sie ziehen das Kärtchen weg, so dass die nächste Aufgabe im Päckchen sichtbar wird usw. Sie müssen nicht alle 64 Aufgaben auf einmal wiederholen. Sie können z. B. auch drei Teilpäckchen machen, damit Ihr Kind seine Aufmerksamkeit noch gut fokussieren kann.

Wenn Ihr Kind alle kleinen Einmaleins- und Geteiltaufgaben sicher beherrscht, wird es alle 64 Aufgaben in weniger als 3 ½ Minuten richtig lösen können. Motivierend kann auch wirken, wenn sie die Zeit für den Schnelldurchlauf stoppen und protokollieren, um die Fortschritte würdigen zu können.

Wenn Sie denken, Ihr Kind beherrscht nun das kleine Einmaleins, hören Sie mit dem Schnelldurchlauf nicht auf, sondern setzen ihn mindestens noch ein Vierteljahr, besser noch ein halbes Jahr fort. Sie können zum Schluss dann abwechselnd an einem Tag die Mal- am nächsten Tag die Geteiltaufgaben wiederholen. Der Zeitaufwand ist dabei nicht hoch und Sie beugen dem Vergessen vor.

Die meisten Eltern beherrschen das Einmaleins besser als ihre Kinder, da die Schule früher mehr Wert auf das »Einschleifen«, das »Pauken«, legte. Ihnen als Eltern fällt das Ergebnis in der Regel deshalb sofort ein: Die gleiche Schnelligkeit gilt es bei Ihrem Kind zu erreichen.

7. Das Pyramidenspiel: Wiederholen einmal anders

Mit dem Pyramidenspiel haben Sie die Möglichkeit, Plus- und Minus-, Einmaleins- und Geteiltaufgaben, später auch englische oder lateinische Vokabeln in eher spielerischer Form zu wiederholen. Voraussetzung dafür ist im Bereich des Rechnens, dass das Kind die jeweiligen Aufgaben schon einmal gelernt hat. Das Prinzip des Pyramidenspiels beruht auf mindestens vier Wiederholungsdurchgängen pro Aufgabe in der richtigen Geschwindigkeit. Die Aufgabenstellungen, die die Kinder noch nicht unmittelbar beherrschen, verbleiben zunächst in der Basis. Zeigen die Kinder zunächst noch Unsicherheiten auf den untersten beiden Stufen der Pyramide, wandern die entsprechenden Aufgabenkärtchen »zum Beschleunigen« zurück an das Ende der Basisreihe und es gibt weitere Wiederholungsdurchgänge.

Das Pyramidenspiel übt auf Kinder meist eine stark motivierende Wirkung aus. Zum einen ist es wieder ein Lernen ohne Schreiben. Zum anderen erleben die Kinder eine intensive Beteiligung ihrer Eltern. Diese müssen die Rechenkarten hin und her schieben und gleichzeitig darauf achten, dass sie es in der richtigen Reihenfolge tun. Kinder können hier immer wieder einmal erleben, dass sie die Reihenfolge besser beherrschen als ihre Eltern.

Das Hin- und Herschieben der Lernkärtchen bewirkt neben einer verbesserten Motivation einen zusätzlichen Lerneffekt. Sie verändern dadurch sowohl die Reihenfolge der Aufgabenstellungen als auch die Raumlage der Aufgaben: Ihr Kind lernt auf diese Weise nicht eine bestimmte Reihenfolge oder Raumlage der Kärtchen, sondern muss die Aufgabe mit dem Ergebnis verknüpfen. Der Einprägevorgang im Gehirn wird weiter gefestigt.

Wie funktioniert das Pyramidenspiel?

Zu Beginn legen Sie vier Kärtchen mit Mal- oder Geteiltaufgaben als Basis der Pyramide hin. Sie deuten nun auf das erste Kärtchen und benennen die Aufgabenstellung, also z. B. »3 x 6« (▶ Abb. 12.23) Kann Ihr Kind das Ergebnis nicht innerhalb einer halben Sekunde benennen, drehen Sie das Kärtchen um: 18, also »18«. So verfahren Sie ebenfalls mit den nachfolgenden Aufgaben: »2 x 4«, »8«, »stimmt!« usw. Weiß Ihr Kind das richtige Ergebnis innerhalb einer Sekunde, wandert die entsprechende Karte in die zweite Ebene und wird jeweils von rechts angelegt. Die Kärtchen in der Basis rutschen nach links nach. Nun füllen Sie wieder die Basis auf, indem Sie von rechts das nächste Kärtchen mit der neuen Aufgabenstellung anlegen. In der Basis geht es nun weiter mit der nächsten Aufgabenstellung.

1. Der Beginn: Das Auflegen der Basis

Vier Kärtchen werden nebeneinander aufgelegt

2. Das Auffüllen der zweiten Ebene

a)

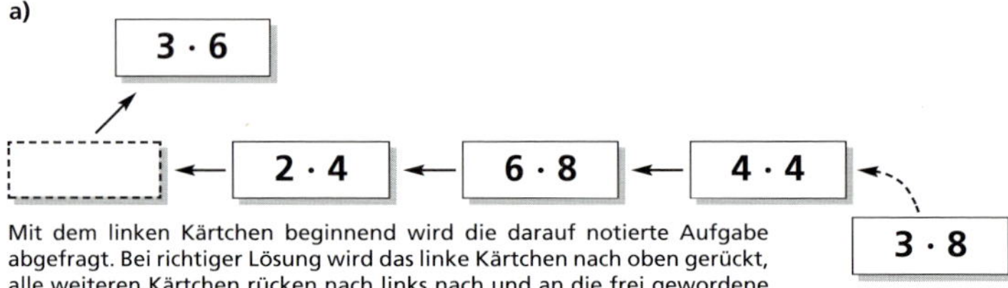

Mit dem linken Kärtchen beginnend wird die darauf notierte Aufgabe abgefragt. Bei richtiger Lösung wird das linke Kärtchen nach oben gerückt, alle weiteren Kärtchen rücken nach links nach und an die frei gewordene Stelle ganz rechts wird ein neues Kärtchen gelegt usw.

b)

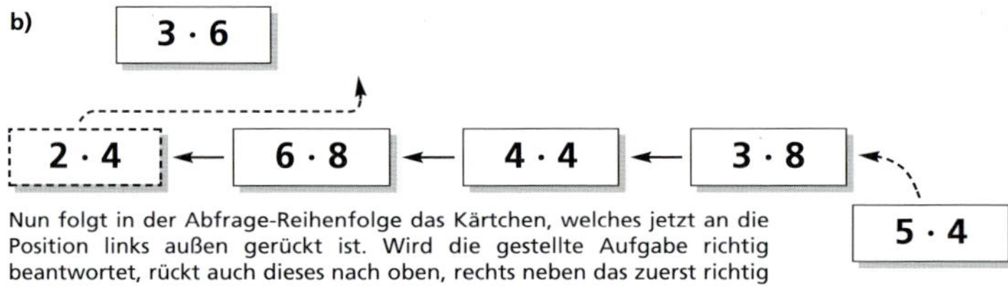

Nun folgt in der Abfrage-Reihenfolge das Kärtchen, welches jetzt an die Position links außen gerückt ist. Wird die gestellte Aufgabe richtig beantwortet, rückt auch dieses nach oben, rechts neben das zuerst richtig beantwortete Fragekärtchen usw.

c) bei falscher Lösung

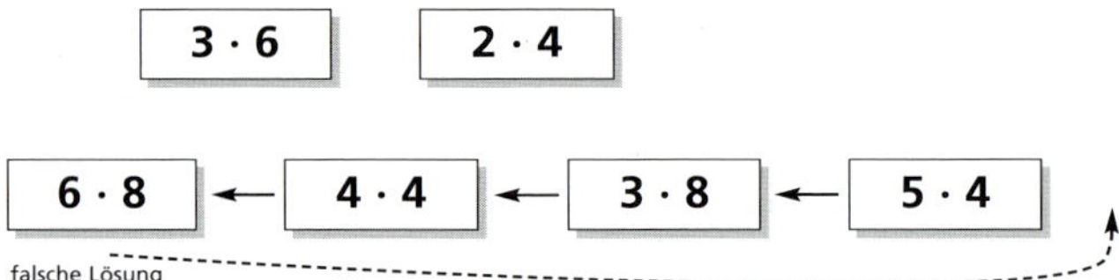

Wird eine falsche Lösung gegeben, rückt dieses Kärtchen an die letzte Stelle der Basisreihe, anstelle eines neuen Kärtchens. Die anderen Kärtchen rücken auf der ersten Ebene genauso nach, wie bei 2a) bereits beschrieben

3. Das Auffüllen der dritten Ebene

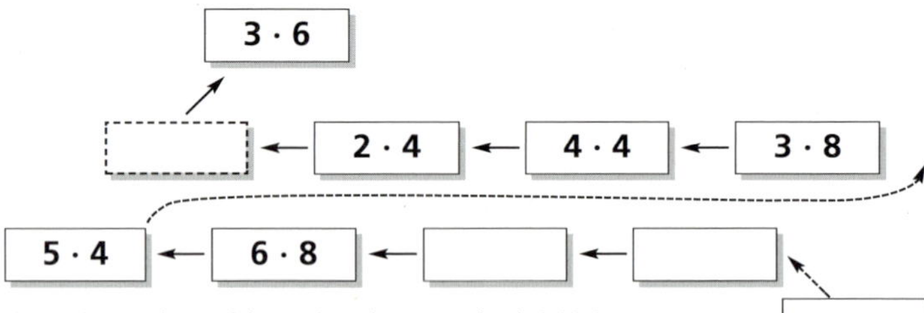

Liegen vier Kärtchen auf der zweiten Ebene, wandert bei richtiger Lösung das linke Kärtchen der zweiten Ebene auf die dritte Ebene. Die Kärtchen der zweiten und der ersten Ebene rücken wiederum nach und an die vierte Stelle der ersten Ebene wird ein neues Kärtchen gelegt usw.

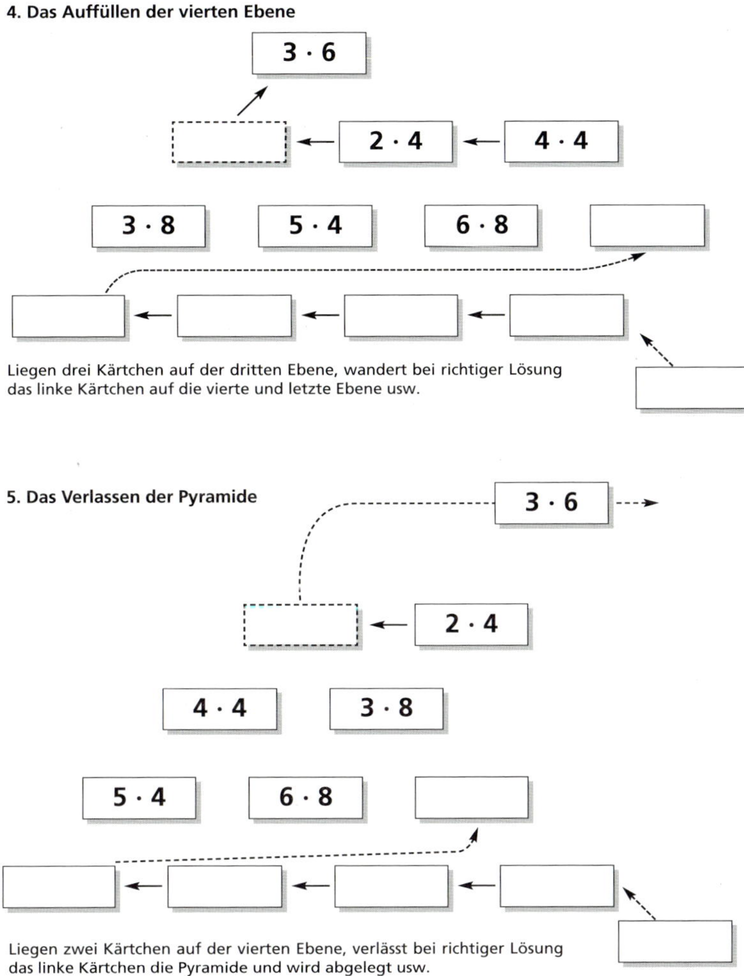

Abb. 12.23: Das Pyramidenspiel

Aufgaben mit einer falschen Lösung oder Aufgaben, die Ihr Kind nicht innerhalb einer Sekunde beantworten kann, verbleiben in der Basis. Braucht Ihr Kind zu lange, drehen Sie die Karte schnell um, zeigen und benennen das Ergebnis, drehen die Karte wieder zurück und legen sie für einen erneuten Durchgang auf dieser Stufe rechts an. So verfahren Sie ebenso mit den nachfolgenden Kärtchen.

Damit sich eine Pyramide ergibt, dürfen bei einer Vierer-Basis auf der zweiten Ebene nur drei Kärtchen liegen. Befinden sich dort vier Kärtchen, fahren Sie mit der linksliegenden Karte auf dieser Stufe fort. Bei richtiger Lösung wandert nun das linke Kärtchen auf die dritte Ebene. Nun liegen hier drei Kärtchen und die links liegende Karte muss als nächstes beantwortet werden. Auf der dritten Ebene dürfen nämlich nur, damit dies wiederum eine Pyramide gibt, zwei Kärtchen liegen.

Nach der nächsten Runde ist zum ersten Mal das vollständige Bild einer Pyramide erkennbar. In der Basis liegen vier Karten, auf der zweiten Ebene drei Karten, auf der dritten Ebene zwei Karten und an der Spitze (= vierte Ebene) ein Kärtchen. Beim nächsten vollständigen Durchlauf liegen zwei Kärtchen an der Pyramidenspitze. Von diesen nehmen Sie sodann erneut die linksliegende. Hat Ihr Kind die Aufgabe richtig beantwortet, verlässt die entsprechende Aufgabenkarte als erste die Pyramide und wird abgelegt.

Auf der dritten und vierten Ebene sollte Ihr Kind keine Unsicherheiten mehr zeigen, da vorher ausreichend wiederholt wurde. Sie können jetzt den Lernfortschritt Ihres Kindes (möglichst mit Einwortsätzen) würdigen: »Super. Toll!«

Das Pyramidenspiel kann für die unterschiedlichsten Wiederholungsaufgaben genutzt werden. Meine Tochter überraschte mich z. B. damit, dass sie es für das Einprägen von Chemieformeln in der 11. Klasse einsetzte.

8. Textaufgaben

Vor allem bei Textaufgaben machen sich die besonderen Voraussetzungen, die ADHS-Kinder zum Lernen mitbringen, bemerkbar. So sind Textaufgaben oft durch gefühlsmäßige Blockaden belegt, da hier die meisten Misserfolgserlebnisse liegen. Da viele Kinder Leseschwierigkeiten haben, können sie den Sinn der Aufgaben nur unzureichend entnehmen. In der Folge entwickeln sie rasch die Einstellung: »das kann ich nicht – das schaff ich eh nicht – du musst mir helfen«.

Eine häufige Fehlerquelle von ADHS-Kindern liegt im flüchtigen, oberflächlichen Lesen des Textes und Bearbeiten des Zahlenmaterials. Ihnen als Eltern und Lehrern fällt damit zunächst die Aufgabe zu, Ihre Kinder dafür zu gewinnen, sich überhaupt auf die Textaufgabe einzulassen. Wir müssen Zuversicht bei unseren Kindern erzeugen, da sie bereits überzeugt sind, Textaufgaben nicht rechnen zu können. – Wie kann dies gelingen?

Ein Beispiel

»Du weißt ja, mit den Kärtchen hast du schon ganz große Fortschritte gemacht, du hast ganz toll gelernt, mit Plus und Minus, Mal und Geteilt zu rechnen. Du hast dies geschafft, weil wir regelmäßig gelernt haben, du erinnerst dich, jeden Tag unsere kleinen Portionen, so bist du gut geworden. Genauso machen wir es jetzt auch bei den Textaufgaben.«

Im folgenden Schaukasten sehen Sie sechs Schritte zum Lösen von Textaufgaben. Diese Anleitung ist für Kinder der 3. und 4. Klasse häufig zu lang, gerade wenn sie Leseprobleme haben. Hier ist es günstig, wenn Sie als Eltern die Anweisung schrittweise vorlesen. Hilfreich kann auch Ihre Frage sein: »Magst du lieber Trick 1, Trick 2 oder Trick 3 benutzen?«

»Versteh' ich nicht – kann ich nicht«: Besonders der Trick 4 hilft, gefühlsmäßige und gedankliche Blockierungen Ihres Kindes zu umgehen und ihm ein Erfolgserlebnis zu verschaffen. Hier steht nicht das Verstehen der Aufgabe im Vordergrund, sondern der Erfolg (»Ich hab‹ die Aufgabe doch geschafft!«) und damit die Steigerung seiner Motivation. Dadurch erreichen Sie, dass sich Ihr Kind überhaupt auf die Mühe einlässt, die Aufgabe zu durchdenken.

Da ADHS-Kinder in der Regel über geringe metakognitive Strategien verfügen, handeln sie sehr häufig unsystematisch und nach dem Versuchs- und Irrtumsprinzip. Die sechs Schritte (siehe unten) helfen Ihnen dagegen, eine systematische Struktur zum Lösen von Textaufgaben aufzubauen. Eine Textaufgabe wird auf diese Weise in kleine handhabbare Portionen zerlegt und besser als in einem impulsiven »Zahlenmix« durchdacht. Lassen Sie Ihr Kind die Abfolge der sechs Lösungsschritte jeden Tag an ein bis zwei Textaufgaben üben. Dadurch wird es die Schrittabfolge verinnerlichen, verautomatisieren. Durch die neuen Erfolgserlebnisse verlieren die Aufgaben für Ihr Kind ihre angsteinflößende Qualität. Stattdessen erlebt es, dass es Textaufgaben immer besser und schneller lösen kann.

6 Schritte zum Lösen von Textaufgaben

Schritt 1: Ich lese mir die Textaufgabe mehrmals langsam und genau durch. Was ist gegeben?

Schritt 2: Ich achte dabei besonders darauf:

- Welche Zahlen stehen in der Aufgabe?
- Ich finde auch die Zahlen, die als Wort und nicht als Ziffer geschrieben sind (z. B. das achtfache)
- Ich unterstreiche alle Zahlen. Ich schreibe (bzw. Mama schreibt) sie mit den jeweiligen Benennungen heraus.

Schritt 3: Was soll ich suchen, was soll ich ausrechnen?

- Trick 1: Es kann helfen, wenn ich die Aufgabe meiner Mutter oder meinem Vater noch einmal erkläre.
- Trick 2: Es kann hilfreich sein, eine kleine Zeichnung zu machen, um zu veranschaulichen, was gegeben ist.
- Trick 3: Vielleicht weiß ich, wie die Antwort lauten muss? Aus der Antwort kann ich ganz leicht die Frage bilden.

Schritt 4: Mit welchen Rechenzeichen muss ich die Zahlen verbinden?

- Trick 4: Es gibt nur vier Rechenzeichen. Ich überlege der Reihe nach durch, welches Rechenzeichen am besten passt. Muss ich die Zahlen
  ☐ zusammenzählen,

☐ miteinander malnehmen,
☐ voneinander abziehen,
☐ durcheinander teilen,
☐ oder ist es ein kompliziertes Rechenmuster mit mehreren Rechenschritten?

- Trick 5: Kenne ich schon ähnliche Aufgaben? Welches Rechenmuster kann ich dann anwenden?
- Trick 6: Wenn ich es noch nicht herausgefunden habe, probiere ich den Spezialtrick aus:
  - Meist: Bei Zahlen mit gleicher Benennung: plus oder minus Aber: Suche ich die Anzahl – geteilt
  - Bei Zahlen mit unterschiedlicher Benennung: mal oder geteilt

Schritt 5: Wenn es ein kompliziertes Rechenmuster ist: Wie gehören die Zahlen zusammen? Welche Zahlen muss ich zusammenzählen, voneinander abziehen, miteinander malnehmen oder durcheinander teilen?
1. Schritt: + ?/ – ?/ x ?/ : ? ....
2. Schritt: + ?/ – ?/ x ?/ : ? ....
3. Schritt: + ?/ – ?/ x ?/ : ? ....

Schritt 6: Wenn ich mit der Aufgabe fertig bin, frage ich mich: »Stopp! Kann das Ergebnis überhaupt stimmen?« (Wenn zum Beispiel 8 Äpfel 640 Euro kosten sollen, schaue ich nach, ob ich mich nicht verrechnet habe.)

Wichtig ist jedoch, folgendes zu beachten: Unserer Erfahrung nach helfen die sechs Lösungsschritte in erster Linie bei den besser begabten ADHS-Kindern. Sie sind in der Lage, die einzelnen Schritte nachzuvollziehen.

Es gibt aber auch ADHS-Kinder, die mit der Schrittabfolge überfordert sind. Bei diesen Kindern ist es hilfreich, bei einer einzelnen Aufgabenstellung zunächst eine Abfolge von Rechenschritten für ein ganz bestimmtes *Muster von Textaufgaben* vorzugeben.

Hilfreich bei ADHS-Kindern ist es, am Anfang nicht (zu viel) zu erklären, sondern ihnen zu zeigen und vorzurechnen, wie eine Aufgabe zu einem bestimmten Grundmuster zu lösen ist.

Ein zentrales Problem längerer Erklärungen besteht gerade darin, dass durch sie das Arbeitsgedächtnis schnell überlastet wird und dann nur noch bruchstückhaft bestimmte Informationen aufgenommen werden können. Misserfolge werden dadurch wahrscheinlicher. Das Vorrechnen stellt dagegen in komprimierter Form den Lösungsweg dar, den das Kind dann leichter auf Aufgaben zum gleichen Grundmuster übertragen kann. Es erlebt dann: »Ich habe es geschafft. Ich kann es!«

Ein Beispiel

Lena, ein Kind der 4. Grundschulklasse, hat eine 6 in Mathematik. Textaufgaben kann Lena überhaupt nicht lösen, sie sind für sie ein rotes Tuch, sie hat vor ihnen Angst.

Lenas Mutter bringt eine Beispielaufgabe mit: Ein Schwimmbad, in das 1000 hl Wasser hineinpassen, soll mittels eines Schlauches gefüllt werden. Durch den Schlauch laufen pro Sekunde 10 l Wasser. Wie lange dauert es, bis das Schwimmbad gefüllt ist?

In einem ersten Schritt bekommt Lena die Abfolge der durchzuführenden Rechenschritte vorgegeben:

1. Du musst Hektoliter in Liter umrechnen, denn sonst kannst du nicht teilen.
2. Die Gesamtmenge, das Volumen, ist durch die Anzahl der Liter zu teilen, die pro Sekunde durch den Schlauch fließen.
3. Ich bekomme ein Ergebnis in Sekunden heraus, die Sekunden muss ich dann in Minuten umwandeln, d. h. ich muss durch 60 teilen. Wenn ich Stunden herausbekommen will, muss ich noch einmal durch 60 teilen.

Mit dieser fest vorgegebenen Abfolge von Schritten, ist Lena in der Lage, die Aufgabe zu lösen.

Der zweite Schritt besteht in einer Textaufgabe mit genau dem gleichen Rechenmuster: Ein Weinfass wird gefüllt. In dieses Weinfass passen 9 hl Wein. Durch einen Schlauch laufen 15 l pro Sekunde. Wie lange dauert es, bis das Weinfass gefüllt ist?

Bei der zweiten Aufgabe gibt Lenas Mutter Hilfestellungen, die einzelnen Rechenschritte in ihrer Abfolge zu rekonstruieren: »Lena, erinnerst du dich noch, wie wir das bei der Aufgabe mit dem Schwimmbad gemacht haben?« Lena erinnert sich, dass zuerst hl in l umgerechnet werden müssen. »Weißt du noch Lena, wie das geht? Ach ja richtig, du musst zwei Nullen dranhängen.«

Anschließend gehen Lena und ihre Mutter die Abfolge der vorherigen Rechenschritte, übertragen auf diese Textaufgabe, noch einmal durch.

Bei der dritten Aufgabenstellung, wieder eine Textaufgabe mit dem gleichen Rechenmuster, passiert das Verblüffende: Lena kann diese nun vollständig alleine lösen, und zwar in der richtigen Reihenfolge der Rechenschritte, die sie vollständig erinnert.

Die dritte Rechenaufgabe war die folgende: Der Milchtank eines LKWs soll entleert werden. Der Tank fasst 72,6 hl Milch. Pro Sekunde fließen 30 l aus dem Tank. Wie lange dauert es, bis der Milchtank leer ist?

Lena gelingt es, das allgemeine Aufgabenmuster auf diese spezielle Aufgabe zu übertragen und alle Rechenschritte selbst und korrekt durchzuführen. Für Lena bedeutet dies ein riesiges Erfolgserlebnis.

Eine sinnvolle Hilfestellung liegt des Weiteren darin, parallel zum Lösen jeder Aufgabe eine Zeichnung, eine kleine Skizze anzufertigen. Für die obigen Beispiele heißt dies, ein Schwimmbad, ein Weinfass und einen Milchtank mit Zu- und Ablauf zu zeichnen.

Gegenüber unserer vorgeschlagenen Verfahrensweise lässt sich einwenden, dass die ADHS-Kinder dabei lernen, nach einem »Kochrezept« vorzugehen. Stelle sich ein Problem anders dar – so kann man argumentieren – drohen die Kinder, neuerlich zu scheitern. Obgleich die Schlussfolgerung richtig ist, kann der Einwand den Sinn der vorgeschlagenen Methode nicht infrage stellen, denn: Nur dadurch, dass die Kinder viele »Kochrezepte« lernen, kann ihr Denken auch ein bisschen flexibler werden. Vor allen Dingen kann ihr mathematisches Zutrauen, dass sie viele »Kochrezepte« beherrschen und damit Rechenaufgaben lösen können, auf diese Weise größer werden.

Auch bei Schwierigkeiten mit Textaufgaben sollten Lehrer und Eltern eine genaue Fehleranalyse durchführen und ihre Kinder dort »abholen«, wo sie stehen. Es ist unrealistisch, aus jedem Kind einen großen Mathematiker machen zu wollen, aber wenn Kinder auf der Grundlage sinnvoller Lernmethoden üben, werden sie in der Schule viele Aufgaben lösen und sich verbessern können. Dies bedeutet für die Kinder – wie für Ihre Eltern und Lehrer – ein großer Fortschritt.

9. Wie ist bei den weiteren Grundrechenarten vorzugehen? Das Beispiel des Bruchrechnens

Auch beim Bruchrechnen gibt es wenige Rechenstrategien, die ADHS-Kinder verautomatisieren müssen. Schwierigkeiten entstehen meist dann, wenn Kinder die einzelnen Strategien durcheinanderwerfen. Dieses erfolgreich zu vermeiden, ist eine Lern- bzw. Wiederholungsfrage.

Bruchrechnen – „Fahrplan" der Rechenschritte	
1. Schritt	STOP! Punkt- oder Strichrechnung?
2. Schritt	Strichrechnung! Also Nenner (unten) gleichnamig machen!
3. Schritt	Gleichnamig machen: ich muss unten...
4. Schritt	...alles auf einen Nenner schreiben.
5. Schritt	Jetzt kann ich das, was oben im Zähler steht, ausrechnen.
6. Schritt	Zum Schluss: Überschlag – kann das Ergebnis ungefähr stimmen?

Abb. 12.24: Denkschritte (»Fahrplan«) beim Bruchrechnen

Viele Eltern und Lehrer warten häufig darauf, dass es beim Kind »klick« macht und es das Bruchrechnen »verstanden« hat und dann dauerhaft beherrscht. Leider zeigt die Erfahrung, dass einmal Verstandenes auch leicht wieder vergessen werden kann. Unerlässlich bleibt, dass die Kinder die der richtigen Lösung zugrunde liegenden Rechenschritte auswendig beherrschen.

Die Grundprinzipien lauten hier erneut:

- Wiederholen kleiner Portionen
- Regelmäßiges Üben
- Lernen über einen längeren Zeitraum hinweg (normalerweise länger, als dieses Thema im Unterricht behandelt wird!).

Am Anfang sind es vielleicht vier Aufgaben pro Tag (Plus, Minus, Mal, Geteilt), später dann eventuell nur noch zwei Aufgaben.

Welches sind – unter der Voraussetzung, dass Ihr Kind einfache Einmaleins- und Geteiltaufgaben sicher beherrscht – die erfolgreichen Lernstrategien für das Bruchrechnen? ADHS-Kinder haben im Wesentlichen die Grundstrategie zu verautomatisieren, dass bei Additions- und Subtraktionsaufgaben die Nenner gleichnamig zu machen sind. Bei Multiplikations- und Divisionsaufgaben müssen sie einüben, dass der Zähler mit dem Zähler und der Nenner mit dem Nenner bzw. mit dem Kehrwert malgenommen werden muss. Diese einzelnen Strategien gilt es zu verinnerlichen. Mithilfe des abgebildeten »Fahrplans« wird durch Wiederholen die Abfolge der Rechenschritte sodann automatisiert.

10. »Mindmap« als Visualisierungshilfe

In höheren Jahrgangsstufen, so z. B. in der 8. Klasse des Gymnasiums, lassen sich mithilfe eines so genannten Mindmaps alle grundlegenden Fragestellungen einer Mathematik-Schulaufgabe zusammenfassen und veranschaulichen (▶ Abb. 12.25). Mindmaps liefern eine sehr schöne Übersicht, um Grundmuster zu identifizieren und Grundaufgabenstellungen und die jeweiligen Lösungsschritte darzustellen. Wir können ADHS-Kindern mit dem Mindmap helfen, eine Lösungslandkarte zu erstellen und mithilfe dieser Visualisierungstechnik zu einer schrittweisen Automatisierung – auch über das Auswendiglernen – zu gelangen.

Auf den Hauptästen des oben dargestellten Beispiel-Mindmaps sind die möglichen Aufgabenstellungen abgebildet, in den Zweigen die Abfolge der durchzuführenden Rechenschritte. Folgende Fragestellungen zum Themenbereich »lineare Funktionen« können ADHS-Kinder an dem Mindmap ablesen:

- Wie kann ich von einem Graphen die lineare Funktionsgleichung ablesen?
- Wie berechne ich die Nullstelle?
- Wie berechne ich die Funktionsgleichung, wenn zwei Punkte gegeben sind?
- Wie kann ich die Funktionsgleichung einer parallelen Gerade zu einer gegebenen Geraden und durch einen gegebenen Punkt bestimmen?
- Wie berechne ich die Schnittpunkte zweier Geraden aus deren Funktionsgleichungen?

- Wie berechne ich die Funktionsgleichung eines Lotes auf eine gegebene Gerade durch einen gegebenen Punkt?

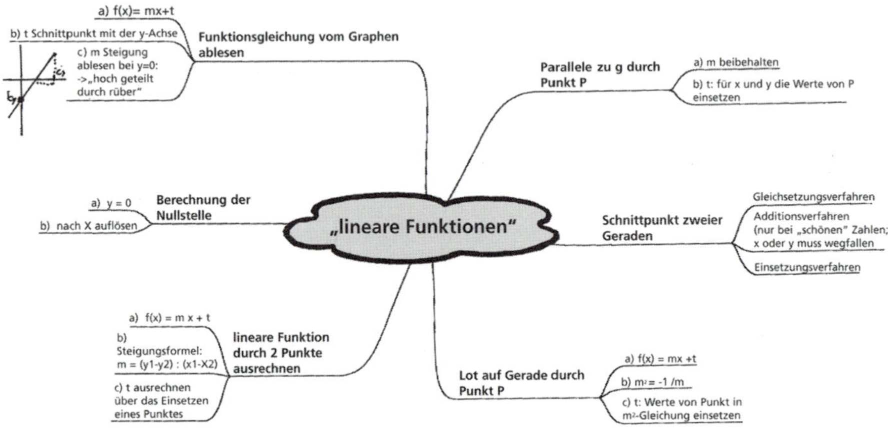

Abb. 12.25: Beispiel-Mindmap zum Thema Grundrechenmuster bei linearen Funktionen

11. Lösungslandkarten für mathematische Themengebiete

ADHS-Kinder neigen dazu, nur das Notwendigste »auf den letzten Drücker« zu lernen. Dies führt häufig besonders in höheren Klassenstufen neben Wissenslücken zu einem punktuellen Wissen ohne Überblick über ein bestimmtes Themengebiet. Mathematikbücher und auch Lehrer neigen zu ausführlichen Erklärungen, stellen aber dem Schüler meist keine leicht lernbare Übersicht über die Grundaufgabenstellungen und die jeweiligen Grundlösungswege zu einem bestimmten Themengebiet zur Verfügung.

Bei dieser systematischen Übersicht geht es zunächst darum, ähnlich wie in dem obigen Mindmap, alle Grundaufgabenstellungen und Musterlösungswege zu einem Themengebiet zu sammeln. Um das Einprägen und Behalten möglichst effektiv zu gestalten, werden die Lösungswege sowohl komprimiert in Worten und als auch in einem Musterrechenweg dargestellt. Beispielhaft wird dies im Folgenden zum Themengebiet *quadratische Funktionen bzw. Parabeln* dargestellt:

Grundaufgabenstellung und Lösungsweg komprimiert in Signalbegriffen verbal/in Worten darstellen	**Musterrechenweg mit gekennzeichneten Teilrechenschritten**
A. Funktionsgleichung bestimmen: **- aus 2 Punkten** **Lösungsweg:** (1): $y = x^2 + px + q$ (2): beide Punkte in (1.) einsetzen (3): beide Gleichungen nach q auflösen (4): Gleichsetzungsverfahren (5): p ausrechnen (6): p einsetzen und q ausrechnen	
B. Funktionsgleichung bestimmen: **- aus dem Scheitelpunkt** **Lösungsweg:** (1): Scheitelpunktform $y = (x - xs)^2 + ys$ (2): Scheitelpunktkoordinaten einsetzen (3): $(\ )^2$ ausrechnen	
C. Nullstelle berechnen **(Schnittpunkt mit der X-Achse)** **Lösungsweg:** (1): $y = 0 \rightarrow 0 = \dots$ (2): Mitternachtsformel	
D. Scheitelpunkt berechnen **Lösungsweg:** (1): quadratische Ergänzung (maximal 5 Rechenschritte, Vorsicht Falle: vor dem x^2 steht eine Zahl < 1!) (2): Scheitelpunktkoordinaten richtig ablesen	
E. Spiegelung an der x-Achse **Lösungsweg:** (1): y-Wert $\rightarrow$ - y-Wert $\rightarrow - y = x^2 + px + q$ (2): $- y = x^2 + px + q$ / mal -1	

Grundaufgabenstellung und Lösungsweg komprimiert in Signalbegriffen verbal/in Worten darstellen	Musterrechenweg mit gekennzeichneten Teilrechenschritten
F. Schnittpunkt zweier Parabeln **Lösungsweg:** (1): beide Funktionsgleichungen gleichsetzen (2): alles auf eine Seite bringen ...... = 0 (3): Mitternachtsformel (4): jeweils x-Wert in die Parabelgleichung einsetzen und y-Wert ausrechnen	
G. Zeichnen der Parabeln **Lösungsweg:** Wertetabelle (mind. 5 Werte) oder Scheitelpunkt eintragen + Kurvenschablone	

Abb. 12.26: Beispiel-Übersichtstabelle: Lösungslandkarte für quadratische Funktionen

Beherrscht der Schüler dieses »Handwerkszeug« sicher, geht es darum, es unter Variation der Aufgabenstellungen in Anwendungen zu verankern.

Mit Hilfe einer solchen »Lösungslandkarte« wird in höheren Klassenstufen ein Themengebiet für ADHS-Kinder überschau- und lernbar. Der verbal dargestellte Lösungsweg in der ersten Spalte kann zudem leicht wiederholt und auch abgefragt werden.

12. Abschließende Gedanken

Wenn bei Ihrem Kind ein ADHS besteht, sollten sie auch im Fach Mathematik Lernschwierigkeiten wirkungsvoll begegnen bzw. vorbeugen. Länger als im Schulunterricht sollten Sie zuhause ein Thema (in kleinen Portionen!) wiederholen und dabei die Rechenarten nicht zu schnell wechseln.

Haben sich bei Ihrem Kind bereits Leistungslücken eingestellt, machen Sie sich von dem aktuellen Lernstoff unabhängig. Setzen Sie »niedrig genug an«, um Fundamente dauerhaft zu festigen und Fehlstrategien effektiv abzubauen. Die Zielsetzung Ihrer Hilfestellungen müssen Sie dafür möglicherweise verändern: Nicht die Note 3 oder 4 in der nächsten Mathematikarbeit ist wichtig, sondern das längerfristige Ziel, Ihr Kind auf eine Weise zu unterstützen, die es ihm ermöglicht, die Grundrechenarten in der Grundschulzeit zukünftig sicher zu beherrschen.

Als Eltern sind Sie hier in hohem Maße für Ihr Kind verantwortlich. Sie müssen hartnäckig bleiben, den Lernstoff regelmäßig in kleinen Portionen und angemessenen Zeiteinheiten gemeinsam mit Ihrem Kind zu wiederholen.

Günstig wirkt sich eine unterstützende Begleitung der Lernübungen durch die Lehrerin bzw. den Lehrer Ihres Kindes aus. So könnte das Lernprogramm von der Lehrkraft als »offizielle« Hausaufgabe aufgegeben werden. Im Gegenzug wird für das Kind die »normale« schriftliche Hausaufgabe reduziert. Am nächsten Tag darf das Kind dann der Lehrkraft vor dem Beginn des Unterrichts das Lernkartenpäckchen mit den gekonnten Aufgaben zeigen. Aus diesem Päckchen werden fünf Aufgaben ausgewählt. Das Kind kann nun zeigen, dass es diese Aufgaben gut beherrscht und dies kann dann von der Lehrkraft gewürdigt werden. Grundsätzlich sind ADHS-Kinder eher bereit, zusätzlich zu lernen, wenn die Autorität des Lehrers/der Lehrerin hinter einer Aufgabe steht und diese kontrolliert. Gleiches gilt auch – sofern vorhanden – für den Lerntherapeuten/die Lerntherapeutin, der/die hier unterstützend einwirken kann. Um einem Verweigern vorzubeugen, vereinbart er/sie und nicht die Eltern mit dem Kind das Lernprogramm. Zu Beginn der nächsten Therapiesitzung lässt sich der Lerntherapeut/Lerntherapeutin vom Kind seine Lernfortschritte demonstrieren.

Nicht »mehr desselben«!

Gelingt Ihrem Kind nicht die notwendige Automatisierung bestimmter Rechenschritte, sollten Sie nicht nach dem Motto »mehr desselben« reagieren. Es macht keinen Sinn, das, was vorher nicht funktioniert hat, noch weiter als Methode auszubauen.

Ein Beispiel: Ein Kind der 3. Klasse, welches die Montessori-Schule besucht, hat gravierende Probleme im Bereich des 10er-Übergangs. Die Lehrerin beharrt darauf, dass das Kind noch länger mit Anschauungsmaterial arbeitet.

Besser ist es stattdessen, die vorhandene Schwachstelle genau zu analysieren – so z. B. die benutzten Strategien beim 10er-Übergang – und sodann an dieser Stelle den richtigen Rechenschritt *möglichst direkt* mit einer *angemessenen Lernstrategie* (z. B. mittels der Lernkärtchen) *regelmäßig lange genug zu üben und zu wiederholen*.

Kapitel 13: Lesen

In unserer schriftsprachlich geprägten Gesellschaft bildet Lesen ein bedeutsames Fundament, um Informationen aufzunehmen, zu verarbeiten und weiterzugeben. Ein wichtiges Ziel schulischer Bildung ist deswegen die Vermittlung einer guten Lesekompetenz und effektiver Strategien zum Lesen möglichst verbunden mit einer ausgeprägten Lesemotivation und einem ausgiebigen Leseverhalten (vgl. Reiss u. a. 2019, S. 81) Dieses Ziel wird aber bei einem Teil der Schüler nicht erreicht.

1. Zur Lese-/Rechtschreibstörung aus psychologischer und kinder- und jugendpsychiatrischer Sicht

Die Lesestörung ist ein weltweit anerkannter Krankheitsbegriff, der in der internationalen Klassifikation für psychische Störungen der Weltgesundheitsorganisation (WHO) – der ICD-11 – Eingang gefunden hat: Developmental learning disorder with impairment in reading (6A03.0). Sie ist gekennzeichnet durch signifikante und anhaltende Schwierigkeiten beim Erlernen schulischer Fähigkeiten im Zusammenhang mit dem Lesen, wie Wortlesegenauigkeit, Leseflüssigkeit und Leseverständnis. Die Leseleistung des Individuums liegt deutlich unter dem, was für das chronologische Alter und das Niveau der intellektuellen Funktion zu erwarten wäre, und führt zu einer erheblichen Beeinträchtigung der schulischen oder beruflichen Funktion des Individuums.

a) Woran erkennt man eine Lesestörung im Einzelnen?

Hauptkennzeichen bei einer Lesestörung sind häufige Fehler beim Vorlesen und eine deutlich herabgesetzte Leseflüssigkeit, d. h. eine langsame Geschwindigkeit und Stocken beim Lesen von Wörtern und Texten. Im Erstleseunterricht sind schon größere Schwierigkeiten beim Einprägen der jeweiligen Buchstabe-Laut-Verknüpfung erkennbar. Die Woche für Woche neu erlernten Buchstaben können nicht richtig abgespeichert und korrekt benannt sowie Laute nur unzureichend akustisch unterschieden werden. Das Zusammenlesen der einzelnen Buchstaben gelingt besonders bei längeren Wörtern nur verzögert. Die überwiegende Anzahl der Kinder mit einer Lesestörung oder -schwäche erlernt zwar das Lesen von einfachen Wörtern bis zum Ende der Grundschulzeit. Im Leselernprozess kommen die Kinder aber meist nicht zu einem »automatisierten Lesen«, d. h. der

»Abruf von Wörtern und Wortteilen aus dem Gedächtnis« ist oft »verlangsamt und fehlerhaft« (Schulte-Körne, Galuschka 2019, S. 1). Durch das nicht automatisierte, langsame und fehlerhafte Lesen ist das Verständnis des Gelesenen in erheblicher Weise erschwert. Die Defizite im Bereich der Leseflüssigkeit bzw. -geschwindigkeit und die dadurch bedingte reduzierte Sinnentnahme bestehen bis ins Erwachsenenalter weiter und stellen das konsistenteste Kennzeichen dar (vgl. Schulte-Körne, Galuschka, S. 18).

In Bezug auf die testpsychologisch fundierte Diagnose einer Lesestörung bestehen zwei Ansätze:

a) Mit Hilfe eines standardisierten Lesetests und eines Intelligenztests wird eine statistisch bedeutsame Diskrepanz (1,5 Standardabweichungen) zwischen der intellektuellen Begabung (die im Normbereich liegen sollte) sowie der Leseleistung (die dann unterdurchschnittlich ist) festgestellt.
b) Aktuell zeichnet sich die Entwicklung ab, dass man von dem Diskrepanzkriterium absieht und eine Lesestörung diagnostiziert, wenn im Lesetest eine Leistung, die schlechter als ein vorgegebener Normwert ist, gemessen wird. Meist wird ein Normwert angenommen, der 1,5 Standardabweichungen unter dem Durchschnitt liegt, d. h. das Testergebnis liegt unter einem Prozentrang von 7 (vgl. Schulte-Körne 2021).

b) Wie häufig tritt eine Lesestörung auf?

Bei etwa 4–7 % aller Schüler in Deutschland liegt eine isolierte Lesestörung vor. Zusätzlich sind 2–9 % von einer kombinierten Lese-/Rechtschreibstörung betroffen. Insgesamt weisen damit 6–16 % der deutschen Schüler eine Lesestörung auf (vgl. Schulte-Körne, Galuschka 2019, S. 9).

c) Wie sieht die Entwicklung der Lesekompetenz in Deutschland aus?

Aufschluss können die PISA-Studien geben, in denen im Dreijahresabstand die schulischen Kompetenzen Fünfzehnjähriger in Deutschland repräsentativ untersucht werden. Die Ergebnisse aller PISA-Studien zeigen, dass sich zwischen 2000 und 2009 die *mittlere Lesekompetenz* der Fünfzehnjährigen in Deutschland deutlich verbesserte, sich aber ab 2009 keine Veränderungen mehr zeigten. Während die mittlere Lesekompetenz in Deutschland 2000 noch signifikant unter dem Durchschnitt der beteiligten OECD-Staaten lag, liegt sie 2018 signifikant über dem OECD-Durchschnitt (vgl. Reiss u. a. 2019, S. 47 und 56f).

Der aktuell gute Wert von 2018 ist darauf zurückzuführen, dass »ein relativ hoher Anteil der Gymnasiastinnen und Gymnasiasten bei PISA 2018 hochkompetent im Lesen ist« (ebda., S. 47). Dagegen »gibt es insbesondere an nicht gymnasialen Schularten einen hohen Anteil leseschwacher Jugendlicher, der sowohl im Vergleich zu 2009 als auch im Vergleich zu 2015 bedeutsam angestiegen ist […]. Die Gruppe der besonders leseschwachen Schülerinnen und Schüler ist im Vergleich zu anderen lesestarken Staaten verhältnismäßig groß.« (ebda.) Die Unterschiede zwischen den lesestärksten und leseschwächsten Jugendlichen in Deutschland ist bei PISA 2018 signifikant größer als 2009 und 2015 (ebda., S. 58). Insgesamt erreichten 2018 so »20,7% der deutschen Jugendlichen, d. h. jeder Fünfte, nur die unterste Kompetenzstufe bzw. lagen sogar noch darunter.« (ebda., S. 61).

In Deutschland beträgt die Geschlechterdifferenz im Durchschnitt 26 Punkte: Mädchen erreichen im Mittel 512 Punkte, Jungen 486 Punkte. Zusätzlich fällt auf, dass auch der Anteil leseschwacher Mädchen deutlich kleiner ist als der Anteil leseschwacher Jungen. Während sich 16 % der Mädchen auf den untersten Kompetenzstufen (I oder schlechter) befinden, sind es 24 % der Jungen. Der Anteil der besonders leseschwachen Jungen hat sich seit dem Jahr 2009 nicht verändert (24 % bei PISA 2009 und 2018). Somit gibt es einen relativ hohen Anteil an Jungen (jeder Vierte), die nur über äußert eingeschränkte Lesekompetenz verfügen (ebda, S. 62–76).

Als Fazit ist zu ziehen, dass das Schulsystem in Deutschland es geschafft hat, die Lesekompetenz der Jugendlichen in höheren Schulen zu verbessern. Dagegen zeichnet sich ab, dass Deutschland bei der Vorbeugung von Leseschwächen nicht erfolgreich war. »Mehr als ein Fünftel der Fünfzehnjährigen zeigt Kompetenzen unterhalb der Kompetenzstufe II und ist damit kaum in der Lage, sinnerfassend mit Texten umzugehen.« (ebda., S. 77) Dieser »besorgniserregende Befund« sollte unbedingt »zur Konsequenz haben, dass leseschwache Kinder und Jugendliche in Deutschland noch stärker gefördert« werden müssten (ebda.). Weiterhin müsste in besonderer Weise auf die große Zahl an besonders leseschwachen Jungen geachtet werden.

d) Was weiß man über die Ursachen einer Lesestörung?

Aktuell findet man in der relevanten Literatur nur »vermutete Ursachen«: »Bis heute sind die Ursachen kaum verstanden« (Schulte-Körne, Galuschka 2019, S. 11).

Die Lesestörung scheint eng mit der biologischen Reifung des zentralen Nervensystems verknüpft zu sein. Eine *einzige* biologische Ursache der Lesestörung gibt es vermutlich nicht. Vielmehr geht man von vielfach möglichen Ursachen aus. Eine Vielzahl von Befunden aus Gruppenvergleichen (schwache – normale Leser) und Untersuchungen mit neurophysiologischen, hirnelektrischen und bildgebenden Verfahren weisen auf hirnanatomische oder hirnfunktionelle Besonderheiten oder genetische Dispositionen hin. »Relevante Einfluss- und Verursachungsfaktoren« sind weiterhin vor allem »Defizite im Arbeitsgedächtnis und in der Aufmerksamkeit« (Schulte-Körne, Galuschka 2019, S. 15).

Viel zu wenig hat man bisher den Zusammenhang zwischen schulischen Leselernmethoden und Lesestörung untersucht. Immer wieder folgt die Schule ideologisch, aber nicht empirisch begründeten Ansätzen. Ein Beispiel ist der einmal stark propagierte Ansatz »Lesen durch Schreiben« von Jürgen Reichen, der inzwischen von den Kultusministerien einiger Bundesländer nach sehr negativen Erfahrungen sogar verboten wurde. Festzuhalten bleibt: »Die schulischen Methoden des Erstlese- und Schreibunterrichts können ebenfalls ein wichtiger Einflussfaktor sein.« (Schulte-Körne, Galuschka 2019, S. 16)

e) Welche Auswirkungen hat eine Lesestörung

Die Begleitstörungen und Folgeprobleme der Lese- und auch einer Rechtschreibstörung sind erheblich. Neben den Störungen im Lern- und Leistungsverhalten zeigen sich bei 50 % der betroffenen Kinder Angstsymptome sowie depressive Verstimmungen, Konzentrationsprobleme, psychosomatische Symptome wie Kopf- und Bauchschmerzen, erhöhte Aggressivität, Kontaktstörungen oder auch dissoziale Störungen. Das Selbstwertgefühl dieser Kinder leidet insgesamt erheblich (vgl. Schulte-Körne, Galuschka 2019, S. 17ff).

Im Vergleich zu Schülern mit anderen Entwicklungsstörungen weisen sie im Jugendlichen- und Erwachsenenalter den ungünstigsten schulischen und beruflichen Werdegang auf: In Längsschnittstudien konnte man zeigen, dass Betroffene eine vergleichsweise niedrigere Schul- und Berufsausbildung erreichen. Zum Beispiel besuchen sie wesentlich weniger häufig das Gymnasium und dafür signifikant häufiger eine Sonderschule, die Arbeitslosenrate im Erwachsenenalter ist um ein sechsfaches erhöht und viele Betroffene weisen zusätzliche psychische Störungen sowie eine ungünstige Sozialentwicklung auf (ebda.).

f) Woran können Eltern oder Lehrer eine Leseschwäche erkennen?

Hellhörig sollten Lehrer und Eltern werden, wenn eine Sprachentwicklungsverzögerung beim Kind bestand, Lese- und Rechtschreibschwächen familiär gehäuft auftreten und sich Schwierigkeiten beim Lesen bereits relativ früh am Anfang der Grundschulzeit zeigen. Bereits in den ersten Wochen der ersten Klasse können betroffene Kinder auf Anforderungen, die Leseübungen beinhalten, ablehnend reagieren, zum Teil aggressiv und oppositionell, zum Teil auch traurig und vermeidend, oft verbunden mit Bauch- oder Kopfschmerzen.

Leseschwächen können sich (vgl. Warnke, Schulte-Körne 2007, S. 153f; Suchodoletz 2007, S. 22; Schulte-Körne, Galuschka 2019, S. 18) in folgenden Symptomen äußern:

- sehr niedrige bzw. verlangsamte Lesegeschwindigkeit
- zögerndes, stockendes Lesen von Wort zu Wort, aber auch von Buchstabe zu Buchstabe
- Auslassungen von Buchstaben oder Wortteilen
- Einfügen von Buchstaben, Wortteilen oder Wörtern
- Erlesen des ersten Teils des Wortes, dann Raten
- Verdrehungen (Reversionen) von Buchstaben im Wort oder Vertauschen von Wörtern im Satz
- fehlerhaftes Zusammenfügen von Satzteilen
- Startschwierigkeiten beim Vorlesen
- Verlieren der Zeile im Text

- fehlende sinnentsprechende Betonung
- unzureichende Fähigkeit, das Gelesene wiederzugeben und aus dem Gelesenen Schlüsse zu ziehen

2. Modelle des Leseprozesses – Was passiert eigentlich, wenn man liest?

Auf welche Weise entnimmt der Leser der Schrift Informationen, die es ihm ermöglichen, einen geschriebenen Text laut vorzulesen bzw. dessen Sinn zu entnehmen? Auf welche Kenntnisse und Fertigkeiten greift er dabei zurück? Vorab: Die folgenden Erklärungskonzepte sind »nur« Modelle. Sie sollen Ihnen eine Vorstellung vermitteln, wie komplex der Leseprozess ist. Die unten beschriebenen Modelle zeigen trotz aller Unterschiede dabei zum Teil Überschneidungen und Annäherungen (vgl. Klicpera, Gasteiger-Klicpera 1995, Hasselhorn, Gold 2022, S. 130f). Wenn Sie sich mit den einzelnen Modellen nicht im Detail auseinandersetzen möchten, können Sie direkt beim Unterpunkt d) »Die Modelle im Überblick« weiterlesen.

a) Modell der zweifachen Zugangswege

Nach diesem Modell stehen dem Leser zwei Zugangsmöglichkeiten zur Verfügung. Der erste Zugang besteht in einer sofortigen Wortidentifikation, wobei über den so genannten orthographischen Kode im Gehirn ein direkter, d. h. unmittelbarer Kontakt mit einem lexikalischen Eintrag hergestellt wird. Ist der Eintrag ermittelt, weiß der Leser die Aussprache des Wortes. Bei unbekannten Wörtern ist dagegen eine Wortidentifikation nicht möglich, da hier kein lexikalischer Eintrag im Gehirn vorhanden ist. In diesem zweiten Fall erfolgt eine Rekodierung der einzelnen Buchstaben bzw. Buchstabengruppen in eine sprech-/sprachliche »phonologische« Form. Nun ist die Aussprache der Wörter möglich. Diese so genannte phonologische Rekodierung erfolgt vor dem Zugang zum Lexikon. Grapheme (Einzelbuchstaben bzw. kleine Buchstabengruppen wie »sch«) werden als Einheiten beim phonologischen Rekodieren verwendet. Wissenschaftler nehmen allgemeine Regeln für die Zuordnung von Graphemen zu Phonemen an.

Da in vielen Schriftsprachen die Graphem-Phonem-Zuordnungsregeln nur bei einem Teil der Wörter die korrekte Aussprache wiedergeben, muss es für das Lesen bzw. Aussprechen unbekannter Wörter Ausnahmen geben. Für diesen Fall gehen Wissenschaftler davon aus, dass beide Zugangswege – d. h. die Wortidentifikation im Mentallexikon und die phonologische Rekodierung – vom Leser parallel eingeschlagen werden. Die Ergebnisse beider Verarbeitungsprozesse könnten dann verglichen werden. Auch über den (zweiten) Zugang einer prälexikalischen phonologischen Rekodierung muss das mentale Lexikon konsultiert und die ermittelte Aussprache verifiziert werden (vgl. Gold 2018, S. 19f).

Fazit: Entweder kann sich der Leser an das Wortbild erinnern, weil er es zuvor schon abgespeichert hat. Ist dies nicht der Fall, muss er sich das Wort Buchstabe für Buchstabe bzw. Laut für Laut zusammenziehend erlesen. Beide Prozesse können gleichzeitig nebeneinander stattfinden.

b) Das Analogiemodell

Das Analogiemodell ist im Vergleich zum Modell der zweifachen Zugangswege komplexer. Es stellt ein Übergangsmodell zu dem nachfolgenden Netzwerkmodell dar, welches hochkomplex ist. Das Analogiemodell geht davon aus, dass ein Leser beim Lesen eines neuen Wortes rasch alle ihm bekannten ähnlichen Worte automatisch aktiviert. Wissenschaftler nehmen an, dass beim Lesen bekannter Wörter auch direkt die Aussprache der gesamten Buchstabensequenz abgerufen werden kann.

Das Analogiemodell basiert auf dem Befund, dass ein Großteil des Einflusses der Regelmäßigkeit in der Graphem-Phonem-Zuordnung durch die Konsistenz der Aussprache von Buchstabenfolgen erklärt werden kann. Wörter mit Buchstabenfolgen, die immer wieder gleich ausgesprochen werden, können rascher gelesen werden als Wörter mit Buchstabenfolgen, die sehr inkonsistent ausgesprochen werden. Neben der phonologischen Rekodierung durch Graphem-Phonem-Zuordnungsregeln könnte ein zweiter Rekodierungsprozess, nämlich die Zuordnung der Graphem- und Phonemfolge des Silbenauslautes bzw. des Silbenkörpers, zur Verfügung stehen.

c) Netzwerkmodell

Dieses Modell entspricht am ehesten der aktuellen Forschung über die Arbeitsweise des Gehirnes mit seinen vernetzten Strukturen. Die Aussprache von Wörtern wird nach diesem Modell dadurch möglich, dass der Leser durch tausendfache Übung die Zuordnung von Buchstaben- und Phonemfolgen gelernt hat, ohne dabei explizite Regeln zu benötigen. Die Zuordnungsbeziehung ist jetzt nur noch ein quasi regelhaftes Verhältnis. Ausnahmen gibt es ja immer, so dass die Häufigkeit des Übens eine große Rolle spielt. Wissenschaftler nehmen an, dass die verschiedenen Informationen, die wir über Worte haben, in verschiedenen getrennten Netzwerken gespeichert werden, die über Zugangswege miteinander verbunden sind. Wörter werden möglicherweise in sich überlappende Sequenzen von Buchstaben zerlegt. Ein Wort kann eine große Anzahl an inneren orthographischen Repräsentationseinheiten aktivieren. Das Aktivitätsmuster als komplexes Netzwerkssystem erlaubt dann in seiner Gesamtheit eine sichere Identifikation der Buchstabenfolge eines Wortes. Die innere Repräsentation der orthographischen Struktur von Wörtern und damit das Wissen um ihre Aussprache geschieht also nicht durch Eins-zu-Eins-Regeln, sondern durch so genannte probabilistische Verbindungen. Der Leser lernt, wie bestimmte Buchstabenfolgen in Phonemfolgen übersetzt werden. Dieses Wissen erwirbt er sich durch das sehr häufige und wiederholte Erlesen einer Vielzahl von Wörtern.

d) Die Modelle im Überblick

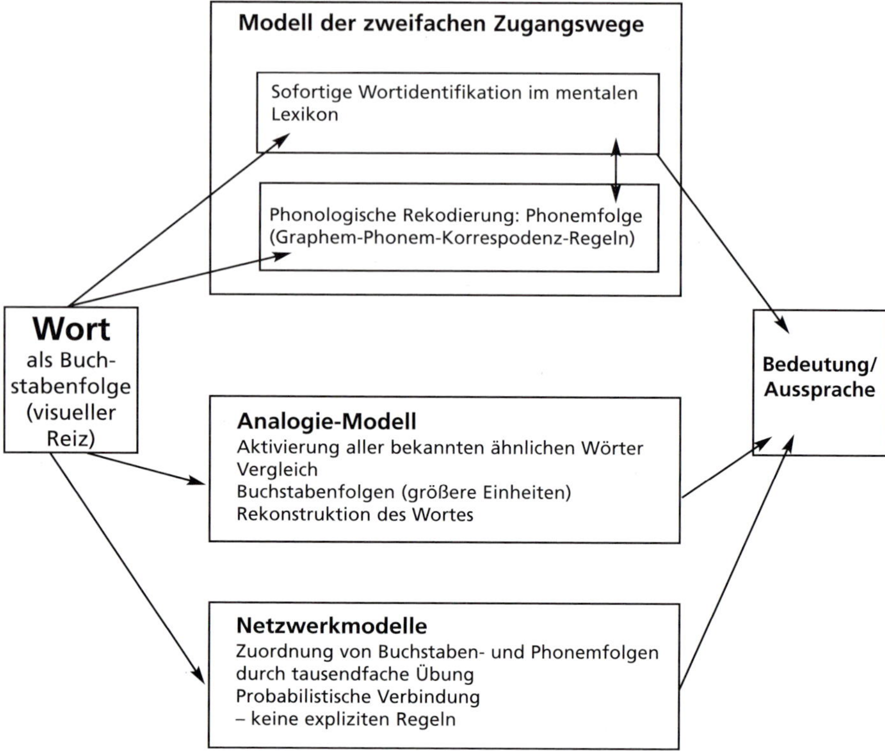

Abb. 13.1: Theorien zum Leselernprozess

Aus den oben beschriebenen theoretischen Modellen lässt sich schlussfolgern, dass die Worterkennung nicht die Anwendung eines Regelsystems ist, sondern einen Suchprozess darstellt. Während dieses Suchprozesses werden unterschiedliche Speicher nach Vertrautem und Bekanntem durchsucht und mit dem Unbekannten in Beziehung gesetzt. Ein Wort, welches nicht als Ganzes erkannt werden kann, wird in handhabbare Einheiten untergliedert. Die segmentierten Einheiten werden dann im Langzeitgedächtnis mit bereits vorhandenen Quasiwörtern, Wortfragmenten oder Merkmalslisten verglichen und auf Bekanntheit überprüft. Der so genannte Resynthetisierungsprozess sorgt für das Zusammenfügen der Segmente zu einer Einheit, welche der Leser in eine akustisch, phonologische oder semantische Kategorie einordnet. Es finden also insgesamt viele Transferprozesse statt, die über eigene individuelle Strategien, die Unbekanntes mit Bekanntem vergleichen, ablaufen.

e) Was bedeutet dies für den Leselernprozess?

Da Lesen eine hochkomplexe Tätigkeit darstellt, sind hierfür die Fähigkeit zur Aufmerksamkeitsfokussierung und die Kapazität des Arbeitsspeichers sehr wichtige Voraussetzungen. Für ein erfolgreiches Lesen ist der Grad der Automatisierung – d. h. das »tausendfache Üben«, um immer wieder Neues mit Bekanntem zu vergleichen – von wesentlicher Bedeutung.

Besonders wichtig beim geübten Leser ist es, dass er *auf einen Blick* größere Teile eines Wortes bzw. das Wort als Ganzes entschlüsseln kann.

Ein Beispiel: Wie kann ein Leser das ihm unbekannte Wort »Spaziergang« erlesen?

Vorausgesetzt werden darf, dass der Leser in seinem Wortspeicher, d. h. im Langzeitgedächtnis, schon Wörter oder Wortfragmente abgespeichert hat. Außerdem besitzt er Erfahrungen im Vergleich zwischen Bekanntem und Unbekanntem. Zunächst setzt im Gehirn des Lesers ein Segmentierungsprozess ein.

Ein sehr geübter Leser wird das Segment »spazier« im Wort »Spaziergang« wiedererkennen, das Wort »gang« wird ihm auch bekannt vorkommen, so dass er nur noch beide Segmente zu einem Ganzen zusammenfügen muss. Der weniger geübte Leser wird vielleicht das kleinere Segment »sp« erkennen, außerdem das »ie«, das »ng« und den Rest des Wortes nur als Einzelbuchstaben identifizieren. Er muss dann die Einzelteile, Laut für Laut, zusammenfügen.

Der Geübte braucht also nur zwei »Bausteine« zu verbinden, während der Ungeübte acht Teilschritte benötigt, um das Wort zu erkennen bzw. zu bilden. Da diese Informationsmenge von acht Teilschritten die Arbeitsspeicherkapazität bei ADHS-Kindern, die sehr oft zu den »ungeübten« und damit schlechteren Lesern gehören, deutlich überschreitet, führt dies zu dem häufig zu beobachtenden Erraten bei längeren »unbekannten« Wörtern. In der Konsequenz bedeutet dies, dass es für das Lesen neuer unbekannter Wörter viel einfacher und schneller ist, möglichst viele größere Einheiten in einem Wort, wie z. B. Silben, »auf einen Blick« erkennen zu können und diesen Vorgang automatisiert zu haben (vgl. Walter 2001, S. 116). Dies ist besonders wichtig für unsere ADHS-Kinder mit ihrem häufig kapazitätsbegrenzten und störanfälligeren akustischen Arbeitsspeicher.

3. Ziel im Leselernprozess

Wie im Rechnen gilt es für ADHS-Kinder auch beim Lesen den Grad der Automatisierung zu erhöhen. Gute, d. h. sichere und schnelle Leser unterscheiden sich von unsicheren und langsamen Lesern durch die Identifikation größerer Worteinheiten »auf einen Blick«. Dies stellen auch die oben beschriebenen Erklärungsmodelle des Leselernprozesses übereinstimmend fest: Sind viele möglichst große Einheiten von Wörtern, Silben oder Buchstabenfolgen automatisiert, können diese ohne größeren Aufwand schnell abgerufen werden. Das Hauptziel des Leselernprozesses bei Grundschulkindern besteht darin, zu einer »größeren Geläufigkeit und Automatisierung beim Lesen« zu gelangen (Klicpera u. a. 2003, S. 138). Endziel ist jedoch, mit Hilfe einer immer besseren Lesegeläufigkeit schließlich schnelles, sinnerfassendes Lesen zu erreichen.

Schnelle Leser unterscheiden sich von langsamen dadurch, dass sie größere Einheiten eines Wortes »auf einen Blick« erkennen. Die schnelle Erfassung von komplizierten Wörtern, wie »Mississippidampfschifffahrtgesellschaftskapitän« (vgl. Stern 2003), verdanken wir als gute Leser einem hochgradigen Automatisierungsprozess. Wir erkennen größere »Bausteine« und wissen, welche Buchstabengruppen welchen Silben und sogar Wörtern zuzuordnen sind. Schwache Leser müssen hingegen jeden Buchstaben mühsam in einen Laut übertragen und daraus wiederum mühsam und langsam ein Wort konstruieren, was sehr viel Aufmerksamkeit und Arbeitsgedächtniskapazität verbraucht und besonderes ADHS-Kinder extrem frustrieren kann. Diese für das »Erlesen« benötigte Arbeitsgedächtniskapazität steht dann für das Erfassen des Inhalts nicht mehr zur Verfügung.

Sinnerfassendes Lesen – ein hochkomplexer Vorgang: Welche Teilkompetenzen beinhaltet das sinnerfassende Lesen?

a) Dekodieren von Wörtern

Dieser Prozess meint das Übersetzen von Schriftsymbolketten in Klangstrukturen. Schriftsymbol und Sprachklang müssen also zusammengeführt werden.

b) Rekodieren – Bedeutungsübersetzung der dekodierten Wörter

Ein verstehendes Lesen erfordert die Bedeutungsübersetzung der dekodierten Wörter, also das Erkennen von Wortbedeutungen. Das Erkennen der Wortbedeutung hängt wiederum von dem verfügbaren Wortschatz und vom Weltwissen des Lernenden ab.

c) Integrieren von Wörtern zu einem Satz und Verstehen dieses Satzes

Nach der Bedeutungserkennung einzelner Wörter müssen diese zu einem Satz integriert werden. Der Satz muss im phonologischen Arbeitsspeicher präsent gehalten und auch inhaltlich verstanden werden.

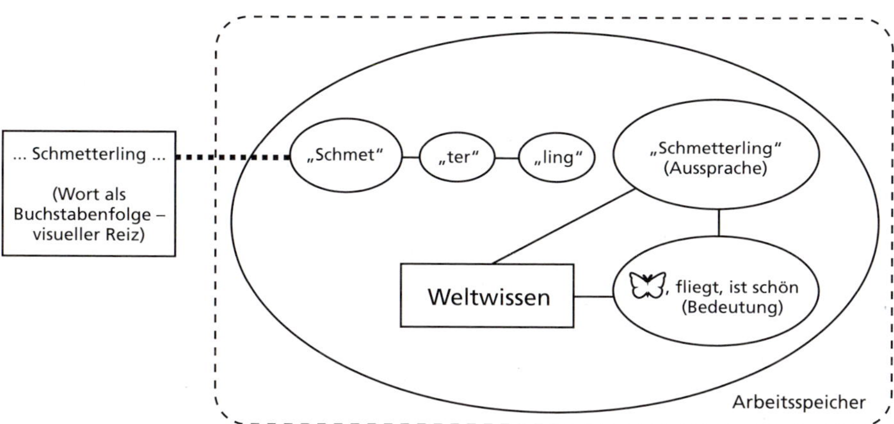

Abb. 13.2: Verstehendes Lesen am Beispiel des Wortes »Schmetterling«

d) Erschließung komplexer Informationen aus Texten

Voraussetzung zur Erschließung komplexer Informationen aus Texten, insbesondere nach der Grundschulzeit, ist das schnelle De- und Rekodieren, um größere Sinnzusammenhänge verstehen und behalten zu können. Dabei vermag der Leser sich die Bedeutung umso leichter erschließen, je größer sein textinhaltsbezogenes Vorwissen ist. Gleichzeitig wird dabei die erschlossene Bedeutung wieder in das Vorwissen integriert (vgl. Hasselhorn, Gold 2022, S. 131; Gold 2018, S. 24; Schulte-Körne, Galuschka 2019, S. 101).

An dieser Stelle ist noch einmal zu betonen: »Denn nur wer flüssig lesen kann, wer Wörter mühelos, schnell und fehlerfrei erkennt, setzt mentale Ressourcen frei, die für das Textverstehen benötigt werden. Ist diese basale Lesefertigkeit noch unzureichend entwickelt, muss sie dringend gefördert werden.« (Gold 2018, S. 21)

e) Verstehenskompetenz bei digitalen Texten

Heutzutage kommt die richtige Bedeutungserschließung bei digitalen Texten als wichtiges Ziel noch hinzu. Aufbauend auf dem grundlegenden Verstehen von Texten muss zusätzlich die für das jeweilige Medium spezifische Form der selbstgesteuerten Auswahl und Verarbeitung und die Bewertung der Vertrauenswürdigkeit einer Informationsquelle beherrscht werden (vgl. Gold 2018, S. 49).

4. Erschwernisse im Leselernprozess – zur aktuellen Forschungslage

Obwohl nur gleichzeitiges Auftreten, aber kein ursächlicher Zusammenhang empirisch nachgewiesen wurde, wird immer wieder propagiert: Die Hauptkomponenten, welche die Schwierigkeiten beim Lesenlernen verursachen, liegen in den Bereichen der phonologischen Verarbeitung. Die meisten – aber nicht alle – leseschwachen Kinder weisen so auf drei Ebenen der phonologischen Verarbeitung Defizite auf (vgl. Mannhaupt 2003, S. 46; Hasselhorn, Gold 2022, S. 187ff):

a) Defizite in der phonologischen Bewusstheit

Die phonologische Bewusstheit bezeichnet die Fähigkeit zur Lautanalyse und Lautsynthese und die Unterscheidung von Sprachreizen. Im erweiterten Sinne umfasst sie auch das Erkennen von Silben, Wörtern und Reimen. Entsprechende Schwächen lassen sich bereits im Vorschulalter diagnostizieren. Defizite der phonologischen Bewusstheit beeinträchtigen im Leseprozess in erster Linie die *Genauigkeit* der Worterkennung.

b) Erschwernisse in der verbalen Informationsverarbeitung (»phonetisches Rekodieren«) im Arbeitsgedächtnis

Die Funktionstüchtigkeit des phonologischen Arbeitsgedächtnisses kann aufgrund seiner verminderten Kapazität beeinträchtigt sein (vgl. Hasselhorn, Gold 2022, S. 188). Auch Klicpera u. a. (2003) weisen auf einen engen Zusammenhang zwischen »Maßen für die Geschwindigkeit des stillen (subvokalen) Wiederholens«, d. h. der Kapazität der phonologischen Schleife, und der »Lesefähigkeit« hin (vgl. Klicpera u. a. 2003, S. 184). Diese Funktionsbeeinträchtigungen im Arbeitsspeicher erschweren den eigentlichen Leselernprozess.

> »Ein recht deutlicher Zusammenhang besteht zwischen Leseschwierigkeiten […] und der Fähigkeit zum phonologischen Rekodieren im Arbeitsgedächtnis. Durch das phonologische Rekodieren kann die Lautfolge gespeichert und intern repräsentiert, aber auch innerlich (subvokal) vorgesprochen und wiederholt werden. Sie geht also in die sogenannte artikulatorische Schleife ein und kann damit in einem aktivierten Zustand gehalten, ja sogar stückweise abgespeichert werden. Die Fähigkeit, die Lautfolge des Gesprochenen zu behalten, ist natürlich vor allem bei unbekannten Wörtern […] notwendig. Aus diesem Grund steht die Fähigkeit zum phonologischen Rekodieren in einem engeren Zusammenhang mit der Fähigkeit, neue Wörter zu lernen.« (Klicpera u. a. 2003, S. 183)

c) Beeinträchtigung des Abrufs phonologischer Kodes aus dem Langzeitgedächtnis

Der Zugriff auf die Aussprache und Betonung von Buchstaben, Zahlen und Wörtern, die in der Wissensbasis einer Person bereits repräsentiert sind, scheint ebenfalls beeinträchtigt zu sein. Es ist wohl vor allem die Geschwindigkeit dieses Prozesses, d. h. des Abrufs der phonologischen Kodes aus dem Langzeitgedächtnis, die reduziert ist und damit die Lesegeschwindigkeit verlangsamt (vgl. Hasselhorn, Gold 2022, S. 190).

Personen, die von einer Lese-Rechtschreib-Störung betroffen sind, zeigen häufig – wohl auch auf der Grundlage dieser Beeinträchtigungen – bereits Auffälligkeiten in der Sprachentwicklung: Der Wortschatz wird langsamer erworben, oft sind grammatikalische Fertigkeiten beeinträchtigt, das sprachliche Gedächtnis ist begrenzt. Buchstaben, Wörter, Gegenstände, Farben oder Zahlen können nur langsamer benannt werden (Warnke, Satzger-Harsch 2004).

d) Beeinträchtigungen im Bereich der Aufmerksamkeit

Als wichtige Komponente neben den Defiziten im phonologischen Bereich kommen sehr häufig Probleme im Bereich der Aufmerksamkeit hinzu. Studien belegen so eine » Komorbidität der Lese-Rechtschreibstörung mit Aufmerksamkeits- bzw. Hyperaktivitätsproblemen« (Hasselhorn, Gold 2022, S. 191, vgl. auch Schulte-Körne, Galuschka 2019, S. 18).

e) Zusätzliche Schwierigkeiten bei ADHS-Kindern: Das Problem sogenannter erratischer Blickbewegungen

Um ein Wort beim Lesen richtig zu erfassen, bedarf es einer optimalen »Landeposition« der Augen. Werden zu viele Blicksprünge vollzogen, die zusätzlich häufig korrigiert werden müssen, wird die optimale Landeposition oft verfehlt. Eine sinnvolle Informationsverarbeitung wird erst durch eine präzise Koordination und Umschaltung zwischen gut gesteuerten Augenbewegungen und Fixationen ermöglicht (vgl. Gold 2018, S. 12f).

ADHS-Kinder stehen häufig vor dem Problem, ihre Augen beim Lesen nicht richtig steuern zu können. Wissenschaftliche Untersuchungen zeigen, dass rund die Hälfte aller ADHS-Kinder ein Defizit in der willentlichen Ausrichtung des Blickes aufweist. Die Kinder können ihren Blick selbst über kurze Zeitintervalle von nur wenigen Sekunden nicht gut fixieren und lassen sich leicht ablenken. Sie machen viele unnötige Blicksprünge während der Fixationsphasen. Die erratischen unruhigen Augenbewegungen machen es ADHS-Kindern schwer, die zu lesenden Wörter richtig zu identifizieren. Der Lese(lern)prozess wird bei ADHS-Kindern im Vergleich zu ihren Altersgenossen dadurch anstrengender und fehlerbehafteter, was den betroffenen Kindern die Lust am Üben nimmt (vgl. Fischer 2001, S. 25f).

f) Ungünstige Leselernstrategien

Die Beeinträchtigungen reichen aber nicht aus, um das Entstehen einer Lesestörung oder -schwäche zu erklären. Die Studien bestätigten jeweils, dass ein größerer Anteil der dyslektischen Kinder in unterschiedlichen Mischungsverhältnissen Defizite in den oben angeführten Bereichen aufweist. Doch dies galt interessanterweise auch für manche Kinder ohne Lesebeeinträchtigung. Andererseits entwickeln auch nicht alle Kinder mit diesen Defiziten eine Lesestörung oder -schwäche (vgl. Blakemore, Frith 2006, S. 127). Damit kommt dem Leselernprozess und dem Umgang mit den erschwerenden Voraussetzungen eine mitentscheidende Bedeutung zu.

Klicpera u. a. (2003) belegen die Bedeutung der Lesestrategien. Die Unterschiede in den Lesestrategien zwischen schlechten und guten Lesern sind schon früh erkennbar. In einer Untersuchung stellten die Autoren der Studie fest, dass am Ende der ersten Klasse die Methode des gedehnten Erlesens von Wörtern von den schwachen Lesern bei 53 % der Wörter eingesetzt wurde, bei den guten Lesern aber nur noch bei 23 % der Wörter (S. 138). Weiterhin konnten schwache Leser nur ein Fünftel der Wörter spontan, d. h. ohne Pause lesen, während dies den guten Lesern bei zwei Drittel der Wörter gelang (S. 137).

Auch in Gehirnscans konnten diese Unterschiede in der Verarbeitungsweise bei schlechten und guten Lesern eindrucksvoll bestätigt werden (vgl. Paulesu u. a. 2001). Deutlich erkennbar ist (▶ Abb. 13.3 und ▶ Abb. 13.4), dass gute und schlechte Leser vorrangig unterschiedliche Gehirnbereiche beim Lesen aktivieren.

Was unterscheidet schlechte

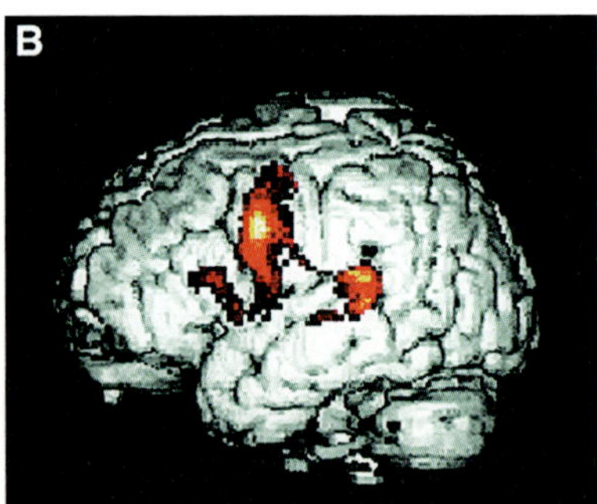

Abb. 13.3: Unterschiede in den Gehirnscans von schlechten Lesern im Vergleich zu guten Lesern (From: Paulesu et al. (2001): Dyslexia: Cultural Diversity and Biological Unity. Science 291(5511), S. 2165ff. Reprinted with permission from AAAS.)

von guten Lesern?

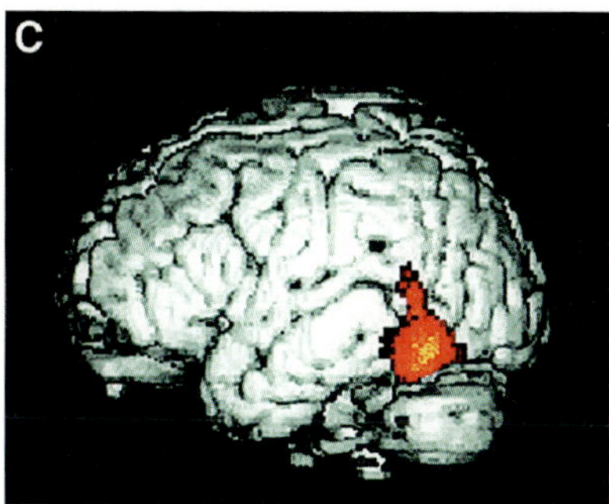

Abb. 13.4: Unterschiede in den Gehirnscans von schlechten Lesern im Vergleich zu guten Lesern (From: Paulesu et al. (2001): Dyslexia: Cultural Diversity and Biological Unity. Science 291(5511), S. 2165ff. Reprinted with permission from AAAS.)

Diese Gehirnscans spiegeln die von Klicpera gefundene Bedeutung der Lesestrategie wider: Schwache Leser mit einer gedehnten, zusammenschleifenden Lesestrategie benutzen vorrangig entsprechende Gehirnareale der Laut- und Sprachverarbeitung, während gute Leser, die Wörter »auf einen Blick« erkennen, schwerpunktmäßig entsprechende Bereiche im visuellen Wortformareal benutzen (vgl. Gold 2018, S. 18). Die schlechten Leser scheinen – analog wie beim Rechnen – in einer Anfangsphase des Lernprozesses hängen geblieben zu sein, können nicht zu passenden Automatismen gelangen und verbleiben in der zeitraubendsten und anstrengendsten Form des Leseprozesses.

Die Defizite in der phonologischen Bewusstheit, die Kapazitätsbegrenzung des phonologischen Arbeitsgedächtnisses, Schwierigkeiten im Abruf der phonologischen Kodes aus dem Langzeitgedächtnis und eine zusätzlich bestehende Aufmerksamkeitsstörung allein können eine Lesestörung nicht erklären. Es müssen noch weitere Faktoren hinzukommen. Besonders unpassende oder sogar falsche Lesetechniken können in Verbindung mit den oben genannten phonologischen und aufmerksamkeitsbedingten Erschwernissen der Betroffenen sodann in einen Teufelskreis einmünden, in dem sich eine Leseschwäche immer weiter verstärkt.

5. Zur Analyse des Erstleseunterrichts

a) Fehlstrategien im Erstleseunterricht

Der Erstleseunterricht in der Grundschule baut in vielen Bundesländern leider noch zusätzliche Hürden für Kinder auf, die ungünstige Voraussetzungen für das

Lesenlernen mitbringen. Hierzu zählt z. B. die sog. Anlauttabelle, die man als Beilage in den meisten Leselernfibeln findet. Mit ihrer Hilfe sollen die Kinder durch Verknüpfung Buchstabe mit dem Anfangslaut des Tierbildes wie z. B. »a« wie »Affe«, »b« wie »Bär«, »e« wie »Elefant« oder »p« wie »Papagei« den Buchstabenlaut identifizieren lernen.

Die häufig eingesetzte Anlauttabelle kommt unseres Erachtens bei diesen Kindern einem pädagogischen Kunstfehler gleich. Es handelt sich um eine »Merkhilfe«, die die Automatisierung behindert und verlangsamt sowie den phonologischen Arbeitsspeicher systematisch überlastet. Das Schaubild zeigt, welche komplizierten Umwege im Gehirn des Kindes stattfinden müssen, um selbst ein ganz einfaches Wort wie z. B. »male« zu erlesen.

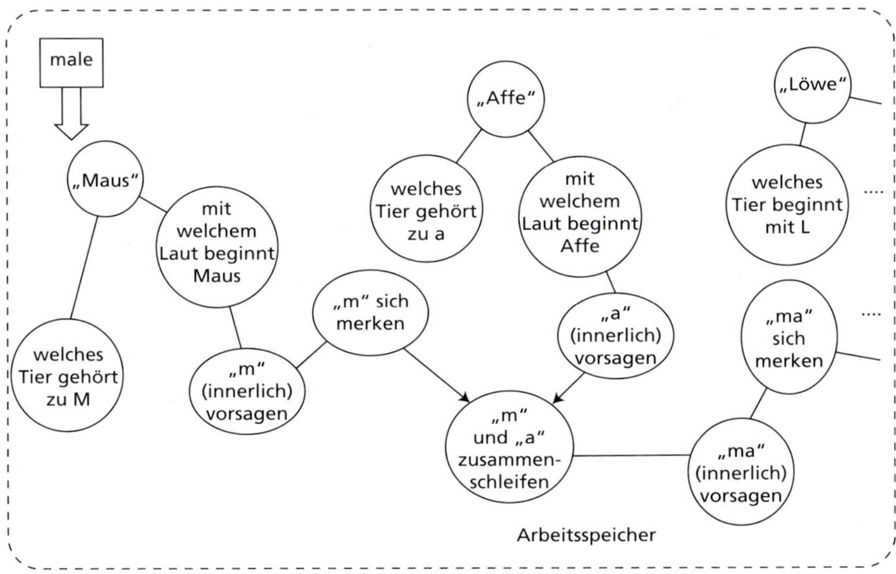

Abb. 13.5: Die Aktivitäten im Arbeitsspeicher, wenn das einfache Wort »male« mit Hilfe der Anlauttabelle erlesen werden soll

Auch die Methode des sog. »Buchstabenaufbauens« über verschiedene Sinne, die häufig in der Grundschule, aber auch im Bereich der Heilpädagogik und der Ergotherapie praktiziert wird, führt unserer Erfahrung nach nicht zu einer Verbesserung des Leselernprozesses. Buchstaben kneten, ertasten, malen, erfühlen etc. bedeutet, jedes Mal unterschiedliche Verknüpfungen zwischen der graphischen Gestalt eines Buchstabens, einer Vielzahl unterschiedlichster Sinneserfahrungen und letztlich auch dem Laut herzustellen. Stellen Sie sich nur einmal vor, welch unterschiedliche Inhalte sich im Arbeitsgedächtnis tummeln, wie diese zu seiner Überlastung führen und was dadurch letztlich überhaupt abgespeichert werden kann. Ein Buchstabe bzw. eine Buchstabengruppierung als graphische Gestalt sollte von Anfang an stattdessen nur mit einem Laut verknüpft werden und dies in immer gleicher Weise.

Auch für die Effektivität von Handzeichen bzw. von Lautgebärden als Hilfen für das Behalten der Buchstabenlautzuordnung im Leseunterricht gibt es keine empirischen Belege (vgl. Klicpera u. a. 2003, S. 91). Auch sie dürften den Arbeitsspeicher unserer Kinder in der Regel nur unnötig belasten. Gerade im Förderbereich wird diese Methode zwar gerne eingesetzt, dennoch dürfte sie – wenn überhaupt – nur für ein kleine Subgruppe von Kindern tatsächlich hilfreich sein.

Silbenbogen, wie sie im Unterricht oft als (vermeintliche) Lesehilfe angeboten werden, sind unseres Erachtens ebenfalls nicht hilfreich, da sie zusätzliche visuelle Ablenkungen von dem eigentlichen Wortbild bzw. dem Wortbaustein darstellen.

In der Schule häufig eingesetzte »Merkhilfen« wie die Anlauttabelle oder auch das Prinzip »Buchstaben mit allen Sinnen lernen« bedeuten für ADHS-Kinder keine Hilfen, sondern nur eine zusätzliche und unnötige Belastung des Arbeitsspeichers. Sie erschweren dadurch den Automatisierungsprozess und damit das Lesenlernen.

b) Struktur, Aufbau und Geschwindigkeit des Leselernprozesses

Ein erfolgreicher Erstleseunterricht zeichnet sich durch seine klare Struktur und seinen konsistenten Aufbau aus. Die Geschwindigkeit des Leselernprozesses sollte dabei nicht zu hoch sein, wie z. B. Schabmann in einer Studie belegt: »Der Anteil von Schülern mit sehr schwachen Leistungen liegt in den Klassen mit *schneller* Vorgangsweise bei über 31%, bei Klassen mit *langsamerem* Vorgehen bei etwa 10%.« (2007, S. 69). Auch das zeitliche *Ausmaß* der Leseaktivitäten ist im Rahmen des Erstleseunterrichts zu beachten: Nicht nur in der Schule, sondern auch zu Hause sollte das Lesen regelmäßig geübt und dadurch automatisiert werden. Schabmann (2007) z. B. stellte fest, dass in Klassen, deren Schüler daheim wenig übten, der Anteil von sehr schwachen Lesern deutlich erhöht war und bei 47% lag (vgl. S. 69).

c) Welche Lesestrategien sind hilfreich?

Ein vorrangiges Ziel im Leselernprozess besteht darin, immer größere Wortteile »auf einen Blick« zu erkennen. Silben auf einen Blick zu erkennen und zu identifizieren, entlastet den oft begrenzten und störanfälligen Arbeitsspeicher unserer Kinder.

Wird beim zusammenschleifenden Lesen dagegen die jeweilige Buchstabe-Laut-Kombination identifiziert und dann gemerkt, zum nächsten Buchstaben übergegangen und dieser wiederum als Laut identifiziert und mühselig an das gemerkte »Lautgebilde« angehängt etc., dann wird das phonologische Arbeitsgedächtnis von ADHS-Kindern chronisch überlastet.

M – Ma – Mas – Masch – …
Bisher erlesenes Lautgebilde merken + nächsten Buchstaben als Laut identifizieren und an das gemerkte Lautgebilde anhängen

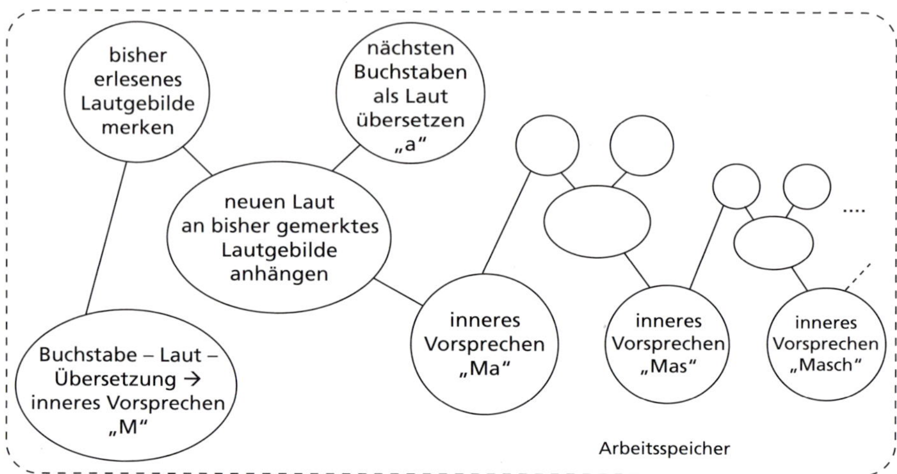

Abb. 13.6: Lautsynthese bzw. Zusammenschleifen am Beispiel des Wortes »Maschine«

Günstiger erscheint es also, größere Wortteile, z. B. Silben, auf einen Blick zu erfassen und dann zusammenzufügen. Das »Erkennen« der Silben auf einen Blick ist deswegen ein wichtiger Schritt auf dem Weg zum automatisierten Lesen.

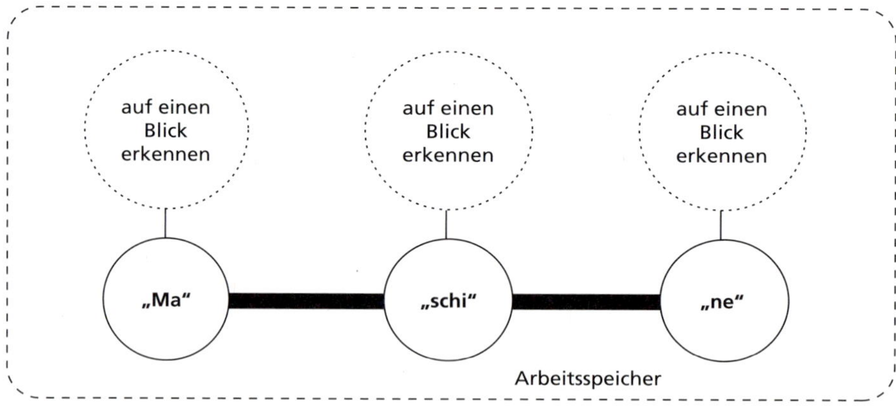

Abb. 13.7: Erkennen der Silben auf einen Blick am Beispiel des Wortes »Maschine«

6. Der Teufelskreis Leseschwäche bei ADHS-Kindern

ADHS-bedingte Gefährdungen führen schnell zu einem Teufelskreis. Die Ausrichtung der Aufmerksamkeit, das Durchhaltevermögen, die Ausdauer und die Frustrationstoleranz sind beim Lernen – und damit auch beim Lesen – bei ADHS-Kindern meist deutlich ungünstiger. Für eine erfolgreiche Automatisierung des neuen Lernstoffs benötigen ADHS-Kinder mehr Wiederholungsdurchgänge als andere Kinder.

Ausgestattet mit den oben beschriebenen einschränkenden Voraussetzungen geraten diese Kinder sehr schnell in einen Teufelskreis. Leseschwache ADHS-Kinder benutzen noch sehr lange, mitbedingt durch schulische Leselernmethoden, die serielle Informationsverarbeitung beim gedehnten zusammenschleifenden Erlesen. Dabei benötigen sie mehr Aufmerksamkeit und größere Arbeitsspeicherkapazität, was sie schnell ermüden lässt.

Die geringe Frustrationstoleranz bei ADHS führt schneller zum Abbrechen bzw. zum Verweigern des notwendigen Übens. Automatismen im Bereich der Worterkennung über häufiges Wiederholen können so erst gar nicht aufgebaut werden.

Durch die Auslastung bzw. die Überlastung des Arbeitsspeichers beim gedehnten, d. h. zusammenschleifenden Erlesen verbleiben entsprechend geringere Kapazitäten für die Sinnentnahme des Textes.

In Zusammenhang mit häufig ineffizienten oder gar falschen Leselernstrategien verlieren leseschwache ADHS-Kinder sehr schnell die Lust am Lesen. Sie erleben Lesen als anstrengend und frustrierend: In der Folge lesen sie sodann immer weniger, was – im Vergleich zu anderen Kindern – wiederum zu geringeren Wissensbeständen führt.

Die ADHS-bedingte Ausgangslage führt beim Leseprozess zu bestimmten Gefahrenstellen:

- Die Kinder verharren auf der alphabetischen Stufe, d. h. sie synthetisieren jedes Wort Buchstabe für Buchstabe.
- Sie »verlesen« sich ständig, da ihr aktiver Lesewortschatz zu wenig gesichert, d. h. automatisiert ist. Sie verfügen über keine (schnellen) Zugriffsmöglichkeiten auf bekannte Wörter.
- Lesen bleibt aufgrund der »schlechten« Lesestrategie sehr anstrengend. ADHS-Kinder vermeiden aufgrund der geringen Frustrationstoleranz das notwendige Üben und werden im Vergleich immer schlechter.

7. Fördermaßnahmen in der Diskussion

a) Training basaler Grundfunktionen

Fördermaßnahmen können danach unterschieden werden, wo sie ansetzen. Bis heute wird immer wieder davon ausgegangen, dass es bei der Lesestörung spezielle Defizite in der Wahrnehmung und in der Verarbeitung auditiver und visueller Informationen gibt. Ein Ansatz in der Förderpädagogik besteht deswegen darin, diese Defizite zu behandeln, allgemeine Wahrnehmungstrainings aber auch Trainings zur besseren Koordination der Wahrnehmungsfunktionen und sogar zur Verbesserung der Motorik durchzuführen und dadurch die vermeintlichen Voraussetzungen für den Erwerb der Schriftsprache zu verbessern. Wie bereits oben dargelegt sind Seh-, Hör- oder Bewegungsprobleme aber nicht die Ursache einer Lese-Rechtschreibstörung (vgl. Blakemore, Frith 2006), sondern können, wie bei nicht betroffenen Personen auch, zusätzlich als Symptome hinzukommen. Empirische Studien zeigen zudem seit Langem, dass eine Wirksamkeit basaler Wahrnehmungstrainings nicht besteht.

So fasst Gerd Mannhaupt, Hochschullehrer in Erfurt für Grundschulpädagogik und Kindheitsforschung, Interventionsstudien zur Lese-Rechtschreibförderung dahingehend zusammen, dass »es wenig hilfreich erscheint, gegenstandsferne, allgemeine oder kognitive neurologische Ansatzpunkte für die LRS-Förderung zu wählen. Keine der vorliegenden Studien in denen die allgemeinen Funktionen, aber auch unspezifische motorische Unterstützung das Zentrum der Förderung waren, konnten positive Effekte feststellen. Selbst dann, wenn z. B. die allgemein emotionale Unterstützung hinzukam, führte dies meist nicht zur Verstärkung der Effekte, sondern eher zum Gegenteil. Insofern ist LRS-Förderung, die sich klar auf schriftspezifische Lerninhalte und Lernstrategien ausrichtet, die erfolgversprechendste Vorgehensweise« (Mannhaupt 2003, S. 102f).

Auch Schulte-Körne und Mathwig (2001) kommen in ihrer Übersicht zu Therapieformen der Lese-Rechtschreib-Störung zu der Schlussfolgerung, dass den sogenannten Trainings basaler Grundfunktionen, wie z. B. der visuell-räumlichen Wahrnehmung oder der auditiven Wahrnehmung, jeglicher empirischer Nachweis im Hinblick auf die Effektivität der Förderung der Lese-Rechtschreibprobleme fehle (vgl. auch Grünke 2006). Insbesondere, so Klicpera u. a. (2003), sollte Skepsis bei den Therapieangeboten angebracht sein, die als Modeerscheinungen im pädagogisch-therapeutischem Bereich auftauchen und »Abenteuerliches« versprechen. Hierzu zählen die Autoren u. a. kinesiologische Übungsverfahren, Verfahren zur Schulung der akustischen Ordnungsschwelle, das neurolinguistische Programmieren oder die Davis-Methode.

Zusammenfassend ist festzuhalten, dass das Training allgemeiner Basisfunktionen bei lese- und rechtschreibschwachen Kindern nicht zum Ziel führt und damit keinen Sinn macht.

b) Training der phonologischen Bewusstheit im Vorschulalter und in der Grundschulzeit

In den letzten beiden Jahrzehnten wurden im Vorschulbereich und im Grundschulbereich Förderprogramme propagiert und auch sehr oft eingesetzt, die auf eine Verbesserung der phonologischen Bewusstheit abzielen. Weil sie meist als Hauptmethode in der Vorschulerziehung und im Förderbereich bzw. in der Heilpädagogik eingesetzt werden, soll an dieser Stelle eine ausführliche kritische Reflexion erfolgen.

Bei dem Training der phonologischen Bewusstheit geht es darum, die Fähigkeit zu verbessern, den Lautstrom gesprochener Sprache in Wörter, Silben sowie einzelne Laute zerlegen zu können. Da ADHS-Kinder hierbei häufig Misserfolge erleben und aus unserer Sicht auch auf einen falschen Lernweg gebracht werden, ist es wichtig, dass wir uns anschauen, was dabei gemacht wird und welche Bedeutung diesen Programmen für ein ADHS-Kind zukommt.

Neben dem aufmerksamen Zuhören und dem Erkennen von Wörtern werden hauptsächlich folgende drei Bereiche mit unterschiedlichen Übungsformen trainiert:

Silbengliederung

Grundübung: Das Silbenklatschen
Die Kinder zerlegen Wörter in Silben und klatschen bei jeder Silbe mit: To – ma – te
Aufbaustadium: Erkennen und Abzählen der Anzahl der Silben in einem Wort

Erkennen von Lauten und Klanggleichheiten

Reime

Übungsformen können so z. B. sein: Welche Wörter gehören hier zusammen? Reimt sich das Wort Haus mit Hose oder Maus? Wildes Reimen: Hier darf wild drauf los gereimt werden, die Wörter müssen keine Bedeutung haben: Kuh-Muh-Suh …

Anfangslaute

Hier geht es um das Erkennen von Wörtern mit gleichem Anfangslaut. Wieder kann gefragt werden: »Welche Wörter gehören hier zusammen?« Igel – Katze – Iltis (Igel und Iltis)

Erkennen von Lauten in einem Wort

Besonders bei ADHS-Kindern ist es bei dieser Übung wichtig, mit den »leichteren« Lauten zu beginnen, um dem Kind Erfolgserlebnisse zu ermöglichen. Überfordern Sie Ihre Tochter oder Ihren Sohn, wird deren/dessen Motivation stark sinken, spielerisch weiter zu üben. Deswegen ist es wichtig, sich der Schwierigkeitsstufen bewusst zu sein, und sie bei der Planung der Übungsmaßnahmen zu berücksichtigen.

Schwierigkeitsstufen im Hinblick auf die Stellung des Lautes im Wort

a. Am leichtesten ist es für Kinder zumeist, den Anfangslaut zu erkennen: »Was ist der erste Laut von ›Oma‹, ›Apfel‹, ›Sonne‹?«
b. Von der Schwierigkeitsstufe her folgt die Frage nach einem Mittellaut: »Ist ein ›o‹ in Sonne?«, »Ist ein ›i‹ in Sonne?«
c. Die Frage nach dem Schlusslaut ist am schwierigsten: »Ist ein ›e‹ oder ein ›a‹ der letzte Laut in Sonne?«

Schwierigkeitsstufen im Hinblick auf die Art des Lautes

a. Selbstlaute sind für Kinder meist am leichtesten zu erkennen, aber es ist schwer, ähnliche kurze Selbstlaute (o – u, i – e) zu unterscheiden.
b. Bei den Mitlauten lassen sich die dehnbaren wie z. B. m, n, r, s, f, l, z, w und sch meist am leichtesten erkennen.
c. Kurz anklingende Laute wie b, p, d, t, g, k lassen sich am schwersten erkennen.

Laute verbinden

Bei diesen Übungsformen ist zu berücksichtigen, dass deutsche Vorschulkinder im Normalfall zwar Lautfolgen verbinden können, allerdings nur bei Aufgaben, die Silben oder Einheiten beinhalten, die einen Vokal enthalten. Die Phonemsynthese allgemein (d. h. die Verbindung der einzelnen Laute eines Wortes) gelingt ihnen meist jedoch noch nicht.

Was passiert im Alltag?

Kindergärtnerinnen führen z. B. das Förderprogramm »Hören, lauschen, lernen« durch. Dabei stellen sie beim ADHS-Kind häufig fest, dass das Kind aufgrund der Aufmerksamkeitsprobleme und des kleineren und störanfälligeren akustischen Arbeitsspeichers die Anforderungen des Programms nicht erfüllen kann. In einem Elterngespräch wird dies dann problematisiert mit der Konsequenz, dass die Eltern stark verunsichert sind. Noch schlimmer sind aber die Auswirkungen bei den ADHS-Kindern. Neben der Erfahrung, dass andere Kindergartenkinder besser sind als sie selbst, erleben sie negative Rückmeldungen der Erwachsenen in Bezug auf ihre Lernleistungen. Aufgrund ihrer geringeren Frustrationstoleranz kommt es zu ersten Verweigerungen, die sich weiter verfestigen können. Die bei dem betroffenen Kind anstehende Einschulung wird dann schon negativ emotional besetzt.

Wenn ihr Kind bei diesem Förderprogramm mitkommt und keine Auffälligkeiten zeigt, ist alles gut. Zeigt es dagegen Auffälligkeiten, lassen Sie sich nicht beunruhigen. Da diese Förderprogramme einseitig propagiert werden und den Kindergärtnerinnen nur die Förderprogramme, aber nicht die wissenschaftliche Basis, beigebracht werden, können sie auch nicht einschätzen, wie relevant diese für den späteren Lernprozess im Lesen und Rechtschreiben sind.

Leistungen im Bereich der phonologischen Bewusstheit *sollen* sich zwar *im Durchschnitt* »signifikant« auf die spätere Lese- und Rechtschreibleistung auswirken, aber das Ausmaß ist nicht sehr hoch: Damit kann – wenn überhaupt – nur ein sehr geringer Anteil der späteren Lesefertigkeit erklärt werden.

Befunde aus der Schriftspracherwerbsforschung weisen sogar darauf hin, dass die Bedeutung des Konstrukts der phonologischen Bewusstheit als wichtige Vorläuferfertigkeit mit Vorhersagekraft für den Verlauf des Schriftspracherwerbs generell überschätzt wird und auch noch zahlreiche andere Faktoren eine Rolle spielen, wie z. B. die Art und Weise des Lesen- und Schreibenlernens (vgl. Walter 2002, Rothe 2007, Rackwitz 2009, Valtin 2010, Blaser u. a. 2010).

> »Insgesamt sind aus dem deutschsprachigen Raum die Ergebnisse von Evaluationsstudien zur Effektivität einer Förderung der phonologischen Bewusstheit widersprüchlich. Übereinstimmend wurden kurzfristige Verbesserungen der unmittelbar trainierten Fähigkeiten beobachtet. Positive Effekte auf den Schriftspracherwerb wurden nur in einigen Studien gefunden und dies insbesondere bei unauffällig entwickelten Kindern. Kinder mit Sprachentwicklungsstörungen, die ein hohes LRS-Risiko tragen, scheinen kaum von einer derartigen Förderung zu profitieren.« (Suchodoletz 2010, S. 119f)

Kindergärtnerinnen sind vertraut mit dem Grundprogramm »Hören, lauschen, lernen«. Sie kennen zumeist aber nicht das zusätzlich entwickelte Förderprogramm »Hören, lauschen, lernen 2« (Plume, Schneider 2004). In letzterem erkennen die Entwickler, dass die »reine« phonologische Bewusstheit »besonders bei schwachen Vorschulkindern« nicht ausreicht und ein »Buchstaben-Laut-Training« für diese »effektiv« ist. Deswegen werden im *»Hören, lauschen, lernen 2«* die »häufigsten« Buchstaben **A – E – M – I – O – R – U – S – L – B – T – N** gelernt. Damit nähert sich dieses ursprünglich aus dem Bereich des Trainings der phonologischen Bewusstheit stammende Programm Förderprogrammen an, die direkt beim Leseprozess ansetzen und wie z. B. das von Naegele und Valtin (2007) herausgegebene Programm »Das schaffe ich« im Vorschulbereich die Kinder die »leichtesten« Buchstaben **A – E – F – I – L – M – N – O – R – S – U – W** erlernen lassen.

Ziel beider Vorgehensweisen ist es, den Kindern das *Zuordnungsprinzip Buchstabe-Laut* zu verdeutlichen und somit beziehen sie sich dabei auf den eigentlichen Lernbereich beim Lesen.

Auszüge aus »Hören, lauschen, lernen 2«, die meist nicht bekannte Ergänzung zu »Hören, lauschen, lernen«:
»Das Prinzip der **Buchstaben-Laut-Zuordnung** bildet die Grundlage unseres alphabetischen Systems und ist somit eine wesentliche Voraussetzung für den Schriftspracherwerb. Viele Forschungsarbeiten haben gezeigt, dass Kinder, die gegen Ende des Kindergartenalters und zu Beginn der Schulzeit kaum Buchstaben kennen, später überzufällig oft Schwierigkeiten beim Lesen- und Schreibenlernen erfahren. …
Vorschulkinder mit Defiziten im Bereich der phonologischen Bewusstheit profitieren nachweislich besonders gut von einer *kombinierten Förderung*, die sowohl die phonologische Bewusstheit als auch die Buchstaben-Lautkenntnis trainiert. Sie geraten dann weitaus weniger in Gefahr, später Lese-Rechtschreibprobleme in der Schule zu entwickeln …

Am besten vorbereitet waren diejenigen **Risikokinder**, die im Kindergarten an der kombinierten Förderung teilgenommen hatten, die also sowohl hinsichtlich der phonologischen Bewusstheit als auch der Buchstaben-Lautkenntnis gefördert worden waren. Die optimale Vorbereitung auf den Schriftspracherwerb erfordert demnach zum einen eine Verbesserung der phonologischen Bewusstheit und zum anderen die Kenntnis der Buchstaben-Laut-Zuordnung. Besonders schwache Kinder profitieren enorm von einer expliziten Einführung in das Prinzip der Verknüpfung von Lauten und den dazugehörigen Buchstaben, da sie meist große Schwierigkeiten haben, diese Entwicklungsstufe selbstständig zu erreichen. Nicht selten beginnen Lese-Rechtschreibdefizite bereits mit Problemen beim Erlernen der Buchstaben.

Das Buchstaben-Laut-Training ist eine sinnvolle und effektive Ergänzung der Förderung der phonologischen Bewusstheit, wie sie mit ›Hören, lauschen, lernen‹ von Küspert und Schneider (2003[4]) trainiert wird. ›Hören, lauschen, lernen 2‹ eignet sich für den Vorschulbereich und für den anfänglichen Lese-Rechtschreibunterricht. Die Förderung sollte insbesondere schwachen Schülern zugute kommen, die Schwierigkeiten haben, sich die Buchstaben und Laute einzuprägen. Die **systematische Einübung der Verknüpfung von Buchstaben und Lauten** bildet eine wichtige Grundlage, um weitere Fördermaßnahmen im Lesen und Rechtschreiben anzuschließen.« (Plume, Schneider, 2004, S. 4ff)

Neue Einblicke in den Leseprozess gibt auch die Gehirnforschung der letzten 15 Jahre. Gehirnscans belegen so, dass bei der Verarbeitung von gesprochenen Wörtern die wichtigsten Gehirnbereiche beim Lesen, besonders das »visuelle Wortformareal«, nicht aktiviert werden (vgl. z. B. Abb. 2.3, 2.14 und 2.15 ohne Seitenangabe im Anhang von Dehaene 2010). Weitere Studien (z. B. Paulesu u. a. 2001) belegen zudem die überragende Bedeutung besonders dieses Bereichs bei guten Lesern, der bei den Trainings zur phonlogischen Bewusstheit überhaupt nicht aktiviert wird.

Bedenkenswertes zu Förderprogrammen zur phonologischen Bewusstheit als Vorbereitung des Lesens (und der Rechtschreibung) im Vorschulalter

- Die lautliche Analyse von Wörtern und die »Übersetzung« von Buchstaben in Laute und deren Synthese zu Wörtern sind grundsätzlich unterschiedliche Prozesse und finden auch in unterschiedlichen Bereichen im Gehirn statt.
- Misserfolgserlebnisse bei den Kindern vermindern die Lernmotivation.
- Ängste/Befürchtungen bei den Eltern verunsichern die Kinder.
- Eine gezielte Vermittlung [schrift-]spezifischer Vorkenntnisse scheint aus unserer Sicht besonders bei ADHS-Kindern effektiver als das Training der phonologischen Bewusstheit ohne direkten Bezug zu schriftsprachlichen Gegenständen zu sein.

Eine aktuelle Metaanalyse (Ise, Engel, Schulte-Körne 2012) belegt zudem, dass zumindest ab dem ersten Schuljahr Phonologietrainings nicht die Leseleistung der Kinder verbessern. Die Effektstärke beträgt nach dieser Metaanalyse der besten deutschsprachigen Förderstudien im Durchschnitt – 0,06 und reicht bei Subgruppen sogar bis zu – 0,63 (Ise, Engel, Schulte-Körne 2012, S. 133). Nachdem hier keine positive Wirkung festgestellt werden konnte, bei Subgruppen sogar eine ausgesprochen negative Wirkung, erscheinen Phonologietrainings im Grundschulbereich unnötig und eher eine Energieverschwendung zu sein.

»Die Wirksamkeit von Phonologietrainings konnte hingegen nicht bestätigt werden. […] Mit Beginn des Erstleseunterrichts nimmt die Wirksamkeit von Phonologietrainings jedoch deutlich ab. So zeigen Trainingsstudien, dass Erstklässler, die zusätzlich zum regulären Erstleseunterricht ein Phonologietraining erhalten, sich hinsichtlich der Lese-Rechtschreibleistungen nicht unterscheiden von Kindern, die ausschließlich am regulären Unterrichtsprogramm teilnehmen.« (Ise, Engel, Schulte-Körne 2012, S. 132)

Schulte-Körne und Galuschka (2019) stellen ergänzend fest: »Der Schriftsprachunterricht ermöglicht jedoch bei den meisten Kindern in den ersten beiden Klassen eine vollständige Einsicht in die Lautstruktur der Sprache und eine Förderung der phonologischen Bewusstheit führt ab diesem Zeitpunkt zu keinem positiven Effekt auf die Schriftsprachentwicklung.« (S. 100)

Zusammenfassend ist als Fazit zu ziehen, dass bei ADHS-Kindern von einem Training der phonologischen Bewusstheit abzuraten ist. Ein isoliertes Training der phonologischen Bewusstheit ist bei Risikokindern nachweislich nicht hilfreich. ADHS-Kinder mit ihren Problemen im Bereich der Aufmerksamkeit und des akustischen Arbeitsgedächtnisses gehören zu dieser Gruppe. Ein solches Training birgt zum einen die Gefahr, dass Fehlstrategien in der Lesetechnik angebahnt werden. Zum anderen bewirken erwartbare Misserfolgserlebnisse bei ADHS-Kindern eine Verunsicherung, Demotivierung und eine zusätzliche negative gefühlsmäßige Besetzung des für diese Kinder eh schon anstrengenden Leselernprozesses. Eine Förderung sollte deswegen direkt im Bereich des Leselernens ansetzen, besonders wenn Kinder bereits zur Schule gehen.

c) »Alternative« Fördermethoden

Insbesondere, so Klicpera u. a. (2003), sollte Skepsis bei den Therapieangeboten angebracht sein, die als Modeerscheinungen im pädagogisch-therapeutischem Bereich auftauchen und »Abenteuerliches« versprechen. Hierzu zählen die Autoren u. a. kinesiologische Übungsverfahren, Verfahren zur Schulung der akustischen Ordnungsschwelle, das neurolinguistische Programmieren oder die Davis-Methode. Schulte-Körne und Galuschka (2019) verweisen ergänzend darauf hin, dass es für die Effektivität von Prismenbrillen, von Irlen-Linsen, von neuropsychologischen Hemisphärentrainings oder gar von Homöopathie und Bachblüten »keine empirische Grundlage« gibt (S. 22).

d) Prinzipien für eine gute Förderung

Eine gute Förderung analysiert die konkreten Schwierigkeiten des Kindes im Leseprozess bzw. auf dessen Weg der Automatisierung. Genau an den entdeckten Stellen des Leseprozesses setzt dann ein gezieltes und systematisches Üben an: »Am wirksamsten zeigen sich symptomorientierte Ansätze, die direkt an den Schwierigkeiten der Betroffenen ansetzen und eine Einübung von Lesefertigkeiten enthalten […]. Die Leseflüssigkeit und Lesegeschwindigkeit kann durch Aufgaben verbessert werden, in welchen Wörter in kleinere sprachliche Einheiten (Silben, Morpheme) untergliedert, Wortteile […] wiederholt erlesen oder zu Wörtern zusammengefügt und zusammenhängend erlesen werden müssen.« (Schulte-Körne und Galuschka 2019, S. 18) »Teilweise werden auch Graphemfolgen, die eine hohe Vorkommenshäufigkeit in Wörtern aufweisen, und schwierig zu erlesende oder zu verschriftlichende Konsonantenverbindungen als Übungsmaterial verwendet. Dies kann das automatisierte Erkennen größerer Wortteile als ganzes verbessern. Durch die Anwendung sub-lexikaler Einheiten an Stelle von ganzen Wörtern soll ein Transfereffekt und eine Generalisierung erwirkt werden, was zu einer allgemeinen Steigerung der Lesegeschwindigkeit führen kann.« (ebda., S. 101)

8. Ein Analyseraster für die Anfangsphase des Leselernprozesses

Beginnt das Kind mit dem eigentlichen Leselernprozess, gilt es zunächst in der alphabetischen Phase (Frith 1985) Buchstabe-Laut-Zuordnungen zu verstehen und zu erlernen, d. h. Graphem-Phonem-Zuordnungen, müssen nun intensiv geübt werden. Wichtig ist es jedoch, möglichst schnell zur orthographischen Phase überzuwechseln, auf der größere Buchstabeneinheiten (z. B. Silben) quasi als Grundbausteine von Wörtern systematisch eingeprägt werden. Geübte Leser haben schließlich Erkennungsschablonen für ganze Wörter im mentalen orthographischen Lexikon abgespeichert. Sehr geübte Leser mit hoch automatisierten Erkennungsschablonen kneönn sgaor enie aonnrdug vOn bcuhsteban lseen, diE vlilög usniing iSt* (vgl Gold 2018, S. 24).

Ähnlich wie beim Rechnen mithilfe von Anschauungsmaterialien und dem zählenden Rechnen verbleibt die Schule zu lange in der Phase der Vermittlung des zusammenschleifenden Lesens und vermittelt nicht gezielt bzw. zu spät Strategien, wie größere Einheiten in einem Wort (z. B. Silben) systematisch automatisiert werden können. Stattdessen setzt die Schule darauf, dass es der Schüler irgendwie alleine schafft, diese neue und bessere Ebene des Lesens zu erreichen. Werden diese effektiveren Lesestrategien überhaupt bewusst eingeführt, erfolgt die Vermittlung meist frühestens ab dem zweiten Schuljahr (vgl. Gold 2018, S. 35).

Sollte Ihr Kind relativ schnell nach der Einschulung Probleme beim Lesenlernen zeigen und Sie stellen fest, dass der Leseunterricht nicht darauf abzielt, systematisch größere Einheiten im Wort »auf einen Blick« zu erkennen, können Sie auf die hier dargestellte, schrittweise Vorgehensweise zurückgreifen. Meist ist es jedoch so, dass Sie erst im weiteren Verlauf der 1. Klasse oder sogar noch später auf Leseprobleme bei Ihrem Kind aufmerksam werden. Sie bemerken, dass Ihr Kind dann immer noch langsam Buchstabe für Buchstabe, Laut für Laut zusammenschleift bzw. »gedehnt« und langsam liest. Spätestens jetzt sollten Sie damit beginnen, die speziellen *Automatisierungslücken* anhand der dargestellten Systematik zu ermitteln, um dann gezielt auf dieser Stufe zu üben. Sie wissen, Ziel dieser wiederholten Übungen ist immer, Automatisierungen und damit deutliche Erleichterungen im Leseprozess zu erreichen.

Der Leselernprozess sollte einer gut strukturierten Systematik folgen, bei der möglichst schnell der Weg zur Automatisierung größerer Wortteile (z. B. Silben) und darauf später aufbauend von Wörtern beschritten werden sollte. Wie ein solcher systematischer Aufbau am Anfang des Leselernprozesses aussehen könnte, wird im Folgenden exemplarisch dargestellt.

a) Erster Schritt: Selbstlaute und »leichte« Mitlaute automatisieren

Die Buchstabe-Laut-Zuordnung soll besonders bei den Selbstlauten (► Abb. 13.8) *möglichst schon in der Vorschulzeit* intensiv eingeübt werden. Als Übungsform hat sich hierfür die Kärtchenmethode bewährt.

Beschriften Sie die Kärtchen, wie im Schaubild (► Abb. 13.8) dargestellt, mit großen und kleinen Druckbuchstaben und lassen Sie Ihr Kind den entsprechenden Buchstaben benennen bzw. lautieren.

* können sogar eine Anordnung von Buchstaben lesen, die völlig unsinnig ist.

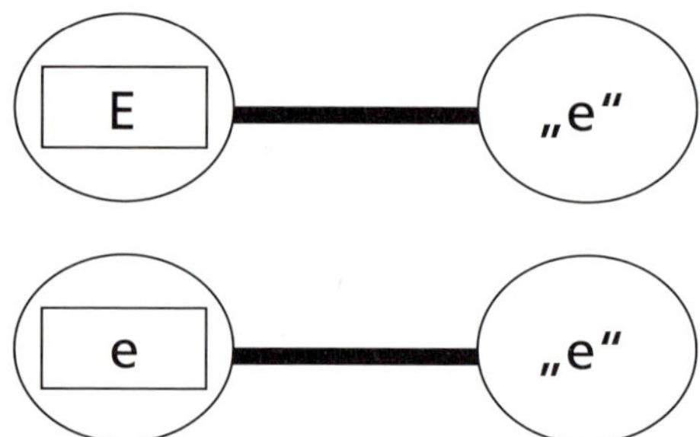

Abb. 13.8: Kärtchen mit Selbstlauten »erlesen«

Spielerische Übungsform:

Ihr Kind entdeckt die schon gelernten Selbstlaute bzw. Mitlaute als Anfangsbuchstabe von Namen oder in geschriebenen Wörtern in »Alltagstexten«.

b) Zweiter Schritt: Silben erlesen (Mitlaut-Selbstlaut-Kombinationen)

Im schulischen Leselernprozess sollte möglichst bald mit dieser Stufe begonnen werden. Es sollte mit den »leichtesten« Mitlauten, den dehnbaren Mitlauten wie z. B. »m«, »n«, »r«, »s«, »f«, »l«, »z« und »w« begonnen werden. Die Selbstlaute werden an die Mitlaute gehängt. Das Kind soll sie sofort zusammenschleifen und automatisieren, d. h. diese ersten kleinen Silben auf einen Blick durch häufiges Wiederholen »erlesen« lernen.

Im Anschluss daran folgen die kurz anklingenden Mitlaute wie »b«, »p«, »d«, »t«, »g«, »k«. Die Groß- und Kleinschreibung der Mitlaute sollte gleichzeitig geübt werden.

In Kapitel 12 haben wir darauf hingewiesen, wie wichtig für Ihr Kind der erste Übungstag zur Festigung der entsprechenden Neuronenverbindungen ist. Sie sollten als Lehrer in der Schule und als Eltern zu Hause also *anfangs* höchstens drei Silben pro Tag neu einüben. Diese sollten dafür jedoch häufig, d. h. *mehrmals* an einem Tag und auch über die Tage hinweg *regelmäßig* eingeübt werden.

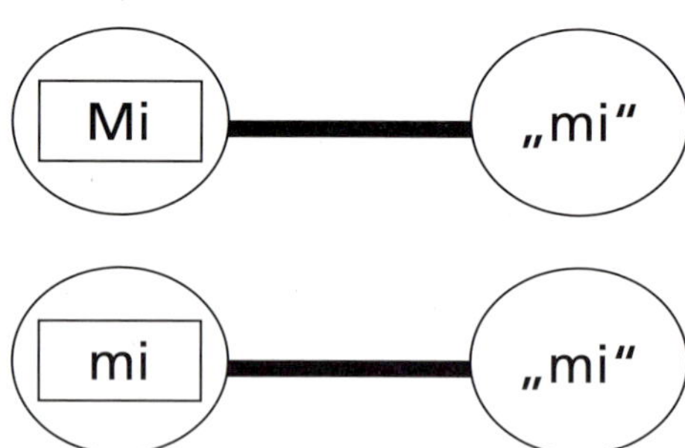

Abb. 13.9: Silben »erlesen«

Wichtig ist immer, dass Ihr Kind die Kopplung von Mitlaut und Selbstlaut sicher beherrscht. Sie wissen ja, das Motto lautet: »Ja nicht anstrengen – hinschauen – erkennen«. Später können Sie die Anzahl der neuen Silben dem Lernvermögen Ihres Kindes entsprechend steigern.

Übungsmöglichkeiten:

Bereitet es Ihrem Kind Schwierigkeiten, Silben sofort zu benennen, ist häufig ein Zwischenschritt hilfreich. Kindern fällt es leichter, auf die angesprochene Silbe zu zeigen, als sie direkt zu benennen.

Übung 1: Sie legen die Kärtchen mit den unterschiedlichen Silben auf den Boden oder schlagen das Silbenlesebuch (Mildenberger Verlag) auf und fordern Ihr Kind auf: »Gib mir/zeig mir das ›me‹«, »gib mir/zeig mir das ›mo‹«, »gib mir das/zeig mir das ›mu‹« etc. – Ihr Kind zeigt auf das jeweilige Kärtchen bzw. die Silbe.

Übung 2: Sie fordern Ihr Kind auf, »lies, was ich dir zeige« und deuten auf die einzelnen Silbenkärtchen. Ihr Kind liest »mo«, »me«, »mi« etc.

Übung 3: Silbenschieber (vgl. S. 176ff)

c) Dritter Schritt: Automatisieren häufiger Endsilben

Zunächst wiederholen Sie alle Silben, die aus einem Mitlaut mit »e« bestehen:

»me«, »ne«, »re«, »se«, »fe«, »le« … »te«.

Hiermit haben Sie schon erste Endsilben automatisiert. Ihr Kind kann damit schon ganze Worte lesen, wie z. B. »Nase«, »Rose«, »male«. Diese können Sie mit Hilfe von Kärtchen zusammenstellen oder über schwarz-grau-Formatierungen am Computer gestalten, um die Silben kenntlich zu machen.

Abb. 13.10: Wörter als Verbindung von Silben

Gelingt es Kindern, ganze Wörter sinnhaft zu erlesen, erfahren sie in aller Regel im Leselernprozess einen starken Motivationsschub. Um Ihren Kindern solche Erfolgserlebnisse zu ermöglichen, raten wir dazu, frühzeitig Endsilben zu automatisieren.

In einem nächsten Schritt können Sie an diese Silben zusätzlich noch ein »n« anhängen:

»men« – »nen« – »ren« – »sen«, »fen«, »len« … »ten«.

Nun können aus der ersten Silbe und Endsilben Wörter gebildet werden: »Rose – Rosen«, »male – malen«, »nagen« »fegen«, »Rasen« »legen«, »sehen« etc. Zusätzlich können Sie einzelne Wörter wie z. B. Eigennamen oder Füllwörter einüben, um erste Sätze zum Lesen erstellen zu können.

d) Vierter Schritt: »Längere« Silben erlesen (Mitlaut-Selbstlaut-Mitlaut-Kombinationen)

Aufbauend auf dem zweiten Schritt werden in einem vierten Schritt Mitlaut-Selbstlaut-Mitlaut-Kombinationen gelernt:

»mer«, »mar«, »mor«… »las«, lan«, »lam«, »lap«, »lat«.

Damit werden Ihre Kinder in der Lage sein, Wörter zu bilden und erste kleinere Texte zu erlesen.

e) Fünfter Schritt: Um- bzw. Doppellaute

Nun werden die Um- bzw. Doppellaute »ä«, »ö«, »ü«, »ei«, »ie«, »au«, »eu«, »äu« systematisch eingeführt und anschließend als Silben mit vorangestellten Mitlauten gebildet:

»mä«, »mö«, »mü«, »mei«, »mie«, »mau«, »meu«, »mäu«.

Auch jetzt können Sie zu Hause oder in der Schule wieder Wörter aus einer solchen ersten Silbe und den bereits eingeführten Endsilben bilden.

f) Sechster Schritt: Selbstlaut-Mitlaut-Kombinationen

In einem nächsten Schritt sind Selbstlaut-Mitlaut-Kombinationen einzuführen, die Ihre Kinder zusammenschleifen und automatisieren sollten:

»am«, »im«, »em«, »um«, »om«.

g) Siebter Schritt: »Längere« Silben mit zwei und mehr Mitlauten am Anfang erlesen (mehrere Mitlaut-Selbstlaut-Kombinationen)

Jetzt ist der Zeitpunkt für Ihr Kind gekommen, mehrere Mitlaute und einen Selbstlaut zu kombinieren. Das damit verbundene Lernziel besteht darin, schwierige Buchstabenverbindungen auf einen Blick erlesen zu können:

- ausgewählte Mitlaute (»f«, »b«, »p«, »d«, »t«, »k«) mit »r« und Selbstlaut, Um- bzw. Doppellaut: »fra«, »fre«, »fri«, »fro«, »fru«, »frei«, »freu«, »frau«,»frie« etc.

- ausgewählte Mitlaute (f«, »b«, »p«, »b«, »k«) mit »l« und Selbstlaut, Um- bzw. Doppellaut: »fla«, »fle«, »fli«, »flo«, »flu«, »flei«, »flie« etc.
- »sch«, »schr«, »schl« und Selbstlaut, Um- bzw. Doppellaut, z. B.: »schla«, »schle«, »schli«, »schlo«, »schlu«, »schlau«, »schleu«, »schlie«, »schlei«
- »sp«, »spr« und Selbstlaut, Um- bzw. Doppellaut, z. B.: »spra«, »spre«, »spri«, »spro«, »spru«, »sprei«, »sprie«

Wichtig ist es, dass Sie als Eltern bzw. Lehrer das Leselern- und Förderprogramm als Grundprogramm mit einer konsistenten, aufeinander aufbauenden Struktur verstehen. Dessen übergeordnetes Lernziel besteht dabei darin, Ihrem Kind zu ermöglichen, systematisch eingeübte, größere Wortteile immer schneller *»auf einen Blick«* zu erkennen. In dieser frühen Phase erfolgt eine grundlegende Weichenstellung: Ihr Kind soll *nicht* der Fehlstrategie verhaftet bleiben, mühsam Buchstabe für Buchstabe in Laute zu übertragen und daraus wiederum mühevoll und langsam ein Wort zu konstruieren. Vielmehr soll Ihr Kind erleben, dass das Lesen mit Hilfe der Automatisierung von Silben gar nicht so schwierig und anstrengend ist.

Kinder mit ADHS zeigen Schwierigkeiten, phonologische bzw. verbale Informationen in ihrem Arbeitsspeicher, der eine verminderte Kapazität aufweist, zu verarbeiten. Bei ihnen ist der Abruf phonologischer Kodes aus dem Langzeitgedächtnis beeinträchtigt. Aus diesen Schwierigkeiten folgt, dass Ihre Kinder – im Vergleich zu nicht betroffenen Mädchen und Jungen – gerade zu Beginn des Leselernprozesses deutlich *mehr Wiederholungsdurchgänge* benötigen, um flüssiger lesen und schließlich auch den Sinn des Gelesenen erfassen zu können.

Für das Erlernen des Lesens gelten letztlich die Grundregeln, die auch dem sorgfältigen, gründlichen Erlernen eines Musikinstruments oder einer Sportart zugrunde liegen: In allen drei Bereichen wird das Lernen, sofern es nachhaltig erfolgreich sein soll, aus einem Prozess des tausendfachen Übens und Wiederholens bestehen. Sie als Eltern und Lehrer sollten Ihre Kinder hierbei stets mit Gelassenheit, Geduld und Hartnäckigkeit begleiten. Eine solche Haltung wird dazu führen, dies belegt die Erfahrung, dass sich Ihre Kinder gemeinsam mit Ihnen über ihre Fortschritte und Erfolgserlebnisse freuen werden.

Ziel der Begleitung Ihres Kindes im Leselernprozess sollte zum einen das Erreichen der Automatisierung auf den jeweiligen Stufen sein, zum anderen sollte auch stets das Wecken der Lesefreude durch entsprechendes Lesematerial und -bücher angestrebt werden.

9. Übungsmaterialien zur Automatisierung von Silben und größeren Wortteilen

Im Folgenden fassen wir noch einmal ausgewählte Übungsmaterialien für die verschiedenen Stufen im Leselernprozess zusammen:

a) Der Silbenschieber

Um Silben auf einen Blick zu erfassen und zu trainieren, werden sowohl Silbenschieber als auch Silbenteppiche eingesetzt. Aus unserer Erfahrung sind Silbenschieber für ADHS-Kinder motivierender als Silbenteppiche.

Unsere Empfehlung ist, dass Sie vielleicht zusammen mit Ihrem Kind den Silbenschieber selbst basteln. Bei den käuflich zu erwerbenden Silbenschiebern besteht meist der große Nachteil, dass die Buchstaben zu weit voneinander entfernt stehen und die Silben jeweils keine prägnant abzuspeichernde Gestalt bilden.

Sie gehen folgendermaßen vor: Beim Silbenschieber wird am Anfang z. B. der Mitlaut, wie in der nachstehenden Abbildungen (▶ Abb. 13.11 und ▶ Abb. 13.12) recht mittig auf der Seite an den beiden dargestellten Stellen in der Breite des Längsstreifens eingeschnitten und das »m« kurz/knapp vor den Einschnitten geschrieben. Die Selbstlaute werden sodann auf einen Längsstreifen in entsprechendem Abstand untereinander geschrieben. Wichtig ist, dass diese am linken Rand des Streifens stehen, so dass später der Abstand zwischen dem Mitlaut (»m«) und dem Selbstlaut so klein ist, dass die Silbe als eine zusammengehörige »Gestalt«/ Bild entsteht.

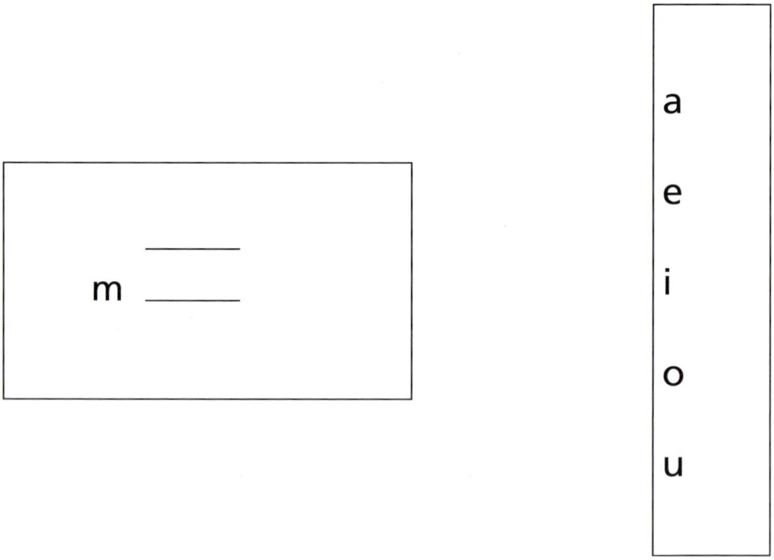

Abb. 13.11: Silbenschieber I

Sie stecken nun in einem nächsten Schritt den Längsstreifen in die Grundkarte mit dem Selbstlaut, so dass immer eine Silbe wie »ma«, »me«, »mi«, »mo«, »mu« zu lesen ist, wenn Sie den Streifen langsam herunterziehen.

Abb. 13.12: Ein von einer Mutter selbst gebastelter Silbenschieber

Analog verfahren Sie bei der Einübung von Mitlauten und Endungen: »men«, »nen«, »ren«, »sen«, »fen«, »len«, »ten« etc. – Als feste Buchstabeneinheit schreiben sie »en« und machen die zwei Schnitte davor. Nun müssen Sie die Mitlaute an den rechten Rand des Streifens schreiben, so dass für Ihr Kind eine deutlich zusammengehörige Silbe beim Durchziehen des Streifens lesbar ist (▸ Abb. 13.13).

Wenn Ihr Kind schon weiter fortgeschritten ist, können Sie auch gezielt schwierige Mitlautkombinationen wie z. B. »schl«, »schr« oder »pfl« in Verbindung mit Selbst- und Umlauten trainieren: »schla«, »schle«, »schli«, »schlu«, »schlo«, »schlei«, »schlä«, »schlö«, »schlü«, »schlie«, »schlau«, »schleu«, … Fest ist »schl«, auf dem Streifen steht dann untereinander »a«, »e«, »i«, »u«, »o«, »ei«, »ä«, »ö«, »ü«, »ie«, »au«, »eu«.

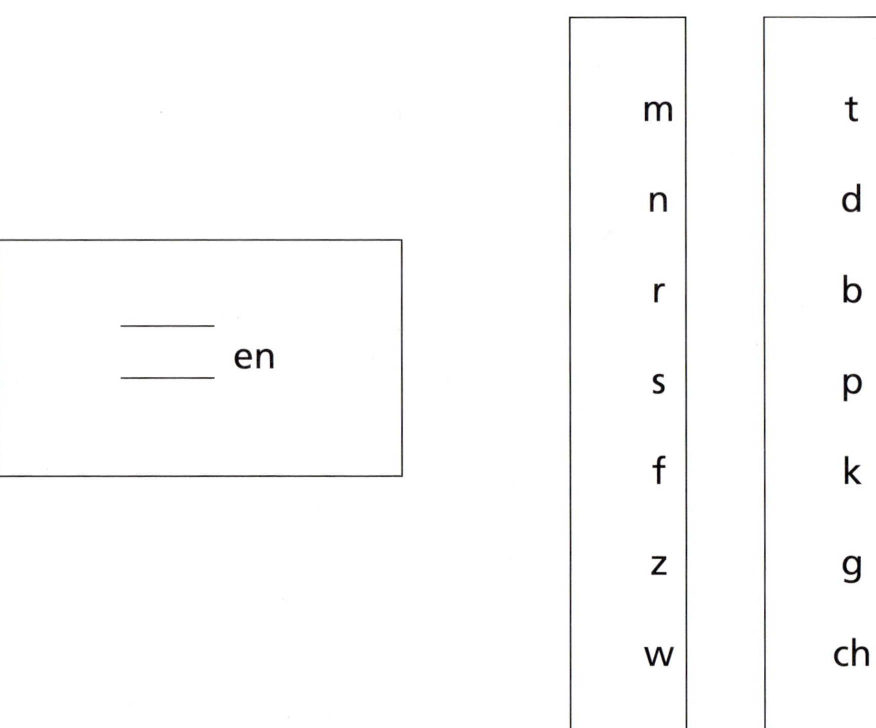

Abb. 13.13: Silbenschieber II

b) Weitere hilfreiche Materialien: Leselernbücher und -texte

Wenn Ihr Kind, von schulischer Seite dazu angeleitet, das zusammenschleifende Erlesen zu lange trainiert hat, erliest es dann auch Silben jeweils zusammenschleifend und identifiziert diese gar nicht auf einen Blick als solche. Damit geht der Vorteil und das weniger Anstrengende der Silbenlernmethode verloren. In diesem Fall gilt es, einen Schritt zurückzugehen und das Dekodieren von Silben »auf einen Blick« noch einmal systematisch zu trainieren.

Heute gibt es zahlreiche Bücher, die eine farbige Silbengliederung aufweisen. Wir empfehlen für die Klassenstufe 1 und 2 die im Mildenberger-Verlag erschienenen Werke »ABC der Tiere. Lesen in Silben«, »ABC der Tiere. Lesezirkus« und »ABC der Tiere. Lesen in Silben. Lesebuch.1« In diesen Büchern sind die Silben farblich schwarz-rot gekennzeichnet. Im gleichen Verlag ist auch die zehnbändige Reihe »Tiergeschichten mit Mia und Mio« erschienen, in der sich die Schwierigkeitsstufe schrittweise steigert. Grundsätzlich gilt, dass sich Ihr Kind interessante Bücher heraussuchen darf, weil dadurch seine Lesemotivation vergrößert wird.

Es ist aber Vorsicht geboten, wenn man diese Bücher zu lange einsetzt: Man verliert das Ziel, ganze Worteinheiten auf einen Blick zu dekodieren, aus den Augen und bleibt damit erneut auf einem Zwischenschritt stehen.

Auf der nächsten Stufe und als Übergang zu »normalen« Texten erscheint es uns zielführender, durch eine schwarz-graue Gestaltung die Silben hervorzuheben. Mithilfe Ihres Computers und der entsprechenden Formatierung können Sie zu Hause selbst solche Übungstexte erstellen. So können Sie Texte über ein Texterkennungsprogramm als Word-Datei einscannen. Anschließend lässt sich der Text umformatieren, indem Sie jede zweite Silbe grau markieren. Anfangs wählen Sie Graustufe 50 %, später können Sie die Graustufe noch dunkler machen. Das Wortbild bleibt dann möglichst »realitätsgetreu« erhalten und wirkt nicht so zerstückelt.

Geschichten vom kleinen Tobias
Tobias und seine Freunde bauen im Garten ein Baumhaus. Sie schrauben Balken und Bretter zusammen und streichen sie mit roter, grüner und brauner Farbe. Der Vater hilft ihnen, ein Fenster einzusetzen.

Wenn Kinder auf diese Weise Wörter, die in Silben unterteilt sind, erlesen, empfinden sie dies häufig als weniger anstrengend, da die Wörter optisch gegliedert und damit übersichtlicher sind. Gleichzeitig vermindert sich unserer Erfahrung nach, gerade bei längeren Wörtern, das falsche Erraten und damit auch der erlebte Misserfolg, da die Kinder das Zergliedern zunehmend besser beherrschen.

Liest Ihr Kind dann später einen normalen, visuell unstrukturierten Text, können Sie es durch einen kurzen Hinweis (wie z. B. »zerlege«) auf die effektive Lesetechnik hinweisen.

Das Ziel dieser Leseübungen ist es, häufig vorkommende Silben »auf einen Blick« zu erfassen. Hierfür ist systematisches Üben und Automatisieren durch vielfaches Wiederholen unerlässlich.

c) Standardisierte Leselernprogramme – eine Auswahl

Ein unserer Auffassung nach nur eingeschränkt zu empfehlendes Programm zur Förderung der Lesefähigkeit ist der »Kieler Leseaufbau« (Dummer-Smoch, Hackethal 2007; Dummer-Smoch 1996). Dieses baut ebenfalls auf der Silbenmethode auf, bezieht aber auch Strategien mit ein, die unserer Erfahrung nach die Kapazität des Arbeitsspeichers der Kinder unnötig belasten (so z. B. Lautgebärden).

Ein weiteres Leselernprogramm stammt von Fritz Jansen, Uta Streit und Angelika Fuchs (2007). Die Autoren betonen begrüßenswerter Weise vorrangig die Notwendigkeit der Automatisierung im Leselernprozess. In ihrem Programm werden in einer ersten Stufe die Buchstaben-Laut-Zuordnungen geübt. Aber erst in einer zweiten Stufe – und vielleicht zu spät – wird das schnelle Erkennen von Silben systematisch eingeschliffen.

Ein empfehlenswertes computerbasiertes Leselernprogramm ist *CELECO.* Mit Hilfe dieses Lernprogramms wird neben dem systematischen Training des Fixationspunktes und der Blicksprünge (vgl. s. o.) auch das Erkennen zunehmend längerer Wortsegmente »mit einem Blick«, d. h. innerhalb einer Fixationsphase, und das Erkennen dieser Wortsegmente in immer kürzerer Zeit systematisch geübt.

10. Grundprinzipien beim Üben

a) Die Ausgangssituation

Für ADHS-Kinder ist das Erlernen und Üben des Lesens im Vergleich zu anderen Kindern in der Regel sehr viel anstrengender. Dies bringt es mit sich, dass hyper- und hypoaktive Kinder beim Lesen rasch ermüden. Für ein erfolgreiches Lesenlernen ist es deshalb notwendig, mit den Kindern regelmäßig und in kleineren Zeiteinheiten zu üben. Der Automatisierungsgrad neuen Lernstoffs ist bei ADHS-Kindern auch im fortgeschrittenen Leselernprozess oft geringer als bei ihren Altersgenossen. Dies bedeutet, dass die selektive Aufmerksamkeit der ADHS-Kinder, die ja ohnehin geringer ist als bei anderen Kindern, noch mehr gefordert ist. Die Identifizierungseinheiten von bekannten Wortsegmenten sind bei den betroffenen Kindern in der Regel kleiner (»Sp« versus »Spazier«; vgl. das Beispiel auf S. 126), was ihr Lesen wiederum mühevoller macht. Deswegen ist es besonders wichtig, dass Ihr Kind mit der passenden Lesetechnik übt (vgl. s. o.).

Das Ziel, möglichst große Worteinheiten sofort beim Lesen zu erfassen, kann Ihr Kind nur durch sehr häufiges Wiederholen, d. h. Üben in kleinen Portionen, erreichen. Erfolgt kein Üben, erfolgt keine Automatisierung des Leselernprozesses. Deswegen ist es notwendig, dass Ihr Kind möglichst täglich übt.

b) Mit der Übungsdauer nicht überfordern

Aufgrund Ihrer komplexen Schwierigkeiten ist es wichtig, ADHS-Kinder *nicht zu überfordern*. Dies gilt insbesondere für das Lesen. Dies sollten die Kinder deshalb stets in kleinen, überschaubaren Zeiteinheiten, dafür aber täglich üben.

Verteiltes Lernen in kleinen Portionen ist dabei deutlich effektiver als »massiertes« Üben in einer längeren Zeiteinheit (vgl. dazu Klicpera, Gasteiger-Klicpera 1995, Wellenreuther 2009, S. 34ff). Üben die Kinder regelmäßig in kürzeren Zeiteinheiten, gelingt es ihnen besser, die in den Übungen gelesenen Wörter zu vergleichen und deren wesentliche Merkmale herauszuarbeiten und erfolgreich abzuspeichern. Die Dauer der Übungseinheiten sollten Sie selbst aufgrund Ihrer Erfahrungen festlegen. Ihr Kind sollte nicht überfordert werden.

Es gibt Kinder, die nach kurzer Zeit deutliche Erschöpfungszeichen zeigen und denen es im Übungsprozess immer schwerer fällt, ihre Aufmerksamkeit auszurichten. In diesem Fall ist beim Weiterüben kein Lernerfolg zu erwarten. Zwei bis vier kürzere Leseeinheiten täglich, z. B. mit einer Länge von vier bis sieben Minuten, sind hier günstig. Andere Kinder wiederum kommen erst nach einigen Minuten richtig in den Leseprozess hinein. Bei diesen Kindern ist es möglich, etwas längere Übungseinheiten z. B. für die Dauer von 10–15 Minuten zu vereinbaren und durchzuführen. Die Tagesportion sollte im Grundschulalter mindestens 15–20 Minuten betragen (vgl. Klicpera, Schabmann, Gasteiger-Klicpera, 2003).

Hier bieten sich auch Variationsmöglichkeiten dergestalt an, dass man am Nachmittag mit der Mutter üben kann und dem Vater am Abend Geübtes noch einmal vorliest. Ist der Vater nicht verfügbar, kann das Kind seiner Mutter beim Zubettgehen das Geübte noch einmal als einen Bestandteil des Abendrituals vorlesen.

c) Mit dem Kind Vereinbarungen im Voraus treffen

Niemals sollten Sie Ihr Kind mit der Aufforderung überfallen: »Wir könnten doch jetzt mal üben, ich habe gerade Zeit …«. Dies wird bei Ihren Kindern immer wieder auf Ablehnung stoßen. Treffen Sie besser mit ihrem Kind klare *Absprachen im Voraus*, die den genauen Zeitpunkt und den zeitlichen und/oder inhaltlichen Umfang der Übung beinhalten. Klar vereinbart ist, dass täglich in kleinen Portionen gelesen wird. Anschließend sollte Ihnen Ihr Kind den Inhalt des Gelesenen erzählen. Eine Motivationshilfe kann darin bestehen, Anreize (kleine Vergünstigungen nach erfolgter Übung) in Aussicht zu stellen.

Halten Eltern dieses tägliche kleine Übungspensum durch, gehört es mit der Zeit für das Kind zum normalen Alltag und kann möglicherweise später zu einem angenehmen Ritual werden, über das nicht mehr diskutiert werden muss.

d) Selbstständig-erlesen-lassen

Ein wichtiges Grundprinzip des Übens ist das *Selbstständig-erlesen-lassen*. Lesen Sie als Eltern Ihren leseschwachen Kindern vor, ist es wenig hilfreich, diese hierbei »mitlesen« zu lassen – sie lernen nichts dabei. Untersuchungen zeigten auch, dass der Versuch, Kinder beim Zuhören einer Kassette mitlesen zu lassen, ungünstig ist. Die Kinder bekommen hier eine Hilfe beim Lesen, ohne eigenständig versucht zu haben, den Text zu lesen (vgl. Klicpera, Schabmann, Gasteiger-Klicpera, 2003). Erst das selbstständige Lesen einer Geschichte macht den Übungserfolg aus. Gleichzeitig können Sie beim Erlesen durch das Kind erkennen, bei welchen Wörtern es noch Schwierigkeiten hat.

e) Systematisches Wiederholen

Üben sollte *systematisch* erfolgen: Beim Üben sollte auf das systematische Wiederholen von Wörtern geachtet werden. Der Vorschlag einen Text zu üben, indem man einen Text wiederholt liest, führt jedoch meist nicht zu Automatismen im

Bereich der Worterkennung sondern nur zu einem Auswendiglernen des Textes. Das eigentliche Übungsziel wird dadurch verfehlt. Besser ist, wenn man gezielt schwierige Wörter, die für das Kind schwer zu erlesende Buchstabenverbindungen enthalten, wiederholt liest.

Wenn Sie beim Lesenüben feststellen, dass Ihr Kind bei einem Wort stockt oder sich gar verliest, markieren Sie durch einen Bleistiftpunkt dieses betreffende Wort. Am Ende der Übungseinheit lassen Sie Ihr Kind die markierten Wörter in willkürlicher Reihenfolge noch zwei bis drei Mal lesen, vielleicht auch noch in den nächsten zwei bis drei Tagen. Ihr Kind und auch Sie werden bemerken, dass die auf diese Weise wiederholten »schwierigen« Wörter dann deutlich flüssiger und leichter erlesen werden können. Auf diese Weise entwickeln sich langsam automatisierte Erkennungsschablonen im mentalen orthographischen Speicher.

Da Übungstexte von den Kindern häufig auswendig gelernt werden, kann es auch hilfreich sein, den Text in spielerischer Form einmal rückwärts Wort für Wort lesen zu lassen. Dies erhöht deutlich die Aufmerksamkeit auf das zu lesende Wort und vermindert das auswendige Aufsagen, da der Sinnzusammenhang nun ein anderer ist.

»Wie beim Erwerb jeder Expertise ist dabei ein hinreichendes Ausmaß an Wiederholung und Übung erforderlich, bis das Erkennen von Wörtern hinreichend automatisiert vonstatten geht.« (Hasselhorn, Gold 2022, S. 130)

f) Das Problem des Erratens

Als Eltern und Lehrer werden Sie die Beobachtung machen, dass Ihre Kinder oft – teilweise auch falsch – Wörter oder Endungen erraten. Dieses Erraten von Wörtern bzw. von deren möglichst großen Teileinheiten ist durchaus gewünscht. Dieser Prozess erhöht nämlich die Lesegeschwindigkeit der Kinder enorm. Wörter bzw. möglichst große Teileinheiten eines Wortes sollen direkt mit einem Blick erfasst und dem Sprechklangbild bzw. der Bedeutung des Wortes zugeordnet werden können. Wie gut dies gelingt, hängt von der Anzahl der Wiederholungen ab. Ein gewisses Maß an Erraten ist ferner hilfreich, um Kapazitätsüberbelastungen unseres Gedächtnisses zu vermeiden.

Wörter beim Lesen zu erraten, hat also eine durchaus positive Funktion. Es wird aber eine ausreichende Anzahl von abgespeicherten Wortbausteinen benötigt, um sicher erraten zu können. Hier besteht bei ADHS-Kindern jedoch die Schwierigkeit, dass sie zu schnell auf unzureichender Grundlage »raten«. Das schnelle und sichere Zerlegen eines Wortes funktioniert bei ihnen oft noch nicht solide genug. Hinzu kommen Schwierigkeiten in der Ausdauer beim Lesen und Probleme in der Fixation und Treffsicherheit der Blicksprünge. Erst eine ausreichend hohe Anzahl von Wiederholungen kann Ihrem Kind eine genügende Sicherheit bieten.

g) »Tricks« beim Erlesen

Günstig kann es sein, die Kinder *flüsternd vorlesen* zu lassen. Durch diesen Trick werden sie nicht mehr durch ihre »laute Stimme im Kopf« irritiert und abgelenkt.

Aufgrund der Schwierigkeiten in der Blicksteuerung und den entsprechenden Fixationsproblemen benötigen ADHS-Kinder unbedingt eine *Orientierungshilfe* beim Lesen. Dies kann das Mitlaufenlassen des Zeigefingers sein, eines Lineals oder noch besser eines Blatt Papiers oder einer Leseschiene, die den Rest des Textes, der ja auch einen Stör- und Ablenkungsfaktor darstellt, verdeckt.

h) »Tricks« beim Verbessern von Fehlern

Um bei Ihren Kindern keine zu hohe Frustration zu erzeugen, sollten diese ihre Lesefehler zunächst selbst verbessern dürfen. Ihr Kind sollten Sie dabei durch *nonverbale Zeichen* auf den Fehler hinweisen, da verbale Interventionen der Eltern häufig demotivierend wirken – spätestens nach der dritten verbalen Korrektur hat Ihr Kind keine Lust mehr weiter zu lesen. Nonverbale Zeichen können im Voraus vereinbart werden, so z. B.: »Ich nehme dich etwas fester in den Arm, wenn Du noch einmal genauer lesen sollst«. ...« oder »ich drücke deine Hand, wenn ...« oder ähnliches.

Beim Verlesen ist es ratsam, zunächst kurz abzuwarten, ob Ihr Kind das Wort nach dem Aussprechen vielleicht doch noch selber eigenständig besser erfasst. Sie sollten Ihrem Kind also die Möglichkeit einräumen, sich zunächst selbst zu korrigieren. Gelingt Ihrem Kind dies nicht, sind für die Korrektur kleine Berührungen oder Gesten hilfreich mit einer vorher vereinbarten Bedeutung wie »Noch mal genauer hinschauen« oder »zerlegen!«. Ungünstig sind dagegen (längere) verbale Reaktionen wie z. B. Ermahnungen oder das richtige »Vorsagen« der betreffenden Wörter.

i) Motivation wecken, Erfolge erlebbar machten

Motivation zum Lesenüben kann bei leseschwachen Kindern nicht vorausgesetzt werden – das Gegenteil ist zumeist der Fall. Wie kann ich bei ADHS-Kindern Motivation zum Wiederholen und Üben wecken?

Eine empfehlenswerte Methode besteht darin, dass Ihre Kinder immer wieder aufs Neue einen für sie unbekannten Text lesen und ihn dabei auf Kassette oder Tonbandgerät aufnehmen. Wochen bzw. Monate später lassen Sie Ihre Kinder noch einmal den geübten Text und einen unbekannten Text der gleichen Schwierigkeitsstufe lesen und aufnehmen. Beide Texte werden dann zum Vergleich vorgespielt. (ADHS-)Kinder können nun die Erfahrung machen: »Was konnte ich vor einem, vor drei ... Monaten und was kann ich jetzt?« Gerade für

Leseübungen ist dies besonders wichtig, da der Lernerfolg beim Training zum schnellen Lesen sonst nicht ausreichend wahrgenommen wird. Auf diese Weise können Sie bei Ihren Kindern die Motivation zum regelmäßigen Weiterüben stärken.

Eine zweite Methode besteht darin, mithilfe einer Stoppuhr im Abstand von zwei bis drei Monaten zu messen, wie viele Wörter, Zeilen oder Seiten ein Kind in einer bestimmten Zeit gelesen hat. Auf diese Weise können Sie Ihrem Kind seine zunehmende Geschwindigkeit beim Lesen verdeutlichen.

j) Lesefreude durch Lesegemütlichkeit entwickeln

Positiv wirkt es sich aus, zuhause eine gemütliche Leseecke im Kinder- bzw. Jugendzimmer oder im Wohnzimmer einzurichten, die Ihr Kind selbst gestalten kann. Diese leicht umzusetzende Maßnahme trägt dazu bei, dass Ihr Kind mit dem Lesen eine positive emotionale Erfahrung verknüpft.

k) Interessante Bücher anbieten

Büchereien bieten heute eine Vielzahl von Auswahlmöglichkeiten. Für leseschwache Kinder sind zunächst Bücher mit vielen Bildern, z. B. auch Sachbücher mit kurzen Texten, »die interessanteren«. Auch über Sachthemen oder spannende Geschichten wie Kinderkrimis ist bei (ADHS-)Kindern Lesefreude zu wecken.

l) Geduld und Ausdauer der Eltern

Grundsätzlich müssen Sie sich darauf einstellen, dass Sie bei einer Leseschwäche die dargestellten Übungseinheiten über einen langen Zeitraum durchführen müssen. Da der Leselernprozess bei leseschwachen Kindern sehr langwierig sein kann, müssen Sie als betroffene Eltern vor demotivierenden Gedanken auf der Hut sein: »Warum kann er/sie immer noch nicht …, das darf doch nicht wahr sein. Es ist einfach aussichtslos – es ist kein Fortschritt feststellbar. Das wird doch nie was. Die anderen Mitschüler können doch auch schon …!« Solche Gedanken können dann in Äußerungen münden wie z. B.: »Das haben wir doch schon hundertmal gelesen, das müsstest du doch jetzt endlich können!« Damit aber entwerten Sie die sehr anstrengende Lernarbeit Ihrer Kinder und vermindern in dessen Folge deren Lesebereitschaft.

Machen Sie sich als Eltern immer wieder bewusst, dass Geduld und Gelassenheit für Ihr Kind unabdingbar sind, um im Leselernprozess voranzuschreiten. Es gilt das Motto: »einfach weiter üben«. Wichtig ist, sich die richtige Zeitperspektive zu setzen: Der Zeitraum für einen erfolgreichen Lernprozess bemisst sich oft in Jahren. Dies erfordert für Kinder und Eltern Ausdauer und großes Durchhaltevermögen. **Wichtig ist also: Geduld üben, Gelassenheit bewahren.**

Als Eltern müssen Sie sich grundsätzlich darauf einstellen, dass Sie bei einer Leseschwäche Ihres Kindes die notwendigen Übungen über einen langen Zeitraum durchführen müssen, der mitunter durchaus mehrere Jahre betragen kann. Um Ihrem leseschwachen Kind nicht die Motivation für das langwierige Üben zu nehmen, sollten Sie als Mutter und Vater unbedingt demotivierende Gedanken (und Äußerungen!) vermeiden.

11. Verbesserung des Leseverständnisses und der Sinnentnahme

Die richtige Sinnentnahme ist das eigentlich anzustrebende Ziel am Ende des Leselernprozesses. Benötigt Ihr Kind für das Lesen als solches noch zu viel Aufmerksamkeit, wird diese von der Sinnentnahme abgezogen. Wenn der Leseprozess für ihr Kind sehr anstrengend ist, ist die Gefahr noch größer, dass ADHS-Kinder beim Lesen mit ihren Gedanken schnell abdriften und ihnen der Sinnzusammenhang auf diese Weise verlorengeht.

Kinder, deren Leseprozess noch nicht automatisiert ist, haben grundsätzlich Schwierigkeiten, den Sinn des Gelesenen zu verstehen. Erst wenn ihr Kind gelernt hat, flüssiger zu lesen, sollten Sie beginnen, sein Leseverständnis wie folgt zu trainieren.

a) Fragen zum Text

Nachdem Sie mit Ihrem Kind einen kürzeren Textabschnitt gelesen haben, stellen Sie ihm Fragen, die aus dem Text heraus zu beantworten sind. So können Sie offene Fragen stellen wie z. B.: »Was hast Du gerade gelesen?«, »Was weißt Du noch von dem, was wir gerade gelesen haben?« Damit regen Sie Ihr Kind an, den gerade gelesenen Textabschnitt zusammenzufassen.

Weil dies jedoch ihrem Kind meist schwerfallen dürfte, ist es besonders anfangs hilfreicher, wenn sie gezielter nachfragen: »Welche Personen kommen in dem Text vor?«, »Welches ist die Hauptperson?«, »Was hat sie getan?«, »Was haben die anderen getan?« etc. Danach bitten Sie Ihr Kind, einzelne Wörter oder unklare Textstellen zu erläutern: »Was ist gemeint mit …?«, »Was bedeutet …?« etc. Anschließend können Sie Ihre Tochter oder Ihren Sohn fragen, wie der Text weitergehen könnte. Damit wecken Sie vielleicht die Neugier und die Motivation für den nachfolgenden Text, der dann möglicherweise aufmerksamer gelesen und behalten werden kann.

b) Trainieren von »Reinlegefragen«

Viele Kinder im Grundschulalter haben Schwierigkeiten, schriftliche Fragestellungen – wie z. B. bei Grammatiktests oder im Rahmen des Heimat- und Sachkundeunterrichts (HSU) – zu beantworten. Sofern Sie als Eltern feststellen, dass Ihr Kind den Inhalt der Fragestellung oft nur unzureichend erfasst, dass es häufig zu flüchtig oder ungenau liest oder manche Ausdrücke nicht versteht, sollten Sie nach wirksamen Hilfestellungen suchen.

Auf der Grundlage gesammelter kopierter HSU- oder Grammatiktests können Sie die Lese- und oft auch Aufmerksamkeitsschwächen Ihrer Kinder gezielt angehen. Bitten Sie Ihr Kind, z. B. eine Woche vor einer neuen Lernzielkontrolle, täglich eine schriftliche Fragestellung mit einer sog. »Reinlegefrage« zu bearbeiten. Lassen Sie Ihr Kind dabei »Detektiv« sein und alle für die Beantwortung der Frage wesentlichen »Signalwörter« benennen und (mit einem Textmarker oder Buntstift) markieren.

Häufig liest Ihr Kind bei Aufgabenstellungen den ersten Teil des Satzes, denkt »Weiß ich doch!« und beginnt sofort loszulegen. Oft wird die Aufgabenstellung aber in einem Nebensatz oder einem zweiten Satz noch weiter präzisiert. Bei solchen Fragestellungen können Sie in kleinen Portionen immer wieder trainieren: »Ich lasse mich nicht reinlegen!«

c) Komprimieren des Inhalts mit Hilfe von »Signalwörtern«

Um den Sinn längerer Texte oder komplexerer schriftlicher Fragestellungen verstehend lesen zu lernen, besteht für Ihre Kinder eine bewährte Methode darin, Signalwörter zu identifizieren und zu markieren. Inhalte werden auf diese Weise komprimiert, wodurch die Kapazität des Arbeitsspeichers im kindlichen Gehirn entlastet und der Einprägeprozess erleichtert wird. Später kann der Lernstoff mithilfe der Signalwörter z. B. beim Abfragen auch besser erinnert werden.

Lernfächer: Informationen komprimieren

Abb. 13.14: Das Komprimieren von Wissensstoff

Kapitel 14: Rechtschreibung

Im Vergleich zum Erlernen des Rechnens und des Lesens erscheint uns die Rechtschreibung nicht so wichtig zu sein. Da ADHS-Kinder häufig Schwierigkeiten in mehreren Lernbereichen haben, gilt es Prioritäten beim zusätzlichen Üben zu setzen. In der Zukunft dürfte es zudem noch mehr computergestützte Diktier- und Überprüfungsmöglichkeiten geben. Zudem ist es in den meisten Bundesländern mit Hilfe eines Legastheniegutachtens möglich, dass von schulischer Seite Rücksicht auf die Schwierigkeiten der betroffenen Kinder genommen wird.

Exkurs: Zum Nachteilsausgleich bzw. Notenschutz an deutschen Schulen

Um die Schullaufbahn der Kinder mit Rechtschreib- und auch Lesestörungen zu erleichtern, können im Gegensatz zur Dyskalkulie/Rechenstörung für diese Kinder Erleichterungen besonders in Prüfungssituationen beantragt werden. Abhängig vom jeweiligen Bundesland bestehen unterschiedliche schulrechtliche Bestimmungen zu Diagnostik, schulischer Förderung und Gewährung von Nachteilsausgleich bzw. Notenschutz.

Im Einzelnen kann der **Nachteilsausgleich** u. a. beinhalten:

- Zeitverlängerung/Ausweitung der Bearbeitungszeit bei schriftlichen Proben und Prüfungen
- Vorlesen der Aufgabenstellungen oder Instruktionen
- Einsatz (von) technischer Hilfsmittel (z. B. Computer)

Beim **Notenschutz** kann bei der Leistungsfeststellung im schriftlichen Bereich in allen Fächern auf die Bewertung der Lese-/Rechtschreibleistung verzichtet werden und eine stärkere Gewichtung der mündlichen Leistung erfolgen.

1. Zur Rechtschreibstörung aus psychologischer und kinder- und jugendpsychiatrischer Sicht

Auch die Rechtschreibstörung wird der in der internationalen Klassifikation für psychische Störungen der Weltgesundheitsorganisation (WHO), der ICD-11, als Krankheitsbegriff aufgeführt: Developmental learning disorder with impairment in written expression (6A03.1). Die Entwicklungsstörung des Lernens mit Beeinträchtigung des schriftlichen Ausdrucks ist gekennzeichnet durch erhebliche und anhaltende Schwierigkeiten beim Erlernen schulischer Fähigkeiten im Zusammenhang mit dem Schreiben, wie Rechtschreibgenauigkeit, Grammatik- und Interpunktionsgenauigkeit, sowie bei der Erstellung einer planmäßigen Gliederung und des Zusammenhangs von Ideen beim Schreiben. Sie ist wiederum nicht auf eine Beeinträchtigung der Intelligenz, eine unzureichende Beschulung, Seh- oder Hörstörungen oder auch neurologische Erkrankungen zurückzuführen.

Auffällig bei dieser Definition ist, dass sie sich nicht mehr nur auf Defizite im Bereich der Rechtschreibung beschränkt, sondern auch das schriftliche Ausdrucksvermögen mit einbezieht. Zu welchen konkreten Auswirkungen diese Erweiterung besonders auch im schulischen Bereich führen wird, ist zurzeit noch nicht abzusehen.

a) Was weist auf eine mögliche Rechtschreibstörung hin?

Trotz Übens kommt es zu einer hohen Anzahl an Rechtschreibfehlern. Auffällig ist weiterhin, dass selbst häufig vorkommende Wörter in unterschiedlichsten Variationen falsch geschrieben werden.

b) Wie wird eine Rechtschreibstörung diagnostiziert?

In Bezug auf die testpsychologisch fundierte Diagnose einer *Rechtschreibstörung* bestehen wie bei der *Lesestörung* zwei Ansätze:

a) Mit Hilfe eines standardisierten *Rechtschreibtests* und eines Intelligenztests wird eine statistisch bedeutsame Diskrepanz (1,5 Standardabweichungen) zwischen der intellektuellen Begabung (die im Normbereich liegen sollte) sowie der *Rechtschreibleistung* (die dann unterdurchschnittlich ist) festgestellt.
b) Aktuell zeichnet sich die Entwicklung ab, dass man von dem Diskrepanzkriterium absieht und eine Rechtschreibstörung diagnostiziert, wenn im Rechtschreibtest eine Leistung, die schlechter als ein vorgegebener Normwert ist, festgestellt (gemessen) wird. Meist wird ein Normwert angenommen, der 1,5 Standardabweichungen unter dem Durchschnitt liegt, d. h. das Testergebnis liegt unter einem Prozentrang von 7 (vgl. Schulte-Körne 2021).

Neben der quantitativen Analyse, d. h. der Feststellung eines Prozentranges, besteht bei fast allen Rechtschreibtestverfahren die Möglichkeit der *qualitativen* Fehleranalyse bzw. der Feststellung von Fehlerschwerpunkten. Diese sind unseres Erachtens immer notwendig, um eine Förderung gezielt und individuell angepasst planen zu können.

c) Wie häufig tritt eine Rechtschreibstörung auf?

In Deutschland besteht bei etwa 2–9 % aller Schüler eine isolierte Rechtschreibstörung. Hinzu kommen zusätzlich noch 2–6 % der Schüler, bei denen eine kombinierte Lese-/Rechtschreibstörung vorliegt. Insgesamt sind damit 4–15 % der deutschen Schüler von einer Rechtschreibstörung betroffen (vgl. Schulte-Körne, Galuschka 2019, S. 9). Diese Zahlen beziehen sich ausschließlich auf den Bereich der Störung also einer ausgeprägteren Rechtschreibproblematik. Die Häufigkeit einer Rechtschreibschwäche dürfte um das Dreifache höher sein (vgl. z. B. Stanat u. a. 2017, S. 133).

d) Was weiß man über die Ursachen einer Rechtschreibstörung?

Wie bei der Lesestörung gibt es nur »vermutete Ursachen« (Schulte-Körne, Galuschka 2019, S. 11). Im Vordergrund stehen Faktoren im Bereich der phonologischen Verarbeitung, des Arbeitsgedächtnisses, der Aufmerksamkeit und der Genetik. Es wurde versucht, den Nachweis dieser »Ursachen« über Gruppenvergleiche zwischen Kinder mit normaler bis guter und mit schlechter Rechtschreibleistung zu führen. Treten zwei Problembereiche häufiger gleichzeitig auf, wie z. B. Probleme im Bereich der phonologischen Verarbeitung *(Defizite in der phonologischen Bewusstheit, Erschwernisse in der verbalen Informationsverarbeitung/»phonetisches Recodieren« im Arbeitsgedächtnis, Speicherung und Abrufs phonologischer Inhalte aus dem Langzeitgedächtnis)* auf der einen Seite und eine Rechtschreibstörung bzw. -schwäche auf der anderen Seite, ist es aber wissenschaftlich unzulässig, daraus zu schließen, das eine wäre die Ursache für das andere. Auf diese Weise kann man letztlich nur ein gleichzeitiges Auftreten feststellen, aber nicht eine Verursachung begründen.

Eindeutig ist jedoch, dass die erhebliche Verschlechterung der Rechtschreibleistung seit dem Jahre 2000 auf die in der Schule propagierten Lernwege zurückzuführen ist. Beeinflusst von der Reformpädagogik wollte man die Schüler über das lautliche Erschließen die Schreibweise von Wörtern selbst finden lassen. So sollten z. B. nach Reichen die Kinder die Laute eines Wortes heraushören und dann mit Hilfe der Anlauttabelle den entsprechenden zum Laut dazugehörigen Buchstaben selbst finden. Beeinflusst von dem extremen Konzept von Reichen wurde im schulischen Bereich das selbstständige, eigenmotivierte »kreative Schreiben« als das Wichtigste angesehen. Oberstes Ziel war, dass auf diese Weise den Schülern Schreibfreude vermittelt werden sollte. Für eineinhalb Jahrzehnte, in denen dieses Lernkonzept in mehr oder weniger abgewandelter Form im Vordergrund stand, legte man deswegen überwiegend in den ersten beiden Schuljahren keinen Wert auf die Richtigschreibung.

Die Auswirkungen wurden z. B. 2013 im Spiegel in der Titelgeschichte »Die Recht Schreip-Katerstrofe. Die neue Schlechtschreibung. Warum unsere Kinder nicht mehr richtig schreiben lernen« (von Bredow, Hackenbroch 2013) kritisch reflektiert. Nach den negativen Erfahrungen wurden die »extremen« Vorgehensweisen weitgehend zurückgenommen, in manchen Bundesländern sogar verboten. Die aktuellen Unterrichtsmethoden sollen deswegen besonders auch im Hinblick auf ADHS-Kinder unten genauer betrachtet und reflektiert werden.

e) Woran können Eltern oder Lehrer eine Rechtschreibstörung bzw. -schwäche erkennen?

Rechtschreibschwächen und -störungen sind anhand folgender Auffälligkeiten erkennbar (vgl. Warnke, Schulte-Körne 2007, S. 154; Suchodoletz 2007, S. 22; Schulte-Körne, Galuschka 2019, S. 2f):

- eine große Anzahl von Fehlern beim Schreiben
- Reihenfolgefehler (Umstellungen von Buchstaben im Wort: »alt/atl«)
- Auslassungen von Buchstaben
- Einfügen falscher Buchstaben
- lautgetreues Schreiben
- Wortverstümmelungen
- Verdrehen von Buchstaben im Wort (z. B. b–d, p–q, u–n)
- Regelfehler, z. B. Groß- und Kleinschreibung, Dopplungs- und Dehnungsfehler
- Inkonstanz von richtigem und fehlerhaftem Schreiben ein- und desselben Wortes

Insbesondere die ungeübten Diktate in der Grundschule fallen in der Regel mangelhaft oder ungenügend aus, beim Aufsatz finden sich noch wesentlich mehr Fehler als bei Diktaten. Selbst beim Abschreiben kommt es gehäuft zu Fehlern.

f) Welcher Zusammenhang besteht zwischen ADHS und Rechtschreibstörungen?

Untersuchungen haben ergeben, dass abhängig von den Definitionskriterien bis zu 27 % der Kinder mit der Diagnose ADHS auch eine Rechtschreibstörung aufweisen. Die Wahrscheinlichkeit für ADHS-Kinder, eine Rechtschreibstörung zu entwickeln, liegt bis zu sechsmal höher als bei nicht betroffenen Kindern. Nimmt man noch die Rechtschreibschwäche hinzu, dürfte der Prozentsatz von ADHS-Kindern mit Lernproblemen in diesem Bereich noch wesentlich höher sein.

2. Modelle des Rechtschreibprozesses

Im Gegensatz zum Leseprozess haben sich Wissenschaftler erst in den letzten Jahren überhaupt mit möglichen Modellvorstellungen zum Rechtschreiblernprozess beschäftigt. Entsprechende Modelle kommen überwiegend aus der experimentellen Leseforschung. Man geht dabei davon aus, dass die Umwandlung der Sprache in Schrift auf verschiedene Weise möglich ist. Empirische Befunde hierzu gibt es jedoch nur sehr wenige. Differenzierte Netzwerkmodelle sehen neben der Verbindung von phonologischen mit orthographischen Einheiten auch umgekehrte Verbindungen vor, dies aber mit unterschiedlichen Gewichtungen.

Beim Rechtschreiben und beim Lesen ist von unterschiedlichen Prozessen auszugehen. Obgleich Rechtschreiben zwar das Spiegelbild des Worterkennungsvorganges beim Lesen ist – d. h. beim Schreiben nach Diktat muss ein vorgesprochenes Wort in eine Buchstabenfolge übertragen werden –, gibt es dennoch Unterschiede zwischen Lesen und Schreiben. Ein besonders auffälliger Unterschied besteht in der Geschwindigkeit des Prozesses. Schreiben dauert deutlich länger. Während beim Lesen, d. h. beim Worterkennen, eine parallele Verarbeitung der Buchstaben eines Wortes möglich ist, muss beim Schreiben diese Buchstabenfolge sequentiell wiedergegeben werden.

3. Ziele im Rechtschreiblernprozess

Bevor wir anfangen, unsere rechtschreibschwachen bzw. -gestörten Kinder zu fördern, müssen wir uns darüber klar werden, was wir als Eltern bzw. Lehrer*innen überhaupt im Bereich der Rechtschreibung erreichen wollen. Einerseits gilt es, bestimmte Regeln, z. B. für die Groß- und Kleinschreibung, zu üben. Andererseits soll ein solider Grundwortschatz aufgebaut werden, damit Kinder eine basale Rechtschreib*sicherheit* gewinnen. Sicheres Schreiben erfordert letztlich – wie das Lesen auch – ein jahrelanges Training, bis die Schriftsprache so verinnerlicht ist, dass »das Schreiben automatisch und ohne langes Überlegen gelingt« (Suchodoletz 2007, S. 12). Dies ist die Voraussetzung, damit bei der Textproduktion der Hauptteil der Kapazität des Arbeitsspeichers der Konzeption und dem Formulieren zur Verfügung steht.

Ein wesentliches Lernziel für (alle, und nicht nur die rechtschreibschwachen) Kinder im Grundschulbereich besteht darin, den Grundwortschatz »ohne zu denken« richtig schreiben zu können.

4. Erschwernisse im Rechtschreiblernprozess – zur aktuellen Forschungslage

Für die auditive Informationsverarbeitung liegen wissenschaftliche Erkenntnisse darüber vor, dass ein Großteil der rechtschreibschwachen Kinder gleichzeitig auch Schwierigkeiten sowohl im Bereich der phonologischen Bewusstheit als auch im Bereich der verbalen Informationsverarbeitung im Arbeitsgedächtnis sowie beim Zugriff auf das phonologische Langzeitgedächtnis aufweist (vgl. Hasselhorn, Gold 2022, S. 187ff).

Bei der Rechtschreibstörung finden wir häufig auch komorbide, d. h. gleichzeitig auftretende Probleme wie beispielsweise Sprach- und Sprechstörungen, eine ADHS-Problematik, Angststörungen, Störungen des Sozialverhaltens oder auch depressive Entwicklungen. So zeigen etwa 30 % aller betroffenen Kinder eine ADHS-Symptomatik, umgekehrt finden sich bei ADHS-Kindern gehäuft Rechtschreibprobleme. Im emotionalen Bereich zeigen sich insbesondere Ängste und auch psychosomatische Symptome (vgl. Schulte-Körne, Galuschka 2019, S. 14ff). Die kontinuierlichen Misserfolgserlebnisse können zu einer »tiefen Abneigung« und »Vermeidungsstrategien« gegenüber dem Schreiben sowie einem niedrigen Selbstwertgefühl führen (ebda., S. 17).

5. Zur Analyse des Rechtschreibunterrichts

Begrüßenswert ist, dass inzwischen in der Schule nach eineinhalb Jahrzehnten des Trainings der »Schlechtschreibung« überwiegend wieder auf die systematische Vermittlung eines Grundwortschatzes und auf das Richtigschreiben ab der ersten Klasse Wert gelegt wird. Letzteres ist umso wichtiger, da »Rechtschreibleistungen [...] sich bereits ab der ersten Klasse sehr stabil« zeigen (Schulte-Körne, Galuschka 2019, S. 17).

Beispielhaft sollen kurz die inzwischen deutlich verbesserten Vorgaben im Bundesland Nordrhein-Westfalen dargestellt werden. In der Einleitung zu »Handreichungen für einen systematischen Rechtschreibunterricht« stellt das Ministerium für Schule und Bildung des Landes Nordrhein-Westfalen fest: »Die Ergebnisse des IQB-Bildungstrends 2016 zeigen für NRW im Bereich Rechtschreibung einen deutlichen Handlungsbedarf.« (2019, S. 4). In dieser im Sommer 2016 durchgeführten repräsentativen Studie erreichten im Bereich Orthographie/Rechtschreibung in Deutschland 22,1 %, in NRW sogar 23,9% der Schülerinnen und Schüler der 4. Jahrgangsstufe nicht die Mindeststandards (vgl. Stanat u. a. 2017, S. 133). Als Konsequenz erfolgte in Nordrhein-Westfalen eine grundlegende Kehrtwende. Als neuer Ausgangspunkt wird festgesetzt: »Wichtig ist von Anfang an zu thematisieren, dass wir nicht schreiben, wie wir sprechen.« (Ministerium für Schule und Bildung des Landes Nordrhein-Westfalen 2019, S. 9) Vereinfacht ausgedrückt soll den Kindern am Anfang nicht mehr beigebracht werden »Schreibe das Wort so, wie du es hörst«, sondern sie sollen jetzt die phonologischen Prinzipien, die Laut-Buchstaben-Zuordnungen in den richtig geschriebenen Wörtern entdecken (vgl. ebda.). Deswegen stellt nun die »Arbeit mit dem Rechtschreibwortschatz«, mit einem »vorgegebenen Grundwortschatz« das »Fundament« eines »systematischen Rechtschreibunterrichts« dar (ebda.).*

Der Rechtschreibunterricht basiert gemäß der Handreichung des Ministerium für Schule und Bildung des Landes Nordrhein-Westfalen (2019) auf drei Grundbausteinen:

Im *ersten Baustein* soll das Richtigschreiben beim *Textschreiben* erlernt werden (vgl. S. 16). Hierzu bietet der Unterricht »vielfältige Schreibanlässe« (ebda.) an. Es wird betont, dass dies zunächst für das Kind recht schwierig ist, da bei der Textproduktion viele Tätigkeiten gleichzeitig ablaufen müssen: »das Finden einer

* Mit Genugtuung können wir hier nun eine Übereinstimmung mit unserem Konzept feststellen, dass wir seit der Erstauflage dieses Buches im Jahre 2002 Jahren vertreten haben.

Schreibidee, das Ordnen der Gedanken, das Formulieren von Sätzen« (ebda.) und das Richtigschreiben. »Anfangs fehlt in der Regel die Kapazität, während des Schreibprozesses über die richtige Schreibung nachzudenken.« (ebda.) Deswegen sind zum einen Korrekturen durch die Lehrkraft notwendig. In Bezug auf eine Vorgehensweise im Rahmen einer anzustrebenden Individualisierung wird ausdrücklich »darauf hingewiesen, dass nicht alle Fehler markiert werden müssen, sondern nur die, die für das Kind lernförderlich sind oder auch in anderen Texten des Kindes auftauchen.« (S. 18)

Zum anderen sollen die Schüler üben, selbstständig eine Rechtschreibkontrolle durchzuführen. Wenn Zweifel an der Schreibung eines Wortes besteht, sollen sie dieses in Wörterbüchern nachschlagen. (vgl. S. 19)

Sarah (4. Klasse): »Ich weiß ja gar nicht bei welchen Wörtern ich nachschlagen muss.«
Zu bedenken ist, dass es gerade rechtschreibschwachen Kindern schwerfällt, die eigene Unsicherheit bezüglich eines Wortes zu erkennen.

Im *zweiten Baustein* soll Rechtschreibphänomenen auf den Grund gegangen werden. In einer aktiven Erkundung soll (gemeinsam) über die Richtigschreibung bestimmter Wörter und Rechtschreibstrategien nachgedacht, Wörter erforscht, Strukturen entdeckt und in einer überschaubaren Systematik verortet werden (vgl. S. 20).

Der Hauptweg besteht hier aus »Forscherstunden«, in denen die »Kinder in einer Kleingruppe anhand eines vorstrukturierten Wortmaterials [...] Entdeckungen an der Schrift machen« (ebda.). Dann werden »die Entdeckungen und Ideen der Kinder [...] in der Klasse diskutiert« und geklärt. »Damit wird eine Grundlage dafür geschaffen, rechtschriftliche Phänomene durch einsichtsvolles Üben zu sichern und zu automatisieren.« (ebda.)

Für selbstentdeckendes Lernen, für Forscherstunden und das anschließende Diskutieren der richtigen und auch falschen Erkenntnisse der Schüler in der Klasse gelten die gleichen Einwände, die schon im Kapitel zum Rechnen angeführt worden sind: Selbstentdeckendes Lernen ist nachweislich nicht so hilfreich, wenn die Schüler sich Neues aneignen sollen und wenn es um förderliche Lernwege von Kindern mit Schwächen geht (▸ Kap. 12 Rechnen).

Im *dritten Baustein* sollen Wörter durch sinnvolles Üben gesichert werden. Ziel dieses Bausteins ist es, dass die Schülerinnen und Schüler häufig gebrauchte Wörter »automatisiert ohne Nachdenken richtig schreiben können«, damit sie dadurch eine gewisse Sicherheit und Entlastung beim Textschreiben erlangen. Der zu lernende Grundwortschatz besteht aus 533 Wörter: 111 häufig gebrauchte Merkwörter und 422 Nachdenkwörter, die überwiegend die vier wichtigsten

Prinzipien unserer Rechtschreibung abbilden. Hinzu soll noch ein individueller Wortschatz von ca. 200 bis 300 Wörtern kommen (vgl. S. 36).

Das Üben soll schriftlich erfolgen: »Je mehr ein Kind (ab)schreibt, desto mehr Wörter kann es automatisiert richtig schreiben.« (S. 23) Empfohlen wird die Arbeit mit einer Lernwörterkartei, bei der die individuellen Übungswörter »nach jeder erfolgreichen Übung (s. Selbstdiktat, Partnerdiktat) im Karteikasten ein Fach weiterwandern« und so »systematisch wiederholt« (ebda.) werden.

Dieser dritte Baustein könnte besonders für Schülerinnen und Schüler mit Schwächen wichtig sein: »Gerade für Kinder, die weniger über das Analysieren von Wörtern und Nachdenken über Schrift die Rechtschreibung erlernen oder die erschwerte Lernbedingungen haben, ist das wiederholte Üben eines begrenzten Wortschatzes ein wichtiger Weg, um Sicherheit im Rechtschreiben zu erlangen.« (S. 23)

In zuvor ungewohnter Weise wird von schulischer Seite die Notwendigkeit des »Automatisierens« betont. Im letzten Baustein wird zusätzlich angedeutet, dass die beiden ersten Bausteine für Kinder mit Schwächen vielleicht nicht so günstig sind und es für diese Kinder hilfreicher ist einen begrenzten Wortschatz wiederholt zu üben. Bei der Übungsmethode steht das Abschreiben im Vordergrund, was bei ADHS-Kindern aufgrund ihrer Abneigung gegen das Schreiben aber eher zu Vermeidungsstrategien als zu einer Verbesserung führen dürfte. Die Anzahl des Grundwortschatzes (ca. 800 Wörter) ist im Hinblick auf vier Schuljahre relativ gering und könnte mit unseren Übungsstrategien bei ADHS-Kindern ohne Probleme erhöht werden.

Die Schule muss Unterrichtskonzepte für alle Schüler entwickeln. Gleichzeitig wird aber auch der Anspruch auf Individualisierung betont. Hier nun könnte der Anknüpfungspunkt für eine konstruktive Kooperation mit dem Team Eltern-Kind sein. In den Handreichungen für einen systematischen Rechtschreibunterricht stellt das Ministerium für Schule und Bildung des Landes Nordrhein-Westfalen fest, dass für Kinder mit »erschwerten Lernbedingungen« der Baustein 3 besonders wichtig ist, in dem »Wörter durch sinnvolles Üben gesichert« werden sollen. (s. o.). Vielleicht kann man mit der zuständigen Lehrkraft vereinbaren, unser Rechtschreiblernprogramm verbindlich durchzuführen, da es sich zum einen gut in den Baustein 3 einfügt, zum anderen aber auch gezielt für die besonderen Voraussetzungen von ADHS-Kindern entwickelt wurde.

Falls in Ihrem Bundesland oder Kanton keine solchen Vorgaben bestehen, können Sie auf die offiziellen Handreichungen in Nordrhein-Westfalen verweisen. Lehrern fällt es leichter, eine Vereinbarung einzugehen, wenn Sie als Absicherung entsprechende Belege vorweisen.

6. Fördermaßnahmen in der Diskussion – Zum Training von »Vorläuferfertigkeiten«

Basale Trainings in der auditiven und visuellen Wahrnehmung, die defizitäre Grundfähigkeiten verbessern sollen, und besonders auch »alternative« Fördermethoden sind zur Verbesserung der Rechtschreibfertigkeiten ebenso wenig effizient wie für die Leseförderung und deswegen abzulehnen. Wirksam dagegen sind »symptomorientierte Ansätze«, die direkt an den Schwierigkeiten der Betroffenen beim Einüben der Rechtschreibfertigkeiten ansetzen (vgl. Schulte-Körne, Galuschka 2019, S. 20). Hier gilt also wieder der Grundsatz: Man trainiert das, was man trainiert. Je direkter man das trainiert, was man verbessern möchte, um so effektiver ist der Übungsvorgang. Unspezifische Fördermaßnahmen, z. B. Wahrnehmungs- oder Hörtrainings, bringen trotz manchmal großen Aufwandes für Eltern und Kinder und hoher Kosten keine oder nur minimale Fortschritte.

Unser Schulsystem setzte und setzt teilweise bei der Rechtschreibung noch einseitig bzw. vorrangig auf die lautliche Analyse. *Phonologische Bewusstheit* bezeichnet in diesem Zusammenhang die Fähigkeit, die lautlichen Strukturen der Schriftsprache zu erkennen, um mit ihnen zu operieren. Ob aber über die häufig vorgeschlagene Förderung der phonologischen Bewusstheit eine Verbesserung der Rechtschreibung erzielt werden kann, erscheint äußerst fraglich.

Eine Metanalyse weist nach, dass die Effektstärke bei einem »Phonologietraining« in der Grundschule in Bezug auf eine Verbesserung der Rechtschreibung im Durchschnitt bei einer Effektstärke von -0,08, in Subgruppen sogar bei -0,81 liegt (vgl. Ise, Engel, Schulte-Körne 2012, S. 131). Dies bedeutet, dass ein »Phonologietraining« nicht nur nicht hilft, sondern teilweise sogar die Schwäche noch verstärkt. Die »Wirksamkeit von Phonologietrainings« konnten damit nicht nachgewiesen werden (vgl. Ise, Engel, Schulte-Körne 2012, S. 132).

7. Eine kritische Reflexion der Hauptförderwege in der Rechtschreibung

Spezifische Förderprogramme basieren im deutschsprachigen Raum vor allem auf zwei Hauptwegen: zum einen auf der Orientierung an der »lautgetreuen« Schreibweise, zum anderen auf dem Erlernen des Regel- und Strategiewissens in der Rechtschreibung. Beide Konzepte, die sowohl im Bereich der Lerntherapie und Heilpädagogik, aber auch im Bereich der schulischen Förderung Anwendung finden, werden wir im Folgenden näher betrachten.

a) Ist die lautgetreue Rechtschreibförderung der Königsweg?

Dieser Ansatz ist immer noch im Lerntherapiebereich und auch im Bereich der schulischen Förderung zu finden. Beim lautgetreuen Schreiben gilt es für Kinder und Jugendliche, die gesprochenen Laute, d. h. die Phoneme, herauszuhören, dem jeweiligen Laut einen Buchstaben zuzuordnen und schließlich mit dem entsprechenden Zeichen, dem Graphem, zu verschriften. Befürworter dieser Methode wie z. B. Reuter-Liehr (»Lautgetreue Rechtschreibförderung« 2006/2020) weisen darauf hin, dass die deutsche Sprache recht lautgetreu sei, und schlussfolgern daraus, dass dieser Weg für die Kinder am leichtesten zu erlernen sei.

Was spricht aber gegen diesen Weg?

Tatsächlich jedoch besteht in Fachkreisen *kein* Einvernehmen über die Lauttreue der deutschen Schriftsprache. Die angegebenen Häufigkeiten in der Literatur variieren je nach Definition. Die Auszählung des niedersächsischen Grundwortschatzes, der aus 1.419 Wörtern besteht, ergab, dass ungefähr 60 % der Wörter lautgetreu sind (vgl. Reuter-Liehr 2002, S. 362). Wörter, in denen Regelprobleme enthalten waren, umfassten ca. 30 % des Grundwortschatzes, Ausnahmen und Restprobleme ergaben 10 %. Von anderen Autoren wird davon ausgegangen, dass in Deutschland ca. 50 % der Wörter lautgetreu geschrieben werden.

Dialektgebundene Einflüsse mindern je nach Region noch einmal die Anzahl der »lautgetreuen« Wörter. Wenn Kinder im Süden Deutschlands »Wurscht« statt »Wurst« sagen oder »ischt« statt »ist«, sind sie folglich mit dem Problem konfrontiert, dass ihre Alltagssprache von der Schriftsprache abweicht, was die Rechtschreibung erschwert. Auf ähnliche Schwierigkeiten verweist z. B. die Sprachwissenschaftlerin Afra Sturm von der Pädagogischen Hochschule FHNW für den Bildungsraum Nordwestschweiz in Bezug auf die dialektale Einfärbung in der Schweiz (vgl. Brunner 2019).

Diese Kinder stehen vor der Herausforderung, durch den Dialekt eingefärbte Wörter zunächst einmal richtig hochdeutsch auszusprechen und so korrekt zu schreiben. Grundlage für die Verschriftung von Wörtern darf deshalb nicht die dialekteingefärbte Umgangssprache sein, die oft auch noch verkürzt oder verschliffen ist. Diese Kinder müssen zusätzlich noch einmal eine besondere, soweit wie möglich der Schriftsprache angeglichene Aussprache der Wörter erlernen, die man als »Pilotsprache« bezeichnet. Diese Pilotsprache wiederum kann ich nur richtig aussprechen, wenn ich weiß, wie das Wort richtig geschrieben wird.

Gemeinsam ist den Programmen, die eine lautgetreue Rechtschreibung propagieren, die Forderung, dass sich Kinder die Lernwörter nicht visuell als Wortbilder, also als »Buchstabenfolgen«, einprägen sollen. Hierin sehen manche Autoren solcher Programme sogar eine Gefahr für die betroffenen Kinder (vgl. z. B. Mann 1997, S. 14). Stattdessen fordert z. B. Mann, sich bei Lern- bzw. Merkwörtern jeweils einen »kognitiven Zusatz«, d. h. eine verbale Gedächtnisstütze (z. B. »fahren mit ah«), zusätzlich einzuprägen (S. 13). Bei Nachdenkwörtern gelte es sogar, sich die »ableitbare Schreibung« mit Hilfe mehrerer verbaler Regelsätze zu erschließen (S. 14).

Führen wir uns jedoch noch einmal vor Augen, welche schwierigen Voraussetzungen Kinder mit einer Rechtschreibschwäche oder -störung haben (Defizite in der phonologischen Bewusstheit, geringere Kapazität des phonologischen Arbeitsgedächtnisses und Beeinträchtigung des Abrufs phonologischer Kodes aus dem Langzeitgedächtnis), so erscheint uns dieser »lautgetreue« Weg allerdings als höchst kompliziert und störanfällig. So weisen betroffene Kinder z. B. meist Probleme im akustischen Arbeitsgedächtnis auf. Dessen Kapazitätsbegrenzung scheint angesichts ungünstiger schulischer Lern- und Förderwege mit Ursache für eine Rechtschreibschwäche bzw. -störung zu sein. So ist die Geschwindigkeit des stillen »subvokalen Wiederholens« für einfache Wort- und auch Lautfolgen reduziert, was die Menge dessen, was im Arbeitsspeicher verarbeitet werden kann, beschränkt. Beim »lautgetreuen« Schreiben wird damit der Weg über die größten Schwächen der betroffenen Kinder gegangen und nicht versucht, ihre Stärken, die häufig im visuellen Bereich liegen, zu nutzen und damit den für sie leichteren Weg zu beschreiten.

Wie sollen sich Kinder die genaue Aussprache von Wörtern einprägen, die von ihrer Umgangssprache so deutlich abweicht?

Wir, die Autoren, leben und arbeiten in Unterfranken. Wie in jeder anderen Region im deutschsprachigen Raum auch sind die meisten Kinder, die hier zur Schule gehen, mit dem regional vorherrschenden, spezifischen Dialekt (in unserem Fall dem Fränkischen) in Familie, Kindergarten und Freundeskreis groß geworden. Als Therapeuten erleben und erfahren wir in unserer Praxis täglich den Kampf, dem die große Mehrzahl der hiesigen Kinder beim lautgetreuen Schreiben ausgesetzt ist. So fällt es Kindern unserer Beobachtung nach sehr schwer, zwischen lautgetreuen und nicht lautgetreuen Wörtern in der deutschen Sprache zu unterscheiden. Wir fragen uns deshalb, ob es bei den meisten Wörtern nicht einfacher wäre, erst das Wortbild abzuspeichern und dann die richtige Aussprache zu lernen. Unserer Erfahrung nach können Kinder das Lernziel, den Grundwortschatz sicher schriftlich zu beherrschen, leichter und effektiver über korrekt abgespeicherte Wortbilder erreichen.

Auch in anderen Sprachen, z. B. im Englischen, müssen Kinder die Rechtschreibung über die Abspeicherung der Wortbilder lernen. Im Englischen muss man bei fast jedem Wort, wie z. B. »one«, »two«, »night«, »neighbour«, »cough« usw., die Lautgestalt der Wörter zusammen mit der genauen Schreibweise abspeichern, sonst ist man hoffnungslos verloren. Im Englischen ist das Erkennen ganzer Wortbilder also wichtiger als das sukzessive Übersetzen von Buchstaben in Laute wie z. B. im Italienischen. Entsprechend unterschiedlich beanspruchen englische und italienische Kinder ihre jeweiligen Gehirnareale. Obwohl jeweils beide Areale benutzt werden, aktivieren Italiener stärker das »Übersetzungsareal«, Engländer stärker das »Wortformareal«. »Nach und nach bauen wir uns ein Lexikon der geschriebenen Wortformen im Gehirn auf. Im Englischen ist dieses Lexikon sehr groß, weil viele Schreibweisen nur einmal vorkommen und man sie alle im Kopf und auswendig lernen muss.« (Blakemore und Frith 2006, S. 109) Der Weg, Wortbilder abzuspeichern, führt also, wie das Beispiel des Englischen zeigt, durchaus zum Erfolg. Warum nur, so fragen wir uns, können unsere rechtschreibschwachen deutschsprachigen Kinder, die so große Schwierigkeiten in der lautgetreuen Sprache haben, nicht auch auf diese Weise lernen?

Da in Deutschland die Methode, das korrekte Rechtschreiben mittels des Abspeicherns von Wortbildern zu lernen, fast ein bisschen verpönt war und teilweise immer noch ist, hat man sich hier bislang nur selten gründlich damit auseinandergesetzt. Klicpera u. a. (2003) verweisen als eine der wenigen Autoren auf die Notwendigkeit, Regeln sicher einzuüben und den Grundwortschatz visuell korrekt und nachhaltig abzuspeichern. Dabei sollte »vor allem [...] auf die Verteilung der Übungen über die Zeit mit häufigeren Wiederholungen und die Integration des Übens in einen motivierenden Kontext geachtet werden« (S. 255).

Die Fertigkeit des sicheren und korrekten Rechtschreibens lässt sich auf unterschiedlichen Wegen erwerben. Vor dem Hintergrund unterschiedlicher individueller Möglichkeiten und Grenzen, dialektgebundener Schwierigkeiten und abhängig von der Muttersprache existieren für Kinder offensichtlich leichtere und schwerere Wege, eine basale Rechtschreibsicherheit zu gewinnen. Im Hinblick auf die Erstellung eines individuellen, möglichst erfolgreichen Lernprogramms sollten wir immer bei den Stärken des rechtschreibschwachen Kindes und nicht bei seinen Schwächen ansetzen.

Betrachten wir die symptomspezifischen Trainings in der Rechtschreibförderung, wird ein zweiter Weg zum Aufbau des orthographischen Wissens deutlich, nämlich der des Regellernens.

b) Ist die regelorientierte Rechtschreibförderung der Königsweg?

Korrektes und damit regelorientiertes Rechtschreiben setzt das Wissen über Regelmäßigkeiten von Buchstabenfolgen und über grammatikalische und semantische Strukturen der Schriftsprache voraus. Wissenschaftlichen Untersuchungen zu Folge machen Regelfehler einen großen Anteil an den Rechtschreibfehlern aus, in der 2. Klasse bspw. etwa 66% (vgl. Warnke, Schulte-Körne 2007, S. 157). Klicpera u. a. (2003) berichten andererseits, dass Kindern bei einem Regeltraining, so z. B. beim Üben der Groß- und Kleinschreibung, eine Generalisierung, d. h. ein Transfer von unmittelbar geübten Wörtern auf nicht geübte Wörter, nur teilweise gelang. Dieser Befund wurde so interpretiert, dass die Schüler wohl nur zum Teil merkten, ob bei einem zu schreibenden Wort eine gelernte Rechtschreibregel anwendbar war oder nicht (S. 260f).

Zum Anwenden von Rechtschreibregeln bzw. -strategien:

Jens, 4. Klasse: »Ich habe beim Diktat gar keine Zeit zum Nachdenken.«

Wenn wir noch einmal die besonderen Voraussetzungen unserer Kinder betrachten, insbesondere die Kapazitätsbegrenzung ihres phonologischen Arbeitsgedächtnisses, stellt sich die Frage, ob die Regeln und Strategien, die in der Rechtschreibförderung vermittelt werden, den Arbeitsspeicher nicht überlasten. Regeln werden oft zu lang formuliert und mit unterschiedlichstem Übungsmaterial gekoppelt auch im Grundschulbereich vermittelt.

Ein weiteres Problem besteht darin, wenn der Schüler oder die Schülerin häufig, z. B. bei jedem dritten oder vierten Wort, nachdenken muss, welche Rechtschreibregeln und -strategien er/sie anwenden könnte, um das Wort dann richtig schreiben zu können. Dies kostet viel Zeit, ein Großteil der Kapazität des Arbeitsspeichers wird belegt und die Aufmerksamkeit wird vom Eigentlichen abgezogen.

So verweist der Bremer Neurobiologe und Gehirnforscher Gerhard Roth darauf, welche Schwierigkeiten und Einschränkungen bei einem Entscheidungsprozess im Alltag bestehen:

»Das Abwägungs- und Beratungsoptimum liegt meist sehr niedrig, d. h. ein Mehr an Diskussion und Abwägung läuft rasch ins Leere. […] alles, was zwei oder drei Faktoren übersteigt, geht über den Horizont der bewussten Bearbeitungskapazität hinaus […] Das kommt daher, dass die Kapazität unseres Arbeitsgedächtnisses so beschränkt ist, dieser Flaschenhals ist sehr eng.« (Roth 2007, S. 32)

„Ich merke mir:
Am Anfang einer Silbe
schreibe ich nur
St/st oder Sp/sp
auch wenn ich
/scht/ oder /schp/
spreche.
Strom streiten
Spaten sparen
Also: Ich schreibe anders, als ich spreche!"

Abb. 14.1: Beispiel einer Regeldarstellung von Reuter-Liehr (1992, S. 62). Auf dem Arbeitsblatt ist neben einem Bild obiger Text zu finden.

Diese Darstellung einer Regelhaftigkeit der deutschen Sprache erscheint uns zu lang. Regeln und »Tricks« sollten im Hinblick auf den begrenzten Arbeitsspeicher unserer Kinder möglichst komprimiert dargestellt werden. Weitschweifig ausformulierte Regeln werden ansonsten sofort aus dem Arbeitsspeicher »herausgeschmissen«. Da die phonologische Schleife vieler Kinder, die eine Rechtschreibschwäche aufweisen, beeinträchtigt ist, sollten möglichst keine verbalen Ausformulierungen stattfinden. Wir empfehlen, die Regelhaftigkeiten stattdessen visuell komprimiert als »Trick-Kärtchen« vorzugeben.

Mithilfe ihrer Verkürzung und Visualisierung sind Kinder leichter in der Lage, Regeln zu automatisieren, wobei deren Anwendung selbstverständlich dennoch trainiert werden muss. In jedem Fall halten wir das Regellernen für Kinder im Grundschulalter für eine *Ergänzungsmethode*, nicht für eine Grundmethode. Erst wenn der Grundwortschatz als Fundament sicher abgespeichert ist, kann das Einführen von Rechtschreibregeln zu einer Verbesserung der Rechtschreibleistung führen. Voraussetzung bleibt jedoch deren Einfachheit.

sp-	~~schb-~~ ~~schp-~~ ~~sb-~~
st-	~~schd-~~ ~~scht-~~ ~~sd-~~

Abb. 14.2: Trickkärtchen veranschaulichen Regeln

Unseres Erachtens wird dem Regel- und Strategielernen in der Schule im Vergleich zur Automatisierung des Grundwortschatzes ein zu hoher Stellenwert beigemessen. Es darf außerdem nicht bei der Einsicht in Regelhaftigkeiten in unserer Orthografie bleiben, sondern es muss sowohl die Einsicht als auch deren Umsetzung in der Anwendung automatisiert werden. Wenn Regeln gelernt werden, gilt es in jedem Falle darauf zu achten, dass diese den Kindern so komprimiert und verkürzt wie möglich und nicht nur sprachlich, sondern auch visualisiert dargeboten werden. Dann gilt es diese Strategien ausreichend lange in kleinen Portionen zu wiederholen, so dass sie schließlich »ohne zu denken« angewandt werden.

Exkurs: Das »Marburger Rechtschreibtraining« von Schulte-Körne und Mathwig als Beispiel

Ein Beispiel für ein Rechtschreibtrainingsprogramm, das einen Schwerpunkt auf das Regel- und Strategiewissen legt, ist das Marburger Rechtschreibetraining von Schulte-Körne und Mathwig (2001). In diesem Programm werden »sehr einfache Regeln als Gedächtnisstützen« (Klicpera u. a. 2003, S. 261) trainiert.

Die realistische Zielsetzung der Autoren des Marburger Rechtschreibtrainings – eine Verbesserung der Lese-/Rechtschreibproblematik in einem Zeitraum von zwei Jahren – ist als positiv zu werten. Ihr Programm ist sehr systematisch aufgebaut und beinhaltet wenige Grundprinzipien, die überschaubar bleiben. Der Grundwortschatz im »Wortindex« beinhaltet ca. 1100 Wörter (vgl. Schulte-Körne, Mathwig 2001, S. W1–W10).

In Übereinstimmung mit Schulte-Körne plädieren wir für eine Reduktion von Lernprinzipien und Übungsmethoden, und dies insbesondere bei ADHS-Kindern. Eine Vielzahl von Übungsmethoden in den Kernbereichen Mathematik, Lesen und Rechtschreibung ist weder für die Motivation noch für die Behaltensleistung der ADHS-Kinder zuträglich. Meist trifft das Gegenteil zu: Die durch die Vielfalt bedingte »Mehrarbeit« vermindert die Motivation.

Durch viele unterschiedliche und teilweise auch unangemessene Übungsformen wird nur Verwirrung gestiftet.

Bausteine aus unserem Lernprogramm finden sich auch in anderen Lernprogrammen. So gibt es durchaus Vergleichbarkeiten zwischen dem Wortstammprinzip des Marburger Rechtschreibtrainings (vgl. Schulte-Körne, Mathwig 2001, S. 6–2ff) und unserer »Wortbaustelle«. Letztere halten wir allerdings bei ADHS-Kindern für noch geeigneter.

Im Hinblick auf ADHS-Kinder bestehen bei uns aber einige Bedenken zum Marburger Rechtschreibtrainingsprogramm:

a) Das Marburger Konzept richtet sich nicht vorrangig an ADHS-Kinder. Da diese häufig nur ungern schreiben, kann das Ausfüllen der Arbeitsblätter zu Ablehnung führen.
b) Eine zu geringe Anzahl von Wiederholungsdurchgängen: Nach dem Ausfüllen des Arbeitsblattes entsteht beim ADHS-Kind häufig der Effekt: »Ich hab das Blatt doch gemacht! Warum soll ich es wiederholen? Ich kann es doch!« Ob jedoch das Trainierte im Langzeitgedächtnis selbst bei zwei- oder dreimaligem Wiederholen abgespeichert wird, bleibt aufgrund der spezifischen Defizite von ADHS-Kindern fraglich.
c) Überlastung der Kapazität des Arbeitsspeichers: Das Anwenden der ausführlichen Regeln und der Entscheidungsbäume (vgl. Schulte-Körne, Mathwig 2001, S. 9-9 oder 11-11) führt bei ADHS-Kindern nicht selten zu störanfälligen Denkprozessen oder zu einer Überlastung des Arbeitsspeichers.

8. Der Teufelskreis bei ADHS-Kindern im Bereich der Rechtschreibung

ADHS-Kinder treffen in der Schule vorrangig auf folgende Vorgaben im Bereich der Rechtschreibung: Sie sollen sich die Schreibweise über das lautliche Differenzieren erschließen, den Grundwortschatz über (Ab)schreiben einüben oder sich Rechtschreibstrategien über ein Regelsystem aneignen.

Stellen Sie sich ein leicht ablenkbares ADHS-Kind mit einem schwachen akustischen Kurzzeitgedächtnis und Defiziten in der phonologischen Bewusstheit vor. Stellen Sie sich weiter vor, dass einem solchen Kind gesagt wird: »Schreibe das Wort so, wie du es hörst!« In der Schule wird immer noch besonders am Anfang Wert auf das lautliche Differenzieren gelegt, damit sich das Kind die Schreibweise eines Wortes erschließen kann.

Da ADHS-Kinder häufig von Schwierigkeiten im Bereich des akustischen Kurzzeitgedächtnisses und beim lautlichen Differenzieren betroffen sind, ist der Misserfolg schon vorprogrammiert.

Die Folge aus diesen schulischen Rahmenbedingungen ist, dass ein Kind am Anfang seines Lernweges ein »schwieriges« Wort zuhause und in der Schule mit großer Wahrscheinlichkeit immer wieder auf unterschiedliche Art und Weise falsch schreibt. Dieser Lernweg über das lautliche Erschließen, der vorrangig über den akustischen Sinnesweg beschritten wird, mündet letztlich darin, dass das ADHS-Kind unterschiedliche Schreibweisen zu einem Wort vage abspeichert.

Sollte Ihr Kind das Glück haben, einen Unterricht zu erfahren, indem Wert auf die Automatisierung des Grundwortschatzes und von Rechtschreibregeln gelegt wird, bestehen trotzdem noch drei Probleme:

a) Die Hauptübungsmethode beim Automatisieren des Grundwortschatzes besteht im Schreiben der Wörter. Aufgrund der Abneigung gegen das Schreiben sind ADHS-Kinder nicht besonders motiviert, mehr als das unbedingt Erforderliche bzw. Aufgegebene zu üben.
b) In den schulischen Vorgaben findet man zunehmend das Ziel der Automatisierung. Von schulischer Seite wird aber meist unterschätzt, wie viele Wiederholungsdurchgänge Schüler benötigen, bis der Grundwortschatz bzw. die »Einsichten« in die Regeln der Orthographie automatisiert sind. ADHS-Kinder brauchen aber meist noch mehr Wiederholungen als ihre Klassenkameraden, bis eine sichere und dauerhafte Abspeicherung erfolgt ist.
c) Eine Rechtschreibstörung oder -schwäche wird sehr oft zu spät erkannt. Eltern, Lehrer und Psychologen können die Rechtschreibproblematik in der Regel erst in den späteren Grundschulklassen vollständig wahrnehmen bzw. diagnostizieren. Verantwortlich für ein (zu) spätes Diagnostizieren ist auch das häufig ausgesprochene Motto »Abwarten – es wird sich schon geben«. Ein verspäteter Beginn der Förderung bzw. eines Umlernens ist aber für eine positive Entwicklung der Rechtschreibung nicht hilfreich, da sich Fehlstrategien schon zu stark verfestigt haben.

Insgesamt besteht dadurch bei ADHS-Kindern die erhöhte Wahrscheinlichkeit von schlechten Noten und viel Rot, wenn ihre Arbeiten korrigiert werden. Auch im Vergleich zu ihren Mitschülerinnen und Mitschülern erleben sie sich als schlechter. Wenn ein ADHS-Kind aber Misserfolge in einem Lernbereich erlebt, besteht aufgrund des geringen Frustrationstoleranz die sich immer mehr verstärkende Tendenz, diesen Bereich zu meiden und weniger zu üben.

Aufmerksamkeitsprobleme, Speicherdefizite des Arbeitsgedächtnisses, graphomotorische Schwierigkeiten und eine geringe Frustrationstoleranz sind die eine Seite der Medaille, Methodenfehler und mangelndes Üben die andere. ADHS-Kinder entwickeln leicht eine ausgeprägte Abneigung gegenüber zusätzlichem Üben, was sich aus ihren vielen Misserfolgen in der Schule und der daraus entstandenen Resignation erklärt. Allerdings betrifft die geringere Lernbereitschaft einen Bereich, in dem Defizite aufgeholt werden müssten. Zusätzliches und »passendes« Lernen wäre also erforderlich, um die Schwächen auszugleichen. Da dies ausbleibt, können die Kinder in der Schule nur schlechter werden. Erneut setzt der »Teufelskreis« ein, der bei den Kindern zu weiteren Selbstwertproblemen und zu Konflikten in der Lernsituation mit Eltern und Lehrern führt.

9. Gibt es hilfreiche Lernmethoden, die zu ADHS-Kindern passen?

a) Zur Ausgangssituation

Auf den ersten Blick erscheint es problematisch, bei Kindern mit Lerndefiziten standardisierte Lernprogramme einzusetzen, da diese Kinder auf ihre besonderen Stärken und Schwächen abgestimmte Lernprogramme benötigen. Vor dem Hintergrund der Gemeinsamkeiten vieler ADHS-Kinder ist ein relativ standardisiertes Lernprogramm mit speziellen Grundbausteinen bei näherer Betrachtung jedoch durchaus sinnvoll. Individuelle Anpassungen sind innerhalb des Gesamtrahmens dabei erlaubt, ja sogar erwünscht. Das Ziel der Bemühungen von Eltern, Lehrern und Therapeuten muss ein Weg sein, der dem einzelnen Kind zu einem erfolgreichen Lernen verhilft.

Wie ist die Ausgangslage, die bei der Erstellung von Lernprogrammen für die Rechtschreibung zu berücksichtigen ist? Folgende Schwierigkeiten finden wir bei den meisten ADHS-Kindern: Beeinträchtigungen der Daueraufmerksamkeit, der auditiven Wahrnehmung und der Emotionalität, insbesondere die geringe Frustrationstoleranz und die überschießenden Gefühlsreaktionen.

Hinzu kommen häufig:

- Störungen der Feinmotorik mit einer entsprechenden Abneigung gegen schriftliches Arbeiten
- Eine (mehr oder weniger stark ausgeprägte) Schwäche im Bereich des akustischen Kurzzeitgedächtnisses
- Defizite beim lautlichen Differenzieren
- Erschwernisse durch dialektale Einflüsse besonders im Süden Deutschlands und in der Schweiz. Schüler dieser Regionen sind damit konfrontiert, dass die Schriftsprache von ihrer Alltagssprache deutlich abweicht, was das Erlernen der Rechtschreibung zusätzlich erschwert. Kinder aus unserer Heimat Franken können zusätzlich aufgrund ihrer regionalen Mundart beispielsweise schwer zwischen »d« und »t«, »b« und »p« und »g« und »k« unterscheiden.

b) Welches sind die Ziele für ADHS-Kinder?

Gute, d. h. sichere Rechtschreiber machen sich beim Schreiben relativ wenig Gedanken um die richtige Schreibweise, denn es geht »irgendwie von selbst«. Sicheres Schreiben erfordert letztlich – wie das Lesen auch – ein jahrelanges Training, bis die Schriftsprache so verinnerlicht ist, dass »das Schreiben automatisch und ohne langes Überlegen gelingt« (Suchodoletz 2007, S. 12). Ein Ziel der Fördermaßnahmen bei ADHS-Kindern muss also darin bestehen, ihnen ein »zeitersparendes« Schreiben zu ermöglichen, bei dem ihnen die richtige Schreibweise der entsprechenden Wörter sofort einfällt.

Im Vordergrund der Lernmethoden steht damit erneut – wie im Bereich der Mathematik – ein »Verautomatisieren« von Informationen, d. h. ein Schreiben ohne »nachzudenken«. Darin muss auch deshalb das Hauptziel der Lernübungen liegen, da unter Stressbedingungen – wie z. B. in der Diktatsituation – häufig der Rückgriff auf Regelwissen und die Fähigkeit zur phonologischen Differenzierung zusammenbricht.

Im Schulalltag stehen ADHS-Kinder immer wieder vor der Schwierigkeit, schnell schreiben zu müssen: Doch das Wortbild ist ihnen unbekannt, sie können es nicht erinnern, sie suchen nach Ersatzstrategien, ihr Adrenalinpegel steigt und das Diktat geht weiter ...

Weitere unterstützende Lernmethoden müssen *möglichst einfach* sein, damit sie schnell umgesetzt werden können. Alle Hilfsmittel, welche die Kapazität des Arbeitsspeichers beim ADHS-Kind (unnötig) belasten, sind für das Kind sehr anstrengend, halten es auf, erhöhen seinen Zeitverzug und seine Anspannung und verstärken, bedingt durch seine geringe Frustrationstoleranz, auch seine dauerhafte Abneigung und Vermeidungsstrategien.

c) Unser Weg

In der Rechtschreibung geht es überwiegend um Einprägearbeit. Motivation entsteht bei ADHS-Kindern vorrangig durch Erfolgserlebnisse und die Erfahrung, etwas zu können oder besser zu werden. Für die Lernbereitschaft der Kinder ist es äußerst wichtig, dass ihr Arbeitsaufwand überschaubar und begrenzt bleibt. Deshalb gelten wie in der Mathematik (vgl. S. 108ff) für das Rechtschreiben folgende Leitprinzipien:

- Einsatz weniger, effektiver Methoden und Einprägetechniken nach dem Motto »weniger ist mehr«
- Regelmäßiges Üben und Lernen in kleinen Portionen
- Automatisierung durch zahlreiche Wiederholungsphasen
- Lernmethoden werden eingeübt und Eingeübtes angewandt

Das Ziel unserer Lerntechniken ist es, ADHS-Kindern Erfolgserlebnisse in Lernbereichen zu vermitteln, in denen sie zuvor Schwierigkeiten hatten und derentwegen sie die Selbsteinschätzung »Ich bin eh dumm« entwickelt haben. Nicht selten wird dies durch herkömmliche Fördermethoden, die auf lautgetreue Rechtschreibförderung setzen und bei ADHS-Kinder kaum erfolgreich sind, noch verstärkt.

Überlegen wir uns noch einmal genauer, was im Bereich der Rechtschreibförderung meist propagiert wird. Unhinterfragt wird unterstellt, dass Verbesserungen in den Rechtschreibkompetenzen nur über die Kenntnis der Ursachen und deren Förderung zu erreichen sind. Dieses Ursachendenken ist – im Gegensatz zu einem lösungsorientierten Denken – der Einstieg in einen langen und wenig effektiven Umweg zur Lösung der Rechtschreibprobleme. So werden in die Förderung die häufig gleichzeitig zu den Rechtschreibproblemen bestehenden Schwächen eingebaut. Damit wird dem Kind aber der schwerste Weg aufgebürdet. Üben im Bereich der »Schwäche« ist mühsam und bringt nur geringe Erfolge. Aufgrund der erlebten Misserfolge bei einer Rechtschreibschwäche ist zusätzlich davon auszugehen, dass das Kind auf diesem schwierigen Lernweg ange-

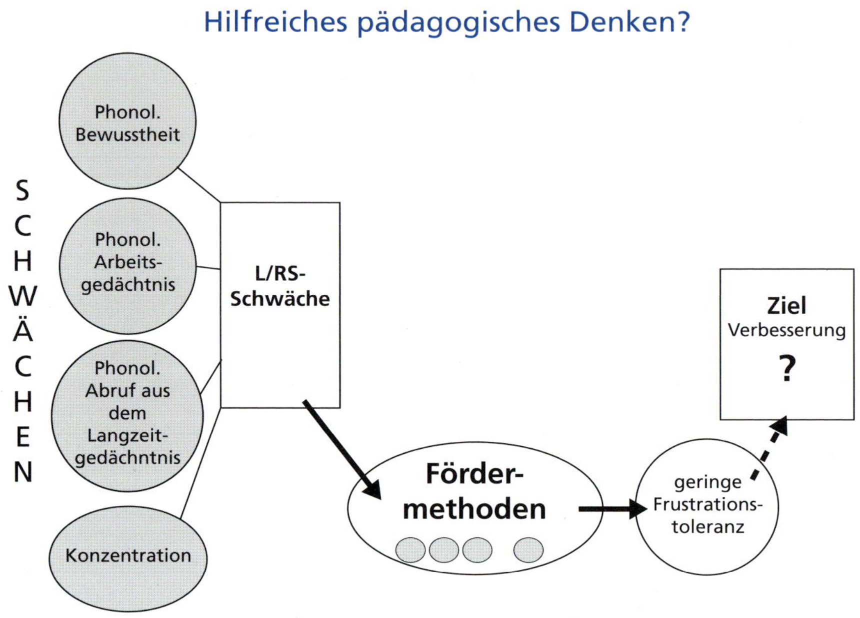

Hilfreiches pädagogisches Denken?

SCHWÄCHEN

Phonol. Bewusstheit

Phonol. Arbeitsgedächtnis

Phonol. Abruf aus dem Langzeitgedächtnis

Konzentration

L/RS-Schwäche

Fördermethoden

geringe Frustrationstoleranz

Ziel Verbesserung ?

Abb. 14.3: Der schwerste und wenig effektive Weg in der Förderung

sichts seiner gering ausgeprägten Frustrationstoleranz nur eine sehr geringe Lernbereitschaft zeigen wird.

Unsere Lernvorschläge bieten wir als *Alternativen* zum schulischen Lernweg bzw. zu herkömmlichen Förderprogrammen an, wenn diese nicht den erhofften bzw. versprochenen Erfolg zeigen. Dies gilt beispielsweise für Kinder, die zum Beispiel trotz intensiven Übens nicht in der Lage sind, kurz- und langgesprochene Selbstlaute zu unterscheiden. Das gleiche trifft für Kinder zu, die durch Regeln überfordert sind. In diesen Fällen sollte nach anderen Übungs- oder Lernwegen gesucht werden.

Wie kann das Ziel, die Verbesserung der Rechtschreibfähigkeit zu erreichen, am schnellsten und am wenigsten aufwendig sowie am erfolgversprechendsten gelingen? Es erscheint wesentlich angemessener, bei der Suche nach dem schnellsten und effektivsten Weg nicht auf die Schwächen des Kindes zurückzugreifen, sondern auf dessen Stärken und Ressourcen. Erfolg an der gewünschten Stelle, d. h. Annäherung an ein definiertes Ziel, erhöht selbstverständlich auch die Motivation.

Fertigkeiten sind auf unterschiedlichen Wegen zu erwerben. Es gibt leichtere und schwerere Wege. Wird, im Gegensatz zum alten Ursachendenken, der lösungsorientierte Weg beschritten, steht die ganze Bandbreite der Fähigkeiten und Stärken des Kindes zur Verfügung. Darauf aufbauend können leichte und gehirngerechte Lernwege für das Kind konzipiert werden.

Herkömmliche Lernprogramme für die Rechtschreibung setzen zu wenig auf die besonderen Stärken von ADHS-Kindern: Benutzt man deren ausgeprägten vi-

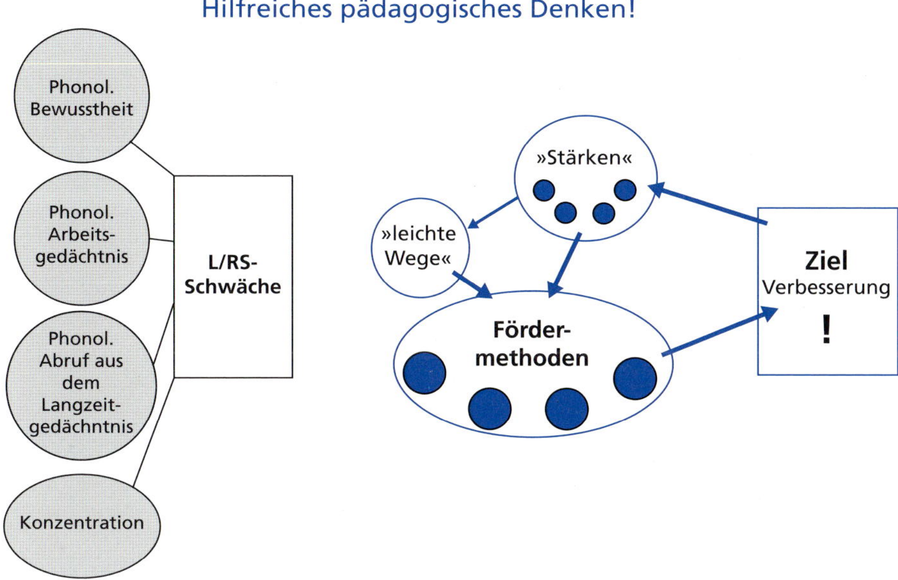

Abb. 14.4: Die effektivste Förderung: Einbezug der Stärken und »leichte Wege«

suellen Kanal (und weniger den akustischen), um Lerninhalte abzuspeichern, lassen sich schnell erste Erfolge erzielen.

Um die Rechtschreibung schrittweise zu verbessern, schlagen wir unter einer realistischen Zielsetzung für ADHS-Kinder ein »tägliches« (fünf Mal in der Woche!) Üben, jedoch mit einer begrenzten Dauer von ca. 7 bis 12 Minuten vor. Hilfreich ist auch, eine möglichst interaktive Übungsform zu wählen. Gleichzeitig sollte der Schreibaufwand gering gehalten werden. Eine Vielzahl von Wiederholungsdurchgängen ist unbedingt notwendig. (Zur Erinnerung: Der Lernerfolg bei ADHS-Kindern ist umso größer, je öfter sie für eine kurze, überschaubare Zeit üben und dabei Lerninhalte wiederholen!)

10. Einfache und effektive Lernmethoden für ADHS-Kinder

Schon in der ersten, aber spätestens von der 2. Grundschulklasse an können bzw. sollten bei einer erkennbaren Rechtschreibschwäche die nun folgenden Lernmethoden eingesetzt bzw. ausprobiert werden.

a) Das Abfotografieren

Wie im Bereich Mathematik arbeiten Sie mit Lernkärtchen. Dies bringt zwei Vorteile mit sich: Zum einen nutzen Sie eine Stärke Ihrer ADHS-Kinder, indem Sie deren visuellen Sinneskanal einsetzen, zum anderen müssen die Kinder dabei nicht schreiben, wogegen sie meist ja eine ausgeprägte Abneigung entwickelt haben.

Die Lernkärtchen sollten die Größe DIN A 7 haben und von Ihnen als Eltern in schöner, prägnanter Schrift mit dickerem schwarzen Filzstift (Keilspitze!) beschriftet werden. Ihr Kind erhält nun die Aufgabe, ein Wort – z. B. das Wort »Gruppe«, das man ja sehr unterschiedlich schreiben kann – »abzufotografieren«, sich also ein »Foto« dieses Wortbildes zu machen. Ihr Kind soll sich das Wortbild zunächst genau anschauen und anschließend das Wort buchstabieren. Das Buchstabieren bildet dabei einen Weg, die Vorstellung des Wortbildes im Kurzzeitgedächtnis präsent zu halten – die Voraussetzung zum Abspeichern desselben.

Ihr Kind stellt sich das Wortbild vor, wiederholt den einzuprägenden Lerninhalt im Kurzzeitgedächtnis mehrmals bewusst und hält es damit während dieses Zeitraums präsent. Die selektive Aufmerksamkeit der ADHS-Kinder ist auf diese Weise nur auf dieses Wortbild gerichtet und wird nicht von einem zusätzlichen Schreibvorgang abgelenkt. Damit wird ein tieferes Einprägen möglich.

Abb. 14.5: Das »Abfotografieren« eines Wortbildes

Ist Ihr Kind mit diesem Vorgehen noch nicht vertraut, ist es sinnvoll, am Anfang der Übungen mit einem *Spezialeffekt* zu arbeiten. Mit dessen Hilfe wird Ihr Kind lernen, den richtigen – d. h. den visuellen – Sinneskanal einzuschalten. Sie fordern Ihr Kind auf, ein Wort mit maximal 5 Buchstaben genau anzuschauen (»abzufotografieren«): »Hast du es wirklich gut abfotografiert? Schau es dir noch einmal genau an!«

Am besten benutzen Sie zum Einstieg ein dem Kind unbekanntes englisches Wort wie z. B. eight, clean oder easy. Anschließend lassen Sie das Kind das eingeprägte und nun verdeckte Wort rückwärts buchstabieren. Für die Kinder, aber auch für Sie, kann dies zu einem Überraschungseffekt führen. Wahrscheinlich werden Sie sich wundern, wie gut Ihre Kinder rückwärts buchstabieren können. Dieses »Erfolgserlebnis« weckt die Motivation Ihrer Kinder und verbessert ihre Bereitschaft zum Üben.

Beim Einprägen sollte das Kind dann nur noch vorwärts buchstabieren. Ob Ihr Kind den richtigen Sinneskanal, nämlich den visuellen, eingeschaltet hat, erkennen Sie daran, dass es an Stellen, an denen es sich vergewissert, wie es weitergeht, einen deutlichen Augenaufschlag nach oben macht. Ist dies der Fall, erinnert es sich in diesem Moment visuell an das korrekte Wortbild.

Vorteile auch für das Erlernen von Fremdsprachen

Die Methode des »Abfotografierens« von Wortbildern bietet sich auch hervorragend für das Lernen englischer Vokabeln an. Da die englischen Wörter »ganz anders geschrieben als gesprochen werden«, sind die Kinder auf das visuelle Abspeichern angewiesen – mit dem Versuch der lautlichen Differenzierung kämen sie hier nicht weit. Lernen ADHS-Kinder in den Fremdsprachen von Anfang an systematisch mit der Methode des »Abfotografierens« von Wortbildern, zeigen sie hier oft wesentlich bessere Rechtschreibleistungen als im Deutschen.

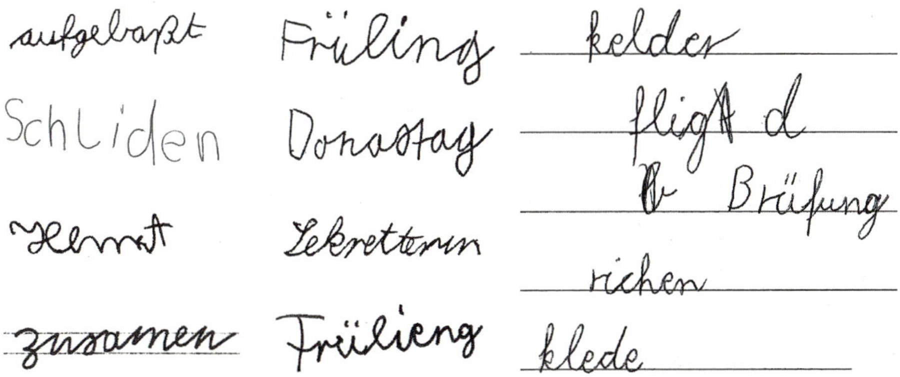

Abb. 14.6: Wörter für den »Lerntopf«

Welche Wörter soll Ihr Kind visuell lernen?

a) Natürlich soll Ihr Kind die Wörter des Grundwortschatzes bzw. die »Lernwörter« lernen.

b) Zusätzlich sollte Ihr Kind alle Wörter lernen, die es im Diktat oder im Aufsatz falsch geschrieben hat. Diese kommen in den »Lerntopf« und werden dann systematisch abgearbeitet.

Wie viele Wörter sollte Ihr Kind pro Tag lernen?

Grundsätzlich gilt es, zwischen neu zu lernenden Wörtern und schon gelernten und »nur« zu wiederholenden Lernwörtern zu unterscheiden. Es gilt das Motto: »Nur wenige neue Wörter beim Einprägen, aber wesentlich mehr alte Wörter beim Wiederholen«.

Konkret bedeutet dies: In der ersten Klasse sollte ein neues Lernwort, in der zweiten Klasse zwei neue Lernwörter, in der dritten Klasse drei und in der vierten Klasse maximal vier neue Lernwörter pro Tag geübt werden. Dies mag Ihnen zunächst wenig erscheinen, aber aufgrund der Regelmäßigkeit wird Ihr Kind z. B. bei täglich drei neuen Wörtern 15 Wörter pro Woche (5 x 3) hinzulernen. Pro Jahr wären dies 750 Wörter (50 Wochen à 15 Wörter)! Nehmen Sie täglich nur zwei neue Wörter hinzu, kommen Sie immer noch auf 500 Wörter pro Jahr! Um diese Anzahl besser einschätzen zu können: In Nordrhein-Westfalen beinhaltet der Grundwortschatz für die ersten vier Grundschuljahre insgesamt ca. 700 bis 800 Lernwörter (s. o.).

Der hierfür notwendige Zeitaufwand ist also nicht wirklich beträchtlich. Für ein erfolgreiches Üben ist aber ein »langer Atem« notwendig – Sie sind in Ihrer Hartnäckigkeit und Konsequenz gefordert. Ratsam ist es, gemeinsam mit Ihrem Kind ein Ritual zu entwickeln und im Lernen beständig »am Ball zu bleiben«.

Die Bedeutung des ersten Lerntages

Ziel ist es, dass Ihr Kind möglichst ohne zu »denken« die zu lernenden Wörter richtig schreibt. Das funktioniert nur, wenn es nur eine und zwar die richtige Schreibweise sicher abgespeichert hat. Damit die richtige Schreibweise nicht mit Fehlschreibweisen im Gedächtnis Ihres Kindes in Konflikt gerät, muss das erstmalige Lernen bzw. Abspeichern eines »neuen Lernwortes« zu 100 % gelingen. Da Ihr Kind für die neuen Wörter erstmalig ein neuronales Netzwerk, d. h. eine erstmalige »Verdrahtung« der beteiligten Nervenzellen aufbaut, bedarf es gerade am ersten Lerntag mehrerer, über den Tag verteilter Wiederholungsdurchgänge. Ob Sie mit Ihrem Kind an diesem ersten Lerntag die wenigen, neu zu lernenden Wörter ausreichend häufig wiederholt haben, werden Sie am Tag darauf feststellen. Am nächsten Tag wiederholen Sie diese Wörter und lassen Sie sich diese erneut buchstabieren. Macht Ihr Kind bei dieser Überprüfung Fehler, müssen Sie am ersten Lerntag die Anzahl der Wiederholungen erhöhen.

Die Bedeutung der Wortlänge

Das exakte Abspeichern des Wortbildes ist nur möglich, wenn die Kapazität des Arbeitsspeichers mitberücksichtigt wird. Angesichts der Kapazitätsgrenze von fünf Informationseinheiten gilt es, gegebenenfalls längere Wörter beim Abspeichern in zwei oder drei Bausteine zu zerlegen.

Beispiel: Früh ling

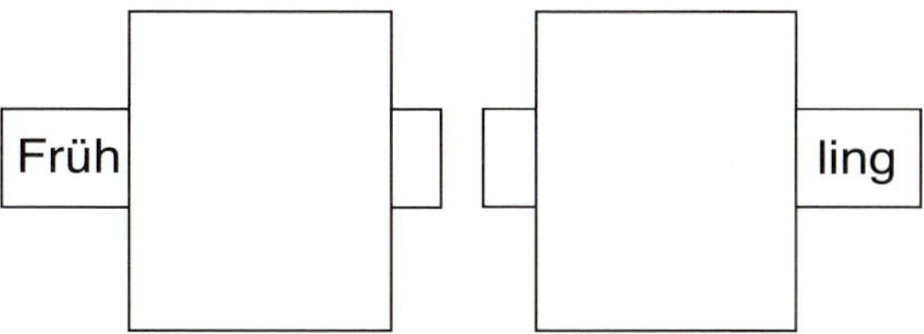

Abb. 14.7: Zerlegung von längeren Wörtern in leichter abspeicherbare »Bausteine«

Sie decken dann z. B. die zweite Hälfte des Wortes ab und lassen zunächst nur die erste Hälfte abfotografieren und diese daraufhin buchstabieren. Anschließend wiederholen Sie das Vorgehen mit der zweiten Worthälfte.

Anzahl der Wiederholungen

Kinder mit ADHS benötigen besonders viele Wiederholungsdurchgänge, um Lerninhalte sicher abspeichern zu können. Ein Kind ohne ADHS mag mit vier bis fünf Wiederholungen auskommen, ein ADHS-Kind braucht hingegen in der Regel mindestens zehn Wiederholungsdurchgänge. Diese müssen anfangs täglich erfolgen. Mit zunehmender Lerndauer darf sich der Abstand vergrößern. Die richtige Frequenz können Sie letztlich nur durch Erfahrung aufgrund entsprechender Erfolgskontrollen feststellen. Auch gut eingeprägte Wörter müssen beständig wiederholt werden: Dies festigt das Langzeitgedächtnis und sichert Erfolgserlebnisse und Motivation Ihrer Kinder.

Die zeitliche Einteilung des Lernens

Zum einen gilt es, die neuen Lernwörter mehrmals über den Tag verteilt zu wiederholen und buchstabieren zu lassen. Zum anderen sollen die schon gelernten und gekonnten Wörter wiederholt werden. Vorher sollten Sie mit Ihrem Kind die entsprechenden Zeitpunkte vereinbaren. Beispielsweise könnten die Wiederholungen vor Beginn der schriftlichen Hausaufgaben oder während dieser als »Pause« erfolgen, damit sich die Hand vom Schreiben beim Buchstabieren ausruhen kann.

Wenn das Wortbild nach sieben bis acht Wiederholungstagen sicher im Gedächtnis verankert ist, bietet es sich abhängig von der Jahrgangsstufe an, sechs, neun oder zwölf gelernte Wörter zu diktieren und von Ihrem Kind schreiben zu lassen. Damit trainiert Ihr Kind das Wortbild, das es im Gedächtnis sicher visuell abgespeichert hat, auch auf das Blatt zu bringen und nicht beim Schreiben den »falschen Sinneskanal« einzuschalten und das Wort so zu schreiben, wie es dieses hört.

Eine »neue« Lernkartei für ADHS-Kinder

Sicherlich kennen Sie die übliche, im Handel erhältliche Lernbox. Diese hat in der Regel insgesamt sechs Fächer. Kinder mit ADHS benötigen aber mehr Wiederholungsdurchgänge als ihre Altersgenossen. Für ADHS-Kinder bietet sich deshalb eine spezielle Lernbox an, die aus zehn schmalen und zwei breiteren Fächern besteht (▶ Abb. 14.9).

Sie beginnen mit nur einem bis vier »neuen« Kärtchen pro Tag. Jeden Tag wandern die gekonnten Karten ein Fach weiter. Wiederholungen richtiger Wörter sind durchaus sinnvoll. ADHS-Kinder können auf diese Weise Erfolge erleben (»das kann ich schon«), ihre Lernmotivation wird verstärkt und die Automatisierung vertieft. Motivierend wirkt für die Kinder, wie die Kärtchen als sichtbares Zeichen ihrer Lernleistung immer weiter wandern. Dieses Prinzip ist gut nachvollziehbar: (ADHS-)Kinder möchten immer genau wissen, wie viel sie schon geschafft haben.

Ziel der Übungen ist es, möglichst viele Kärtchen in den letzten beiden Fächern anzusammeln. Aber auch diese Kärtchen werden immer wieder einmal, wenn auch in größeren zeitlichen Abständen, überprüft.

Die ADHS-Lernbox ist zusätzlich ideal für das Lernen von Vokabeln in den Fächern Englisch, Latein und Französisch in Haupt- und Realschule sowie im Gymnasium.

Zusatztricks für hartnäckige Fehler

Ihr Kind beherrscht die gelernten Lernwörter, macht aber immer wieder nicht nachvollziehbare Fehler, wie z. B. vür oder wier …

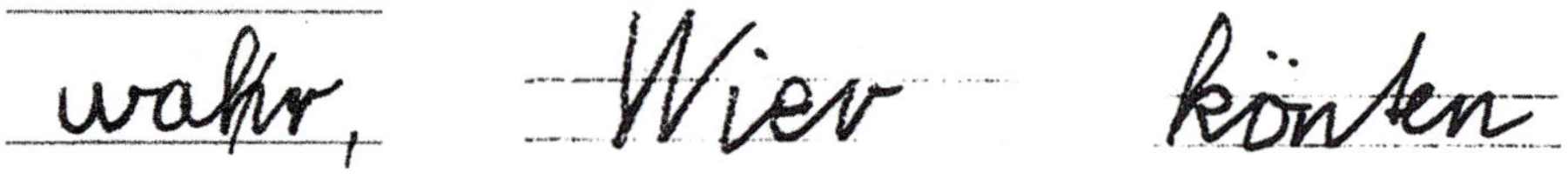

wahr, Wier könten

Abb. 14.8: Beispiele für Fehler bei »leichten« Wörtern

Eine Methode, um mehrmals falsch erinnerte Wörter besonders zu üben, besteht darin, für diese Wörter neue, farbige Lernkarten anzulegen *(Geschriebenes auf farbigem Untergrund erhöht die selektive Aufmerksamkeit!).*

Sie können Ihrem Kind eine zusätzliche Hilfestellung dadurch geben, dass Sie es auf bestimmte, besonders schwierige Wörter verbal aufmerksam machen: »Das ist das Wort mit …« oder »Weißt du noch, welche Schwierigkeit bei dem Wort besteht?«

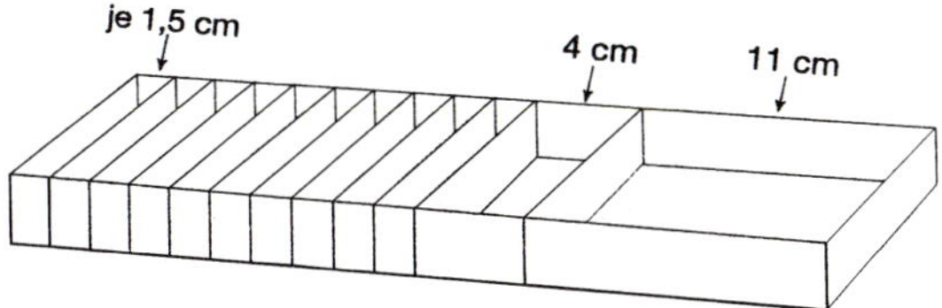

Die ADHS-Lernbox ist ein einfacher Zettelkasten, der – im Gegensatz zur herkömmlichen Lernkartei mit 5 Fächern – 12 Fächer aufweist.

Damit ermöglicht die Lernbox ADHS-Kindern, eine ausreichende Anzahl von Wiederholungen durchzuführen. Gleichzeitig wächst die Motivation der Kinder, mithilfe des Weiterwanderns der Lernkärtchen die Fortschritte ihres Lernens besser verfolgen zu können.

Die ADHS-Lernbox kann zum Einprägen der Lernwörter des Grundwortschatzes im Bereich der Rechtschreibung, zum „Verautomatisieren" von Additions- und Subtraktionsaufgaben (+ und –) im 9er-Raum oder von Einmaleins-Aufgaben im Bereich der Grundrechenarten oder zum Lernen der Vokabeln im Fach Englisch eingesetzt werden.

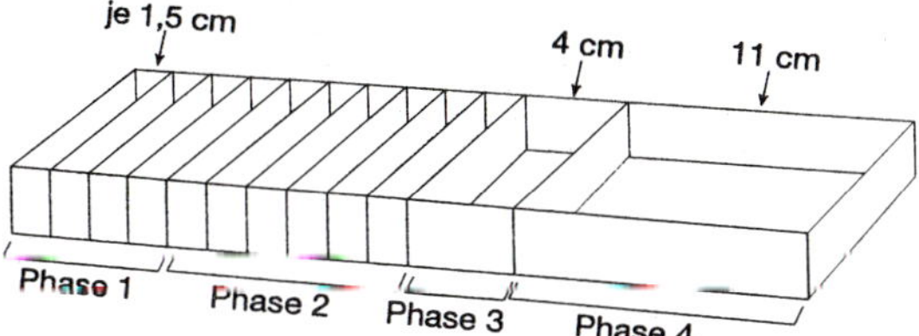

Phase 1: Wiederholung am nächsten Tag

Phase 2: Die Wiederholungen können jetzt in einem größeren Abstand erfolgen. Zunächst bietet sich ein Abstand von zwei Tagen an, der abhängig von der Behaltensweise des Kindes langsam gesteigert werden kann. Das Ziel ist die Fehlerfreiheit, die Ihr Kind dadurch erreichen sollte, dass es die Lernwörter am ersten Lerntag ausreichend wiederholt und sicher abspeichert. Also sollten Sie beim Buchstabieren und beim Schreiben möglichst richtig sein. Sollte dennoch ein Wort falsch sein, verbleibt es, um unnötige Frustrationsgefühle beim Kind zu vermeiden, bis zum fünften Tag in dem jeweiligen Fach. Ab dem sechsten Tag wandern die entsprechenden Kärtchen drei bis fünf Fächer zurück. Wichtig dabei ist, dass das Kärtchen nicht wieder ganz zurück in das erste oder zweite Fach wandert, da sonst die Frustration für Ihr Kind zu groß wird und es anschließend beim weiteren Üben blockieren könnte.

Phase 3: In diesem Fach werden die Kärtchen gesammelt und jeweils nach zwei bis vier Wochen noch einmal überprüft. Bei dieser Überprüfung hatte die Mutter eines ADHS-Kindes die Idee, ein „Belohnungsfest" einzuführen. Sie vereinbarte, dass wenn ihr Kind es schaffen sollte, 90% der diktierten Wörter richtig zu schreiben, es sich zusätzlich zur Freude über den erreichten Lernerfolg, eine kleine Belohnung verdient hatte. Zeigt sich beim Überprüfen jedoch ein Fehler, so wandert das Kärtchen ebenfalls wieder fünf Fächer zurück.

Phase 4: In diesem Fach wird der gelernte „Wissensschatz" des Kindes gesammelt. Aber auch hier findet noch einmal eine Überprüfung im Abstand von ein bis zwei Monaten statt. Hier gibt es natürlich ein „Super-Belohungsfest" als Ausdruck der Freude über den gemeinsam erreichten Lernerfolg.

Bei der Arbeit mit der ADHS-Lernbox ist es wichtig, dass Sie aufgrund Ihrer Erfahrung mit Ihrem Kind und dem jeweiligen Lerngebiet eine Feinabstimmung vornehmen. So können Sie durchaus auch die Dauer der einzelnen Phasen verändern.

Abb. 14.9: Die ADHS-Lernbox*

* Die ADHS-Lernbox kann bezogen werden über: Mainfränkische Werkstätten GmbH, Ohmstraße 13, 97076 Würzburg. Tel. 0931/200220. Bestelladresse: info@mainfraenkische-werkstaetten.de. Die Mainfränkische Werkstätten GmbH ist eine gemeinnützige Gesellschaft, die ein umfassendes Angebot an Arbeitsplätzen für erwachsene Menschen mit Behinderung bereithält.

b) Die Wortbaustelle

Mithilfe der »Wortbaustelle« wird auf spielerische Art die Morphemsegmentierung von Wörtern eingeübt (vgl. ergänzend Kleinmann 2001). Wörter werden in Wortstamm, Prä- und Suffixe zerlegt. Die Kinder lernen dabei zum einen, dass Prä- und Suffixe – d. h. Vor- und Nachbauten eines Wortes – in der deutschen Rechtschreibung immer in der gleichen Weise zu schreiben sind. Zum anderen werden die Kinder in die Lage versetzt, sich mithilfe eines richtig abgespeicherten Wortstammes die Schreibweise aller weiteren Wörter der dazugehörigen Wortfamilie abzuleiten.

Das Spiel mit der Wortbaustelle benötigt nicht mehr als zwei bis drei Minuten am Tag, um das Prinzip zu verautomatisieren. Empfehlenswert ist es, eine solche »Baustelle« für das schwierigste neue Verb (Zeit- bzw. Tunwort) des Tages einzurichten. Ein Wort pro Tag nach dem Motto »kleine Portionen – aber regelmäßig« reicht für ein erfolgreiches Lernen häufig schon aus!

Die Grundprinzipien der Wortbaustelle mit Vorbauten, Hauptbau und Nachbauten veranschaulicht Abbildung 14.10. Verinnerlicht Ihr Kind folgende Fragestellungen (durch regelmäßiges Wiederholen), wird es ihm in Zukunft leichter fallen, Wörter zu buchstabieren und zu schreiben:

- »Stopp, hat dieses Wort einen Vorbau?«
- »Wie heißt der Hauptbau? Wie heißt das Grundwort?«
- »Gibt es einen Nachbau bei diesem Wort?«

Übungen mit Lernkärtchen

Für das Spiel der »Wortbaustelle« müssen Sie Lernkärtchen anfertigen, auf denen Sie mögliche Vorbau- und Nachbauformen schreiben. Für die entsprechenden Kärtchen raten wir, unterschiedliche Pastelltöne zu benutzen. Das Grundwort wird dagegen auf ein weißes Kärtchen geschrieben.

Beim ersten Spiel »Wie viele Wörter kannst du bilden?« (▶ Abb. 14.10) kann Ihr Kind in einem ersten Schritt Vorbauten vor den Wortstamm und Nachbauten auf die Endung »-en« des Grundwortes legen. Auf diese Weise entstehen zahlreiche neue Worte der Wortfamilie. Ihr Kind darf dann in einem zweiten Schritt überlegen, ob es die jeweils neu gelegten Wortverbindungen auch tatsächlich gibt. Positiv wirkt sich bei diesem Spiel aus, dass Vor- und Nachbauten sowie der Wortstamm für Ihr Kind eindeutig erkennbar sind und durch sein eigenes aktives und damit motivierendes Handeln zustande kommen.

Beim zweiten Spiel »Kannst du den Vorbau und den Nachbau bei dem Wort … finden?« (▶ Abb. 14.11) geben Sie ein Wort vor – z. B. »entsprechend«, »missversteht« oder »fürsorglich« –, das Ihr Kind aus den entsprechenden Vorbauten, dem Wortstamm und dem Nachbau zusammensetzt.

Für das dritte Spiel »Brauche ich das ä?« (▶ Abb. 14.11) benötigen Sie ergänzend zu den Materialien von Spiel 1 und 2 bei Verben (Tunwörtern) einen schmalen Streifen in Kartenbreite (neue Pastellfarbe) mit dem Buchstaben »ä«. Zusätzlich zu der Aufgabe, ein Wort zusammenzusetzen, wird Ihr Kind hier vor

Spielmaterial

- Lernkärtchen, auf denen mögliche Vorbau- und Nachbauformen stehen.
  Für den Vor- bzw. Nachbau werden jeweils unterschiedliche Pastelltöne benutzt.
- Das Grundwort wird auf ein weißes Kärtchen geschrieben.

Spiel 1: „Wie viele Wörter kannst du bilden?"

(Gibt es das neu gebildete Wort überhaupt?

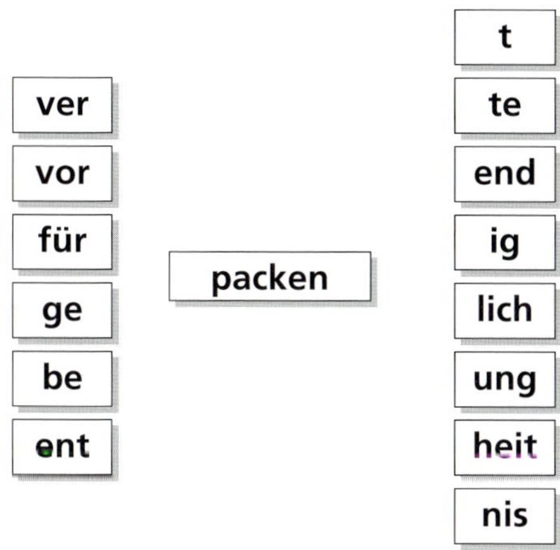

Beispiele:

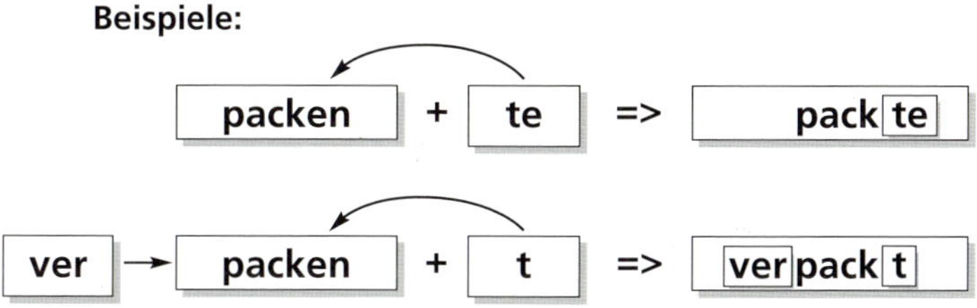

Abb. 14.10: Wortbaustelle 1

die Schwierigkeit gestellt zu entscheiden, ob ein Wort mit »ä« geschrieben wird. Prinzipiell folgt die Übung dem Ablauf von Spiel 2. Im Unterschied zu diesem können die Kinder hier allerdings erkennen, wie aus dem »a« des Wortstammes ein »ä« wird (graben – gräbt; laufen – läuft).

Der Streifen mit dem andersfarbigen »ä« kann später auch bei der Bildung der Mehrzahl – aus »Blatt« werden »Blätter« – eingesetzt werden. (Weitere Beispiele: Bälle, Bäume, Gräser, Häuser, Länder, Mäuse, Sätze …). Darauf aufbauend können Sie Mehrzahlbildungen einführen, bei denen o zu ö bzw. u zu ü wird (Koch – Köche, Fluss – Flüsse, …). Damit lernen die Kinder, Ableitungen nachzuvollziehen und sie sich *visuell* zu erschließen.

Spiel 2: „Kannst du den Vorbau und den Nachbau bei dem Wort … finden?

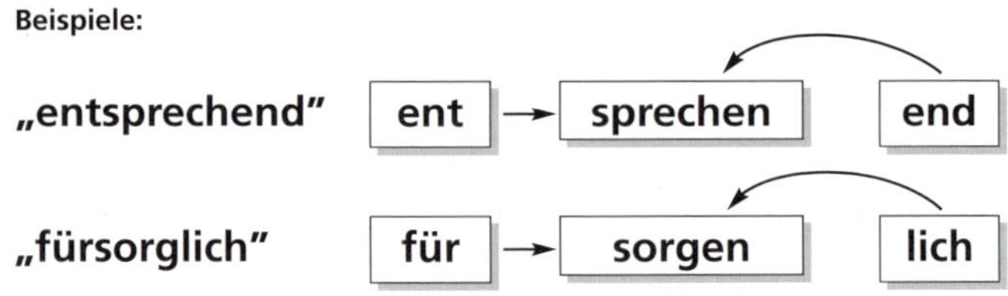

Spiel 3: Aufbaustadium - „Brauche ich das ‚ä'?"

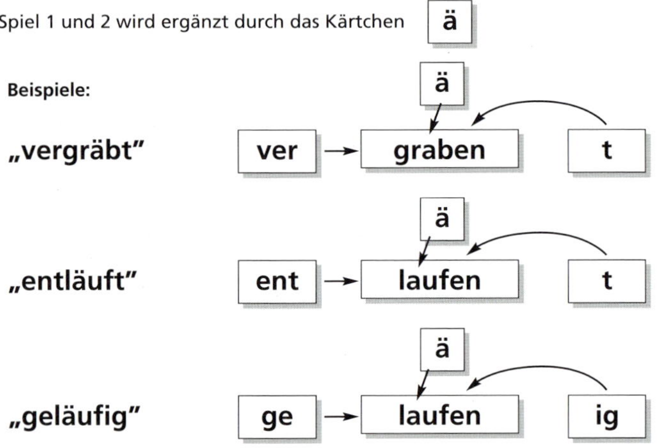

Abb. 14.11: Wortbaustelle 2

Im Folgenden möchten wir Ihnen zum einen wichtige Vorbauten und zum anderen wichtige Nachbauten vorstellen.

Wichtige Vorbauten
ver-, vor-, fort-, ent-, miss-, zer-,

Wichtige Nachbauten

- in Verben: -en, -t, -te, -ten, -st, -tet, -ete, -test,
- in Adjektiven (Eigenschaftswörtern): -ig, -lich, -haft, -sam, -los, -bar, -end, und
- in Nomen (Hauptwörtern): -heit, -keit, -ung, -tum, -erei, -schaft, -er, -lein, -nis, -nisse, -igkeit, -in/innen, -lichkeit, -ling, -tion, -sal

Die Vorbauten sollten langsam durch weitere Präfixe, die in ihrer Schreibweise weniger schwierig sind, ergänzt werden. Es gilt das Motto: Weniger ist Mehr!

Weitere Vorbauten
ab-, an-, auf-, aus-, be-, bei-, davon-, durch-, ein-, er-, fest-, für-, ge-, her-, heraus-, herum-, hin-, hinaus-, hinein-, los-, mit-, nach-, über-, um-, un-, unter-, weg-, zu-

c) »Tricks« als Hilfe zum Abspeichern von Rechtschreibregeln und -strategien

Neben der Automatisierung, d. h. dem sicheren Abspeichern von Wortbildern, besteht ein zweiter methodischer Ansatz darin, Kindern ein festes Regelwissen an die Hand zu geben. Im Deutschen lässt sich die Rechtschreibleistung durch konsequente Regelanwendung deutlich verbessern, trotz des Umstandes, dass es häufig auch Ausnahmen gibt.

Unser Ziel ist es, das häufig komplizierte Regelwissen für ADHS-Kinder zu vereinfachen und visuell zu komprimieren. Dabei möchten wir den Kindern »Tricks« an die Hand geben, sich schwierige Wörter wie z. B. mit Hilfe der Wortbaustelle selbst erschließen zu können. Eine weitere Möglichkeit besteht in unseren »Trickkärtchen«. Allein der Begriff »Trick« kann ADHS-Kinder motivieren – sie mögen normalerweise Tricks sehr gerne.

Die folgenden Hilfestellungen beziehen sich auf Regelhaftigkeiten in der deutschen Rechtschreibung bzw. auf besondere Schwierigkeiten von (ADHS-)Kindern. Die Hilfen werden auf möglichst einfache und einprägsame Art visualisiert und auf kleinen Kärtchen festgehalten. Wir raten Ihnen, Ihrem Kind die Trickkärtchen immer wieder als Erinnerungshilfe bei solchen Wörtern anzubieten, die es häufig in ähnlicher Weise falsch schreibt.

Beispiele für Trickkärtchen

rz	~~rtz~~
lz	~~ltz~~
nz	~~ntz~~
rk	~~rck~~
lk	~~lck~~
nk	~~nck~~

Abb. 14.12: Trickkärtchen zu »z« und »k« nach einem Mitlaut

Das Kärtchen können Sie dann folgendermaßen erläutern: »Bestimmte Schreibweisen bzw. Buchstabenfolgen gibt es nicht:«
»›rtz‹, ›ltz‹, ›ntz‹ gibt es nicht – es wird immer nur ›rz‹, ›lz‹, ›nz‹ geschrieben.«
»›rck‹, ›lck‹, ›nck‹ gibt es nicht – es wird immer nur ›rk‹, ›lk‹, ›nk‹ geschrieben.«

eiz	~~eitz~~
euz	~~eutz~~
eik	~~eick~~
auk	~~auck~~

(nach ei, au, eu und äu
kein h, tz oder ck)

ver-	~~fer-~~
vor-	~~for-~~

pf	~~bf~~
pfl	~~bfl~~
fl	~~vl~~
fr	~~vr~~

h nur

vor l, m, n und r

Vorsicht: Nachbau „t"

Aber:

~~hl~~, ~~hm~~, ~~hn~~ und ~~hr~~

bei:

t____	sp ____
qu____	sch____

(Tal, Ton, quälen, quer, sparen, schonen…)

Abb. 14.13: Weitere Trickkärtchen

d) Groß- oder Kleinschreibung?

Für eine korrekte Groß- und Kleinschreibung müssen (ADHS-)Kinder lernen, darauf zu achten, ob bestimmte Satzzeichen oder eine bestimmte Wortart die *Großschreibung als Ausnahme* erforderlich machen.

Die Großschreibung bildet in der deutschen Rechtschreibung die Ausnahme, sie erfolgt nur in zwei Fällen:

- Steht ein Wort am Satzanfang, so wird es groß geschrieben.
- Handelt es sich bei einem Wort um ein Hauptwort/Nomen, muss es groß geschrieben werden.

Alle anderen Wörter sind klein zu schreiben.

Übungsmöglichkeiten

Wenn Ihr Kind bei jedem Wort entscheiden muss, ob dies groß- oder kleingeschrieben wird, um welche Wortart es sich handelt und welche Folgen sich daraus ergeben, wird sein Arbeitsspeicher durch diesen Entscheidungsprozess ständig sehr belastet, was es für Ihr Kind anstrengend macht. Dies hat zur Folge, dass Ihr Sohn bzw. Ihre Tochter schließlich nur noch rät. *Um den Arbeitsspeicher zu entlasten, soll Ihr Kind allein darauf achten, großzuschreibende Wörter zu erkennen.* Dies sollte auch gezielt geübt werden. In der Mehrzahl der Fälle ist es ja so, dass Wörter kleingeschrieben werden. Großschreibung stellt also die Ausnahme dar und wird in den Fällen gefordert, bei denen das Wort hinter einem Punkt folgt oder bei denen es ein Hauptwort darstellt. Hat Ihr Kind diese beiden Grundregeln einmal verinnerlicht, muss es zukünftig viel weniger Zeit und Energie darauf verwenden, die Groß- und Kleinschreibung korrekt anzuwenden.

Eine Übung, die Sie als Eltern mithilfe des Computers gestalten können, kann so aussehen: Mit einem Texterkennungsprogramm können Sie für Ihr Kind einen interessanten, jedoch schwierigen Text scannen bzw. aus dem Internet kopieren. Den Text verändern Sie anschließend, indem Sie alles klein schreiben. Den Text können Sie nun in kleine Portionen zerlegen und Ihr Kind täglich z. B. einen Absatz von vier bis acht Zeilen bearbeiten lassen. Ihr Kind sucht in dem komplett kleingeschriebenen Text alle Wörter, die groß zu schreiben sind und markiert sie.

Anfangs können Sie Ihrem Sohn oder Ihrer Tochter als Orientierung und Hilfe die Anzahl der Fehler nennen. Später versucht Ihr Kind, alle Fehler selbstständig zu erkennen. Bei jedem gefundenen Fehler lassen Sie sich von Ihrem Kind erläutern, warum das jeweilige Wort groß geschrieben werden muss. Damit können Sie seine Denkstrategien und sein Regelwissen überprüfen und gegebenenfalls sofort korrigieren. Mit diesem Vorgehen automatisiert Ihr Kind seine diesbezüglichen Denkschritte.

es war schon einige male vorgekommen, dass dominik einbrecher und spione gesehen hatte, die sich dann als harmlose kanalreiniger oder fotografen entpuppt hatten.

der text der ausgesprochen ungewöhnlichen anzeige lautete: knickerbocker-bande, bitte melden! kennwort: biest. treffpunkt: pestsäule! die vier sahen einander ratlos an. „was bedeutet das?“, fragte poppi.

Abb. 14.14: Großschreibung entdecken – Trainingserfolg am 20. Übungstag

Es ist ausreichend, in einer Woche an fünf Tagen von Ihrem Kind vier Zeilen korrigieren zu lassen. Die Fehlersuche – Ihr Kind kann hierbei die Rolle des Detektivs übernehmen – bereitet den Kindern in der Regel Spaß, da sie nicht schreiben müssen.

Hilfreich zum Erkennen der Großschreibung können für Ihr Kind wiederum Trickkärtchen sein (► Abb. 14.15):

Beispiele:

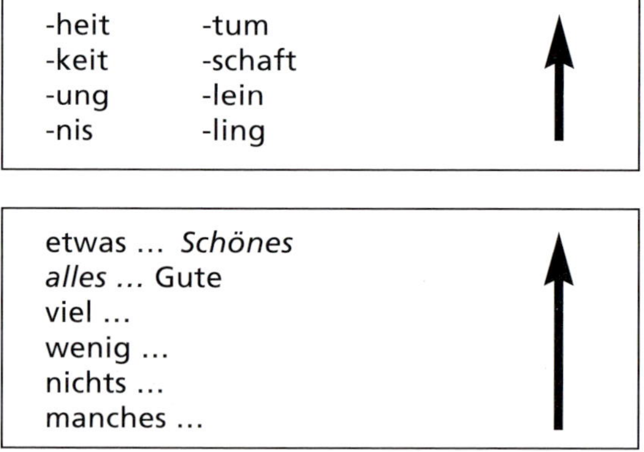

Abb. 14.15: Beispiele für Trickkärtchen zur Großschreibung

Ihr Kind kann auch ein Arbeitsblatt benutzen, das die »Haupterkennungszeichen« der Großschreibung im Überblick wiedergibt (► Abb. 14.16):

- bestimmte Begleiter
- kann ich das Wort sehen oder anfassen?
- handelt es sich um ein Gefühl?
- finde ich einen bestimmten Nachbau, der nur Namenswörtern vorbehalten ist?

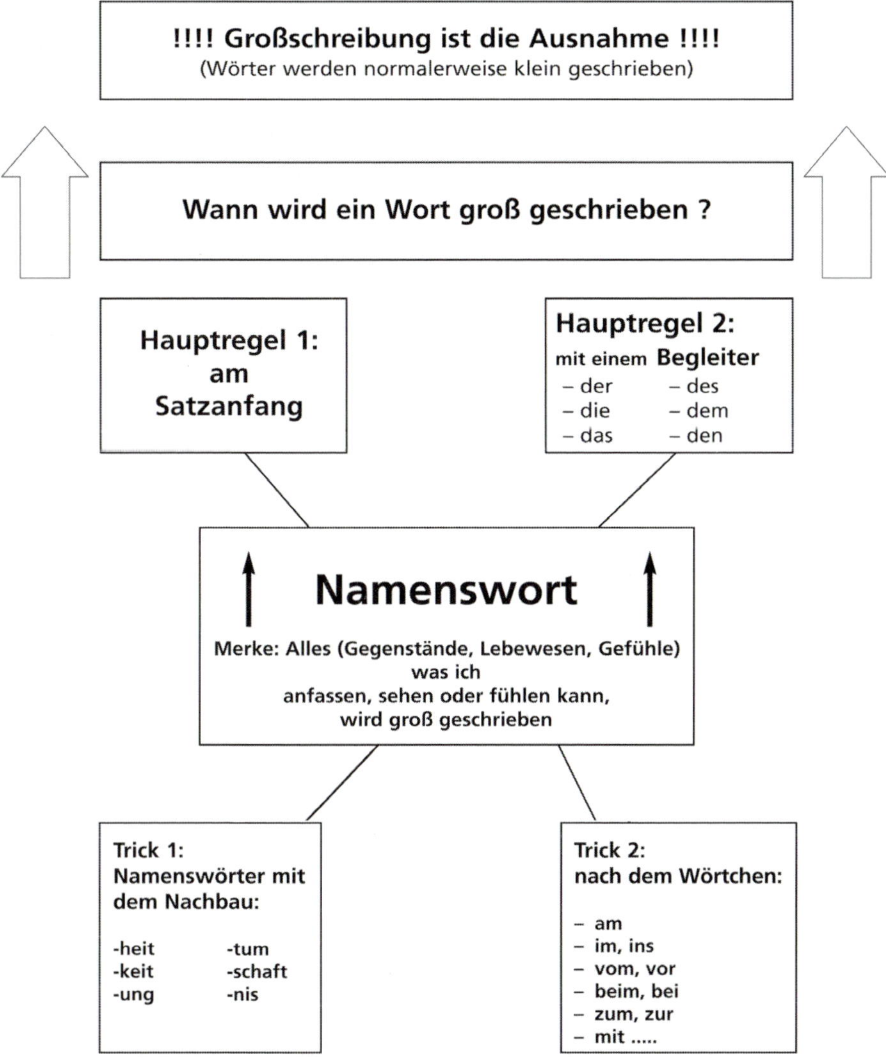

Abb. 14.16: Zur Großschreibung

Dies sind alles Erkennungszeichen von Namenwörtern/Nomen, die Sie durch entsprechende Fragen vorgeben und die Kinder im Laufe der Zeit internalisieren können.

Achtung: Bei ADHS-Kindern ist es wichtig, anfangs nur einen oder zwei Erkennungsaspekte gleichzeitig zu üben. Eine Vielzahl von Erkennungsmerkmalen können Kinder mit ADHS nur schlecht abspeichern, sie verwirren die Kinder nur und mindern erneut ihre Konzentration.

11. Zusammenfassender Überblick

Abbildung 14.17 stellt im Überblick noch einmal wenige, aber passende Methoden zum Erlernen der Rechtschreibung für ADHS-Kinder zusammen. Diese Methoden bilden ein Trainingsprogramm, das Sie als Eltern gemeinsam mit Ihren Kindern zuhause erfolgreich praktizieren können. Da wir das isolierte Arbeiten an einer ganz spezifischen Rechtschreibproblematik für wenig effektiv halten, möchten wir Ihnen ein ganzheitliches Konzept vorstellen, das bei Ihrem Kind ein solides Fundament für eine korrekte Rechtschreibung legt. Einfache Hilfestellungen können Erfolg ermöglichen, wenn das Üben System hat.

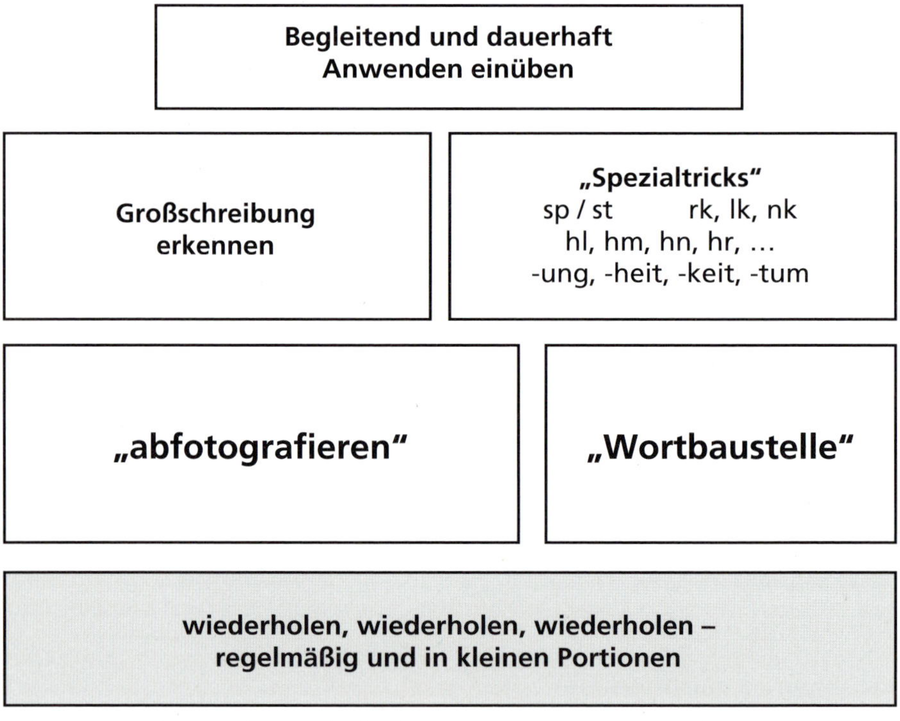

Begleitend und dauerhaft
Anwenden einüben

Großschreibung
erkennen

„Spezialtricks"
sp / st rk, lk, nk
hl, hm, hn, hr, …
-ung, -heit, -keit, -tum

„abfotografieren"

„Wortbaustelle"

wiederholen, wiederholen, wiederholen –
regelmäßig und in kleinen Portionen

Abb. 14.17: Auf einen Blick: Die hilfreichen Lernstrategien in der Rechtschreibung

Das *Basisprinzip* unseres Lernkonzepts beruht auf dem regelmäßigen Wiederholen. Dabei gilt der Grundsatz, in der jeweiligen Übungssituation den Lernstoff in kleinen Portionen zu wiederholen.
Die *vier Bausteine* unseres Programms bilden:

1. Abfotografieren des Wortbildes
2. Der Einsatz der Wortbaustelle zum Erlernen der Morphemsegmentierung
3. Großschreibung als Ausnahmen erkennen
4. Der Einsatz von Spezialtricks zur weiteren Fehlervermeidung

Begleitend und »über Jahre hinweg« gilt es, die Anwendung der erlernten Bausteine immer wieder einzuüben.

Damit Ihre Kinder im Bereich der Rechtschreibung erfolgreich sein können, kommt es darauf an, den Übungsstoff in einem allgemeineren Rahmen anzuwenden. Dies kann beispielsweise durch Ihr Diktieren einzelner Wörter oder ganzer Sätze erfolgen. Viele (ADHS-)Kinder scheitern jedoch am Transfer ihres häuslichen Übens auf die schulische Leistungsüberprüfung. Sätze wie: »Zuhause hat er das Diktat fast fehlerfrei geschrieben und in der Schule dann wieder diese Katastrophe« hören wir oft von Müttern. Aus diesem Grunde ist es wichtig, in der Übungssituation zu Hause »den Ernstfall« möglichst gut nachzubilden.

Als Eltern und Lehrer machen Sie die Erfahrung, dass gerade ADHS-Kinder in der realen Schreibsituation in der Schule sehr schnell unter Zeitdruck geraten: Sie verlieren den Faden, geraten in Hektik und ihre Fehler mehren sich. Mithilfe eines kleinen Tricks, der sich zuhause einüben lässt, können ADHS-Kinder diese missliche Situation deutlich besser beherrschen: »Wenn du unsicher bist, ob du ein bestimmtes Wort möglicherweise falsch geschrieben hast, markiere dieses Wort während des Diktates oder beim Schreiben von Aufsätzen mit einem kleinen Punkt unterhalb des Wortes und schreibe weiter. Wenn du fertig bist, überprüfst du noch einmal alle markierten Wörter.« Auf diese Weise gehen den ADHS-Kindern die erlebten Unsicherheiten »nicht verloren«, sie können sie später noch einmal gezielt überprüfen, was ihnen wieder mehr Sicherheit vermittelt. Außerdem verlieren sie während des Schreibens mithilfe dieses kleinen Tricks keine Zeit durch Innehalten, Überlegen, Durchstreichen und Neuschreiben.

Kapitel 15: Das Üben von Aufsätzen

ADHS-Kinder zeigen nicht nur in der deutschen Rechtschreibung häufig Probleme, sondern auch beim Schreiben eines Aufsatzes. Ein Aufsatz stellt eine komplexe Anforderung dar, denen ADHS-Kinder aufgrund ihrer spezifischen Schwierigkeiten oftmals nicht genügen können. Gerade beim Aufsatz ist es wichtig, einen »Fahrplan« im Kopf zu haben, ein Gerüst bzw. eine Struktur, an der das Kind sich »entlanghangeln« kann. Genau dies ist jedoch häufig das Problem: ADHS-Kinder verlieren beim Schreiben eines Aufsatzes oft den »roten Faden«. Sie beginnen Sätze und führen sie nicht zu Ende, die Fantasie »geht mit ihnen durch«, vielleicht am Thema vorbei oder es fällt ihnen schwer, ihre Gedanken in Worte zu fassen. Schwierigkeiten im sprachlichen Ausdruck finden sich gehäuft bei ADHS-Kindern. Diese lehnen das Üben des Aufsatzes wiederum oft ab, weil das Verfassen eines Aufsatzes bedeutet: »ich muss viel schreiben«.

Zum Üben des Aufsatzschreibens ist es wichtig, (ADHS-)Kindern einen äußeren Rahmen, eine Strukturierung vorzugeben. Es ist hilfreich, (visuell unterstützte) Ankerpunkte für einen »Fahrplan« beim Verfassen des Aufsatzes zu setzen. Wir empfehlen Ihnen als Eltern, zu Beginn der Übungen, besonders in der Grundschulzeit, als »Sekretär« einzuspringen, der Ihren Kindern zunächst das Schreiben abnimmt: Damit helfen Sie Ihren Kindern, Motivation zum Üben zu entwickeln und die ganze Aufmerksamkeit auf den Inhalt zu lenken.

1. Wie können ein Gerüst und Formulierungshilfen für den Aufsatz in der Grundschulzeit aussehen?

Der »Fahrplan« (▶ Abb. 15.1) verdeutlicht den Kindern auf visuellem Wege, dass ein Aufsatz aus einer Einleitung, einem Hauptteil (mit bestimmten Anforderungen) und einem kurzen Schluss besteht. Die Aufteilung des Blattes zeigt auch das Verhältnis der einzelnen Teile in ihrer Länge zueinander. Die Kinder können nun mithilfe von Mutter oder Vater diesen Fahrplan »abarbeiten«.

Die Einleitung besteht aus ein bis zwei Sätzen: Hier müssen die Fragen wer?, was?, wo? und wann? beantwortet werden. Es kann hilfreich sein, wenn Sie als Eltern die einzelnen Fragewörter auf Karteikärtchen schreiben und diese dem Kind hinschieben, ohne selbst viel zu sprechen.

Sie können mit Ihrem Kind kleine Übungseinheiten vereinbaren, in denen Sie z. B. die Einleitung regelmäßig an aufeinander folgenden Tagen üben: Dabei denken Sie sich ein Thema aus, und Ihr Kind formuliert die Einleitungssätze nach dem vorgegebenen Muster.

Für den Hauptteil gilt es zuerst zu überlegen, worin der Höhepunkt der Geschichte bestehen soll. Lassen Sie sich diesen zunächst von Ihrem Kind schildern, bevor es dann versucht, in ganzen Sätzen (möglichst zielführend und schnell) zu jenem Höhepunkt hinzuführen.

Damit ein Aufsatz den Anforderungen der Schule genügt, sollte er besonders im Höhepunkt wörtliche Rede, Gedanken und Gefühle enthalten. Hier kann es hilfreich sein, zunächst die Anforderungen »wörtliche Rede«, »Gedanken« und »Gefühle« auf Karteikärtchen zu schreiben und diese Ihrem Kind bei seinen Überlegungen hinzuschieben. Dies macht ihre mündliche Interaktion unnötig und bietet dem Kind einen visuellen Anker sowie eine Erinnerungshilfe.

Einleitung ✓ Zwei Sätze ✓ wer, was, wo, wann?	
Hauptteil ✓ Zuerst überlegen: Was soll der Höhepunkt sein? ✓ Schnelle Hinführung zum Hohepunkt ✓ Ausgestaltung des Höhepunktes: - Wörtliche Rede - Gedanken - Gefühle	
Kurzer Schluss	

Abb. 15.1: »Fahrplan« eines Aufsatzes, 4. Klasse

Um Gefühle angemessen und vielfältig auszudrücken, ist es ratsam, vorher Kärtchen mit den Überschriften bestimmter Grundgefühle wie Angst, Wut/Zorn, Freude und Traurigkeit anzulegen. Auf den Karten können die Kinder sprachliche Umschreibungen der Gefühlszustände sammeln, die ihnen bei der Bearbeitung des Aufsatzes wiederum zur Verfügung gestellt werden.

Verschiedene (»elegante«) Ausdrucksmöglichkeiten für das Gefühl Angst

befürchten,
vor lauter Angst,
feuchte Hände bekommen, zittern,
blass werden,

Kribbeln im Magen spüren, Beklemmung,
mein Herz pochte wild,
lief es mir eiskalt über den Rücken,
eine Gänsehaut bekommen,
überkam mich Panik: »Was soll ich nur ...«: Aber es war schon zu spät! ... etc.

Um im Aufsatz Wortwiederholungen zu vermeiden und einen angemessenen sprachlichen Ausdruck einzuüben, ist es zudem sinnvoll, auf zusätzlichen Karteikarten zu bestimmten häufigen Verben wie z. B. »sagen« oder »gehen« eigene Wortfelder zu bilden.

Alternative Ausdrucksmöglichkeiten für das Wort »sagen«

fragte, berichtete, meinte, erkundigte sich, erzählte, entscheiden, entschied, erklärte, begrüßte, versprechen, versprach, erwiderte, meinte, murmelte, stellte fest, flüsterte, lächelte, seufzte, beruhigte, beschuldigte, rufen, rief, schreien, schrie, erläuterte, befehlen, befahl etc.

Zu guter Letzt ist es die Aufgabe der Kinder, einen kurzen Schlusssatz zu finden.

Auch für diesen Lernbereich ist es nützlich, gemeinsame Vereinbarungen zum Üben zu treffen. Wie können Sie mit Ihren Kindern gezielte Verbesserungen erreichen? Nehmen Sie sich am Wochenende Zeit, da der Tagesablauf hier in der Regel nicht so gedrängt ist. Am Samstag kann Ihnen Ihr Kind zunächst die Rohfassung diktieren, am Sonntag wird verbessert. Beim Niederschreiben des Diktierten lassen Sie jeweils immer eine Leerzeile für mögliche Ergänzungen frei. Am Sonntag gehen Sie die Rohfassung noch einmal unter ein oder maximal zwei ausgewählten Aspekten durch und lassen Ihr Kind hierzu selbst – vielleicht unter Einbezug der besprochenen Hilfsmittel – Verbesserungsmöglichkeiten finden.

Üben Sie regelmäßig Aufsätze auf diese Weise ein, lernt Ihr Kind die vorgegebene äußere Struktur langsam zu »verinnerlichen«. Mit der Zeit lässt Ihr Kind sich vielleicht auch dazu bewegen, die Rohfassung und die Verbesserungen des Aufsatzes selbst zu schreiben.

2. Wie können Hilfen im Sekundarschulbereich aussehen?

In fast allen Bundesländern sind im Sekundarschulbereich die Erörterung und die Textanalyse die vorrangigen Aufsatzformen. Häufig erwarten Deutschlehrer, dass die Schüler nach mehr oder weniger umfangreichen einführenden Erklärungen den Aufbau und das Formulieren eigenständig bewältigen können. Ein systematisches, angeleitetes Einüben und Lernen des Aufbaus und von passenden Formulierungen unterbleibt häufig.

In höheren Klassen erleben wir häufig Jungen mit ADHS, die mit den verbalen Erläuterungen nicht gut zurechtkommen. Sie schreiben ungern und üben weniger. Besonders schwer fällt ihnen der richtige Aufbau, das Formulieren und häufig auch die Rechtschreibung. Das Ergebnis ist ein eher kürzerer Aufsatz, sehr viel Rot nach der Korrektur und eine schlechte Note. Da diese Aufsatzformen aber in den Abschlussprüfungen zu finden sind, könnten die Heranwachsenden mit ADHS deswegen sogar ein bisschen motiviert sein zu üben. Sie schreiben dann meist Übungsaufsätze aus dem »hohlen Bauch« heraus, weil häufig davon ausgegangen wird, die Aufsatzform und auch das Formulieren müsste man doch können. Das Ergebnis wird dann aber nur das Üben einer schlechten Praxis sein.

Hilfreicher und auch notwendig ist es – und die älteren Schüler mit ADHS sehen dies auch meist ein –, für diese Aufsatzformen gute Wege und »Tricks« zu entwickeln und systematisch einzuüben. Beispielhaft soll dies an der Erörterung dargestellt werden.

Bei ADHS- Kindern ist es zunächst wichtig, dass sie sich ein bisschen Zeit nehmen, um das Thema genauer zu erschließen: Welche Hauptbegriffe werden benutzt? Gibt es Eingrenzungen? Was ist der genaue Auftrag bei der Erörterung? Damit nicht alles im phonologischen Arbeitsspeicher präsent gehalten werden muss, sind an dieser Stelle erste Visualisierungen hilfreich. Mit dem Textmarker kann das Wichtigste in der Themenstellung gekennzeichnet und versucht werden, für diese ein erstes kleines Schaubild zu entwickeln.

Für die Erörterung brauche ich eine gute Gliederung und ausreichendes Material. Um dies zu bekommen, ist es hilfreich die Stichpunkte für Argumente in einem *Mindmap* darzustellen. Ein Trick mit dem Benutzen von W-Fragen kann helfen, die Hauptäste mit den einzelnen Argumenten weiter auszudifferenzieren und mehr Material zum Schreiben zu bekommen (vgl. Killinger 2021, S. 4ff).

Wer? Was? Wie? Wo? Wann? Warum? Wieso? Weswegen? Wozu?	Wie kam es dazu (**Ursachen**)? Welche **Beweggründe** und **Motive** führten dazu? Was/Wer ist genau betroffen (**Bereiche**)? Welche **Probleme** und **Schwierigkeiten** sind damit verbunden? Welche **Konsequenzen** und **Auswirkungen** ergeben sich dadurch? Welche **Verbesserungsmöglichkeiten** und **Lösungen** bestehen? Welche **Vorteile/Nachteile** ergeben sich?

Abb. 15.2: Hilfreiche W-Fragen bei der Ausdifferenzierung der Stoffsammlung

Sind die möglichen Argumente dargestellt und ausdifferenziert, lassen sich in der überschaubaren Visualisierung Zusammenhänge besser erkennen. Darauf aufbauend fällt dann die lineare Anordnung und die passende Reihenfolge der Argumente in einer Gliederung leichter.

Wieder kann ein Gerüst, ein Fahrplan hilfreich sein, das jeweilige Argument in passender Weise zu entwickeln. Wie könnte nun der Aufbau eines Arguments in der Erörterung visualisiert und vorstrukturiert werden? In die freien Felder auf der rechten Seite der Tabelle kann der Schüler nun seine jeweils entsprechenden Ausformulierungen eintragen.

Ein- bzw. Überleitung (vom vorherigen Argument)	
Behauptung	
Begründung für die Behauptung	
Beispiele für die Behauptung	
Folgen, Auswirkungen oder kurze zusammenfassende Rückführung als Abrundung	

Abb. 15.3: »Fahrplan« für die Entwicklung eines Argumentes bei der Erörterung

Es wird häufig von Deutschlehrern vorausgesetzt, dass Kinder in der Lage sind, angemessen zu formulieren. Nur wenige Lehrkräfte stellen den Schülern »Formulierungshilfen« zur Verfügung. Wieder kann es hilfreich sein, Bausteine für die Einleitung oder den Schluss, für Satzanfänge oder für Überleitungen zu sammeln und systematisch zu lernen. Man kann hierzu eine Datei anlegen, die man schrittweise immer weiter auffüllen kann.

Sammlung »eleganter« Formulierungen für die Einleitung bei Argumenten

Neben (kurze Zusammenfassung des vorherigen Arguments …, ist zu berücksichtigen, dass …
Man darf aber auch nicht vergessen, dass …
Ein wichtiger Gesichtspunkt liegt ferner darin, dass …

Ein anderer Aspekt ergibt sich aus der Tatsache, dass …
Die größte Bedeutung kommt jedoch zu …

Wichtig ist es, Aufsätze mit einer schlechten Note nicht möglichst schnell aus dem Kopf zu bekommen und wegzulegen, sondern genau zu analysieren: An welchen Stellen bestehen Verbesserungsmöglichkeiten? Hinweise geben nach der Korrektur durch die Lehrkraft deren Randbemerkungen und der bewertende Kommentar am Schluss.

Um Verbesserungen zu entwickeln und sich vorzustellen, wie diese aussehen könnten, bietet sich die Arbeit mit Musterlösungen an (vgl. z. B. Killinger 2021). Diese kann man genau analysieren und auswerten und gegebenenfalls auch gute, »elegante« Formulierungen entnehmen, sammeln und selbst benutzen.

Beim Üben gilt wiederum: regelmäßig und in kleinen Portionen. Konkret bedeutet dies, dass eine »Tagesportion« jeweils nur eines der folgenden Themen beinhalten könnte:

- Erschließen und genaues Erfassen der Themenstellung
- Stoffsammlung mit Hilfe eines Mindmaps + W-Fragen
- Erstellung einer Gliederung
- Ausformulieren der Einleitung (angeregt durch gelernte Bausteine)
- Ausformulieren nur eines Argumentes pro Tag
- Ausformulieren des Schlusses (angeregt durch gelernte Bausteine)

Kapitel 16: Die Lernfächer

1. Welche Hauptprobleme gibt es bei Lernfächern?

Zu den Lernfächern gehören Fächer wie Biologie, Erdkunde, Geschichte, Sozialkunde, Physik oder Chemie. Lernfächer können für ADHS-Kinder zu den »schwierigsten« Fächern werden, weil hier die Lernleistung in sehr starkem Maße vom Interesse und der Motivation sowie der Beziehung zum Fachlehrer abhängig ist. Häufig ist die Beziehung zum Fachlehrer schwieriger als das Verhältnis zum Klassenlehrer. Da Fachlehrer häufiger die Klasse wechseln, entwickeln die Kinder zu ihnen nicht selten ein geringeres Vertrauensverhältnis. Zudem sind die Unterrichtsstrukturen in den »Nebenfächern« oft weniger gut ausgebildet, so dass hier mehr Freiräume für Verhaltensprobleme gegenüber den Lehrern entstehen können.

Obgleich Ihr Kind möglicherweise an bestimmten Fachgebieten wie z. B. Biologie interessiert ist, muss es die entsprechenden Fächer nicht in ihrer Gesamtheit mögen. Häufig schwankt die Motivation der Kinder je nach Themengebiet, zuweilen bezieht sie sich nur auf ein kleines Untergebiet.

Bei den Lernfächern (d. h. den Nebenfächern) heißt es für Sie als Eltern wachsam zu sein, da (ADHS-)Kinder ihnen keine große Bedeutung beimessen, sie häufig vernachlässigen und gerne ein Vermeidungsverhalten an den Tag legen. Schlechte Noten in diesen Fächern können aber auch die Versetzung in die nächste Klasse gefährden.

2. Ihr Kind kann nicht alles lernen

Für ADHS-Kinder ist es in der Regel nicht möglich, neben den Hausaufgaben und den Übungen für die Kernfächer auch noch die Nebenfächer perfekt vorzubereiten. ADHS-Kinder benötigen im Vergleich zu ihren Klassenkameraden mehr Zeit zum Lernen. Deswegen müssen Sie im Team als Eltern gemeinsam mit Ihren Kindern entscheiden: »Was ist eigentlich wichtig?« Gefragt ist hier der berühmte »Mut zur Lücke«, wenn dadurch die Versetzung nicht gefährdet wird. Die Team-Entscheidungen sollten in gemeinsame Vereinbarungen einmünden, wann Ihr Kind zu welchem Zeitpunkt, in welcher Form und in welchem Umfang für welches Fach lernt.

3. Wie sieht das ADHS-Lernverhalten in den Lernfächern aus?

Als Eltern werden Sie häufig damit konfrontiert, dass Ihr Kind aus der Schule mit fehlenden, unvollständigen oder fehlerbehafteten Materialien für die Lernfächer nach Hause kommt. Das *regelmäßige Ordnen und Abheften* von Materialien ist für ADHS-Kinder ein Grundproblem, das das Lernen der Kinder von Beginn an erschwert bzw. unmöglich macht.

Häufig »verschlafen« ADHS-Kinder den Start ins neue Schuljahr. In den ersten Proben erzielen sie dann öfter sehr schlechte Noten, weil sie noch nicht im »Lernmodus« sind. Diese schlechten Noten hängen ihnen aber das ganze Schuljahr nach, weil sie schwer wieder auszugleichen sind.

Das Lernverhalten von ADHS-Kindern ist meist eher oberflächlich: »Die Kinder lesen sich mal schnell die Seite durch«. Äußerungen wie »das kann ich schon längst, du brauchst mich nicht abzufragen« sind häufig zu hören. Oder die Kinder sind von dem »Lernberg« erschlagen, nachdem sie bemerkt haben, dass es acht Arbeitsblätter für den nächsten Test zu lernen gilt: »Das schaff ich nie!« ADHS-Kinder lernen zudem gerne auf den letzten »Drücker«, d. h. sie sind nicht fähig, ihre (Lern)zeit vor Klassenarbeiten oder Tests sinnvoll einzuteilen.

Sind die Kinder dann in den Klassenarbeiten mit schriftlichen Fragen konfrontiert, begreifen sie diese zum Teil aufgrund ihres impulsiven oberflächlichen Problemlösungsstils nicht vollständig. Sie erfassen die Fragestellung nach dem Motto: »ah das kenn ich schon« und übersehen dabei ihren Kontext oder mögliche Zusatzfragen. Rasch missverstehen sie auf diese Weise die eigentliche Frage.

4. Vorbereitungen und Rahmenbedingungen für ein effektives Lernen

Ein erfolgreiches Lernen setzt voraus, dass alle Unterrichts- und Übungsmaterialien zum Zeitpunkt des Lernens vollständig zuhause sind. Zu diesem Zweck sollten Sie als Eltern mit Ihren Kindern die Vereinbarung treffen, die Materialien regelmäßig zu sortieren und einzuheften. Ihre Aufgabe ist es, dies zu überprüfen.

Besonders für den *Anfang* gilt: Ihrem Kind wird es nicht gelingen, alleine zu lernen. Unerlässlich ist deshalb der »interaktive« Lernprozess. Lernen Sie gemeinsam, fällt es Ihrem Kind leichter, am Stoff »dranzubleiben«. »Langweiliger« Stoff wird durch Teamarbeit interessanter. Sie können Ihr Kind beispielsweise abhören oder sich den Lernstoff in eigenen Worten wiedergeben lassen, was bei Ihrem Kind zu einem dauerhafteren Abspeichern des Gelernten führt.

Da Ihr Kind erhebliche Probleme in seiner Selbststeuerung und der Lernstrukturierung aufweist, obliegt es anfänglich überwiegend Ihnen, den Übungsstoff gut vorzubereiten. Dafür bieten sich folgende Maßnahmen an:

- Für die Vorbereitung von Klassenarbeiten und Tests empfehlen wir, zuhause grundsätzlich einen *eigenen Kalender* zu führen. Vereinbaren Sie mit Ihrem Kind, in der Schule angekündigte Tests und Klassenarbeiten in den Kalender einzutragen, damit Sie gemeinsam die Übersicht behalten. Anschließend stellen Sie für das Üben eine gemeinsame Zeitplanung auf. Hier sollte genügend

Zeit eingeplant werden, um den großen Berg des Lernstoffs in kleinen Tagesportionen mit Wiederholungen zu zerlegen.

- Zeiteinheiten und Umfang der Übungen müssen *begrenzt* sein, die »Lernportionen« für Ihr Kind »verdaubar« bleiben. Wichtig ist deshalb, der Vorbereitung von Tests und Klassenarbeiten genügend Zeit einzuräumen und rechtzeitig mit dem Lernen zu beginnen.
- Längere Texte müssen in Bezug auf ihren wesentlichen Inhalt *komprimiert* werden (vgl. S. 186f). Günstig ist es, so genannte *Signalwörter* zu unterstreichen oder auf Karteikärtchen zu schreiben, so dass sich eine Struktur ergibt. Ein solches Gerüst können ADHS-Kinder im Gegensatz zu unüberschaubaren Details behalten. Da das Komprimieren den Kindern schwer fällt, müssen Sie hier Hilfestellungen leisten.
- Erst nach längerer Zeit gemeinsamen Lernens kann Ihr Kind *schrittweise* Lernaufgaben zunehmend *selbstständiger* übernehmen.
- Interessiert sich Ihr Kind in besonderem Maße für bestimme Themenaspekte des Unterrichts, empfehlen wir, zusätzliche *Bücher aus der Stadtbibliothek* auszuleihen. Dies bietet Ihrem Kind die Möglichkeit, gemeinsam mit Ihnen zu lesen und das in der Schule Erarbeitete weiter zu erforschen.
- Um schriftliche Fragestellungen (in Test oder Klassenarbeiten) richtig zu erfassen, ist folgende Übung hilfreich: Lassen Sie Ihr Kind *täglich eine schriftliche Frage* beantworten. Material dafür finden Sie in alten Tests Ihres Kindes, anhand derer Sie die Art der Fragestellung des Lehrers nachgestalten können. Beantworten darf Ihr Kind die Frage mündlich, schreiben braucht bzw. soll es nicht. Eine einzige Fragestellung stellt eine so kleine Übungsportion dar, dass Ihr Kind sie möglicherweise sogar bereitwillig erledigt. Trainieren Sie täglich, dürfen Ihr Kind und Sie mit der Zeit deutliche Fortschritte erwarten.

5. Wirksame Lernschritte für ADHS-Kinder

ADHS-Kinder stehen häufig vor dem Problem, zu schnell zu viele Informationen ihrem Wahrnehmungsspeicher zuzuführen. In der Folge werden diese Informationen aus dem Arbeitsgedächtnis wieder herausgeworfen (▶ Abb. 3.7). Welche effektiven Lernschritte stehen Ihnen für ein erfolgreiches Üben in den Lernfächern zur Verfügung? Dafür ist es nützlich, noch einmal auf die Abbildungen 3.2–3.4 (▶ Abb. 3.2, ▶ Abb. 3.3 und ▶ Abb. 3.4) zurückzugreifen. Dort haben wir das Langzeitgedächtnis mithilfe von »Regalfächern« veranschaulicht, die »Edelsteine« (Lerninhalte mit hoher Motivationsqualität) und »Bücher« (Informationen, deren Abspeichern einen höheren Aufwand bedeuten) beinhalten. Genau in diese Regalfächer müssen die abzuspeichernden Informationen eingeordnet werden, um später wieder gefunden werden zu können.

Erster Schritt

»Regalfächer« müssen für das Wiederauffinden der Informationen im Langzeitgedächtnis aufgebaut werden. Bei größeren Informationsmengen muss der Stoff komprimiert werden, indem beispielsweise Überschriften auf Signalwörter verkürzt werden. Günstig ist es, sich die Anzahl der Signalwörter, die der Anzahl der »Regalfächer« entsprechen, zu merken, um sie später besser erinnern zu können.

Zweiter Schritt

Nach der Benennung der »Regalfächer« mit Namen (Signalwörter) können nun die einzelnen »Regalfächer« mit den zu lernenden Details aufgefüllt werden. Für jedes Signalwort ist sich wiederum die Anzahl der Details zu merken. Gehören zu einem Signalwort mehr als fünf Details, sind diese in für das Gehirn verdaubare Portionen zu zerlegen. Wurden die Lerninhalte auf diese Weise in kleineren Portionen abgespeichert, sollten sie dann noch einmal in ihrer Gesamtheit wiederholt werden.

Dritter Schritt

Das komplette »Regalsystem« wird zu größeren Einheiten zusammengefasst und noch einmal wiederholt, z. B. zunächst Regalfächer 1 bis 3, dann Fächer 4 bis 5.

Beispiel – Thema: Die Schwalbe

*Regalfach 1, **Besonderheiten: 3** (zu merkende Details):*

- sehr guter Flieger
- Zugvogel
- Singvogel

*Regalfach 2, **Aussehen: 4** (zu merkende Details):*

- lange, schmale Flügel
- langer, gegabelter Schwanz
- dunkles, schimmerndes Gefieder
- kurzer, breiter, flacher Schnabel

*Regalfach 3, **Nestbau: 3** (zu merkende Details):*

- aus Lehm und Speichel
- an Innen- und Außenseite von Gebäuden
- Felswänden

*Regalfach 4, **europäische Arten: 4** (zu merkende Details):*

- Rauchschwalbe
- Mehlschwalbe
- Uferschwalbe
- Pirol

*Regalfach 5, **Ernährung: 2** (zu merkende Details):*

- Insekten
- Im Flug geschnappt

Die Struktur der Regalfächer lässt sich mit einfachen Mitteln auf zwei Arten visuell veranschaulichen:

- Sie können für die einzelnen »Regalfächer« *Bilder oder Graphiken* (z. B. beim Wasserkreislauf im Fach Heimat- und Sachkunde in Klasse 4) benutzen. Diese werden in der Reihenfolge der Regalfächer geordnet. An der jeweiligen Bildstelle können die Kinder die Details benennen und sie sich durch Wiederholungen einprägen.
- *Mindmaps* sind besonders geeignet, den Wissensstoff komprimiert und visuell darzustellen. Sie geben einen sehr gut strukturierten Überblick über den Gesamtstoff und die Anzahl der Haupt- und Unterpunkte. Mindmaps helfen bei einer Komprimierung des Inhaltes auf begrenzte Signalwörter. Die Graphik hilft den Kindern, Regalfächer (Signalwörter) und deren Inhalte (Details) schnell aufzufinden. Bereits für die Grundschule können Sie zu vielen Themen aus dem Bereich der Heimat- und Sachkunde solche Mindmaps mit Ihren Kindern anfertigen (▶ Abb. 16.1). Zusätzlich zum Text können auch hier Bilder für die Signalwörter aufgemalt oder aufgeklebt werden.

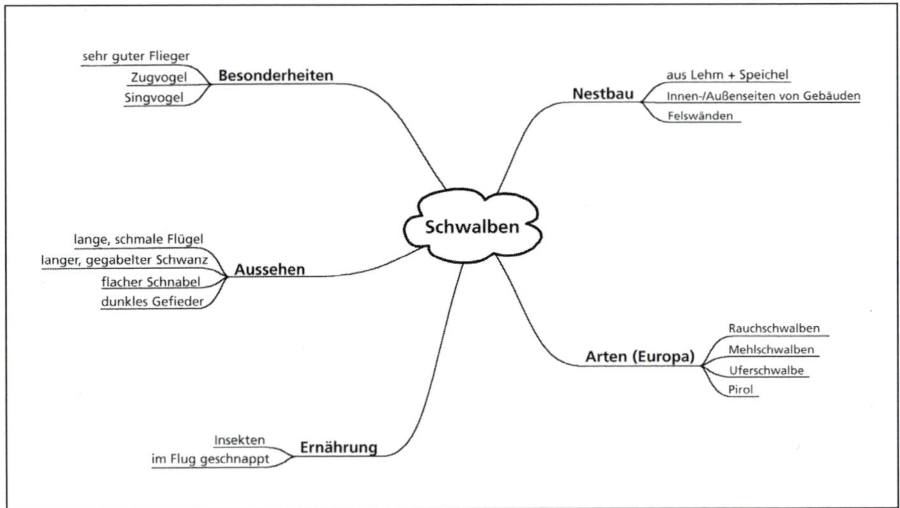

Abb. 16.1: Mindmap Schwalbe

Diese Form der Komprimierung von Lernstoff eignet sich gleichermaßen für die weiterführenden Klassen, und dies sowohl für die Hauptfächer (z. B. Englisch; ▶ Kap. 17) als auch für die Nebenfächer.

Üben Sie bereits in der Grundschule mit Ihren Kindern, den Lernstoff mithilfe von Mindmaps aufzubereiten. Sie legen damit gute Grundlagen für deren Fähigkeit, später den Stoff auf ähnliche Weise eigenständig zu strukturieren. Nach dem Anlegen der Signalwörter und ihrer Details, müssen diese wiederholt werden. Sie erinnern sich: Regelmäßiges Üben in kleinen Portionen führt zum Erfolg!

Hören Sie Ihr Kind ab

Ihr Kind wird beim Abhören immer wieder die negative Erfahrung machen, dass es den Stoff nur unzureichend beherrscht, obwohl es vorher der festen Überzeugung war, dass es das Gelernte kann. Aufgrund seiner geringen Frustrationstoleranz kann dies zu überschießenden Gefühlsreaktionen und Vermeidungsverhalten führen. Dass der Stoff »nicht richtig beherrscht wird«, ist normal. Dies ist auf das oft oberflächliche bruchstückhafte Abspeichern zurückzuführen, das den meisten ADHS-Kindern zu eigen ist. In Proben hat dies leider oft zur Folge, dass Details nicht wiedergegeben werden können. Dies kann bei Kindern zu einer entsprechenden kognitiven Verarbeitung und emotionalen Bewertung in dem Sinne führen, dass »man den Stoff doch gekonnt hat«, nun aber eine schlechte Note schreibt. Also ist der Lehrer Schuld – oder man selbst ist in diesem Fach »unbegabt« oder dumm. Um solche wiederkehrenden Misserfolgserlebnisse möglichst zu verhindern, ist es gerade bei Kindern, die in einem Lernfach versetzungsgefährdet sind, wichtig, dass Sie es regelmäßig abhören. Bedenken Sie hierbei immer, dass dies für Ihr Kind eine Überwindung darstellt. Beim Abhören werden sehr häufig »Lücken« erkennbar. Ihr Kind erlebt so ständig Frustrationen, die es verarbeiten muss. Machen Sie es ihm nicht noch durch Vorwürfe oder negative Äußerungen schwerer. Zeigen Sie gelassen die noch bestehenden Lücken auf und versuchen Sie zu einem späteren, im Vorfeld verabredeten Zeitpunkt, Ihr Kind dann noch einmal abzuhören.

Das Abhören stellt für ADHS-Kinder neben den dargestellten Frustrationen auch eine große Hilfestellung dar. Abfragen geschieht wieder im Team, d. h. Ihr Kind ist mit seiner Lernaufgabe nicht alleine gelassen. Durch die Abfrage strukturieren Sie den Lernstoff, Ihr Kind gewinnt somit mehr Überblick. Die Motivation zum Lernen kann sich deutlich erhöhen, wenn Ihr Kind weiß, dass es hinterher abgefragt wird. So äußert eine Jugendliche mit ADHS: »Wenn ich weiß, meine Mutter oder mein Vater hört mich später ab, lerne ich viel besser!«

Wenn sich Ihr Kind in den Lernfächern abhören lässt, ist dies für das Kind eine große Leistung, die Sie würdigen sollten. Kritik oder Vorwürfe über Noch-nicht-Gekonntes sind deswegen nicht angebracht und behindern den weiteren Lernprozess und die Motivation zum Lernen.

Kapitel 17: Lernen im Fach Englisch

1. Grundlegende Vorüberlegungen

Für ADHS-Kinder ist es schwierig, im Fach Englisch ohne äußere Hilfestellung ein systematisches und regelmäßiges Lernen durchzuhalten. Beim Lernen und Üben alleingelassen, entstehen bei Kindern mit ADHS schnell größere Lücken im Vokabelwissen und der englischen Rechtschreibung, aber auch im Bereich der Grammatik.

Aufgrund der Besonderheit der englischen Sprache und ihrer Schreibweise ist es für die Kinder notwendig, Rechtschreibübungen noch öfters als im Deutschen zu wiederholen. Dies ist eine Voraussetzung, um den Lernstoff effizient zu automatisieren. Geschieht dies nicht, werden neue Misserfolge und Blockaden wahrscheinlich, und die Lücken größer.

Ein Problem stellt für viele ADHS-Kinder die Art und Weise dar, in der in der Schule Vokabeln gelernt werden. In der Regel werden die Vokabeln dabei in einer bestimmten Reihenfolge in das Vokabelheft eingetragen. Üben und wiederholen die Kinder die Vokabeln nun mehrfach, sind sie häufig nur in der Lage, diese in eben genau dieser Reihenfolge zu erinnern. Dass die Kinder die Vokabeln nicht wirklich beherrschen, zeigt sich, sobald die Wörter in einem anderen Zusammenhang abgefragt werden.

Misserfolge im Fremdsprachenunterricht (z. B. im Englischen wie auch im Französischen) sind häufig verbunden mit einer negativen, resignativen Grundhaltung der Kinder nach dem Motto: »Mit dem Schreiben hab ich's halt nicht so – ich bin halt schlecht in der Rechtschreibung – das kann ich einfach nicht!«. Negative Erfahrungen und die negativen Selbsteinschätzungen führen sehr leicht in den weiter oben beschriebenen Teufelskreis. Dies muss nicht sein, da ADHS-Kinder mithilfe angemessener und strukturierter Lernübungen ihre englische (bzw. französische) Rechtschreibung deutlich verbessern können.

Anzusetzen gilt es weiterhin bei den grammatikalischen Strukturen, die nicht nur von Kindern mit ADHS in der 6. und 7. Klasse oft nicht beherrscht werden. Ziel der Übungen muss es hierbei erneut sein, das zu lernende Wissen bei den Kindern zu automatisieren.

2. Einpräge- und Übungsmöglichkeiten

a) Vokabeln

Eine empfehlenswerte Methode des effizienten Vokabellernens ist die des »Abfotografierens« (▶ Kap. 14). ADHS-Kinder sind überrascht, wie gut sie mithilfe dieses Verfahrens die im Vergleich zum Deutschen viel schwierigeren englischen Wörter vorwärts und sogar rückwärts buchstabieren können. Sie können dies in der Regel besser als ihre Eltern. Dieser Erfolg motiviert die Kinder, so dass sie die Übungen gerne zusammen mit Ihnen als Eltern wiederholen. Damit wird ein Prozess erfolgreichen Lernens in Gang gesetzt.

Das rückwärts Buchstabieren (von Wörtern mit maximal fünf Buchstaben) sollten Sie nur anfangs als Experiment durchführen, um die Abspeicherfähigkeit Ihres Kindes im visuellen Bereich zu überprüfen. Auch dient es oft als Motivationstrick. Später lassen Sie Ihr Kind nur noch vorwärts buchstabieren.

Wie sollte nun das Vorgehen beim Erlernen der englischen Vokabeln genau aussehen? Zunächst zeigen Sie Ihrem Kind die deutsche Bedeutung des englischen Wortes und sprechen das englische Wort aus (»i:si – leicht«). Ihr Kind wiederholt die Aussprache des englischen Wortes. Im zweiten Lernschritt »fotografiert« Ihr Kind das englische Wort ab. Sie wiederholen die deutsche Bedeutung »leicht«, Ihr Kind spricht das englische Wort aus »i:si« (▶ Abb. 17.1) und buchstabiert sofort anschließend das Wort vorwärts »e-a-s-y«. Somit wird von Anfang an eine neuronale Verdrahtung zwischen Aussprache »i:si« und Schreibweise »easy« im Gehirn erzeugt.

Abb. 17.1: Das Abspeichern von englischen Vokabeln

Längere Wörter, wie z. B. »neighbour« (Nachbar) oder »mountain« (Berg) werden in Teilschritten gelernt. Das Wort wird zerlegt, indem Sie den zweiten Teil des Wortes, z. B. bei » neighbour « – »...bour« abdecken und Ihr Kind den ersten Wortteil »neigh...« abfotografiert und einprägt. Dann zeigen Sie den zweiten Wortteil und lassen ihn abfotografieren: »...bour« (▶ Abb. 17.2).

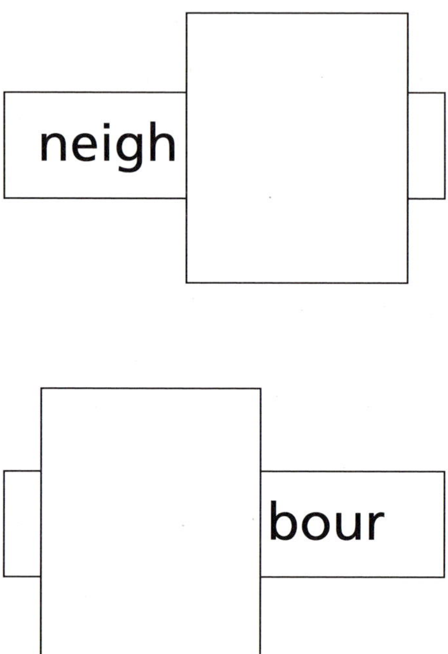

Abb. 17.2: »Gehirngerechtes« Abspeichern von längeren englischen Vokabeln

Anschließend fügen Sie beide Wortteile zusammen. Fällt es Ihrem Kind schwer, beim Buchstabieren den Überblick über das Wortbild zu behalten, darf es beim Wiederholen das Wort notfalls auch schreiben.

Beim Lernen bzw. Abhören muss das Kind die englischen Wörter nur aussprechen und buchstabieren (Mutter/Vater: »leicht« – Kind: »i:si, e-a-s-y«). Nur bei Problemwörtern, z. B. bei längeren englischen Wörtern, kann das Kind das Wort zur eigenen besseren Orientierung schreiben. Mit diesem systematischen Vorgehen und entsprechender Hartnäckigkeit Ihrerseits ermöglichen Sie Ihrem Kind erlebten Erfolg. Die Motivation steigt, ebenso die Zuversicht und letztendlich das Selbstwertgefühl. Das Kind erlebt: Englische Vokabeln zu lernen ist ja gar nicht so schwer.

Für ein dauerhaftes Behalten gilt es, eine Feinabstimmung in Bezug auf die notwendige Anzahl der Wiederholungstage bei Ihrem Kind zu treffen. Zur Systematisierung des Wiederholens der englischen Vokabeln bietet sich natürlich wieder die ADHS-Lernbox (▶ Kap. 14) an. Auch das Pyramidenspiel (▶ Kap. 12) eignet sich besonders gut für Wiederholungen und anschauliches, motivierendes Üben.

Geheimtrick: Vokabel vorlernen

In der Unterrichtspraxis geschieht es leider immer wieder, dass in den Fremdsprachen von einem Tag auf den nächsten sehr viele Vokabeln aufgegeben werden. ADHS-Kinder tun sich jedoch sehr schwer, auf den folgenden Tag 20–40 Vokabeln zu lernen. Das Kind wird versuchen, diesen Berg an Vokabeln für die Abfrage zu lernen, danach werden jedoch keine Wiederholungen mehr stattfinden. Auf diese Weise vergisst es natürlich die einmal gekonnten Vokabeln.

Wir benutzen den Begriff »geheim«, weil manche Lehrer ein Vorlernen nicht mögen. Nicht selten sind es aber gerade diese Lehrer, die besonders im Fach Englisch von heute auf morgen 20, 30 oder gar 40 Vokabeln zum Lernen vorgeben. Eine solche Menge ist letztlich gehirn- und lerntechnisch gesehen absoluter Unsinn und zeigt, dass diese Lehrer wenig über das Gehirn und effektive Lernprozesse wissen.

Der Vorteil ist, dass unsere Kinder sich beim Vorlernen nur vier bis fünf Vokabeln neu einprägen müssen. Zum Einprägen können diese zusätzlich noch in zwei Portionen zerlegt werden. Diese kleine Anzahl kann deutlich leichter abgespeichert und behalten werden als eine vier- bis zehnfach so große Menge. Die Anstrengung dabei ist wesentlich geringer und der Erfolg wahrscheinlicher. Unsere Kinder erleben somit weniger Frustrationen, was wiederum ihre Lernbereitschaft erhöhen dürfte. Ein weiterer Vorteil besteht darin, dass danach noch Zeit für das unerlässliche Wiederholen bleibt, um dieses Vokabelwissen möglichst dauerhaft abzuspeichern. Unseren Kindern fallen dann die Anforderungen im Unterricht leichter, sie können besser mündlich mitarbeiten und bekommen häufig mehr positive Rückmeldungen. Ja, der Unterricht ist dann sogar eine Sonderform der Wiederholung auf dem Weg der Automatisierung.

Wenn dann von der Lehrkraft 30 Vokabeln aufgegeben werden, sind diese bei unseren Kindern schon im 6., 7., 8., 9. und 10. Wiederholungsfach. Sie brauchen dann nur noch einmal gezielt überprüft – nicht neu gelernt – werden, um für den möglicherweise anstehenden Vokabeltest gut vorbereitet zu sein.

Alle Kinder in unserer Praxis, und zwar ohne Ausnahme (!), die dieses Lernsystem praktizieren, bestätigen uns: Englisch ist »leichter«, »einfacher« geworden, das Lernsystem »bringt was«, es »taugt«.

Besonders hilfreich für ADHS-Kinder ist das Vorlernen, wenn im nächsten Schuljahr, besonders beim Übertritt auf eine weiterführende Schule, die Fremdsprache richtig beginnt. Wir beginnen in den letzten zwei bis drei Monaten des alten Schuljahres und nutzen die Sommerferien. In diesen drei bis vier Monaten können wir das Lernsystem ausprobieren und herausfinden, wie viele Wiederholungsdurchgänge das Gehirn unseres Kindes am ersten Einprägetag benötigt, damit die »Verdrahtung« die Nacht übersteht, um am nächsten Tag mit dem »Verdicken« der Verdrahtung beginnen zu können. Wir können in Ruhe herausfinden, wie viele Tage der Wiederholung erforderlich sind, bis die Vokabel dauerhaft abgespeichert ist. Kommt nun unser Kind mit dem so erworbenen Vorwissen in die erste Englischstunde, wird ihm Englisch leichtfallen und es wird Erfolge erleben. Dies wiederum wird die gefühlsmäßige Bewertung des neuen Faches positiv einfärben, was für ADHS-Kinder eine große Bedeutung hat.

Wichtig ist, dass man immer auf einen »Vorsprung« beim Lernen achtet. Während der Unterrichtszeit schmilzt der Vorsprung. In den Ferien kann er wieder aufgebaut werden.

Unsere Kinder können sich anfangs sträuben, weil dieses Vorlernen nicht vom Lehrer aufgegeben wurde. An dieser Stelle ist die Hartnäckigkeit der Eltern gefragt, damit die Kinder wie in einem Experiment positive Erfahrungen machen. Hilfreich kann häufig auch sein, das Lernen gehirntechnisch zu erklären. Treffen Sie mit Ihrem Kind folgende Vereinbarung: »Jeden Tag werden vier bis fünf Vokabeln neu gelernt, unabhängig von der aufgegebenen Menge der Vokabeln. Dies machen wir an fünf Tagen in der Woche und in den Ferien. Durch das Vorlernen hast du immer einen Vorsprung und einen großen Vorteil im Unterricht – und vier bis fünf Vokabeln sind doch nicht viel.« Gleichzeitig müssen aber auch die zuletzt gelernten 30–45 Vokabeln z. B. in Zehner-Blöcken wiederholt werden.

Die Praxis zeigt's

Wir machen immer wieder die Erfahrung, dass ADHS-Kinder deutlich bessere Leistungen in der englischen als in der deutschen Rechtschreibung zeigen. Diese Erfolge, die Kinder und Lehrer gleichermaßen verblüffen, beruhen darauf, dass die Kinder die englische Rechtschreibung von Beginn an (d. h. meist erst vom Anfang der 5. Klasse an) auf der Grundlage unserer Übungsmethoden gelernt haben.

b) Grammatik

Für das Üben der Grammatik empfehlen wir unsere üblichen Grundprinzipien:

- Regelmäßig üben in kleinen Portionen (beispielsweise täglich jeweils ein Fragesatz mit und ohne »Fragewort« oder ein Antwortsatz mit »yes« oder »no«. Gerade die Satzstellung in Fragesätzen ist im Englischen schwierig, da sie anders als im Deutschen gebildet wird).
- Verwenden Sie Übungsmethoden, für die Ihr Kind nicht schreiben muss. Setzen Sie Lernkärtchen ein.
- Arbeiten Sie mit anschaulichen Übungsverfahren, die Ihr Kind visualisieren kann. Auf der Basis entsprechender Vorlagen/Materialien kann Ihr Kind den Lernstoff selbst handelnd einüben. Damit wird es zum Lernen motiviert.
- Grammatik wird häufig in langen Sätzen erklärt und dargestellt. Unter »gehirntechnischen« Aspekten betrachtet, sind diese Sätze schwer abzuspeichern. Arbeiten Sie deswegen mit übersichtlichen Tabellen und Komprimierungen (Beispiel: Visualisierung der Struktur von Fragesätzen oder Signalwörter für die »tenses«)

- Häufig fällt ADHS-Kindern eine Textproduktion schwer. Um es ihnen leichter zu machen, beginnen Sie rechtzeitig, mit ihnen Textbausteine und »useful phrases« sicher abzuspeichern.

Beispiel: Das Einüben von Satzstrukturen bei Fragesätzen in der Gegenwart

Stellen Sie sich vor, Ihr Kind wird vor die Aufgabe gestellt, den Fragesatz »Wo spielt Bob Fußball?« ins Englische zu übersetzen. Ein geeignetes Hilfsmittel stellt dafür das folgende Arbeitsblatt (▶ Abb. 17.3) dar, mit dem Sie als Eltern Ihrem Kind eine feste Abfolge der Satzteile bei Fragestellungen – und damit einen leicht zu visualisierenden »Fahrplan« – vorgeben.

Fragewort: ❶ **where?** **when?** **how?** **why?** **what?**	❷ **does** ← **oder** **do?** ←	**Wer** tut etwas? ❸ • **ein Name** • **ein Gegenstand** • **he, she, it** • **mehrere Namen** • **mehrere Gegenstände** • **I, you, we, you, they**	**Was** tut er/sie/es? ❹
Where	*does*	*Bob*	*play soccer?*

Abb. 17.3: Arbeitsblatt: Einüben von Satzstrukturen bei Fragesätzen in der Gegenwartszeit

Wo spielt Bob Fußball? – Where does Bob play soccer?

Spalte ❶: Sie beginnen mit der Frage: »Gibt es in dem Fragesatz ein Fragewort?«

Ist dies der Fall, wird mit den angebotenen Fragewörtern (where? when? who? why? what?) angefangen zu übersetzen. (Das Fragewort »wo« muss mit »where« übersetzt werden und wird in die erste Spalte eingefügt.)

Spalte ❷: Als nächstes stellen Sie die Frage: »Steht der Fragesatz in der Gegenwart?« Ist dies der Fall, muss Ihr Kind in Spalte ❷ mit »do« oder »does« arbeiten. Um dies richtig zu entscheiden, muss es in Spalte ❸ »Wer tut etwas« schauen: Handelt **eine Person** (»he«, »she«) oder **eine »Sache«** (»it«), muss das Wort »does« benutzt werden. Im Falle, dass die erste bzw. zweite Person Singular (»I«, »you«) oder mehrere Personen oder Gegenstände handeln (»we«, »you«, »they«), wird »do« in Spalte ❷ eingefügt. (Da mit Bob eine Person in der dritten Person Singular handelt, wird »does« in die zweite Spalte eingefügt.)

In Spalte ❸ muss Ihr Kind einsetzen, wer handelt. (Im vorliegenden Beispiel »Bob«.)

In Spalte ❹ wird übersetzt und eingesetzt, was die entsprechende(n) Person(en) tun. (Das »Fußball spielen« muss mit »play soccer« übersetzt werden, so dass sich letztlich der vollständige Fragesatz ergibt: »Where does Bob play soccer?«)

Beispiel: Signalwörter für Zeiten

Für die Aufgabenstellung, das Verb in vorgegebene Lücken in der richtigen Zeitform einzusetzen, kann es für den Einstieg und zur Erleichterung hilfreich sein, mit Signalwörtern zu arbeiten. Diese geben dem Kind allermeistens sichere Hinweise, in welche Zeitform das Verb zu setzen ist.

Ihr Kind kann sich in einer übersichtlichen Tabelle diese Signalwörter einprägen. Beispielhaft könnte diese folgendermaßen aussehen:

Tab. 17.1: Signalwörter für Zeiten

Simple Present	• every … (day …) • often • seldom • sometimes • usually • always • normally • first … then
Present Progressive	• at the moment • Look! • Listen!

Tab. 17.1: Signalwörter für Zeiten – Fortsetzung

	• now • just now, right now
Simple past	• ... ago • last ... • in 2017 (Jahreszahl) • yesterday
Past Progressive	• while • (when)
Present Perfect	• already • ever • so far • up to now • till now • yet • not yet • never, so far • for • since • recently
Past Perfect	• after • before • once • until that day

Beispiel: »useful phrases«

Textproduktion

Für das Formulieren von E-Mails, Bildbeschreibungen oder Kommentaren empfiehlt es sich, Musterlösungen auf geeignete Formulierungen hin zu untersuchen. Diese Sätze oder Halbsätze können systematisch gesammelt und gelernt werden. Soll ihr Kind dann selbst formulieren, verfügt es über Bausteine und elegante Wendungen. Das Formulieren wird deutlich leichter.

Speaking-Tests

Für »Speaking-Tests« können ebenfalls »useful phrases« gesammelt werden. Wenn z. B. in einer Diskussion ihr Kind über solche »phrases« verfügt, kann es sofort ohne Überlegungspause auf den Diskussionspartner mit einer solchen Wendung antworten. Wenn die kleine Überlegungspause am Anfang kommt, kann ihr Kind schlechter in die Diskussion einsteigen und das Englisch wirkt holprig und stockend. »Schießt« ihr Kind dagegen sofort mit einer solchen Wendung los, wirkt sein Sprechen flüssig, auch wenn nach der »phrase« die gleiche kleine Überlegungspause kommt.

Tab. 17.2: Useful phrases

Meinung äußern (allgemein)	
It seems to me that …	Mir scheint, dass …
In my opinion, …	Meiner Meinung nach …
I am of the opinion that …/I take the view that …	Ich bin der Meinung, dass …
My personal view is that …	Meine Meinung dazu ist, dass …
In my experience …	Meiner Erfahrung nach …
As far as I understand/can see,	Soweit ich das beurteilen kann, …
As I see it, …/From my point of view …	So wie ich das sehe, …
As far as I know …/From what I know …	Soviel ich weiß, …
I might be wrong but …	Vielleicht liege ich falsch aber …
If I am not mistaken …	Wenn ich mich nicht täusche …
I believe one can (safely) say …	Ich glaube, man kann (mit Sicherheit) sagen …
It is claimed that …	Wie behauptet wird, …
I must admit that …	Ich muss zugeben, dass …
I cannot deny that …	Ich kann nicht leugnen, dass …
I can imagine that …	Ich kann mir vorstellen, dass …
I think/believe/suppose …	Ich denke/glaube/nehme an …
Zustimmen	
There is no doubt about it that …	Es gibt keinen Zweifel daran, dass …
I simply must agree with that.	Ich stimme dem unbedingt zu.
I am of the same opinion.	Ich bin derselben Ansicht.
I completely/absolutely agree with …	Ich stimme dem/der … absolut zu.
Widersprechen	
There is more to it than that.	Man muss mehr berücksichtigen als das.
This is in complete contradiction to …	Das steht völlig im Widerspruch zu …
What is even worse, …	Was sogar noch schlimmer ist, …
I am of a different opinion because …	Ich bin anderer Meinung, weil …
I cannot share this/that/the view.	Ich kann diese Auffassung nicht teilen.
I cannot agree with this idea.	Ich kann diesem Gedanken nicht zustimmen.
What I object to is …	Wo ich widersprechen muss, ist …
Ergänzungen und Schluss	
Most probably …	Aller Wahrscheinlichkeit nach …
It appears to be …	Es scheint … zu sein.
It is important to mention that …	Es ist wichtig zu erwähnen, dass …
As I already indicated …	Wie ich bereits ankündigte, …
In other words, …	Anders ausgedrückt …

Tab. 17.2: Useful phrases – Fortsetzung

I am most concerned about …	Am meisten bin ich besorgt um …
I should like to repeat once again that …	Ich möchte noch einmal wiederholen, dass …
I should like to emphasise that …	Ich möchte betonen, dass …
I would (just) like to add …	Ich möchte (nur noch) hinzufügen …
So all in all I believe that …	Alles in allem glaube ich, dass …
(In) summing up it can be said that …	Zusammenfassend lässt sich sagen, dass …
Weighing the pros and cons, I come to the conclusion that …	Wenn ich das Für und Wider abwäge, komme ich zu dem Schluss, dass …

c) Mindmaps

Mindmaps bieten eine besonders übersichtliche Möglichkeit, »alles auf einen Blick« zu sehen und zu lernen. Das folgende Beispiel-Mindmap (▶ Abb. 17.4) stellt die Unterschiede hinsichtlich der Bildung, des Gebrauchs und besonderer Hinweise (»Signalwörter«) auf bestimmte Zeiten im Englischen (z. B. simple past und present perfect) dar. Mindmaps lassen sich im Unterricht vielfältig einsetzen, als visuelle »Gedächtnisanker« bilden sie für ADHS-Kinder eine anschauliche »Landkarte« des einzuprägenden Lernstoffs.

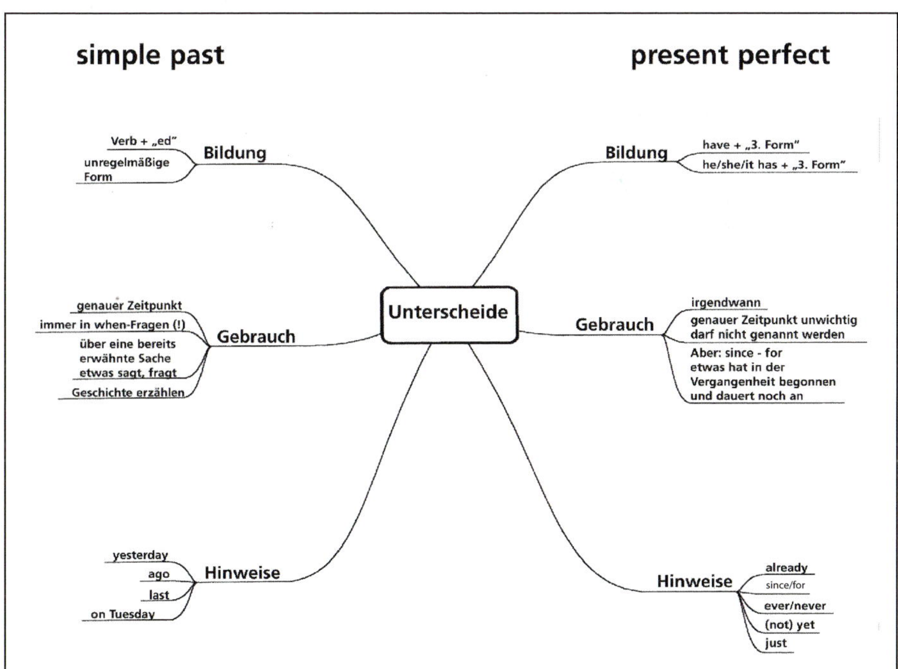

Abb. 17.4: Beispiel-Mindmap: simple past – present perfect

Schlusswort

Möglicherweise denken Sie, liebe Eltern, nachdem Sie dieses Buch gelesen haben: »Oh je, das schaffen wir doch nie, das können wir als Eltern doch überhaupt nicht leisten«. Wir wissen, dass wir mit unserem Trainingsprogramm Ihnen als Eltern nicht unbeträchtliche schulische Kenntnisse sowie vor allem eine hohe alltägliche Einsatzbereitschaft und große Konsequenz abverlangen. Andererseits bringen Sie als Eltern von ADHS-Kindern eine sehr hohe Bereitschaft mit, sich für ihre Kinder und deren Belange zu engagieren. Sie möchten etwas tun, wissen aber oft nicht wie. Mithilfe unserer Anleitungen möchten wir ihnen das »Wie« aufzeigen: Wir möchten ihnen Wege ebnen, Ihre Kinder effizient zu unterstützen und zu fördern. Unser Buch soll dazu beitragen, Ihren Kindern den Ausstieg aus dem »Teufelskreis« Lernstörungen und den Einstieg in einen »Engelskreis« Lernerfolge zu ermöglichen.

Möglicherweise kommen Ihnen unsere Anregungen wie ein großer Berg vor: Denken Sie jedoch immer daran, dass für Ihre Kinder und für Sie gleichermaßen das Prinzip gilt: Regelmäßiges Üben in kleinen Portionen. Lassen Sie sich nicht entmutigen! Die Dinge so weiterlaufen zu lassen, kann für Ihr Kind und Sie keine Alternative sein. Unsere Übungsvorschläge werden Ihr Kind stattdessen in die Lage versetzen, einen neuen, erfolgreicheren Weg einzuschlagen.

Dieses Buch gibt Ihnen als Eltern, Lehrern, Psychologen, Ärzten und anderen Therapeuten einige wenige einfache Lernmethoden an die Hand, um die Grundfertigkeiten von ADHS-Kindern insbesondere im Grundschulbereich zu festigen und Ihnen Möglichkeiten zu besseren Behaltensleistungen und zu einer Automatisierung des Gelernten aufzeigen. Selbstverständlich möchten wir auch Sie auffordern, die vorgestellten Methoden auszuprobieren und auf ihre Tauglichkeit hin zu überprüfen.

Als Lehrer haben Sie die Möglichkeit, gemeinsam mit den Eltern zu überlegen, wie ADHS-Kinder ihre Schulleistungen verbessern können. Vielleicht macht es auch für Sie Sinn, einen Teil der bisherigen schriftlichen Hausaufgaben durch die beschriebenen Lernmethoden zu ersetzen bzw. zu ergänzen.

Lehrern und Therapeuten empfehlen wir, ADHS-Kindern – in Absprache mit den oftmals sehr belasteten Eltern – »Hausaufgaben« zu geben. Die betroffenen Eltern könnten auf diese Weise ein Stück entlastet werden und zugleich hilfreiche Maßnahmen zur eigenen Orientierung an die Hand bekommen. Wichtig ist dabei eine »wohlwollende Kontrolle« der gemeinsam vereinbarten Aufgaben. Eine freundliche, pragmatische und realistische Grundhaltung in dem Sinne: »das ist halt nötig, das zusätzliche Üben« – »das ist so« wirkt sich auf das Lernverhalten der Kinder hilfreich aus.

Als Lehrer werden Sie vielleicht denken: »Ich habe in meiner Klasse so viele verschiedene Kinder mit unterschiedlichen Problemen, da kann ich ja gar nicht auf jeden Einzelnen eingehen«. Tatsächlich stehen Sie als Lehrer neben dem Kernstück Ihrer Arbeit – Ihren Schülern das Lernen und den Unterrichtsstoff beizubringen – vor sehr vielen Aufgaben. Diese Problematik ist uns bewusst. Erfolgversprechend kann deshalb nur die Kooperation zwischen Schule, Elternhaus und Therapeuten sein. Alle Beteiligten sind aufgefordert, ein engmaschiges »Netz« um das ADHS-Kind aufzubauen, um Schlupflöcher zu stopfen und Lücken zu schließen.

Zu guter Letzt möchten wir Ihnen im Folgenden »Zwiegespräch Lernprobleme« Gedanken von Eltern wiedergeben, deren sinngemäßer Inhalt Ihnen womöglich nur zu gut vertraut ist. Negative Gedanken – quasi »Energiekiller«-Gedanken, da sie destruktiv sind und uns Kraft und Mut nehmen – bilden, so verständlich sie sind, jedoch nur die eine Seite der Medaille. Unser eigentliches Anliegen ist es vielmehr, Sie mit unserem Buch (und dem Zwiegespräch) mit den positiven Gedanken vertraut zu machen, die Ihre Kinder im Alltag in der Schule und zuhause begleiten sollten. Solche positiven Gedanken sind »Energiespender«, die geeignet sind, Ihren Kindern den richtigen Weg für ein erfolgreiches Lernen zu zeigen. Wir wünschen uns, dass es Ihnen gelingt.

Auf Ihrem Weg wünschen wir Ihnen viel Erfolg.

Claudia Oehler *Armin Born*

Wir können Ihnen mit diesem Buch Wissen vermitteln, aber keine **Weisheit**! Das wird Ihre tagtägliche Erfahrung tun. Wann ist genaues Vorbesprechen hilfreich, wann sind Strenge und Konsequenz notwendig, wann einmal großzügiges Erlassen und gemeinsame anforderungsfreie Zeiten oder wann ist sogar auch einmal Gelassenheit hilfreich im Angesicht von Klagen und Beschimpfungen Ihres Kindes … – in diesen Momenten richtig zu entscheiden, erfordert Weisheit, die Sie aus der tagtäglichen Erfahrung gewinnen werden. Ob Wissen oder Weisheit, entscheidend bleibt immer, dass Ihr Kind erfährt, dass Sie als Eltern für Ihr Kind präsent sind, dass Sie sich als Mutter und/oder Vater Zeit für es nehmen, dass Sie hartnäckig bleiben und ihm zeigen, dass das Lernen mit ihm wichtig ist, weil Ihnen Ihr Kind wichtig ist.

Zwiegespräch Lernprobleme

1. Ich versteh das nicht. Zuhause beim Abhören hat unser Kind noch alles gekonnt – in der Schule hat es dann in der Klassenarbeit alles vergessen.

Entgegnung: Ja, das ist frustrierend. Aber Vergessen ist etwas Normales, etwas sehr Menschliches – unser Gehirn ist kein Computer. Eigentlich haben wir zu spät mit dem Lernen begonnen, zu wenig wiederholt – dann kann der Lernstoff auch nicht verautomatisiert sein. Unser Kind braucht mehr Wiederholungsdurchgänge als andere Kinder. Ich werde zukünftig Lernstrategien noch konsequenter einsetzen.

2. Ich bin so enttäuscht. Unser Kind hat viel gelernt – zusammen mit mir. Und es ist nur eine 5 geworden. Dann aber der Gipfel: Unser Kind hat die Arbeit vor mir versteckt und schließlich sogar meine Unterschrift gefälscht.

Entgegnung: Ich bin wirklich enttäuscht. Wir haben uns beide so bemüht. Aber wenn ich unserem Kind meine Enttäuschung zeige, wird es noch schlimmer für es. Im Grunde war es selbst ja noch enttäuschter als ich, obwohl es das nicht zeigt. Das Verheimlichen zeigt nur, wie tief es getroffen ist und welche Angst es vor meiner Enttäuschung hat.

Es will ja selbst gut sein und es hat sich wirklich angestrengt. Dies muss ich würdigen – nicht die Note. Diese Arbeitshaltung wird irgendwann Fortschritte bringen. Seine Anstrengungen sind wichtig und verdienen Anerkennung, nicht die Note.

3. Immer motzt unser Kind, wenn es lernen soll, es ist kaum zum Aushalten. Warum soll ich mir das noch weiter antun?

Entgegnung: Ja stimmt, das ist jedes Mal wirklich nervenaufreibend. Aber letztlich macht unser Kind ja dann doch mit. Die kleinen Portionen überfordern es nicht. Und wenn ich regelmäßig mit ihm lerne, wird es schrittweise besser werden. Das gefällt ihm dann schon. Dazu muss ich aber sehr hartnäckig sein. Es liegt also auch an mir, und daran, ob ich das durchhalte.

4. Unser Kind ist jetzt schon elf Jahre alt, es müsste doch nun schon alleine lernen können. Auch seine Hausaufgaben müsste es ohne Hilfe selbstständig zustande bringen. Das hat auch sein Lehrer gesagt und es würde nur an mir liegen, dass es noch nicht selbstständig genug wäre.

Entgegnung: Unser Kind hat da eine Entwicklungsverzögerung, insbesondere bei seinem Selbstständig-sein-können, bei seiner Selbststeuerung. Das ist ja typisch für dieses Krankheitsbild.

Ich weiß, manche Lehrer wissen darüber noch zu wenig Bescheid. Ich darf mich von solchen Äußerungen nicht verunsichern lassen – ich merke doch, was möglich ist, was taugt und was nicht.

Ich muss mein Kind da abholen, wo es steht. Und zur Zeit klappen diese Sachen noch nicht. Besser wird es nur, wenn ich ihm klare Lernstrukturen vorgebe und ihm schrittweise und sehr langsam das Lernen alleine überlasse. Und es ist auch schon ein ganzes Stück besser geworden. Aber ich merke es sofort an seinen Lücken, wenn ich es ihm allein überlasse – ich bin einfach noch sehr wichtig für mein Kind – und das ist einfach so.

5. Warum soll ich zuhause immer den Hilfslehrer spielen – das ist doch eigentlich Aufgabe der Schule?

Entgegnung: Eigentlich ist es wirklich die Aufgabe der Schule. Nur, wenn ich es tatsächlich ihr allein überlasse, weiß ich, dass es nicht ausreichen wird. Unser Kind wird dann in der Schule unter noch mehr Schwierigkeiten leiden. Dazu hab ich mein Kind aber zu lieb. Also muss ich eben in den sauren Apfel beißen, klare Lernstrukturen aufbauen, hartnäckig bleiben und mir sein Gemotze anhören.

6. Unser Kind hat eine unmögliche Schrift. Wenn es die Hausaufgaben schreibt, dauert das ewig und das Geschriebene sieht schrecklich aus.

Entgegnung: Ich weiß ja eigentlich, dass graphomotorische Ungeschicklichkeiten zum Krankheitsbild ADHS gehören. Eine schlechte Kraftdosierung, ein schlechtes Schriftbild und ein eher langsames Schreibtempo sind also eher normal. Ich muss das Richtigschreiben einfach höher gewichten als das Schönschreiben. Vielleicht kann ich den Lehrer ebenso davon überzeugen. Und wenn ich schon mal mit dem Lehrer rede, könnte ich ja auch versuchen, dass mein Kind bei der Hausaufgabe weniger schreiben muss und dafür andere Lernformen einsetzen darf. Lernen und Wiederholen, darin besteht ja der Sinn der Hausaufgabe, und nicht in Quälerei.

7. Ich bekomme immer mehr den Eindruck, dass unser Kind dümmer oder zumindest fauler als die anderen Kinder ist. Es lernt kaum und vergisst das Gelernte viel schneller.

Entgegnung: Ich weiß, vergleichen ist »Gift« und unserem Kind gegenüber ungerecht. Damit mache ich mir nur schlechte Gefühle, mir selbst und auch meinem Kind. Und wenn ich bedenke, dass es für mein Kind sehr viel schwerer ist als für andere Kinder, sich etwas einzuprägen und etwas zu verautomatisieren, ist es eigentlich gar nicht so schlecht, wo unser Kind heute steht. Wenn ich mir genau anschaue, was schon alles besser geworden ist und wie wir das gemeinsam als Team geschafft haben, fühle ich mich deutlich besser.

8. Wenn ich daran denke, welche Schwierigkeiten unser Kind in der Schule hat, sehe ich für seine Zukunft schwarz. Es kann in seinem späteren Leben nur scheitern.

Entgegnung: Schule ist wirklich eine Durststrecke für unser Kind. Die müssen wir gemeinsam durchstehen. Wenn ich mir jedoch bewusst mache, dass andere trotz guter Noten in der Schule im Leben gescheitert sind, fühle ich mich schon ein bisschen »besser«. Andererseits gibt es auch Leute, die ebenfalls unter dieser Krankheit litten und in der Schule schlecht waren: Edison, Churchill etc., sie haben es dann doch zu etwas »gebracht«. Ich muss mich vielleicht auf Umwege bei unserem Kind einstellen, in der Schule und bei den Lehrstellen, bis es den passenden Beruf gefunden hat. Aber trotzdem kann es im Leben gut zurechtkommen. Ich weiß, fest an seine Begabungen und Talente zu glauben und gleichzeitig Leistungen in richtigem Maße von ihm einzufordern – das wird letztlich das Bestmögliche in ihm wecken.

Vier Grundregeln für ein dauerhaftes erfolgreiches Lernen

1. Ihr Kind übt das, was es übt.

Als Eltern verfügen Sie häufig über ein sehr gutes Beurteilungsvermögen. Wichtig ist, dass Sie sich überlegen, ob Sie mit Ihrem Kind tatsächlich genau das üben, was es anschließend in der Schule können sollte. Mit Trainingsverfahren, die diesem Ziel nicht dienlich sind, sollten sich Ihr Kind und Sie nicht unnötig aufhalten.

Beispiel

Lernen und üben Sie mit Ihrem Kind in Wahrnehmungs- oder Konzentrationstrainings, schneller mit einem Bleistift durch Labyrinthe zu fahren oder zwischen zwei Bildern kleine Unterschiede zu finden, verbessert Ihr Kind sich genau in dieser Leistung: Es kann anschließend schneller durch Labyrinthe fahren oder zwischen Bildern kleine Unterschiede erkennen. Es findet jedoch leider kein Transfer auf die schulische Situation oder die Hausaufgabensituation statt. Allenfalls kann ein kleiner Motivationseffekt für das eigentliche Lernen und Üben entstehen.

2. Packen Sie Lernprobleme immer genau dort an, wo sie tatsächlich bestehen.

Je direkter Sie an genau den Stellen, bei denen Ihr ADHS-Kind Lernbeeinträchtigungen aufweist, angemessene Übungsmethoden einsetzen, umso erfolgreicher wird Ihr Kind lernen.

3. »Was taugt, das taugt – was nicht taugt, taugt nicht«: Setzen Sie zugunsten Ihres Kindes auf wirksame Lernmethoden.

Es mag wie eine banale Selbstverständlichkeit klingen, ist es aber nach unseren Erfahrungen im Bereich des schulischen Lernens nicht. Ob etwas »taugt«, können Sie – sofern Sie ein Lernverfahren über einen begrenzten Zeitraum konsequent ausprobiert haben – direkt am erlebten Erfolg wahrnehmen. Dies gilt auch für die von uns in diesem Buch empfohlenen Lernmethoden.

Arbeiten Sie dagegen fortgesetzt mit Methoden, die sich als ineffektiv erweisen, schaden Sie Ihrem Kind und seinen Lernbemühungen.

4. Vorsicht: Hände weg von so genannten »alternativen« Methoden

Manche Eltern wenden sich in ihrer Hoffnungslosigkeit »alternativen« Methoden wie z. B. der Kinesiologie oder der sogenannten Edu-Kinästhetik zu. Sie versuchen ihren Kindern mithilfe von Übungen aus diesen Bereichen zu helfen und erhoffen sich hier günstige Effekte auf die Aufmerksamkeitsleistung. Trotz gewisser möglicher Motivationsschübe ist hierbei jedoch Vorsicht geboten: Von »neutraler« Seite konnten bisher keine entsprechenden Lernwirkungen nachgewiesen werden (vgl. Stiftung Warentest 1996, S. 301ff).

Literatur

Arbeitsgemeinschaft der Wissenschaftlichen Medizinischen Fachgesellschaften (AWMF): Langfassung der interdisziplinären evidenz- und konsensbasierten (S3) Leitlinie Aufmerksamkeitsdefizit/Hyperaktivitätsstörung (ADHS) im Kindes-, Jugend- und Erwachsenenalter. Erstveröffentlichung 05/2017. Zugriff am 22.01.2023 unter https://www.awmf.org/uploads/tx_szleitlinien/028-045l_S3_ADHS_2018-06.pdf.

AWMF (Arbeitsgemeinschaft der Wissenschaftlichen Medizinischen Fachgesellschaften): S3-Leitlinie Diagnostik und Behandlung der Rechenstörung. Langfassung. 2/2018. Zugriff am 03.01.2019 unter https://register.awmf.org/assets/guidelines/028-046l_S3_Rechenst%C3%B6rung-2018-03_1.pdf.

Aster M. von: Wie kommen Zahlen in den Kopf? Ein Modell der normalen und abweichenden Entwicklung zahlenverarbeitender Hirnfunktionen. In: Aster M. von, Lorenz J. H. (Hrsg.): Rechenstörungen bei Kindern. Göttingen 2005b, S. 13–33.

Aster M. von, Lorenz, J. H. (Hrsg.): Rechenstörungen bei Kindern. Göttingen 2005a.

Baddeley A. D.: Working memory, thought and action. Oxford: 2007.

Banaschewski T., Döpfner M.: Aufmerksamkeitsdefizit-/Hyperaktivitätsstörung: Störungsbild und Klassifikation. Kinderärztliche Praxis 2014, S. 286–290.

Barkley R.: Attention-Deficit Hyperactivity Disorder. A Handbook for Diagnosis and Treatment. New York, London 1998.

Barkley R.: Taking Charge of ADHD. The complete, authoritative guide for parents. New York 2000 (dtsch.: Das große ADHS-Handbuch für Eltern. Verantwortung übernehmen für Kinder mit Aufmerksamkeitsdefizit und Hyperaktivität. Bern 2002).

Bayerisches Staatsministerium für Bildung und Kultus, Wissenschaft und Kunst: LehrplanPLUS Grundschule- Lehrplan für die bayerische Grundschule. München 2014.

Betz D., Breuninger H.: Teufelskreis Lernstörungen. Theoretische Grundlegung und Standardprogramm. 5. Auflage. Weinheim 1998.

Blakemore S.-J., Frith U.: Wie wir lernen. Was die Hirnforschung darüber weiß. München 2006.

Blaser R., Preuss U., Felder W.: Evaluation einer vorschulischen Förderung der phonologischen Bewusstheit und der Buchstaben-Laut Korrespondenz: Langfristige Effekte in der Prävention von Lese- und Rechtschreibstörungen am Ende des 3. und 4. Schuljahres. Zeitschrift für Kinder- und Jugendpsychiatrie und Psychotherapie 3/2010, S. 181–188.

Born A.: Lernen mit ADHS-Kindern. In Kraft U., Stauffer C., Indlekofer B. (Hrsg.): Lerntherapie. Geschichte, Theorie und Praxis. Ein Lesebuch. Bern 2022, S. 249–268.

Born A., Oehler C.: Lernen mit Grundschulkindern. 2. Auflage. Stuttgart 2017.

Born A., Oehler C.: Kinder mit Rechenschwäche erfolgreich fördern. Ein Praxishandbuch für Eltern, Lehrer und Therapeuten. 6. Auflage. Stuttgart 2019.

Born A, Oehler C: Gemeinsam wachsen – der Elternratgeber ADHS. Verhaltensprobleme in Familie und Schule erfolgreich meistern. 2. Auflage. Stuttgart 2021.

Bredow von R., Hackenbroch V.: Die Recht Schreip-Katerstrofe. Die neue Schlechtschreibung. Warum unsere Kinder nicht mehr richtig schreiben lernen. Der Spiegel 25/17.6.2013, S. 96–104.

Brunner R.: Rechtschreibung »Mehr Gelassenheit wäre angebracht«. Interview mit Afra Sturm 2019. Zugriff am 9.4.2022 unter www.beobachter.ch/bildung/rechtschreibung-mehr-gelassenheit-ware-angebracht.

Bundeszentrale für gesundheitliche Aufklärung: Die Drogenaffinität Jugendlicher in der Bundesrepublik Deutschland 2015. Teilband Computerspiele und Internet. BZgA-Forschungsbericht / Februar 2017. Zugriff am 06.03.2019 unter www.bzga.de/fileadmin/user_upload/PDF/studien/drogenaffinitaet_jugendlicher_2015_teilband_computerspiele_und_internet–636b12366c1d5d32387b4f21a31e88ea.pdf.

Celeco. RICHTIG LESEN LERNEN. 2019 Zugriff am 9.4.2022 unter www.celeco.de/produkt/richtig-lesen-lernen-profi-set-100h/.

Computerspielsucht. (2014). Zugriff am 11.04.2019 unter www.spektrum.de/ratgeber/computerspielsucht/1061393.

De Shazer S.: Der Dreh. Heidelberg 1992.

Dehaene S.: Lesen. Die größte Erfindung der Menschheit und was dabei in unseren Köpfen passiert. München 2010.

Dreisörner T.: Zur Wirksamkeit von Trainings bei Kindern mit Aufmerksamkeitsstörungen. Göttingen 2004.

Dreisörner T.: Wirksamkeit verhaltenstherapeutischer Gruppenprogramme bei Kindern mit Aufmerksamkeitsdefizit- und Hyperaktivitätsstörungen (ADHS). In: Kindheit und Entwicklung 4/2006, S. 255–266.

Döpfner, M., Frölich, J., Lehmkuhl, G.: Aufmerksamkeitsdefizit-/Hyperaktivitätsstörung (ADHS). Leitfaden Kinder- und Jugendpsychotherapie. 2. Auflage. Göttingen 2013.

Döpfner M., Schürmann S., Frölich, J.: Therapieprogramm für Kinder mit hyperkinetischen und oppositionellem Problemverhalten (THOP). 6. Auflage. Weinheim 2019.

Dummer-Smoch L.: Laute, Silben, Wörter. Kiel 1996.

Dummer-Smoch L., Hackethal R.: Kieler Leseaufbau. Handbuch. 7. Auflage. Kiel 2007.

DuPaul G., Gormley M., Laracy S.: Comorbidity of LD and ADHD: implications of DSM-5 for assessment and treatment. Journal of Learning Disabilities, 46(1), 2013, S. 43–51.

Fischer B.: Sehen – Blicken – Hören. Entwicklung und Entwicklungsrückstände bei Legasthenie und Aufmerksamkeitsdefizit. Forum der Kinder- und Jugendpsychiatrie und Psychotherapie 11, H. 1/2001, S. 19–27.

Freitag Ch., Retz W. (Hrsg.): ADHS und komorbide Erkrankungen. Neurobiologische Grundlagen und diagnostisch-therapeutische Praxis bei Kindern und Jugendlichen. Stuttgart 2007.

Fritz A., Ricken G., Schmidt S.: Über die Schwierigkeiten mit der Rechenschwäche – eine Zwischenbilanz zum Thema. In: Fritz A., Ricken G., Schmidt S. (Hrsg.): Rechenschwäche. Lernwege, Schwierigkeiten und Hilfen bei Dyskalkulie. Ein Handbuch. Weinheim 2003, S. 452–468.

Frölich J., Döpfner M., Banaschewski T.: ADHS in Schule und Unterricht: Pädagogisch-didaktische Ansätze im Rahmen des multimodalen Behandlungskonzepts. Stuttgart 2014.

Galuschka K., Schulte-Körne G.: Diagnostik und Förderung von Kindern und Jugendlichen mit Lese- und/oder Rechtschreibstörung. Deutsches Ärzteblatt 2016, S. 279–286.

Gedächtnis. Spektrum der Wissenschaft. Spezial. Heidelberg 2002.

Gold A.: Lesen kann man lernen: Wie man die Lesekompetenz fördern kann. Göttingen 2018.

Grawe K.: Neuropsychotherapie. Göttingen, Bern, Toronto, Seattle, Oxford, Prag 2004.

Grünke M.: Zur Effektivität von Fördermethoden bei Kindern und Jugendlichen mit Lernstörungen. Eine Synopse vorliegender Metaanalysen. Kindheit und Entwicklung 15/ 2006, H. 4, S. 239–254.

Grolimund F.: Mit Kindern lernen. Bern 2016.

Grolimund F.: Vom Aufschieber zum Lernprofi: Bessere Noten, weniger Stress, mehr Freizeit. Freiburg 2018.

Hasselhorn M., Gold A.: Pädagogische Psychologie. Erfolgreiches Lernen und Lehren. 5. Auflage. Stuttgart 2022.

Hintz A.-M.: Evidenzbasierte Förderung basaler schriftsprachlicher Kompetenzen im Vorschulalter. Lengerich 2012.

Ischebeck A., Zamarian L., Schocke M., Delazer M.: Flexible transfer of knowledge in mental arithmetic – An fMRI study. NeuroImage 2009, S. 1103–1112.

Ise E., Engel R., Schulte-Körne G.: Was hilft bei der Lese-Rechtschreibstörung? Ergebnisse einer Metaanalyse zur Wirksamkeit deutschsprachiger Förderansätze. Kindheit und Entwicklung 2012/2, S. 122–136.

Jacobs C., Petermann F.: Therapie von ADHS. In: Suchodoletz W. von (Hrsg.): Therapie von Entwicklungsstörungen. Was wirkt wirklich? Göttingen 2010, S. 193–210.

Jansen F., Streit U., Fuchs A.: Lesen und Rechtschreiben lernen nach dem IntraActPlusKonzept. Heidelberg 2007.

Karch D., Albers L., Renner G., Lichtenauer N., Kries R.: Wirksamkeit kognitiver Trainingsprogramme im Kindes- und Jugendalter. Deutsches Ärzteblatt 2013, S. 643–652.

Killinger Th.: Realschule Original-Prüfungsaufgaben mit Lösungen Bayern Deutsch 2022. München 2021.

Kleinmann K.: Die Wortbaustelle. Morphemtraining, der gute Weg zur besseren Rechtschreibung. Arbeitsvorlagen. Für die Klasse 3/4 bis Klasse 8. 2. Auflage. Lichtenau 2001.

Klicpera Ch., Schabmann A., Gasteiger-Klicpera B.: Legasthenie. München, Basel 2003.

Krajewski K., Schneider W.: Früherkennung von Rechenstörungen. In: Suchodoletz W. von (Hrsg.): Früherkennung von Entwicklungsstörungen. Göttingen 2005, S. 224–244.

Krajewski K., Schneider W.: Prävention von Rechenstörungen. In: Suchodoletz W. von (Hrsg.): Prävention von Entwicklungsstörungen. Göttingen 2007, S. 97–114.

Krowatschek D., Krowatschek G., Reid C.: Marburger Konzentrationstraining (MKT) für Schulkinder. Dortmund 2017.

Krowatschek D., Krowatschek G., Wingert G.: Marburger Konzentrationstraining für Jugendliche (MKT-J). Dortmund 2016.

Küspert P., Schneider W.: Hören, lauschen, lernen: Arbeitsheft und Arbeitsmaterial. Heft und Box mit 73 Zeichenkarten zur visuellen Untermalung des Trainingsprogramms. 7. Auflage. Göttingen 2018.

Landerl K., Kaufmann L.: Dyskalkulie. Modelle, Diagnostik, Intervention. 3. Auflage. München, Basel 2017.

Laroche S.: Vom flüchtigen Signal zur stabilen Erinnerung. Gedächtnis. Spektrum der Wissenschaft Spezial 2002, S. 16–25.

Lauth G., Schlottke P.: Training mit aufmerksamkeitsgestörten Kindern. 6. Auflage. Weinheim 2009.

Lorenz J. H.: Lernschwache Rechner fördern. Berlin 2003.

Lorenz J. H.: Grundlagen der Förderung und Therapie. Wege und Irrwege. In: von Aster M., Lorenz J. H. (Hrsg.): Rechenstörungen bei Kindern. Göttingen 2005, S. 163–177.

Lorenz J. H.: Kinder begreifen Mathematik. Frühe mathematische Bildung und Förderung. Stuttgart 2012.

Lorenz J. H., Radatz H.: Handbuch des Förderns im Mathematikunterricht. Hannover 1993.

Mann Ch.: Selbstbestimmtes Rechtschreiblernen. Rechtschreibunterricht als Strategievermittlung. 4. Auflage. Weinheim 1997.

Mannhaupt G.: Ergebnisse von Therapiestudien. In: Suchodoletz W. von (Hrsg.): Therapie der Lese-Rechtschreib-Störung (LRS). Traditionelle und alternative Behandlungsmethoden im Überblick. Stuttgart 2003, S. 91–107.

Marx H., Jansen H., Skowronek H.: Prognostische, differentielle und konkurrente Validität des Bielefelder Screenings zur Früherkennung von Lese-Rechtschreibschwierigkeiten (BISC). In: Hasselhorn M., Schneider W., Marx H. (Hrsg.): Diagnostik von Lese-/Rechtschreibschwierigkeiten. Göttingen 2000, S. 9–34.

Ministerium für Schule und Bildung des Landes Nordrhein-Westfalen (Hrsg.): Hinweise und Materialien für einen systematischen Rechtschreibunterricht in der Primarstufe in NRW – Handreichung. 2. Auflage. Düsseldorf 2019.

Naegele I., Valtin R. (Hrsg): Das schaffe ich! Lesen und Schreiben vorbereiten. Basisheft. Braunschweig 2007.

Oehler C., Born A.: Lernen mit ADHS-Kindern. In: Schulte-Körne G. (Hrsg.): Legasthenie und Dyskalulie: Aktuelle Entwicklungen in Wissenschaft, Schule und Gesellschaft. Bochum 2007, S. 205–216.

Paulesu E., Démonet J. F., Fazio F., u. a.: Dyslexia: cultural diversity and biological unity. Science 291 (5511/March 2001), S. 2165–2167.

Plume E., Schneider W.: Hören, lauschen, lernen 2. Spiele mit Buchstaben und Lauten für Kinder im Vorschulalter. Würzburger Buchstaben-Laut-Training. Arbeitsbuch. Göttingen 2004.

Rackwitz R.-Ph.: Ist die phonologische Bewusstheit wirklich Voraussetzung für einen erfolgreichen Schriftspracherwerb? Zugriff am 9.4.2022 unter https://phsg.bsz-bw.de/frontdoor/index/index/docId/1.

Ratey J.: Das menschliche Gehirn. Eine Gebrauchsanweisung. Düsseldorf, Zürich 2001.

Reiss K., Weis M., Klieme E., Köller O. (Hrsg.): PISA 2018. Grundbildung im internationalen Vergleich. Münster, New York 2019.

Remschmidt H., Schmidt M. H., Poustka F.: Multiaxiales Klassifikationsschema für psychische Störungen des Kindes- und Jugendalters nach ICD 10 der WHO. 4. Auflage. Bern 2000.

Reuter-Liehr C.: Lautgetreue Rechtschreibförderung. Bochum 1992.

Reuter-Liehr C.: Konsequent strategiegeleitetes Lernen beim lese-rechtschreibschwachen Kind. In: Schulte-Körne G. (Hrsg.): Legasthenie: Zum aktuellen Stand der Ursachenforschung. Bochum 2002.

Reuter-Liehr, C.: Lautgetreue Lese-Rechtschreibförderung. Band 1–6. Bochum 2006/2020.

Roth G.: Persönlichkeit, Entscheidung und Verhalten. Warum es so schwierig ist, sich und andere zu ändern. Stuttgart 2007.

Rothe E.: Effekte eines vorschulischen und schulischen Trainings der phonologischen Bewusstheit auf den Schriftspracherwerb in der Schule: Vergleich der Trainingseffekte bei zwei verschiedenen Altersgruppen von Kindergartenkindern. Dissertation. Universität Jena 2007.

Schneider W., Krajewski K., Schwenck Ch.: Rechenstörungen: Möglichkeiten der Prävention und Intervention. In: Suchodoletz W. von: Therapie von Entwicklungsstörungen. Was wirkt wirklich? Göttingen 2010, S. 129–152.

Schneider W., Küspert P., Krajewski K.: Die Entwicklung der mathematischen Kompetenzen. Paderborn 2013.

Schneider, W., Roth, E., Küspert, P., Ennemoser, M.: Kurz- und langfristige Effekte eines Trainings der sprachlichen (phonologischen) Bewusstheit bei unterschiedlichen Leistungsgruppen: Befunde einer Sekundäranalyse. Zeitschrift für Entwicklungspsychologie und Pädagogische Psychologie, XXX/1998, S. 26–39.

Schulte-Körne G.: Lese-Rechtschreibstörung und Sprachwahrnehmung. Psychometrische und neurophysiologische Untersuchungen zur Legasthenie. Münster 2001.

Schulte-Körne G. (Hrsg.): Legasthenie und Dyskalkulie: Aktuelle Entwicklungen in Wissenschaft, Schule und Gesellschaft. Bochum 2007.

Schulte-Körne G.: Verpasste Chancen: Die neuen diagnostischen Leitlinien zur Lese-, Rechtschreib- und Rechenstörung der ICD-11. Zeitschrift für Kinder- und Jugendpsychiatrie und Psychotherapie (2021), S. 463–467.

Schulte-Körne G., Galuschka K.: Lese-/Rechtschreibstörung. Göttingen 2019.

Schulte-Körne G., Mathwig F.: Das Marburger Rechtschreibtraining. Ein regelgeleitetes Förderprogramm für rechtschreibschwache Kinder. 4. Auflage. Bochum 2009.

Schweiter M., Aster M. von: Neuropsychologie kognitiver Zahlenrepräsentationen. In: Aster M. von, Lorenz J. H. (Hrsg.): Rechenstörungen bei Kindern. Göttingen 2005, S. 34–53.

Spitzer M.: Geist, Gehirn & Nervenheilkunde. Grenzgänge zwischen Neurobiologie, Psychopathologie und Gesellschaft. Stuttgart 2000.

Spitzer M.: Lernen. Gehirnforschung und die Schule des Lebens. Heidelberg, Berlin 2002.

Stanat P., Schipolowski St., Rjosk C., Weirich S., Haag N. (Hrsg.): IQB-Bildungstrend 2016 Kompetenzen in den Fächern Deutsch und Mathematik am Ende der 4. Jahrgangsstufe im zweiten Ländervergleich. Münster, New York 2017.

Stanat P., Schipolowski S., Schneider R., Sachse K., Weirich S., Henschel S. (Hrsg.): IQB-Bildungstrend 2021 Kompetenzen in den Fächern Deutsch und Mathematik am Ende der 4. Jahrgangsstufe im dritten Ländervergleich. Münster, New York 2022.

Stern E.: Wissen ist der Schlüssel zum Können. Psychologie heute 30/2003, H. 7, S. 30–35.

Suchodoletz W. von (Hrsg.): Früherkennung von Entwicklungsstörungen. Göttingen, Bern, Toronto, Seattle, Oxford, Prag 2005.

Suchodoletz W. von (Hrsg): Therapie der Lese-Rechtschreib-Störung (LRS). Traditionelle und alternative Behandlungsmethoden im Überblick. 2. Auflage. Stuttgart 2006.

Suchodoletz W. von: Lese-Rechtschreib-Störung (LRS) – Fragen und Antworten. Eine Orientierungshilfe für Betroffene, Eltern und Lehrer. Stuttgart 2007.

Suchodoletz W. von (Hrsg.): Prävention von Entwicklungsstörungen. Göttingen, Bern, Toronto, Seattle, Oxford, Prag 2007.

Suchodoletz W. von: Therapie von Entwicklungsstörungen. Was wirkt wirklich? Göttingen 2010.

Suchodoletz W. von: Therapie von Lese-Rechtschreibstörungen. In: Suchodoletz W. von: Therapie von Entwicklungsstörungen. Was wirkt wirklich? Göttingen 2010, S. 89–128.

Tacke G.: Flüssig lesen lernen, neue Rechtschreibung: Klasse 1 und 2 der Grundschule. 2. Auflage. Donauwörth 2001.

Tallal P., Galaburda A., u. a. (Hrsg): Temporal information processing in the nervous system: special reference to dislexia and dysphasia. New York 1993.

Valtin R.: Phonologische Bewusstheit – eine notwendige Voraussetzung beim Lesen- und Schreibenlernen? 2010. Zugriff am 9.4.2022 unter www.leseforum.ch/fr/myUploadData/files/2010_2_Valtin_PDF.pdf.

Vollmer G., Hoberg G.: Top-Training: Lernen, Behalten, Anwenden. Neuauflage. Stuttgart 1999.

Walter J.: Förderung bei Lese- und Rechtschreibschwäche. Grundlagenforschung, methodische Konsequenzen, Praxisbeispiele und mediendidaktische Anregungen auf der Basis empirischer Forschungsmethoden. 2. Auflage. Göttingen 2001.

Walter, J.: Differentielle Effekte des Trainings des phonologischen Wissens auf das Lesen- und Schreibenlernen: Ergebnisse der international angelegten Meta-Analyse von Ehri u. a. (2001). Heilpädagogische Forschung, 2002/28, H. 1, S. 38–49.

Warnke A., Schulte-Körne G.: Legasthenie. In: Remschmidt H., Mattejat F., Warnke A. (Hrsg.): Therapie psychischer Störungen bei Kindern und Jugendlichen. Stuttgart, New York 2008, S. 153–162.

Wellenreuther M.: Forschungsbasierte Schulpädagogik. Anleitung zur Nutzung empirischer Forschung für die Schulpraxis. Baltmannsweiler 2009.

WHO: ICD-11 for Mortality and Morbidity Statistics (Version: 02/2022).

6A03.0 Developmental learning disorder with impairment in reading. Zugriff am 9.4.2022 unter https://icd.who.int/browse11/l-m/en#/http%3a%2f%2fid.who.int%2ficd%2fentity%2f1008636089.

6A03.1 Developmental learning disorder with impairment in written expression. Zugriff am 9.4.2022 unter https://icd.who.int/browse11/l-m/en#/http%3a%2f%2fid.who.int%2ficd%2fentity%2f1498766637.

6A03.2 Developmental learning disorder with impairment in mathematics. Zugriff am 9.4.2022 unter https://icd.who.int/browse11/l-m/en#/http%3a%2f%2fid.who.int%2ficd%2fentity%2f771231188.

Wimmer, H., Hartl, M.: Erprobung einer phonologisch, multisensorischen Förderung bei jungen Schülern mit Lese-Rechtschreibschwierigkeiten. Heilpädagogische Forschung 1991, S. 74–79.

Zöchlinger B.: Kompetenzorientierter Unterricht – Volksschule – Mathematik. In: Bundesinstitut für Bildungsforschung, Innovation & Entwicklung des österreichischen Schulwesens (Hrsg.), Kompetenzorientierter Unterricht in Theorie und Praxis Graz 2011, S. 83–108.

Empfohlene ADHS-Ratgeber für Eltern, Lehrerinnen und Lehrer

Barkley R.: Das große ADHS-Handbuch für Eltern. 2. Auflage. Bern, Göttingen, Toronto, Seattle 2005.

Born A., Oehler C.: Kinder mit Rechenschwäche erfolgreich fördern. Ein Praxishandbuch für Eltern, Lehrer und Therapeuten. 6. Auflage. Stuttgart 2019.

Born A., Oehler C.: Gemeinsam wachsen – der Elternratgeber ADHS. Verhaltensprobleme in Familie und Schule erfolgreich meistern. 2. Auflage. Stuttgart 2021.

Döpfner M., Dose Ch., Katzmann J., Mokros L., Scholz K., Schürmann S., Wolff Metternich-Kaizman T.: Den Alltag meistern mit ADHS: Das Arbeitsbuch für Eltern von Schulkindern. Göttingen 2021.

Döpfner M., Frölich, J., Lehmkuhl G.: Wackelpeter und Trotzkopf. Hilfen bei hyperkinetischem und oppositionellem Verhalten. 5. Auflage. Weinheim 2017.

Frölich J., Döpfner M., Banaschewski T.: ADHS in Schule und Unterricht. Pädagogisch-didaktische Ansätze im Rahmen des multimodalen Behandlungskonzepts. 2. Auflage. Stuttgart 2021.

Grolimund F.: Mit Kindern lernen: Konkrete Strategien für Eltern. Bern 2012.

Neuhaus C.: ADHS bei Kindern, Jugendlichen und Erwachsenen. Symptome, Ursachen, Diagnose und Behandlung. 5. Auflage. Stuttgart 2020.

Rietzler S., Grolimund F.: Erfolgreich lernen mit ADHS. Ein praktischer Ratgeber für Eltern. Bern 2016.

Simchen H.: ADS. Unkonzentriert, verträumt, zu langsam und viele Fehler im Diktat. Hilfen für das hypoaktive Kind. 11. Auflage. Stuttgart 2021.

Ratgeber für Kinder und Jugendliche

Freudiger A.: Mein großer Bruder Matti. Kindern ADHS erklären. Köln 2013.

Rietzler S., Grolimund F.: Clever Lernen. Bern 2018.

ADHS-Therapietrainingsprogramme

Döpfner M., Schürmann S., Frölich J.: Therapieprogramm für Kinder mit hyperkinetischen und oppositionellen Problemverhalten (THOP). 6. Auflage. Weinheim 2019.

Silbenlesebücher (Mildenberger Verlag)

Handt R., Kuhn K., Mrowka-Nienstedt K., Hecht I.: ABC der Tiere 1 – Lesen in Silben Silbenfibel. Offenburg 2020.

Kuhn K., Handt R., Hecht I.: ABC der Tiere 1 – Lesezirkus. Offenburg 2019.

Kuhn K., Handt R., Fink I., Hecht I.: ABC der Tiere 2 – Lesen in Silben: Lesebuch. Offenburg 2020.

Erdmann B., Hecht I.: Tiergeschichten mit Mia und Mio. Band 1–10. Offenburg 2020.

Adressen von Selbsthilfeorganisationen

Bundesverband ADHS Deutschland e. V. www.adhs-deutschland.de
elpos Dachverband Schweiz www.adhs-organisation.ch/start/
ADAPT Österreich www.adapt.at